Studien zum Arbeitsrecht und zur Arbeitsrechtsvergleichung

Herausgegeben von Manfred Weiss, Bernd Waas und Spiros Simitis

Band 30

Zur Qualitätssicherung und Peer Review der vorliegenden Publikation

Die Qualität der in dieser Reihe erscheinenden Arbeiten wird vor der Publikation durch einen Herausgeber der Reihe geprüft.

Notes on the quality assurance and peer review of this publication

Prior to publication, the quality of the work published in this series is reviewed by one of the editors of the series.

Die Möglichkeit transnationaler Tarifverträge in Europa anhand eines Vergleichs des britischen und deutschen Tarifvertragsrechts

Sebastian Schulte

Die Möglichkeit transnationaler Tarifverträge in Europa anhand eines Vergleichs des britischen und deutschen Tarifvertragsrechts

PL ACADEMIC RESEARCH

Bibliografische Information der Deutschen Nationalbibliothek
Die Deutsche Nationalbibliothek verzeichnet diese Publikation in der Deutschen Nationalbibliografie; detaillierte bibliografische Daten sind im Internet über http://dnb.d-nb.de abrufbar.

Zugl.: Frankfurt (Main), Univ., Diss., 2015

D 30
ISSN 1615-4606
ISBN 978-3-631-67192-4 (Print)
E-ISBN 978-3-653-06676-0 (E-Book)
DOI 10.3726/978-3-653-06676-0

PL Academic Research ist ein Imprint der Peter Lang GmbH.

Peter Lang – Frankfurt am Main · Bern · Bruxelles · New York · Oxford · Warszawa · Wien

Diese Publikation wurde begutachtet.

www.peterlang.com

Meinen Eltern

Vorwort

Die vorliegende Arbeit wurde im Wintersemester 2015 vom Fachbereich Rechtswissenschaft der Johann Wolfgang Goethe-Universität Frankfurt am Main als Dissertation angenommen.

Zunächst möchte ich Prof. Dr. Dr. h.c. mult. Manfred Weiss meinen herzlichsten Dank aussprechen. Im Rahmen meines Studiums hat er in mir nicht nur das Interesse am Arbeitsrecht geweckt, sondern mir auch den Blick geöffnet für die vielfältigen europäischen und internationalen Bezüge dieses Rechtsgebiets. Ihm bin ich für seine Förderung und seine herausragende Begleitung als Promotionsbetreuer während der Entstehung dieser Arbeit äußerst dankbar. Ich danke Prof. Dr. Bernd Waas, der sich bereit erklärte, das Zweitgutachten zu erstellen. Die zügige Erstellung des wohlwollenden Gutachtens ermöglichte es, das Promotionsverfahren noch zum Ende des Jahrs 2015 abzuschließen.

Weiterhin gilt mein besonderer Dank Prof. Mark Freedland und Prof. Jeremias Prassl von der University of Oxford. Durch ihre Unterstützung hatte ich die Möglichkeit, die Grundlagen des britischen Tarif- und Arbeitskampfrechts vor Ort zu erarbeiten.

Besonders danken möchte ich auch den Kolleginnen und Kollegen der Kanzlei Justem, allen voran Rechtsanwältin Caroline Bitsch und Dr. Thilo Mahnhold für ihre stete Unterstützung und Förderung, die wesentlich zum Gelingen dieser Arbeit beigetragen haben. Außerdem danke ich Frank Maiwald, Inga Schmalz und Jörg Röder dafür, dass sie mich durch die Höhen und Tiefen dieser Arbeit begleitet haben und mir in entscheidenden Momenten mit Rat und Tat beiseite standen. Schließlich möchte ich meinen Eltern danken, die mich mein gesamtes Studium über unterstützt haben und ohne die diese Dissertation niemals möglich gewesen wäre.

Frankfurt am Main, März 2016 *Sebastian Schulte*

Inhaltsverzeichnis

Abkürzungsverzeichnis XVII

Literaturverzeichnis XXI

A. Einleitung 1

B. Überblick über deutsches und britisches Tarifrecht 7

I. Das kollektive Arbeitsrecht Großbritanniens 7

1. Entwicklung des britischen kollektiven Arbeitsrechts 8

a) Anfänge und Strafbarkeit 8

b) Haftung im Rahmen des Tort Law 10

c) Weitere Entwicklung 12

d) Fazit 15

2. Kollektivvertragsrecht 16

a) Trade Union and Labour Relations (Consolidated) Act 1992.. 16

b) Zentrale Begriffe und trade dispute 16

c) Fähigkeit zum Abschluss von Kollektivverträgen 18

aa) Gesetzliche Definition der Gewerkschaften und der Arbeitgebervereinigungen 19

bb) Gewerkschaftliche Unabhängigkeit 20

cc) Anerkennung durch den Arbeitgeber 23

(1) Gesetzliches Verfahren zur Anerkennung 23

(2) Freiwillige Anerkennung 25

(3) Umfang der Anerkennung und ihre Folgen 26

d) Bindung an Kollektivverträge und ihre Wirkung 27

aa) Rechtliche Unverbindlichkeit 27

bb) Geltung im einzelnen Arbeitsverhältnis 28

(1) Hintergrund ... 28
(2) Stellvertretung ... 30
(3) Inbezugnahme ... 30
(4) Umfang der Inkorporation ... 33
e) Verfahren zum Abschluss eines Kollektivvertrags ... 35
f) Form und Inhalt von Kollektivverträgen ... 35
3. Arbeitskampfrecht ... 37
a) Arbeitskampf im common law ... 37
b) Gesetzlicher Rahmen für den Arbeitskampf ... 38
aa) Die *golden formula* und ihre Bedingungen ... 38
(1) Trade dispute ... 39
(2) Umfang der Immunität ... 39
bb) Friedenspflicht ... 41
cc) Verfahren zur Durchführung eines Arbeitskampfs ... 42
c) Rechtsfolgen eines unzulässigen Arbeitskampfs ... 44
aa) Rechte des Arbeitgebers ... 44
bb) Rechte einzelner Arbeitnehmer und Dritter ... 45
II. Kollektives Arbeitsrecht in Deutschland ... 47
1. Tarifvertragsrecht ... 47
a) Tariffähigkeit ... 47
b) Verfahren zum Abschluss von Tarifverträgen ... 49
c) Form von Tarifverträgen ... 50
d) Inhalt und Auslegung von Tarifverträgen ... 50
aa) Betriebliche Normen ... 50
bb) Auslegung und Richtigkeitsgewähr ... 51
e) Tarifbindung und Tarifwirkung ... 53
aa) Grundsatz ... 53
bb) Allgemeinverbindlichkeit ... 53
cc) Individualvertragliche Inbezugnahme ... 54
2. Arbeitskampfrecht ... 55
a) Voraussetzungen eines rechtmäßigen Arbeitskampfs ... 56
aa) Verhältnismäßigkeitsprinzip ... 56

bb) Aussperrung 58
cc) Friedenspflicht 58
b) Formen und Ablauf eines rechtmäßigen Arbeitskampfs 60
aa) Verfahren vor Einleitung eines Arbeitskampfs 60
bb) Arbeitskampfmittel 61
cc) Durchführung 62
c) Rechtsfolgen eines Arbeitskampfs 62
3. Der nicht-tarifliche Koalitionsvertrag 64
III. Zusammenfassung 66
1. Tarifvertragsrecht 66
a) Berechtigung zum Abschluss von Verträgen 66
b) Rechtswirkung der Verträge 67
c) Inhalt und Reichweite der Verträge 68
2. Arbeitskampfrecht 69

C. Einheitliches Vertragsstatut 71
I. Wahl des Tarifvertragsstatuts 71
1. Exkurs: Dogmatische Begründung der Rechtswahl 72
2. Anwendbarkeit der Rom I-VO auf Tarifverträge nach deutschem Recht 73
a) Arbeitsrechtliche Sonderregelung in Art. 8 Rom I-VO 73
b) Rechtswahl nach Art. 3 f. Rom I-VO 74
aa) Problemstellung 74
bb) Unzulässigkeit wegen Abwahl der inländischen Rechtsordnung 75
cc) Gesellschaftspolitischer Zusammenhang 77
dd) Schuldverhältnis im Sinn der Verordnung 79
(1) Der Begriff des Schuldverhältnisses 79
(2) Normative Bindung 81
(3) Tarifautonomie versus staatlich abgeleitete Rechtssetzungskompetenz 86
(4) Ergebnis 89

ee) Grenzen der Rechtswahl ... 90
ff) Anerkennung des geltenden Tarifrechts als Hindernis? ... 93
3. Rechtswahl nach britischem Recht ... 94
a) Diskussion zum britischen Kollektivvertrag ... 94
b) Anwendbarkeit der Rom I-Verordnung ... 95
4. Objektive Anknüpfung ... 98
5. Zwischenergebnis ... 100
II. Sonderanknüpfung und Grenzen der Rechtswahl ... 101
1. Allgemein ... 101
a) Eingriffsnormen ... 101
aa) Definition ... 101
bb) Normbegriff ... 102
cc) Zwingender Charakter ... 102
dd) Internationaler Zwang und öffentliches Interesse ... 103
ee) Sonderprivatrecht als Eingriffsnorm ... 104
b) Ordre public ... 104
aa) Inhalt und Rechtsfolge ... 104
bb) Verhältnis zu Art. 9 Rom I-VO und Folgen ... 106
2. Berechtigung zum Abschluss von Tarifverträgen ... 107
a) Nach deutschem Recht ... 107
aa) Meinungsstand ... 107
bb) Analyse und Stellungnahme ... 110
b) Nach britischem Recht ... 114
aa) Exkurs: Sec. 289 TULRCA 1992 ... 114
bb) Anerkennung als Verhandlungspartner ... 115
cc) Gewerkschaftliche Unabhängigkeit ... 116
c) Folgerungen ... 118
3. Tarifbindung und Tarifwirkung ... 120
a) Nach deutschem Recht ... 121
aa) Meinungsstand ... 121
bb) Analyse und Stellungnahme ... 122
b) Nach britischem Recht ... 126

c) Folgerungen ... 131
4. Abschluss und Inhalt von Tarifverträgen ... 134
a) Verfahren zum Abschluss ... 134
b) Form ... 134
c) Inhalt ... 136
aa) Auslegung ... 136
bb) Regelung der Arbeitsbedingungen ... 137
(1) Kongruentes Arbeitsvertragsstatut? ... 137
(2) Gesetzliche Öffnungsklauseln ... 139
cc) Regelung des Betriebsverhältnisses ... 141
III. Ergebnisse ... 143

D. Arbeitskampfrecht ... 147

I. Rom II-Verordnung ... 147
1. Das Arbeitskampfstatut nach Art. 9 Rom II-VO ... 148
a) Anwendungsbereich ... 148
aa) Sachlich ... 148
bb) Persönlich ... 150
b) Anwendbares Recht nach Art. 9 Rom II-VO ... 150
c) Rechtswahl ... 151
2. Konsequenzen für grenzüberschreitende Arbeitskämpfe ... 152
a) Funktion des Arbeitskampfs ... 152
aa) Die britische Perspektive ... 152
bb) Die deutsche Perspektive ... 154
b) Unterstützungsstreik ... 155
c) Rechtswahl als Ausweg? ... 156
II. Konsequenzen für einen transnationalen Tarifvertrag ... 157

E. Europäische Koalitionsfreiheit ... 161

I. Schutzbereich ... 161
1. Verweisregelung ... 162

a) Verweis auf Recht der Mitgliedsstaaten ... 162
b) Verweis auf Unionsrecht ... 164
c) Zwischenergebnis ... 166
2. Persönlicher Schutzbereich ... 167
3. Sachlicher Schutzbereich ... 168
a) Aushandeln von Tarifverträgen ... 168
b) Kollektive Maßnahmen ... 169
4. Grundrechtsadressaten ... 171
II. Beschränkung und Rechtfertigung ... 173
1. Allgemein ... 174
a) Schranke des Art. 28 EuGRC ... 174
b) Schranken-Schranke ... 176
aa) Verhältnismäßigkeitsgrundsatz ... 176
bb) Wesensgehaltsgarantie ... 177
2. Verhältnis zu anderen Grundrechten ... 177
3. Verhältnis zu den Grundfreiheiten ... 178
a) Die Entscheidung Viking ... 179
aa) Sachverhalt ... 179
bb) Entscheidungsgründe ... 180
b) Die Entscheidung Laval ... 181
aa) Sachverhalt ... 181
bb) Entscheidungsgründe ... 182
c) Bedeutung der Entscheidungen ... 183
aa) Bindung der Gewerkschaften an die Grundfreiheiten ... 183
bb) Ausgleich zwischen Grundfreiheiten und Grundrecht ... 186
(1) Prüfungsmaßstab ... 187
(2) Stellungnahme ... 188
cc) Zwischenergebnis ... 191
dd) Exkurs: Entwurf einer Verordnung ... 192
(1) Inhalt der Verordnung ... 193
(2) Einschätzung ... 194
III. Folgerungen ... 194

1. Tarifverhandlungen und Tarifverträge ... 194
2. Transnationale Arbeitskämpfe ... 195

F. Alternative Umsetzungsmöglichkeiten ... 197

I. Der Soziale Dialog ... 197
1. Der Soziale Dialog nach Art. 155 AEUV ... 197
a) Der Begriff der Sozialpartner ... 197
b) Sektoraler Sozialer Dialog ... 200
c) Vereinbarung oder Vertrag ... 200
d) Durchführung der Vereinbarung ... 201
aa) Durch Kommission und Rat ... 201
bb) Durch Sozialpartner und Mitgliedsstaaten ... 202
e) Bisherige Ergebnisse des Sozialen Dialogs ... 203
2. Grundlage für einen europäischen Tarifvertrag? ... 204
a) Die deutsche Diskussion ... 205
b) Die britische Diskussion ... 208
c) Stellungnahme ... 209
d) Exkurs: Die Ales-Studie ... 215
3. Ergebnis ... 217

II. International Framework Agreements ... 218
1. Allgemeines ... 218
2. Inhalt ... 218
3. Zustandekommen und Rechtswirkung ... 219
4. Stellungnahme ... 221

III. Zusammenfassung ... 223

G. Ergebnisse und Schlussbemerkung ... 225

Abkürzungsverzeichnis

AC	Law Reports: Appeal Cases
ACAS	Advisory, Conciliation and Arbitration Service
AEUV	Vertrag über die Arbeitsweise der Europäischen Union
Amtsbl.	Amtsblatt der Europäischen Gemeinschaften
AP	Arbeitsrechtliche Praxis
AR-Blattei SD	Arbeitsrechts-Blattei Systematische Darstellungen
AuR	Arbeit und Recht
BAG	Bundesarbeitsgericht
BAGE	Entscheidungen des Bundesarbeitsgerichts
BB	Betriebs-Berater
Begr.	Begründer
BetrVG	Betriebsverfassungsgesetz
BGB	Bürgerliches Gesetzbuch
BGH	Bundesgerichtshof
BGHZ	Entscheidungen des Bundesgerichtshofs in Zivilsachen
BJIR	British Journal of Industrial Relations
BT-Drs.	Bundestags-Drucksache
BVerfG	Bundesverfassungsgericht
BVerfGE	Entscheidungssammlung des Bundesverfassungsgerichts
CAC	Central Arbitration Committee
Comp.Lab.L.& Pol'y J.	Comparative Labor Law & Policy Journal
DGB	Deutscher Gewerkschaftsbund
EG	Europäische Gemeinschaft
EGBGB	Einführungsgesetz zum Bürgerlichen Gesetzbuch
EGMR	Europäischer Gerichtshof für Menschenrechte
EGV	Vertrag zur Gründung der Europäischen Gemeinschaft
EMRK	Europäische Konvention für Menschenrechte
ErwGr.	Erwägungsgrund
EU	Europäische Union
EuGH	Europäischer Gerichtshof
EuGRC	Charta der Grundrechte der Europäischen Union
EUV	Vertrag über die Europäische Union

EuZA	Europäische Zeitschrift für Arbeitsrecht
EuZW	Europäische Zeitschrift für Wirtschaftsrecht
EVÜ	Europäisches Schuldvertragsübereinkommen
FS	Festschrift
GA	Generalanwalt
GG	Grundgesetz
GS	Gedächtnisschrift
ICR	Industrial Court Reports
IJCLLIR	The International Journal of Comparative Labour Law and Industrial Relations
ILJ	Industrial Law Journal
IPR	Internationales Privatrecht
IPRax	Praxis des Internationalen Privat- und Verfahrensrechts
IRLR	Industrial Relations Law Reports
ITF	Internationale Transportarbeiter-Föderation
JZ	Juristenzeitung
MPLR	The Maternity and Parental Leave etc. Regulations
NVwZ	Neue Zeitschrift für Verwaltungsrecht
NZA	Neue Zeitschrift für Arbeitsrecht
OECD	Organisation for Economic Co-operation and Development
PIL	Private International Law
QB	Law Reports: Queens Bench
RabelsZ	Rabels Zeitschrift für ausländisches und internationales Privatrecht
RdA	Recht der Arbeit
Rom I-VO	Verordnung 593/2008/EG
Rom II-VO	Verordnung 864/2007/EG
Rs.	Rechtssache
SAE	Sammlung arbeitsrechtlicher Entscheidungen
Slg.	Die Sammlung der Rechtsprechung des EuGH
SR	Soziales Recht
TULRCA 1992	Trade Union and Labour Relations (Consolidation) Act 1992
TVG	Tarifvertragsgesetz
UrhG	Gesetz über Urheberrecht und verwandte Schutzrechte

VO	Verordnung
WTR	Working Time Regulations
ZESAR	Zeitschrift für europäisches Sozial- und Arbeitsrecht
ZfA	Zeitschrift für Arbeitsrecht
ZIAS	Zeitschrift für ausländisches und internationales Arbeits- und Sozialrecht
ZVglRWiss	Zeitschrift für Vergleichende Rechtswissenschaft

Literaturverzeichnis

Advisory, Conciliation and Arbitration Service: Code of Practice 2 – Disclosure of information to trade unions for collective bargaining purposes, 2003, abrufbar unter: http://www.acas.org.uk/media/pdf/l/p/Code_of_Practice_-_Disclosure_of_information_to_trade_unions-accessible-version-July-2011.pdf (zuletzt abgerufen am 16. Juli 2015).

Ales, Edoardo: Der transnationale Kollektivvertrag zwischen Vergangenheit, Gegenwart und Zukunft, in: Zeitschrift für europäisches Sozial- und Arbeitsrecht 2007, S. 150–154.

Ales, Edoardo / Engblom, S. / Jaspers, T. / Laulom, S. / Sciarra, S. / Sobczak, A. / Valdés Dal-Ré, F.: Transnational Collective Bargaining: Past, Present and Future – Final Report, 2006,abrufbar unter: http://www.ec.europa.eu/social/BlobServlet?docId=4641&langId=en (zuletzt abgerufen am 16. Juli 2015).

Barnard, Catherine: EU Employment Law, 4. Auflage, Oxford 2012.

–: The European Court of Justice as a *common law* court? Viking and Laval in the United Kingdom, in: Neue Zeitschrift für Arbeitsrecht-Beilage 2011, S. 122–125.

Basedow, Jürgen: Theorie der Rechtswahl oder Parteiautonomie als Grundlage des Internationalen Privatrechts, in: Rabels Zeitschrift für ausländisches und internationales Privatrecht 75. Jahrgang 2011, S. 32–59.

Bayreuther, Frank: Das Verhältnis zwischen nationalem Streikrecht und der EU-Wirtschaftsverfassung, in: Europäische Zeitschrift für Arbeitsrecht 2008, S. 295–408.

Beale, H. G. (Hrsg.): Chitty on Contracts, 31. Auflage, London 2012 (zitiert als: *Bearbeiter*/Beale, Chitty on Contracts).

Bercusson, Brian: Democratic Legitimacy and European Labour Law, in: Industrial Law Journal 1999,S. 153–170.

–: European Labour Law, 2. Auflage, Cambridge 2009.

Bernard, Nick: Legitimising EU Law: Is the Social Dialogue the Way Forward? Some Reflections Around the UEAPME Case, in: Shaw, Jo (Hrsg.), Social Law and Policy in an Evolving European Union, Oxford – Portland 2000, S. 279–302.

Birk, Rolf: Das Arbeitskollisionsrecht der Bundesrepublik Deutschland, in: Recht der Arbeit 1984, S. 129–139.

–: Das internationale Arbeitsrecht der Bundesrepublik Deutschland, in: Rabels Zeitschrift für ausländisches und internationales Privatrecht, 46. Jahrgang 1982, S. 384–420.

–: Internationales Tarifvertragsrecht – Eine kollisionsrechtliche Skizze, in: Sandrock, Otto (Hrsg.): Festschrift für Günther Beitzke zum 70. Geburtstag, Berlin 1979,S. 831–872.

–: Vereinbarungen der Sozialpartner im Rahmen des Sozialen Dialogs und ihre Durchführung, in: Europäische Zeitschrift für Wirtschaftsrecht 1997, S. 453–459.

Blank, Michael: Europäische Kollektivverträge und Sozialer Dialog, in: Däubler, Wolfgang; Bobke, Manfred; Kehrmann, Karl (Hrsg.), Arbeit und Recht: Festschrift für Albrecht Gnade zum 65. Geburtstag, Köln 1992, S. 649–660.

Brecht-Heitzmann, Holger / Kempen, Otto Ernst / Schubert, Jens M. / Seifert, Achim (Hrsg.): Kempen/Zachert TVG Tarifvertragsgesetz, 5. Auflage, Frankfurt am Main 2014 (zitiert als: *Bearbeiter*/Kempen/Zachert, TVG).

Bryde, Brun-Otto: Europäisches Grundrecht der Tarifautonomie und europäisches Sozialstaatsprinzip als Schranken europäischer Wirtschaftsregulierung, in: Soziales Recht 2012, S. 2–16.

Calliess, Christian / Ruffert, Matthias (Hrsg.): EUV/AEUV. Das Verfassungsrecht der Europäischen Union mit Europäischer Grundrechtecharta, 4. Auflage, München 2011 (zitiert als: *Bearbeiter*/Calliess/Ruffert, EUV/AEUV).

Certification Office for Trade Unions and Employers' Associations: INDEPENDENCE. A guide for trade unions wishing to apply for a certificate of independence, Revised August 2013, abrufbar unter:https://www.gov.uk/government/publications/how-trade-unions-apply-for-a-certificate-of-independence (zuletzt abgerufen am 16. Juli 2015).

Collins, Hugh / Ewing, Keith / McColgan Aileen: Labour Law, Cambridge 2012.

Collins of Mapesbury, Lord (Hrsg.): Dicey, Morris and Collins on The Conflict of Laws, 15. Auflage, London 2012 (zitiert als: *Collins*, Conflict of Laws).

Danwitz, Thomas von: Grundfreiheiten und Kollektivautonomie, in: Europäische Zeitschrift für Arbeitsrecht 2010, S. 6–18.

Däubler, Wolfgang (Hrsg.): Arbeitskampfrecht. Handbuch für die Rechtspraxis, 3. Auflage, Baden-Baden 2011 (zitiert als: *Bearbeiter*/Däubler, ArbKampfR).

–: Europäische Tarifverträge nach Maastricht, in: Europäische Zeitschrift für Wirtschaftsrecht 1992, S. 329–336.

–: Tarifvertragsgesetz mit Arbeitnehmer-Entsendegesetz, 3. Auflage, Baden-Baden 2012 (zitiert als: *Bearbeiter*/Däubler, TVG).

Davies, Anne C. L.: One Step Forward, Two Steps Back? The Viking and Laval Cases in the ECJ, in: Industrial Law Journal, S. 126–148.

–: Trade Union Recognition and Collective Bargaining in English Law, in: Europäische Zeitschrift für Arbeitsrecht 2010, S. 37–47.

Davies, Paul / Freedland, Mark: Labour Legislation and Public Policy, Oxford 1993.

–: Labour Law: Text and Materials, 2. Auflage, London 1984.

–: Towards a Flexible Labour Market. Labour Legislation and Regulation since the 1990s, Oxford 2007.

Deakin, Simon / Morris, Gillian S.: Labour Law, 6. Auflage, Oxford 2012.

Deakin, Simon / Johnston, Angus / Markesinis, Basil: Markesinis and Deakin's Tort Law, 7. Auflage, Oxford 2013.

Deinert, Olaf: Arbeitskampf und anwendbares Recht, in: Zeitschrift für europäisches Sozial- und Arbeitsrecht, S. 311–318.

–: Der europäische Kollektivvertrag. Rechtstatsächliche und rechtsdogmatische Grundlagen einer gemeineuropäischen Kollektivvertragsautonomie, Baden-Baden 1999.

–: Internationales Arbeitsrecht, Tübingen 2013.

–: Internationales Arbeitsrecht und Tarifvertrag, in: Creutzfeldt, Malte / Hanau, Peter / Thüsing, Gregor / Wißmann, Hellmut (Hrsg.), Arbeitsgerichtsbarkeit und Wissenschaft. Festschrift für Klaus Bepler zum 65. Geburtstag, München 2012, S. 75–85.

–: Kollektive Regelungsinstrumente des englischen Arbeitsrechts im europäischen Vergleich, in: Zeitschrift für Arbeitsrecht 1999, S. 361–402.

–: Neues Internationales Arbeitsvertragsrecht, in: Recht der Arbeit 2009, S. 144–154.

–: Partizipation europäischer Sozialpartner an der Gemeinschaftsrechtssetzung, in: Recht der Arbeit 2004, S. 211–226.

Deutscher Gewerkschaftsbund: Stellungnahme des Deutschen Gewerkschaftsbundes zum Vorschlag für eine Verordnung des Rates über die Ausübung des Rechts auf Durchführung kollektiver Maßnahmen im Kontext der Niederlassungs- und der Dienstleistungsfreiheit (Monti II) v. 21. März 2012, abrufbar unter: http://www.dgb.de/repository/storage/ccc02e94-a4c8-11e1-5ae4-00188b4dc422/file/DGB-Stellungnahme-Monti-II.pdf (zuletzt abgerufen am 16. Juli 2015).

Drouin, Renée-Claude: Promoting Fundamental Labor Rights through International Framework Agreements: Practical Outcomes and Present Challenges, in: Comparative Labor Law & Policy Journal, Volume 31, 2009–2010, S. 591–636.

Dukes, Ruth: The Statutory Recognition Procedure 1999: No Bias in Favour of Recognition?, in: Industrial Law Journal 2008, S. 236–267.

Ebenroth, Carsten Thomas / Fischer, Rafael / Sorek, Christoph: Das Kollisionsrecht der Fracht-, Passage- und Arbeitsverträge im internationalen

Seehandelsrecht, in: Zeitschrift für Vergleichende Rechtswissenschaft 88. Band 1989, S. 124–148.

Ehlers, Peter: Flaggenrechtsgesetz, 3. Auflage, Baden-Baden 2014.

Eidenmüller, Horst: Recht als Produkt, in: Juristenzeitung 2009, S. 641–653.

Europäische Kommission: Industrial Relations in Europe 2014, Februar 2015, abrufbar unter: http://ec.europa.eu/social/BlobServlet?docId=13500&langId=en (zuletzt abgerufen am 16. Juli 2015).

–: Mitteilung der Kommission, Anpassung und Förderung des Sozialen Dialogs auf Gemeinschaftsebene, vom 20.05.1998, KOM (98) 322 endg.

–: Vademekum. Unterstützung des sozialen Dialogs auf EU-Ebene durch die Kommission. Ein praktischer Leitfaden für die europäischen Organisationen der Sozialpartner und deren nationale Mitglieder, Mai 2014, abrufbar unter: http://ec.europa.eu/social/BlobServlet?docId=11718&langId=de (zuletzt abgerufen am 16. Juli 2015).

Evju, Stein: Die Zukunft der Kollektivautonomie und das nordische Modell, in: Europäische Zeitschrift für Arbeitsrecht 2010, S. 48–61.

–: Fundamental Social Rights vs. Fundamental Freedoms, in: Europäische Zeitschrift für Arbeitsrecht 2013, S. 312–323.

Ewing, Keith D.: British Labour Law and Private International Law Report, in: Dorssemont, Filip / van Hoek, Aukje / Jaspers, Teun (Hrsg.), Cross-Border Collective Actions in Europe: A Legal Challenge, Antwerpen – Oxford 2007, S. 217–243.

–: International Regulation of the Global Economy – The Role of Trade Unions, in: Bercusson, Brian / Estlund, Cynthia (Hrsg.), Regulating Labour in the Wake of Globalisation. New Challenges, New Institutions, Oxford and Portland 2008, S. 205–226.

–: The Function of Trade Unions, in: Industrial Law Journal 2005, S. 1–22.

–: Trade Union Recognition and Staff Associations – A Breach of International Labour Standards?, in: Industrial Law Journal 2000, S. 267–273.

Ewing, Keith D. / Hendy, John: The Dramatic Implications of Demir and Baykara, in: Industrial Law Journal 2010, S. 2–51.

Ewing, Keith D. / Morris, Gillian: Labour Law, in: Hayton, David (Hrsg.), Law's Future(s), Oxford 2000, S. 233–250.

Ferrari, Franco / Kieninger, Eva-Maria / Mankowski, Peter / Otte, Karsten / Saenger, Ingo / Schulze, Götz / Staudinger, Ansgar: Internationales Vertragsrecht. Rom I-VO, CISG, CMR, FactÜ, 2. Auflage, München 2012 (zitiert als: *Bearbeiter*/Ferrari et al.).

Fitting, Karl (Begr.): Betriebsverfassungsgesetz. Handkommentar, 27. Auflage, München 2014.

Franzen, Martin: Das Ende der Tarifeinheit und die Folgen, in: Recht der Arbeit 2008, S. 193–205.

–: Europäische Grundfreiheiten und nationales Arbeitskampfrecht, in: Festschrift für Herbert Buchner zum 70. Geburtstag, München 2009, S. 231–244.

–: Internationales Arbeitsrecht, in: Arbeitsrechts-Blattei Systematische Darstellungen, Nr. 920, 5. Lieferung, Oktober 1993.

Frenz, Walter: Annäherung von europäischen Grundrechten und Grundfreiheiten, in: Neue Zeitschrift für Verwaltungsrecht 2011, S. 961–965.

Fredman, Sandra: Social Law in the European Union: The impact of the lawmaking process, in: Craig, Paul / Harlow, Carol (Hrsg.), Lawmaking in the European Union, London 1998, S. 386–411.

Fuchs, Maximilian / Mahrhold, Franz: Europäisches Arbeitsrecht, 3. Auflage, Wien 2010.

Fudickar, Antje: Parteiautonome Anknüpfung grenzüberschreitender Tarifverträge in der Europäischen Union, Baden-Baden 2005.

Gamillscheg, Franz: Internationales Arbeitsrecht (Arbeitsverweisungsrecht), Berlin-Tübingen 1959.

–: Kollektives Arbeitsrecht. Ein Lehrbuch. Band I: Grundlagen/Koalitionsfreiheit/Tarifvertrag/Arbeitskampf und Schlichtung, München 1997.

Giuliano, Mario / Lagarde, Paul: Bericht über das Übereinkommen über das auf vertragliche Schuldverhältnisse anzuwendende Recht, in: Amtsblatt der Europäischen Gemeinschaften vom 31.10.1980, Nr. C-282.

Hanau, Peter: Die europäische Grundrechtecharta – Schein und Wirklichkeit im Arbeitsrecht, in: Neue Zeitschrift für Arbeitsrecht 2010, S. 1–6.

Heimann, Elena: Substantielle Vereinbarungen Europäischer Betriebsräte: Praxis und Recht, Frankfurt am Main 2014.

Heinze, Christian: Der internationale Arbeitskampf, in: Rabels Zeitschrift für ausländisches und internationales Privatrecht 2009, S. 770–792.

Heinze, Meinhard: Die Rechtsgrundlagen des sozialen Dialogs auf Gemeinschaftsebene, in: Zeitschrift für Arbeitsrecht 1997, S. 505–521.

Hepple, Bob: Enforcement: the law and politics of cooperation and compliance, in: Hepple, Bob (Hrsg.), Social and Labour Rights in a Global Context. International and Comparative Perspectives, Cambridge 2002, S. 238–257.

–: European Social Dialogue – Alibi or Opportunity?, London and Worthing 1993.

–: Hepple & O'Higgins: Employment Law, 4. Auflage, London 1981.

-: Labour Laws and Global Trade, Oxford 2005.

Hergenröder, Curt Wolfgang: Internationales Tarifvertragsrecht, in: Arbeitsrechts-Blattei Systematische Darstellungen, Nr. 1550.15, 50. Lieferung, Februar 1998.

Herresthal, Carsten: Die Re-Individualisierung des kollektiven Arbeitsrechts, in: Europäische Zeitschrift für Arbeitsrecht 2011, S. 3–29.

Hornung-Draus, Renate: Europäischer Sozialer Dialog – Entwicklungsperspektiven und Grenzen aus der Sicht der Arbeitgeber, in: Höland, Armin / Hohmann-Dennhardt, Christine / Schmidt, Marlene / Seifert, Achim (Hrsg.), Arbeitnehmermitwirkung in einer sich globalisierenden Arbeitswelt. Liber Amicorum Manfred Weiss, Berlin 2005, S. 205–215.

Huber, Peter M.: Auslegung und Anwendung der Charta der Grundrechte, in: Neue Juristische Wochenschrift 2011, S. 2385–2390.

Jacobs, Matthias / Krause, Rüdiger / Oetker, Hartmut / Schubert, Claudia: Tarifvertragsrecht, 2. Auflage, München 2013 (zitiert als: *Bearbeiter*/Jacobs et al., TVG).

Jarass, Hans D.: Charta der Grundrechte der Europäischen Union unter Einbeziehung der vom EuGH entwickelten Grundrechte, der Grundrechtsregelungen der Verträge und der EMRK, 2. Auflage, München 2013.

Junker, Abbo: Internationales Arbeitsrecht im Konzern, Tübingen 1992.

–: Zwingendes ausländisches Recht und deutscher Tarifvertrag, in: Praxis des Internationalen Privat- und Verfahrensrechts 1994, S. 21–27.

–: Das Internationale Arbeitsrecht im Spiegel der Rechtsprechung, in: Oetker, Hartmut / Preis, Ulrich / Rieble, Volker (Hrsg.): 50 Jahre Bundesarbeitsgericht, München 2004, S. 1197–1218.

–: Grundfreiheiten und „kollektive Maßnahmen“ – Die Urteile des EuGH in Sachen Viking Line und Laval, in: Sammlung Arbeitsrechtlicher Entscheidungen 2008, S. 209–217.

Keller, Berndt: Social Dialogue – The Specific Case of the European Union, in: The International Journal of Comparative Labour Law and Industrial Relations 2008, S. 201–227.

Keune, Maarten / Marginson, Paul: Transnational Industrial Relations as Multi-Level Governance: Interdependencies in European Social Dialogue, in: British Journal of Industrial Relations 2013, S. 473–497.

Kidner, Richard: Jurisdiction and Choice of Law in International Trade Disputes, in: Industrial Law Journal 1994, S. 109–126.

Kissel, Otto Rudolf: Arbeitskampfrecht. Ein Leitfaden, München 2002.

Knöfel, Oliver L.: Internationales Arbeitskampfrecht nach der Rom II-Verordnung, in: Europäische Zeitschrift für Arbeitsrecht 2008, S. 228–250.

Kocher, Eva: Wer schützt die Beschäftigten im transnationalen Standortwettbewerb?, in: Dieterich, Thomas et al. (Hrsg.): Individuelle und kollektive Freiheit im Arbeitsrecht. Gedächtnisschrift für Ulrich Zachert, Baden-Baden 2010, S. 37–50.

-: Kollektivverhandlungen und Tarifautonomie – welche Rolle spielt das europäische Recht?, in: Arbeit und Recht 2008, S. 13–18.

Lehmann, Friedrich-Wilhelm: EuGH zur Abgrenzung von Tarifautonomie und Europarecht, in: Betriebs-Berater 2012, S. 117–124.

Leible, Stefan: Parteiautonomie im IPR – Allgemeines Anknüpfungsprinzip oder Verlegenheitslösung?, in: Mansel, Heinz-Peter et al. (Hrsg.): Festschrift für Erik Jayme, München 2004, S. 485–503.

Lewis, Roy: Strike-free Deals and Pendulum Arbitration, in: British Journal of Industrial Relations 1990, S. 32–56.

Löwisch, Manfred / Rieble, Volker: Tarifvertragsgesetz. Kommentar, 3. Auflage, München 2012.

Lohmann, Rolf: Grenzüberschreitende Firmentarifverträge. Zur Rolle von Tarifverträgen im EG-Binnenmarkt, Baden-Baden 1993.

Maeßen, Charlotte: Auswirkung der EuGH-Rechtsprechung auf das deutsche Arbeitskampfrecht. Unter besonderer Berücksichtigung der Entscheidungen in den Rechtssachen Viking und Laval, Bochum 2010.

Magnus, Ulrich: Die Rom I-Verordnung, in: Praxis des Internationalen Privat- und Verfahrensrechts 2010, S. 27–44.

Maier, Andreas: EuGH vom 08.09.2011, C-297/10 mit Anmerkungen, in: Zeitschrift für europäisches Sozial- und Arbeitsrecht 2012, S. 234–245.

Maultzsch, Felix: Rechtswahl und ius cogens im Internationalen Schuldvertragsrecht, in: Rabels Zeitschrift für ausländisches und internationales Privatrecht, 75. Jahrgang 2011, S. 60–101.

McColgan, Aileen: Trade Union and Labour Relations (Consolidated) Act 1992, in: Industrial Law Journal 1993, S. 32–33.

Merrett, Louise: Employment Contracts in Private International Law, Oxford 2011.

Meyer, Jürgen (Hrsg.): Charta der Grundrechte der Europäischen Union, 4. Auflage, Baden-Baden 2014 (zitiert als: *Bearbeiter*/Meyer EuGRC).

Morris, Gillian S.: Industrial Action: Public and Private Interests, in: Industrial Law Journal 1993, S. 194–210.

Müller-Glöge, Rudi / Preis, Ulrich / Schmidt, Ingrid (Hrsg.): Erfurter Kommentar zum Arbeitsrecht, 15. Auflage, München 2015 (zitiert als: *Bearbeiter*/Erfurter).

Nettesheim, Martin (Hrsg.): Das Recht der Europäischen Union: EUV/AEUV, 55. Ergänzungslieferung, München 2015 (zitiert als: *Bearbeiter*/Nettesheim, EUV/AEUV).

Orth, John V.: Combination and Conspiracy. A Legal History of Trade Unionism, 1721–1906, Oxford 1991.

Otto, Hansjörg: Arbeitskampf- und Schlichtungsrecht, München 2006.

–: Das konturlose Arbeitskampfrecht des BAG. Vom Arbeitskampf als *ultima ratio* zur nahezu unbeschränkten Kampffreiheit?, in: Recht der Arbeit 2010, S. 135–148.

Pfeiffer, Thomas: Neues Internationales Vertragsrecht – Zur Rom I-Verordnung, in: Europäische Zeitschrift für Wirtschaftsrecht 2008, S. 622–629.

Plender, Richard / Wilderspin, Michael: The European Private International Law of Obligations, 3. Auflage, London 2009.

Prassl, Jeremias: The Right to Strike: United Kingdom, in: Waas, Bernd (Hrsg.), The Right to Strike – A Comparative View, Alphen aan den Rijn 2014, S. 551–566.

Rauscher, Thomas (Hrsg.): Europäisches Zivilprozess- und Kollionsrecht EuZPR/EuIPR. Rom I-VO-Rom II-VO, Bearbeitung 2011, München 2011 (zitiert als: *Bearbeiter*/Rauscher, EuZPR/EuIPR).

Rebhahn, Robert: Grundfreiheit vor Arbeitskampf – der Fall Viking, in: Zeitschrift für europäisches Sozial- und Arbeitsrecht 2008, S. 109–117.

–: Überlegungen zur Bedeutung der Charta der Grundrechte der EU für den Streik und für die Kollektive Rechtsgestaltung, in: Söllner, Alfred / Gitter, Wolfgang / Waltermann, Raimund / Giesen, Richard / Ricken, Oliver (Hrsg.), Gedächtnisschrift für Meinhard Heinze, München 2005, S. 649–660.

Reich, Norbert: Gemeinschaftliche Verkehrsfreiheiten versus Nationales Arbeitskampfrecht, in: Europäische Zeitschrift für Wirtschaftsrecht 2007, S. 391–396.

Rieble, Volker: Der Tarifvertrag als kollektiv-privatautonomer Vertrag, in: Zeitschrift für Arbeitsrecht 2000, S. 5–27.

Rieble, Volker / Kolbe, Sebastian: Vom Sozialen Dialog zum europäischen Kollektivvertrag?, in: Europäische Zeitschrift für Arbeitsrecht 2008, S. 453–481.

Richardi, Reinhard / Wlotzke, Otfried (Hrsg.): Münchener Handbuch zum Arbeitsrecht. Band 1 Individualarbeitsrecht I, 2. Auflage, München 2000 (zitiert als: *Bearbeiter*/MünchArbR 2000).

Richardi, Reinhard / Wißmann, Hellmut / Wlotzke, Otfried / Oetker, Hartmut (Hrsg.): Münchener Handbuch zum Arbeitsrecht. Band 1 Individualarbeitsrecht, 3. Auflage München 2009 (zitiert als: *Bearbeiter*/MünchArbR 2009).

Richardi, Reinhard: Verbandsmitgliedschaft und Tarifgeltung als Grundprinzip der Tarifautonomie, in: Neue Zeitschrift für Arbeitsrecht 2013, S. 408–412.

Roth, Wulf-Henning: Savigny, Eingriffsnormen und die Rom I-Verordnung, in: Baur, Jürgen F. / Sandrock, Otto / Scholtka, Boris / Shapira, Amos (Hrsg.), Festschrift für Gunther Kühne zum 70. Geburtstag, Frankfurt am Main 2009, S. 859–879.

Säcker, Franz Jürgen / Rixecker, Roland (Hrsg.): Münchener Kommentar zum Bürgerlichen Gesetzbuch. Band 5 Schuldrecht Besonderer Teil III, 6. Auflage, München 2013 (zitiert als: *Bearbeiter*/MüKo Bd. 5).

–: Münchener Kommentar zum Bürgerlichen Gesetzbuch. Band 10 Internationales Privatrecht, 6. Auflage, München 2015 (zitiert als: *Bearbeiter*/MüKo Bd. 10).

Sagan, Adam: Das Gemeinschaftsgrundrecht auf Kollektivmaßnahmen – eine dogmatische Analyse des Art. 28 der Europäischen Grundrechtecharta, Köln 2008.

Schiek, Dagmar: Autonomous Collective Agreements as a Regulatory Device in European Labour Law: How to Read Article 139 EC, in: Industrial Law Journal 2005, S. 23–56.

Schlachter, Monika: Grenzüberschreitende Arbeitsverhältnisse, in: Neue Zeitschrift für Arbeitsrecht 2000, S. 57–64.

Schubert, Claudia: Der Tarifvertrag in den Schranken Europas – Die Tarifautonomie als Bestandteil der europäischen Wirtschaftsordnung, in: Zeitschrift für Arbeitsrecht 2013, S. 1–40.

–: Europäische Grundfreiheiten und nationales Arbeitskampfrecht im Konflikt. Zugleich eine Besprechung der Entscheidungen des EuGH v. 11.12.2007 – Rs. C-438/05 – Viking und v. 18.12.2007 – Rs. C-341/05 – Laval, in: Recht der Arbeit 2008, S. 289–299.

Schwarze, Jürgen / Becker, Ulrich / Hatje, Armin / Schoo, Johann (Hrsg.): EU-Kommentar, 3. Auflage, Baden-Baden 2012 (zitiert als: *Bearbeiter*/EU-Kommentar).

Seifert, Achim: Die Bedeutung von EMRK und GRCh für das deutsche kollektive Arbeitsrecht, in: Europäische Zeitschrift für Arbeitsrecht 2013, S. 205–220.

–: Die horizontale Wirkung von Grundrechten. Europarechtliche und rechtsvergleichende Überlegungen, in: Europäische Zeitschrift für Wirtschaftsrecht 2011, S. 696–702.

–: Global Employee Information and Consultation Procedures in Worldwide Enterprises, in: The International Journal of Comparative Labour Law and Industrial Relations 2008, S. 327–348.

Simpson, Bob: Strike Ballots and the Law: Round Six, in: Industrial Law Journal 2005, S. 331–337.

–: Judicial Control of the CAC, in: Industrial Law Journal 2007, S. 287–314.

–: Trade Disputes Legislation and the Economic Torts, in: Arvind, TT / Steel, Jenny (Hrsg.), Tort Law and the Legislature. Common law, Statute and the Dynamics of Legal Change, Oxford 2013, S. 105–128.

Smith, Ian / Baker, Aaron: Smith & Wood's Employment Law, 11. Auflage, Oxford 2013.

Sonnenberger, Hans-Jürgen: Eingriffsrecht – Das trojanische Pferd im IPR oder notwendige Ergänzung, in: Praxis des Internationalen Privat- und Verfahrensrechts 2003, S. 104–116.

Staudinger, Julius von (Begr.): Kommentar zum Bürgerlichen Gesetzbuch mit Einführungsgesetz und Nebengesetzen. Einführungsgesetz zum Bürgerlichen Gesetzbuch/IPR, Einleitung zur Rom I-VO; Art. 1–10 Rom I-VO (Internationales Vertragsrecht 1), Neubearbeitung 2011, Berlin (zitiert als: *Bearbeiter*/Staudinger, Internationales VertragsR 1).

–: Kommentar zum Bürgerlichen Gesetzbuch mit Einführungsgesetz und Nebengesetzen. Einführungsgesetz zum Bürgerlichen Gesetzbuch/IPR, Art. 11–29 Rom I-VO; Art 46b, c EGBGB (Internationales Vertragsrecht 2), Neubearbeitung 2011, Berlin (zitiert als: *Bearbeiter*/Staudinger, Internationales VertragsR 2).

–: Kommentar zum Bürgerlichen Gesetzbuch mit Einführungsgesetz und Nebengesetzen. Einleitung zum Bürgerlichen Gesetzbuch; Buch 1: Allgemeiner Teil, §§ 1–14; Verschollenheitsgesetz (Einleitung zum BGB und Allgemeiner Teil 1), Neubearbeitung 2013, Berlin (zitiert als: *Bearbeiter*/Staudinger, BGB AT 1).

–: Kommentar zum Bürgerlichen Gesetzbuch mit Einführungsgesetz und Nebengesetzen. Buch 1: Allgemeiner Teil, §§ 21–79 (Allgemeiner Teil 2), Neubearbeitung 2005, Berlin (zitiert als: *Bearbeiter*/Staudinger, BGB AT 2).

–: Kommentar zum Bürgerlichen Gesetzbuch mit Einführungsgesetz und Nebengesetzen. Buch 1: Allgemeiner Teil, §§ 90–124; 130–133 (Allgemeiner Teil 3), Neubearbeitung 2012, Berlin (zitiert als: *Bearbeiter*/Staudinger, BGB AT 3).

–: Kommentar zum Bürgerlichen Gesetzbuch mit Einführungsgesetz und Nebengesetzen. Buch 3: Sachenrecht, Einleitung zum Sachenrecht; §§ 854–882 (Allgemeines Liegenschaftsrecht 1), Neubearbeitung 2012, Berlin (zitiert als: *Bearbeiter*/Staudinger, Allg. LiegenschaftsR 1).

Steinmeyer, Heinz-Dietrich: Der Vertrag von Amsterdam und seine Bedeutung für das Arbeits- und Sozialrecht, in: Recht der Arbeit 2001, S. 10–22.

Stiller, Klaus Peter: Europäische Tarifverträge als Instrument der sozialen Integration der Gemeinschaft, in: Zeitschrift für ausländisches und internationales Arbeits- und Sozialrecht 1991, S. 194–222.

Streinz, Rudolf (Hrsg.): EUV/AEUV. Vertrag über die Europäische Union und Vertrag über die Arbeitsweise der Europäischen Union, 2. Auflage, München 2012 (zitiert als: *Bearbeiter*/Streinz, EUV/AEUV).

Tettinger, Peter J. / Stern, Klaus (Hrsg.): Kölner Gemeinschaftskommentar zur Europäischen Grundrechte-Charta, München 2006 (zitiert als: *Bearbeiter*/ GK-EuGRC).

Thüsing, Gregor: International Framework Agreements: Rechtliche Grenzen und praktischer Nutzen, in: Recht der Arbeit 2010, S. 78–93.

–: Mindestlohn im Spannungsverhältnis staatlicher und privatautonomer Regelung, in: Zeitschrift für Arbeitsrecht 2008, S. 590–640.

–: Rechtsfragen grenzüberschreitender Arbeitsverhältnisse, in: Neue Zeitschrift für Arbeitsrecht 2003, S. 1303–1312.

Thüsing, Gregor / Braun, Axel (Hrsg.): Tarifrecht. Handbuch, München 2011 (zitiert als: *Bearbeiter*/Thüsing/Braun, Tarifrecht).

Thüsing, Gregor / Traut, Johannes: Zur begrenzten Reichweite der Koalitionsfreiheit im Unionsrecht, in: Recht der Arbeit 2012, S. 65–73.

Treu, Tiziano: European Collective Bargaining Levels and the Competences of the Social Partners, in: Davies, Paul / Lyon-Caen, Antoine / Sciarra, Silvana / Simitis, Spiros (Hrsg.), European Community Labour Law: Principles and Perspectives. Liber Amicorum Lord Wedderburn of Charlton, Oxford 1996, S. 169–187.

van Boom, Willem H.: Torts, Courts, and Legislatures – Comparative Remarks on Civil Law Codifications of Tort Law, in: Arvind, TT / Steel, Jenny (Hrsg.), Tort Law and the Legislature. Common law, Statute and the Dynamics of Legal Change, Oxford 2013, S. 17–29.

van Hoek, Aukje: Private International Law Aspects of Collective Actions – Comparative Report, in: Dorssemont, Filip / van Hoek, Aukje / Jaspers, Teun (Hrsg.), Cross-Border Collective Actions in Europe: A Legal Challenge, Antwerpen – Oxford 2007, S. 425–468.

Waas, Bernd: Der soziale Dialog auf europäischer Ebene, in: Zeitschrift für europäisches Sozial- und Arbeitsrecht 2004, S. 443–451.

–: Der soziale Dialog auf Gemeinschaftsebene in neuem Licht, in: Höland, Armin / Hohmann-Dennhardt, Christine / Schmidt, Marlene / Seifert, Achim

(Hrsg.), Arbeitnehmermitwirkung in einer sich globalisierenden Arbeitswelt. Liber Amicorum Manfred Weiss, Berlin 2005, S. 193–203.

Wagner, Gerhard: Die neue Rom II-Verordnung, in: Praxis des internationalen Privat- und Verfahrensrechts 2008, S. 1–17.

Waltermann, Raimund: Auslegung von Art. 9 GG im Licht der europarechtlichen Gewährleistung der Tarifautonomie, in: Europäische Zeitschrift für Arbeitsrecht 2015, S. 15–29.

Walz, Stefan: Multinationale Unternehmen und internationaler Tarifvertrag, Baden-Baden 1981.

Wank, Rolf: Aktuelle Probleme des Arbeitskampfrechts. Unterstützungsstreik, Streik um Tarifsozialplan, Schadensersatz und einstweilige Verfügung, in: Recht der Arbeit 2009, S. 1–13.

Wedderburn, Lord Kenneth William: Common law, labour law, global law, in: Hepple, Bob (Hrsg.), Social and Labour Rights in a Global Context. International and Comparative Perspectives, Cambridge 2002, S. 19–54.

–: Companies and Employees: Common law or Social Dimension?, in: The Law Quarterly Review 1993, S. 220–262.

–: Consultation and Collective Bargaining in Europe: Success or Ideology?, in: Industrial Law Journal 1997, S. 1–34.

–: Freedom and the Frontiers of Labour Law, in: Lord Wedderburn, Labour Law and Freedom. Further Essays in Labour Law, London 1995, S. 350–437.

–: Inderogability, Collective Agreements, and Community Law, in: Industrial Law Journal 1992, 245–264.

–: The Worker and the Law, 3. Auflage, London 1986.

Weiss, Manfred: Die Bedeutung von Maastricht für die EG-Sozialpolitik, in: Däubler, Wolfgang / Bobke, Manfred / Kehrmann, Karl (Hrsg.), Arbeit und Recht. Festschrift für Albrecht Gnade zum 65. Geburtstag, Köln 1992, S. 583–596.

–: International Labour Standards: A Complex Public-Private Policy Mix, in: The International Journal of Comparative Labour Law and Industrial Relations 2013, S. 7–19.

–: Transnationale Kollektivvertragsstrukturen in der EG: Informalität oder Verrechtlichung?, in: Konzen, Horst / Krebber, Sebastian / Raab, Thomas / Veit, Barbara / Waas, Bernd (Hrsg.), Festschrift für Rolf Birk zum 70. Geburtstag, Tübingen 2008, S. 957–975.

–: Zur künftigen Rolle der Europäischen Union im Arbeitsrecht, in: Hanau, Peter / Lorenz, Egon / Matthes, Hans-Christoph (Hrsg.), Festschrift für Günther Wiese zum 70. Geburtstag, Neuwied und Kriftel (Taunus) 1998, S. 633–648.

Wiedemann, Herbert (Hrsg.): Tarifvertragsgesetz, 7. Auflage, München 2007 (zitiert als: *Bearbeiter*/Wiedemann, TVG).

Wiese, Günther / Kreutz, Peter / Oetker, Hartmut et al.: Gemeinschaftskommentar zum Betriebsverfassungsgesetz, 10. Auflage, Köln 2014 (zitiert als: *Bearbeiter*/GK-BetrVG).

Willemsen, Heinz Josef / Sagan, Adam: Die Auswirkungen der europäischen Grundrechtecharta auf das deutsche Arbeitsrecht, in: Neue Zeitschrift für Arbeitsrecht 2011, S. 258–262.

Wimmer, Norbert: Die Gestaltung internationaler Arbeitsverträge durch kollektive Normenverträge, Baden-Baden 1992.

–: Neuere Entwicklungen im internationalen Arbeitsrecht – Überlegungen zur Politik des Arbeitskollisionsrechts, in: Praxis des internationalen Privat- und Verfahrensrechts 1995, S. 207–214.

Wirtschafts- und Sozialwissenschaftliches Institut in der Hans-Böckler-Stiftung: Statistisches Taschenbuch. Tarifpolitik 2015, Düsseldorf 2015, abrufbar unter: http://www.boeckler.de/pdf/p_ta_tariftaschenbuch_2015.pdf (zuletzt abgerufen am 16. Juli 2015).

Wurmnest, Wolfgang: Das neue Internationale Arbeitsvertragsrecht der Rom I-Verordnung, in: Europäische Zeitschrift für Arbeitsrecht 2009, S. 481–499.

Zachert, Ulrich: „Jenseits des Tarifvertrags“? Sonstige Kollektivvereinbarungen der Koalitionen, in Neue Zeitschrift für Arbeitsrecht 2006, S. 10–14.

Zelfel, Anja: Der Internationale Arbeitskampf nach Art. 9 Rom II-Verordnung, Frankfurt am Main 2011.

Zimmer, Reingard: Entwicklungsperspektiven transnationaler Kollektivverhandlungen in Europa – Schaffung eines rechtlichen Rahmens für transnationale Kollektivverträge in der Europäischen Union, in: Europäische Zeitschrift für Arbeitsrecht 2013, S. 247–259.

–: Soziale Mindeststandards und ihre Durchsetzungsmechanismen. Sicherung internationaler Mindeststandards durch Verhaltenskodizes?, Baden-Baden 2008.

A. Einleitung

Die Globalisierung hat dazu geführt, dass immer mehr Unternehmen einen immer höheren Grad an Internationalisierung erreichen. Die Entscheidungsprozesse beschränken sich nicht nur auf die lokalen Betriebsstätten, sondern finden in einem globalen Kontext statt. Dies beeinflusst naturgemäß die Arbeitsbeziehungen: Der internationale Standortwettbewerb ist auch zu einem Wettbewerb um Arbeitsbedingungen geworden. Hand in Hand mit den Möglichkeiten moderner Informationstechnologien können Unternehmen ihre Geschäftstätigkeit flexibel über Ländergrenzen hinweg gestalten. Diese transnationale Flexibilität der Unternehmen und Arbeitgeber stellt die Arbeitnehmer heute vor andere Herausforderungen als die Industrialisierung des 19. Jahrhunderts. Dies führt *Wedderburn* zu der Annahme, dass „Arbeitnehmer kollektiv [...] in einer neuen Ära der Schwäche angekommen sind, da die Reichweite und Stärke ihrer Gewerkschaften schwindet“[1]. Der Grund hierfür sei die Schwierigkeit, transnationale Kollektivverhandlungen zu führen und darüber hinaus transnationalen Druck in Form von Arbeitskämpfen aufzubauen.[2]

Vor diesem Hintergrund ist die Thematik einer wirksamen Vertretung von Arbeitnehmerinteressen auf einer transnationalen Ebene nicht neu: Auch und gerade weil es nach wie vor an einer expliziten Regelung eines internationalen oder wenigstens europäischen Tarifvertragsrechts fehlt, waren vor allem in einem europäischen Kontext Grundlagen transnationaler Tarif- beziehungsweise Kollektivverträge aus juristischer Perspektive bereits Gegenstand vieler Untersuchungen.[3] Insbesondere in jüngerer Zeit haben aber die Auswirkungen des Lissabon-Vertrags und die Änderungen im Internationalen Privatrecht in vielfacher Hinsicht zu einer weiteren Vereinheitlichung europäischen Rechts geführt. Es erscheint daher vielversprechend, die rechtstatsächliche Möglichkeit transnationaler Tarifverträge auf Basis der aktuellen Entwicklungen und im Rahmen einer rechtsvergleichenden Betrachtung der Rechtsordnungen zweier Mitgliedsstaaten der Europäischen Union zu untersuchen.

Den äußeren Rahmen der Untersuchung soll somit die Europäische Union bilden, denn in der Europäischen Union existieren zum einen eigene Institutionen, die über Kompetenzen verfügen, übernationales Recht zu schaffen, das

1 *Wedderburn*, Common law, labour law, global law, S. 45.
2 Vgl. *Wedderburn*, Common law, labour law, global law, S. 42–45.
3 Vgl. den historischen Überblick bei *Schiek*/Däubler, TVG, Einleitung, Rn. 703–749.

die Mitgliedsstaaten bindet und das zudem Vorrang vor nationalem Recht genießt.[4] Zum anderen gewährleistet der Europäische Gerichtshof gemäß Art. 19 EUV eine gleichförmige Anwendung des Unionsrechts in allen Mitgliedsstaaten. Darüber hinaus hat sich die Europäische Union im Rahmen der Grundrechte-Charta auch zu einer grundlegenden gemeinsamen Werteordnung bekannt, zu der nach Art. 28 EuGRC auch die Koalitionsfreiheit gehört.

Eine rein abstrakte Untersuchung der Rechtsgrundlagen eines transnationalen Tarifvertrags müsste jedoch das rechtliche Umfeld ignorieren, in dem der Tarifvertrag auf nationaler Ebene wirkt. Daher sollen als Grundlage für den in dieser Arbeit anzustellenden Rechtsvergleich die Rechtsordnungen zweier Mitgliedsstaaten der Europäischen Union als innerer Rahmen ausgewählt werden. Nur unter Berücksichtigung der konkreten Rechtslage in den Ländern, für die ein transnationaler Tarifvertrag abgeschlossen werden soll, kann nämlich zumindest dessen rechtliche Möglichkeit tatsächlich untersucht werden. Insbesondere mögliche Übereinstimmungen und die Grenzen der jeweiligen nationalen Tarifvertragssysteme werden hierbei in den Blick genommen.

Als Vergleichsgrundlage wurde zunächst das deutsche Tarifvertragsrecht ausgewählt. Diese Rechtsordnung sieht nach §§ 3, 4 TVG eine normative und zwingende Wirkung von Tarifverträgen für Arbeitsverhältnisse vor. Um den Kontrast zu dieser Rechtsordnung herauszuarbeiten, wird eine Rechtsordnung herangezogen, deren Tarifverträge die Arbeitsverhältnisse gerade nicht durch normative und zwingende Wirkung gestalten. Hier bietet sich unter den europäischen Staaten vor allem das britische Recht[5] als Vergleichsobjekt an, dessen Kollektivverträge häufig als bloße „*gentlemen's agreements*"[6] bezeichnet werden. Diese Verträge sind zum einen nach sec. 179 TULRCA 1992 rechtsunverbindlich und ihnen kommt zum anderen keine zwingende normative Wirkung in Bezug

---

4 Vgl. *Ruffert*/Callies/Ruffert, EUV/AEUV, Art. 1 AEUV, Rn. 1.

5 Zur Verwendung des Begriffs des „britischen Rechts" im Rahmen dieser Arbeit ist einschränkend Folgendes anzumerken: Zwar existieren in Großbritannien grundsätzlich mehrere Rechtsordnungen nebeneinander und ein einheitliches „britisches Recht" gibt es strenggenommen nicht. Allerdings erstreckt sich der Anwendungsbereich der für diese Arbeit maßgeblichen arbeitsrechtlichen Gesetze sowohl auf England und Wales als auch auf Schottland (vgl. *Prassl*, The Right to Strike, S. 551, dort Fn. 1). Der britische *Supreme Court* ist zudem als oberste Instanz in Zivilsachen für das gesamte Vereinigte Königreich zuständig. Soweit im Rahmen dieser Arbeit auf das *common law* Bezug genommen wird, betrifft dieses natürlich nur England und Wales. Auf etwaige Besonderheiten im schottischen Recht wird jedoch im Folgenden nicht gesondert eingegangen (vgl. auch *Deakin/Morris*, Labour Law, Rn. 1.1, dort Fn. 2).

6 So z.B. *Gamillscheg*, Kollektives Arbeitsrecht I, S. 495.

auf die individuellen Arbeitsverhältnisse zu. Anhand dieser Unterschiede ist zu untersuchen, ob ein solch grundlegendes Spannungsverhältnis transnationalen Tarifverträgen mit Bezug auf beide Länder entgegensteht.

Dabei wird im Rahmen dieser Arbeit von dem deutschen Verständnis eines Tarifvertrags als Vereinbarung zwischen Gewerkschaften und Arbeitgebern und nicht als Vereinbarung mit betrieblichen Interessenvertretungen ausgegangen. Da diese Unterscheidung mangels eigenständiger betrieblicher Interessenvertretungen im britischen Recht schon nicht vorgenommen wird, kann dies in dieser Arbeit auch nicht gesondert berücksichtigt werden. Vereinbarungen, die von deutschen betriebsverfassungsrechtlichen Organen abgeschlossen wurden, bleiben damit ebenfalls außen vor. Gerade im Zusammenhang mit europäischen Betriebsräten ist zudem eine eigenständige Diskussion um die Möglichkeit entstanden, auf europäischer Ebene Betriebsvereinbarungen zu schließen. Diese komplexe Thematik kann jedoch in der vorliegenden Untersuchung nicht erschöpfend behandelt werden.[7]

Eine Untersuchung des Tarifvertragsrechts beider Länder wäre allerdings ohne eine entsprechende Berücksichtigung des Arbeitskampfrechts ungenügend. Soll Tarifautonomie tatsächlich verwirklicht werden, bedarf es der Möglichkeit zum Arbeitskampf. Dieser hat sich als Instrument autonomer und gleichrangiger Tarifverhandlungen durchgesetzt, damit „beide Seiten den Druck so verspüren, daß sie sich irgendwo in der Mitte treffen“[8]. Zunächst wird unter B.I das britische Kollektivvertrags- und Arbeitskampfrecht dargestellt. Demgegenüber werden unter B.II dann die maßgeblichen Grundsätze des deutschen Tarifvertrags- und Arbeitskampfrechts skizziert.

Transnationale Tarifverträge wurden bereits intensiv diskutiert. Insbesondere der Soziale Dialog, den Art. 155 AEUV regelt, hat die Suche nach einer europäischen Rechtsgrundlage befeuert.[9] Darüber hinaus sind die Regelungen des Internationalen Privatrechts als Rahmen für transnationale Tarifverträge diskutiert worden. Es wird in diesem Zusammenhang vertreten, dass durch die Wahl des Rechts, das auf einen grenzüberschreitenden Tarifvertrag anzuwenden ist, eine sachrechtliche Einheit in Bezug auf seinen Abschluss und seine Anwendung erreicht werden könnte.[10] Bislang wurden hierzu in der deutschsprachigen

---

7 Hierzu sind vielmehr bereits eigenständige Arbeiten verfasst worden. Vgl. etwa *Heimann*, Substantielle Vereinbarungen Europäischer Betriebsräte, 2014.

8 *Gamillscheg*, Kollektives Arbeitsrecht I, S. 910 f.

9 Sehr ausführlich beispielsweise: *Deinert*, Der europäische Kollektivvertrag, 1999.

10 Vgl. nur *Junker*, Int. ArbR im Konzern, S. 453 f.; *Fudickar*, Parteiautonome Anknüpfung, 2005.

Diskussion vor allem die nationalen kollisionsrechtlichen Regelungen des EGBGB herangezogen. Gerade das Internationale Privatrecht wurde jedoch Gegenstand einer entscheidenden Vereinheitlichung auf europäischer Ebene und wird daher nicht mehr von Mitgliedsstaat zu Mitgliedsstaat unterschiedlich ausgestaltet. Die so genannte Rom I-Verordnung (593/2008/EG) vom 17. Juni 2008 regelt die Rechtswahl von Schuldverhältnissen für sämtliche Mitgliedsstaaten einheitlich und verdrängt die rein national erlassenen Bestimmungen zum Internationalen Privatrecht. Diese Harmonisierung führt dazu, dass die kollisionsrechtlichen Rahmenbedingungen in Deutschland und im Vereinigten Königreich[11] identisch sind. Der Europäische Gerichtshof stellt nunmehr eine einheitliche Auslegung der Verordnung sicher und verhindert somit nationale Sonderwege.

Vor Inkrafttreten der Rom I-Verordnung war insofern nicht nur das Tarifvertragsrecht von Staat zu Staat verschieden, sondern auch seine kollisionsrechtliche Behandlung war den nationalen Rechtsordnungen unterworfen. Da das quasi neue kollisionsrechtliche Modell jedoch nicht mehr der Eigenart der jeweiligen nationalen Ausgestaltung unterworfen ist, bezieht es sich auf eine originär europäische Rechtsgrundlage. Die Rom I-Verordnung könnte deswegen einen einheitlichen europäischen Rahmen für transnationale Tarifverträge in Europa darstellen. Daher soll unter C.I untersucht werden, inwieweit die Rom I-Verordnung für die Bestimmung des Vertragsstatuts sowohl deutscher Tarifverträge als auch britischer Kollektivverträge anzuwenden ist. Hierbei ist primär eine mögliche subjektive Rechtswahl der Vertragsparteien zu untersuchen. Unter C.II zeigt die Arbeit auf, an welche Grenzen eine solche Rechtswahl im Rahmen der Rom I-Verordnung stößt, insbesondere im Hinblick auf die Berechtigung zum Abschluss von Tarif- oder Kollektivverträgen sowie Tarifbindung und Tarifwirkung für die individuellen Arbeitsverhältnisse. Dabei werden die spezifischen Vorgaben britischen und deutschen Rechts besonders berücksichtigt, um zu ermitteln, ob die eine Rechtsordnung die Anwendung des jeweils anderen Rechts und seiner spezifischen Besonderheiten in ihrem territorialen Geltungsbereich zuließe. Nur dann könnte nämlich auch im Detail von einem kollisionsrechtlich vereinheitlichten Tarifvertragsstatut gesprochen werden.

Im Rahmen der außervertraglichen Haftung ist zudem durch die Rom II-Verordnung (864/2007/EG) vom 11. Juli 2007 eine vergleichbare Harmonisierung für außervertragliche Schuldverhältnisse, unter anderem das kollisionsrechtliche

---

11 Aus rein sprachlichen Gründen werden die Begriffe „Großbritannien" und „Vereinigtes Königreich" in dieser Arbeit synonym verwendet.

Deliktsrecht, erfolgt. Nach Art. 9 Rom II-VO ist dadurch ausdrücklich auch die Ermittlung des Deliktsstatuts im Zusammenhang mit Arbeitskämpfen europarechtlich geregelt. Nach der kollisionsrechtlichen Untersuchung des Tarifvertragsrechts soll daher unter D eine entsprechende Analyse der Möglichkeiten erfolgen, das Arbeitskampfstatut kollisionsrechtlich zu harmonisieren. Aufgrund der engen funktionalen Verknüpfungen des Arbeitskampf- und Tarifvertragsrechts kann das kollisionsrechtliche Modell nur umfassend untersucht werden, wenn beide Rechtsgebiete gleichermaßen berücksichtigt werden. Da Art. 9 Rom II-Verordnung das Arbeitskampfrecht ausdrücklich erfasst, stehen die Auswirkungen dieser Norm im Vordergrund. Dabei ist zu untersuchen, in welcher Form die Rom II-Verordnung die Anknüpfung des Arbeitskampfstatuts regelt, inwieweit das Statut der Parteiautonomie zugänglich ist und welche Konsequenzen sich demnach aus der Rom II-Verordnung für das Führen eines transnationalen Arbeitskampfs in Deutschland und Großbritannien ergeben.

Beide Verordnungen sind jedoch Teil des europäischen Sekundärrechts. Auf primärrechtlicher Ebene wurde durch den Vertrag von Lissabon die europäische Grundrecht-Charta für alle Mitgliedsstaaten gemäß Art. 6 Abs. 1 EUV rechtsverbindlich. Die Koalitionsfreiheit nach Art. 28 EuGRC wird seither explizit als Teil des Unionsrechts geschützt. Die Ergebnisse der Abschnitte über das Internationale Privatrecht für ein transnationales Tarifvertragssystem werden deswegen in dieser Arbeit unter E im Hinblick auf die höherrangige europäische Koalitionsfreiheit überprüft. Insbesondere wird dargelegt, inwieweit Tarifverträge und Arbeitskämpfe auf europäischer Ebene grundrechtlich geschützt sind und welche Konsequenzen sich daraus für die Ergebnisse der international-privatrechtlichen Untersuchung ergeben.

Da noch weitere Möglichkeiten transnationaler Tarifverträge erwogen werden – namentlich etwa der bereits erwähnte Soziale Dialog – werden unter F alternative Umsetzungsmöglichkeiten analysiert. F.I ist dem Sozialen Dialog gewidmet, F.II den so genannten International Framework Agreements. Dabei stehen die Eigenheiten deutschen und britischen Rechts, die in den vorherigen Kapiteln herausgearbeitet wurden, im Vordergrund, um die Tauglichkeit beider Varianten als System transnationaler Tarifverträge mit Bezug zu diesen beiden Rechtsordnungen zu überprüfen. Abschließend werden unter G die Ergebnisse dieser rechtsvergleichenden Untersuchung zusammengefasst und die sich daraus ergebenden Folgerungen für ein transnationales Tarifvertragssystem dargestellt.

B. Überblick über deutsches und britisches Tarifrecht

Gegenstand dieser Arbeit ist die Erörterung der Möglichkeit, auf Grundlage des britischen und deutschen Tarifrechts einen grenzüberschreitenden Tarifvertrag zu schließen. Zunächst soll daher ein Überblick über das entsprechende britische kollektive Arbeitsrecht geboten werden. Diesem wird dann eine Darstellung des deutschen kollektiven Arbeitsrechts gegenübergestellt, um einen Eindruck des Untersuchungsgegenstands zu erhalten. Vor allem werden dabei die wesentlichen Unterschiede und Gemeinsamkeiten des deutschen und britischen Tarifrechts herausgearbeitet. Da auch der Arbeitskampf eng verbunden ist mit der Aushandlung von Tarifverträgen, ist in den jeweiligen Überblicken ebenfalls eine Erörterung des Arbeitskampfrechts vorzunehmen.

I. Das kollektive Arbeitsrecht Großbritanniens

Kollektives Arbeitsrecht bewegt sich im britischen Recht im Spannungsfeld zwischen *common law* und *statutory law.* Dabei stellt sich das *common law* gegenüber Gewerkschaften und ihren Rechten äußerst ablehnend dar. Schon der Bestand von Gewerkschaften ist im *common law* grundsätzlich rechtswidrig, da sie eine wettbewerbsverzerrende Tendenz aufweisen und somit die Arbeitsbedingungen durch ihr Wirken nicht mehr Gegenstand des freien Markts sind.[12] Gleichzeitig ist die Durchführung von Arbeitskampfmaßnahmen immer eine deliktische Handlung, die verschiedene *torts* des *common law* erfüllt. Demgegenüber wird durch gesetzliche Regelungen ein Raum geschaffen, in dem die Gewerkschaften sich geschützt vor den Einschränkungen des *common law* betätigen können. Dieses durchaus komplexe Zusammenspiel des *common law* und der Gesetze soll im Folgenden dargestellt werden, um einen Eindruck von der besonderen Situation des britischen kollektiven Arbeitsrechts zu erhalten. Die maßgeblichen Entscheidungen, die diese Entwicklung eingeleitet haben und die bis zum heutigen Tag aufgrund des *principle of precedence* beachtlich sind, stammen bereits aus der Zeit der Industrialisierung.[13] Gleichzeitig ist somit ein

---

12 *Hornby vs. Close* (1867) 2 QB 153, dort insb. *Cockburn*, S. 158: „But the rules of such society would certainly operate in restraint of trade, and would therefore, in that sense, be unlawful."

13 Vgl. *Deakin/Morris*, Labour Law, Rn. 1.5.

Verständnis der heutigen Gestalt des britischen kollektiven Arbeitsrechts ohne Blick auf die historische Entwicklung kaum angemessen möglich.

1. Entwicklung des britischen kollektiven Arbeitsrechts

a) Anfänge und Strafbarkeit

Die Rechtsprechung des *common law* bedrohte bis in die Anfänge des 19. Jahrhunderts Gewerkschaften beziehungsweise Zusammenschlüsse von Arbeitnehmern und insbesondere Arbeitskämpfe weitreichend mit Strafbarkeit. Dem lag die Haltung zugrunde, Zusammenschlüsse von Arbeitnehmern, die dadurch Einfluss auf ihre Arbeitsbedingungen nehmen wollten, als strafbare Verschwörung[14] zu klassifizieren. Jede Vereinbarung mit Arbeitgebern wurde als Benachteiligung der Arbeitgeber und anderer Arbeiter gesehen. Daneben wurden Gewerkschaften oder Zusammenschlüsse von Arbeitnehmern auch durch Gesetze verboten.[15] Allerdings wurde in den 1820er Jahren intensiv diskutiert, dass sich – gerade im ökonomischen Sinn – gerechte Arbeitsbedingungen am besten durch Verhandlungen zwischen Arbeitgebern und den Zusammenschlüssen von Arbeitnehmern ermitteln und vereinbaren ließen.[16] Diese Verhandlungen werden als *collective bargaining* bezeichnet. Ein vor diesem Hintergrund eingesetzter Parlamentsausschuss empfahl daher, das bisher geltende *combinations law* aufzuheben.[17] Durch die *Combination Acts* von 1824 fand daraufhin eine erste große Abkehr von diesen Prämissen statt, die Arbeitnehmerzusammenschlüsse beschränkten. Zum einen wurden Zusammenschlüsse von Arbeitern zur Verbesserung ihrer Arbeitsbedingungen straffrei gestellt. Auch die Strafbarkeit von Arbeitskämpfen wurde beschränkt auf Fälle von Bedrohung, Einschüchterung oder Einsatz von Gewalt.[18] Allerdings fiel diese rechtliche Besserstellung zusammen mit einer Welle von Streiks, die im Jahr 1824 überall im Vereinigten Königreich stattfanden.[19] Die darauf folgenden Debatten führten letztlich zu den neuen *Combination Acts* von 1825, die nur noch Zusammenschlüsse zuließen, die das Ziel verfolgten, Einkommen und Arbeitszeit zu regeln. Darüber hinaus wurde die Strafbarkeit von Arbeitskampfmaßnahmen derart verschärft, dass das

---

14 Konkret als „criminal conspiracy", vgl. *Deakin/Morris*, Labour Law, Rn. 1.6.

15 Siehe *Orth*, Combination and Conspiracy, S. 67.

16 *Orth*, Combination and Conspiracy, S. 70.

17 *Committee Resolutions*, abgedruckt bei *Orth*, Combination and Conspiracy, S. 73 f., vor allem *Resolution* 10.

18 Vgl. hierzu *Orth*, Combination and Conspiracy, S. 78 f.

19 *Orth*, Combination and Conspiracy, S. 82.

wesentliche Druckmittel für Arbeitnehmer und Gewerkschaften, ihre Interessen durchzusetzen, weitgehend ausgeschlossen war.[20]

Die Befreiung der Gewerkschaften vor allenthalben drohender Strafbarkeit fand deswegen erst rund ein halbes Jahrhundert später statt. In den 1870er Jahren verabschiedete der englische Gesetzgeber eine ganze Reihe von Gesetzen, die in ihrer Summe die Arbeit von Gewerkschaften weiträumig von Strafbarkeit nach Gesetzen oder nach dem *common law* befreiten.[21] So hob beispielsweise der *Trade Union Act* von 1871 unter anderem die zivile und strafrechtliche Rechtswidrigkeit von Gewerkschaften wegen bloßer Wettbewerbsverzerrungen auf, die noch in der Entscheidung *Hornby vs. Close*[22] von der Rechtsprechung festgestellt worden war.[23] Er enthielt weiterhin die bis in die Gegenwart bedeutsame Regelung der rechtlichen Unverbindlichkeit interner Regelungen von Gewerkschaften und von Regelungen zwischen Gewerkschaften. Hierdurch sollte vor allem sichergestellt werden, dass Gewerkschaften nicht mehr wegen Vertragsbruchs verklagt werden konnten. Dies führte aber letztlich auch zu der noch heute gültigen Weichenstellung, dass auch Kollektivverträge nach britischem Recht rechtlich unverbindlich sind.[24] Entscheidende Impulse gingen weiterhin von einem Gesetz aus dem Jahr 1875 aus, dem *Conspiracy and Protection of Property Act*. Hierin werden mögliche Straftatbestände eingeschränkt, die im Zusammenhang mit Arbeitskämpfen verwirklicht werden können. Ihr Anwendungsbereich wurde verringert und es wurde von den unpräzisen, deutungsoffenen Formulierungen früherer Gesetze abgesehen.[25]

---

20 *Deakin/Morris*, Labour Law, Rn. 1.6 a.E.; ausführlich dazu: *Orth*, Combination and Conspiracy, S. 82–90 und dessen Gegenüberstellung der Gesetze von 1824 und 1825 in Appendix IV.

21 Vgl. Überblick bei *Deakin/Morris*, Labour Law, Rn. 1.7; eine ausführliche Darstellung einschließlich der politischen Diskussionen im Vorfeld, insbesondere der Arbeit der *Royal Commissions*, findet sich bei *Orth*, Combination and Conspiracy, Kapitel 9, S. 136–152.

22 *Hornby vs. Close* (1867) 2 QB 153.

23 *Deakin/Morris*, Labour Law, Rn. 1.7: „[T]rade unions […] were not been deemed unlawfull in either the criminal or the civil law, by reason merely that they are in restraint of trade."

24 Vgl *Deakin/Morris*, Labour Law, Rn. 1.7; *Orth*, Combination and Conspiracy, S. 138 f.

25 Vgl. *Orth*, Combination and Conspiracy, S. 143 f., der insbesondere auf die erstmals weggefallenen Begriffe „threats, molestation, and obstruction" hinweist.

b) *Haftung im Rahmen des Tort Law*

Da die Kriminalisierung der Gewerkschaften und ihrer Tätigkeit nun kein Hindernis mehr war, wechselte der Fokus auf ein anderes Rechtsgebiet: das *tort law* des *common law*.[26] Hierbei handelt es sich um ein in seiner Funktion mit dem deutschen Deliktsrecht vergleichbares zivilrechtliches Haftungssystem außerhalb der vertraglichen Haftung.[27] Die Rechtsprechung dehnte die zivilrechtliche Haftbarkeit der Gewerkschaften und ihrer Mitglieder im Rahmen von Arbeitskämpfen in der Folge erheblich aus, wobei die insoweit maßgebliche Rechtsprechung hier nur exemplarisch wiedergegeben werden soll.[28] Basis hierfür war die Haftung wegen Verleitung zum Vertragsbruch. Voraussetzung für einen Anspruch war, dass der Anspruchsgegner einen Dritten zu einem Vertragsbruch verleitet, den dieser mit dem Anspruchsteller geschlossen hat.[29] Demnach haften Gewerkschaften oder ihre Vertreter, die zu einem Streik aufrufen, dafür, dass sie dadurch die Arbeitnehmer zum Bruch ihrer Arbeitsverträge verleiten.[30] Zudem wurden in *Temperton vs. Russell* Gewerkschaftsmitglieder auf der Grundlage der Verleitung zur Vertragsverletzung haftbar gemacht, da sie andere dazu aufforderten, einen Arbeitgeber nicht mehr mit Waren oder Arbeitskraft zu versorgen, um ihn dazu zu bringen, bestimmte Arbeitsbedingungen zu akzeptieren.[31] Die grundsätzliche Zulässigkeit von Streiks wurde von *A. L. Smith* in der Entscheidung sogar noch betont, ohne dass dies etwas am Ergebnis änderte.[32] In *Taff Vale Railway vs. ASRS* entschied das *House of Lords* zudem, dass Gewerkschaften, die sich im Rahmen des *Trade Union Act* von 1871 offiziell registriert hatten, selbst unmittelbar verklagt werden können.[33] Daneben etablierte das *House of Lords* eine deliktische Haftung wegen Verschwörung, obgleich zumindest die Strafbarkeit wegen Verschwörung für Auseinandersetzungen zwischen Arbeitgebern und ihren Arbeitnehmern aufgehoben wurde. So wurde in *Quinn vs. Leathem* die deliktische Haftung wegen Verschwörung bejaht, wenn durch

---

26 *Simpson*, Trade Dispudes and Economic Torts, S. 107 f.

27 Vgl. hierzu etwa den rechtsvergleichenden Überblick bei *van Boom*, Torts, Courts, and Legislatures, S. 17–29, insbesondere S. 20 f.

28 Vgl. weiterführend etwa den Überblick bei *Simpson*, Trade Dispudes and Economic Torts, S. 107–111.

29 Vgl. *Deakin/Johnson/Markesinis*, Tort Law, S. 475.

30 Beispielsweise in *South Wales Miners' Federation vs. Glamorgan Coal Company* (1905) AC 239, insbesondere die Stellungnahme von *Lord Lindley* auf S. 252 f.

31 (1893) 1 QB 715, 734 f.

32 *Temperton vs. Russell* (1893) 1 QB 715, 733.

33 (1901) AC 426, 439 f.

die Gewerkschaft Kunden und (potentielle) Arbeitnehmer aufgefordert werden, nicht mit einem Arbeitgeber zusammenzuarbeiten. Der Unterschied zur Verleitung zum Vertragsbruch liegt wohl darin, dass noch keine Verträge mit dem Arbeitgeber bestehen müssen oder zuvor bestehende Verträge ordentlich beendet wurden.[34] Dies zeigt, dass die Rechtsprechung des *common law* eine umfassende deliktische Haftung für Arbeitskämpfe etablierte, wodurch die zuvor weggefallene Strafbarkeit von Arbeitskämpfen kompensiert wurde. Insofern konnte der *Conspiracy and Protection of Property Act 1875* nur eine Übergangslösung sein, welche die Rechtsposition der Gewerkschaften nur teilweise verbesserte. Vor dem Hintergrund des *common law* waren Arbeitskämpfe nach wie vor ein riskantes Unterfangen. Die zivilrechtliche Haftung der Gewerkschaften wurde erstmals durch den *Trade Disputes Act 1906* in Angriff genommen. Er garantierte den Organisatoren von Arbeitskämpfen Immunität vor bestimmten deliktischen Haftungstatbeständen, vor allem vor der Verleitung zur Vertragsverletzung und vor der Verschwörung. Die Organisatoren von Arbeitskämpfen hafteten nicht, solange sie im Zusammenhang oder zur Förderung einer Auseinandersetzung mit Arbeitgebern (*trade dispute*) handelten; dies wurde die so genannte „*golden formula*“[35] des britischen Arbeitskampfrechts, wobei sec. 5 *Trade Disputes Act 1906* ausdrücklich darauf abstellte, dass die Auseinandersetzung nicht mit dem eigenen Arbeitgeber stattfinden musste, sondern nur mit (irgend)einem Arbeitgeber. Den Gewerkschaften selbst garantierte das Gesetz sogar eine pauschale Immunität vor jeglicher deliktischer Haftung.[36] Dieser „*negative law*“ genannte Ansatz führte letztlich fort, was bereits im Zusammenhang mit der Beseitigung der Strafbarkeit geschehen war: Nicht der Arbeitskampf und die Kollektivverhandlungen selbst wurden geregelt, sondern es wurde lediglich ein rechtlicher Rahmen geschaffen, der es Gewerkschaften ermöglichte zu agieren, ohne den Risiken im Bereich des *common law* ausgesetzt zu sein.[37] Ein solches Konzept der Immunität vor Strafbarkeit oder Haftung durch das *common law* unterscheidet sich von Rechtsordnungen, die positivistisch die Rechte der Arbeitnehmer und Gewerkschaften regeln.[38] Dies zeigt sich auch darin, dass die Weiterentwicklung

34 *Quinn vs. Leathem* (1901) AC 495, insbesondere *Lord Halsbury* auf S. 505 f.

35 Vgl. zum Begriff etwa *Wedderburn*, The Worker and the Law, S. 72.

36 Vgl. *Deakin/Morris*, Labour Law, Rn. 1.8.

37 Vgl. den Überblick bei *Davies/Freedland*, Labour Legislation and Public Policy, S. 11–15.

38 Hierzu *Wedderburn*, The Worker and the Law, S. 21–25.

der Anwendung deliktischer Haftungstatbestände auf Arbeitskämpfe letztlich bis in die Gegenwart andauert.[39]

c) *Weitere Entwicklung*

Der Grundansatz, die Arbeitsbeziehung nicht inhaltlich zu regeln, wurde letztlich sogar während beider Weltkriege aufrecht erhalten. So schuf der Staat in diesen Phasen einen verbindlichen Rahmen zur Regelung der Arbeitsbedingungen, indem gemeinsame Komitees der Arbeitgeber und Arbeitnehmer mit dem Ziel gegründet wurden, die Arbeitsbedingungen national einheitlich zu regeln. Das führte zu Beginn des Zweiten Weltkriegs zur *Conditions of Employment and National Arbitration Order* von 1940, wodurch Streiks und Aussperrungen zugunsten einheitlicher Zwangsschlichtungen verboten wurden. Allerdings beanspruchte der Staat auch hierdurch keinen direkten, inhaltlichen Einfluss auf die Lohnfindung. Dies blieb auch in der Ausnahmesituation des Zweiten Weltkriegs letztlich den Vereinigungen der Arbeitgeber und Arbeitnehmer überlassen.[40]

Eine Abkehr vom Prinzip der freien Verhandlungen zwischen Arbeitgebern und Arbeitnehmern zur Regulierung der Arbeitsbedingungen erfolgte in der Mitte der 1960er Jahre. Durch die Einkommenspolitik, flankiert vom *Prices and Incomes Act*, sollten zukünftige Einkommenssteigerungen strikt kontrolliert und reglementiert werden, um auf diesem Weg die Inflation zu reduzieren.[41] Dieser Ansatz stand im Kontrast zu der Idee, dass Arbeitgeber und Gewerkschaften größtmögliche Freiheit bei der Ausgestaltung ihrer Beziehungen gewährt wird. Die Regierung nahm hierdurch sogar direkten Einfluss auf die Ergebnisse der Verhandlungen zwischen beiden Parteien.[42] Eine – wenngleich von der nächsten Regierung wieder aufgehobene – Zäsur der Politik der staatlichen Nichteinmischung in die Beziehungen zwischen Gewerkschaften und Arbeitgebern war jedoch der von einer konservativen Regierung verabschiedete *Industrial Relations Act 1971*. Dieser beschränkte sich nicht mehr darauf, den Gewerkschaften und den streikenden Arbeitnehmern Immunität vor der Haftung des *common law* zu gewähren, vielmehr macht er unter anderem formale Vorgaben zu Arbeitskämpfen. Beispielsweise wurde eine Urabstimmung vor der Durchführung

39 Vgl. dazu *Collins/Ewing/McColgan*, Labour Law, S. 666 f.
40 Vgl. *Deakin/Morris*, Labour Law, Rn. 1.14.
41 Vgl. *Davies/Freedland*, Labour Legislation and Public Policy, S. 165–171.
42 *Davies/Freedland*, Labour Legislation and Public Policy, S. 182 f.

von Streiks oder ein explizites Verbot von Sympathiestreiks eingeführt.[43] Eine weitere Regelung war ferner die Einführung eines gesetzlichen *recognition procedures*, also eines Verfahrens, in dessen Rahmen sich eine Gewerkschaft als einzig zugelassener Verhandlungspartner für Kollektivverhandlungen für eine bestimmte „Verhandlungseinheit" anerkennen lassen konnte. Der Arbeitgeber der entsprechenden Verhandlungseinheit durfte und musste nur noch mit dieser anerkannten Gewerkschaft verhandeln.[44] Darüber hinaus war der Schutz vor zivilrechtlicher Haftung nunmehr davon abhängig, ob sich die Gewerkschaften offiziell registriert hatten.[45] Der *Industrial Relations Act 1971* scheiterte nicht zuletzt deswegen schließlich auch an der Weigerung der Gewerkschaften, sich zu registrieren. Ihre trotzdem weiterhin durchgeführten Arbeitskämpfe waren dadurch zwangsläufig illegal. Die auf die konservative Regierung folgende Labour-Regierung hob das Gesetz daher auch weitgehend auf. Das Verfahren zur Anerkennung als Verhandlungspartner blieb neben anderen in modifizierter Form erhalten.[46] Die auch als „*Social Contract*" bekannte Regierungszeit dieser Labour-Regierung war geprägt von einer zunehmend unmittelbaren Regulierung des Arbeitsverhältnisses und einer Stärkung der Gewerkschaften, insbesondere der Ausdehnung ihrer Immunität vor deliktischer Haftung im Zusammenhang mit Arbeitskämpfen.[47]

Die darauf folgende Ära der konservativen Regierung unter Margaret Thatcher (und später unter John Major) prägte das kollektive Arbeitsrecht im Vereinigten Königreich entscheidend bis in die Gegenwart.[48] Die Regierung Thatcher verfolgte mit ihren Maßnahmen unter anderem das Ziel, mit einer arbeitgeberfreundlicheren Deregulierung des Arbeitsmarkts die Arbeitslosigkeit zu senken. Ein entscheidender Aspekt war die Schwächung der Gewerkschaften, da die Arbeitsbedingungen überwiegend auf der Ebene kollektiver Vereinbarungen

---

43 Vgl. *Deakin/Morris*, Labour Law, Rn. 1.22; ausführlicher und kritischer Überblick über die Regelungen des Gesetzes bei *Davies/Freedland*, Labour Legislation and Public Policy, S. 282–301.

44 *Davies/Freedland*, Labour Legislation and Public Policy, S. 290 f.

45 Die Registrierung setzte wiederum eine umfassende Überprüfung voraus, ob die Gewerkschaften auch im Einklang mit den im Gesetz geregelten Leitlinien handelten. Diese enthielten zahlreiche Regelungen zur inneren Organisation der Gewerkschaften und der Behandlung ihrer Mitglieder. Siehe hierzu auch den Überblick bei *Davies/Freedland*, Labour Legislation and Public Policy, S. 299 f.

46 Vgl. *Deakin/Morris*, Labour Law, Rn. 1.22; ausführliche Darstellung der politischen Diskussion bei *Davies/Freedland*, Labour Legislation and Public Policy, Kapitel 8.

47 *Ewing/Morris*, Labour Law, S. 236 f.

48 Für einen Überblick über die aktuelle Rechtslage siehe unten unter B.I.2 und B.I.3.

geregelt waren.[49] Dies kann auch als Reaktion auf die massiven Arbeitskämpfe dieser Zeit verstanden werden. Eine Reihe von Gesetzen griff deswegen in den Bereich der Verhandlungen zwischen Gewerkschaften und Arbeitgebern ein, wobei z.B. die Immunität vor deliktischer Haftung eingeschränkt wurde. Die weitreichende Immunität der Gewerkschaften wurde beispielsweise wieder aufgehoben, Arbeitskämpfe für die Einrichtung von *closed shops* und Unterstützungsstreiks wurden verboten und die Verantwortlichkeit der Gewerkschaften für nicht-offizielle Streiks wurde ausgedehnt. Außerdem limitierte die Regierung die so genannte *golden formula*, indem Immunität vor deliktischer Haftung nur noch für Auseinandersetzungen mit dem eigenen Arbeitgeber gewährt wurde.[50] Urabstimmungen sowie eine mehrere Tage vorher zu erfolgende Ankündigung des Arbeitskampfs an den Arbeitgeber wurden zudem obligatorisch. Gleichzeitig erhielten Arbeitgeber die Möglichkeit, ihren Arbeitnehmern Arbeitsbedingungen außerhalb des Anwendungsbereichs von Tarifverträgen anzubieten.[51] Auch wurde das gesetzliche Verfahren zur Anerkennung einer Gewerkschaft als Verhandlungspartner aufgehoben, weswegen Arbeitgeber zunehmend Gewerkschaften als Verhandlungspartner aberkannten und damit die Verhandlungsposition dieser Gewerkschaften verschlechterten.[52] Diese komplexen Eingriffe in das Verhältnis zwischen den Sozialpartnern führten zu einer massiven Schwächung der Gewerkschaften. So gingen sowohl die Mitgliederzahlen der Gewerkschaften als auch die Zahl der Arbeitsverhältnisse, die durch Kollektivverträge geregelt wurden, in dieser Zeit stark zurück. Ebenso fiel die Streikrate im Vereinigten Königreich sowohl unter den Durchschnitt der Europäischen Union als auch unter den der OECD-Staaten.[53] Die Gesamtheit der von der konservativen Regierung ergriffenen Maßnahmen unterstützte zudem eine weitere Entwicklung: Kollektivverhandlungen wurden immer seltener auf nationaler Ebene oder auf der Ebene von Branchen geführt, sondern sie verlagerten sich zunehmend auf die Ebene der Arbeitgeber oder sogar der einzelnen Betriebsstätten.[54]

---

49 Vgl. *Deakin/Morris*, Labour Law, Rn. 1.24.

50 Siehe nur die ursprüngliche Formulierungen in sec. 5 Trade Dispute Act 1906 und die heute gültige in sec. 244 para 1 TULRCA 1992.

51 Ein Überblick über die zahlreichen Gesetze und deren Einflüsse findet sich bei *Deakin/Morris*, Labour Law, Rn. 1.25; ausführlich mit differenzierter Hintergrundanalyse bei *Davies/Freedland*, Labour Legislation and Public Policy, Kapitel 9.

52 *Davies/Freedland*, Labour Legislation and Public Policy, S. 466 f.; *Deakin/Morris*, Labour Law, Rn. 1.28.

53 Vgl. *Davies/Freedland*, Towards a Flexible Labour Market, S. 105 f.

54 *Deakin/Morris*, Labour Law, Rn. 1.28.

Nicht zuletzt wegen der schwächeren Gewerkschaften und auch wegen eines stabileren volkswirtschaftlichen Umfelds änderte die 1997 gewählte Labour-Regierung die von den Vorgängerregierungen eingeschlagene Richtung der engmaschig regulierten (und beschränkten) Kollektivbeziehungen nicht mehr grundlegend.[55] Die bedeutendste Änderung bestand darin, wieder ein gesetzliches Anerkennungsverfahren für Gewerkschaften einzuführen und ihnen somit die Möglichkeit zu geben, eine Anerkennung durch einen Arbeitgeber auch gegen seinen Willen zu erreichen.[56]

d) Fazit

Aus diesem Überblick über die Entwicklung des britischen kollektiven Arbeitsrechts ergeben sich vor allem folgende Eindrücke: Zunächst ist der hohe Stellenwert der *golden formula* zu berücksichtigen. Die Zulässigkeit von Arbeitskämpfen – beziehungsweise ihre Befreiung von umfassenden deliktischen Haftungstatbeständen des *common law* – basiert nach wie vor auf dieser Formel, auch wenn sie zwischenzeitlich einige gesetzliche Änderungen erfahren hat. Dennoch ist das Handeln der Gewerkschaften in ihrem wesentlichen Aufgabenbereich, der Auseinandersetzung mit den Arbeitgebern, immer noch abhängig von der Immunität vor dem *common law* und seinen Haftungstatbeständen. Es fehlt im britischen Recht an einer eigenen, höherrangigen Rechtsposition, welche die Gewerkschaften dem entgegenhalten könnten. In Deutschland ist das etwa mit Art. 9 Abs. 3 GG gegeben. Daraus folgte zumindest in der Vergangenheit jedoch keine Schwächung der britischen Gewerkschaften. Vielmehr konnten und sollten Gewerkschaften in Verhandlungen mit Arbeitgebern und Arbeitgeberverbänden die Arbeitsbedingungen der Arbeitnehmer regeln, da es über lange Zeit grundsätzlich an einer flächendeckenden gesetzlichen Ausgestaltung der Arbeitsverhältnisse fehlte.

Weiterhin förderte der Staat in der ersten Hälfte des 20. Jahrhunderts Verhandlungen und Vereinbarungen zwischen Arbeitgebern und Gewerkschaften, wodurch beispielsweise 1946 noch ca. 85 % der Arbeitsverhältnisse tariflich geregelt wurden.[57] Dies änderte sich fundamental unter der Regierung Thatcher und mündete in den heute maßgeblichen *Trade Union and Labour Relations (Consolidated) Act 1992*, der eine ausführliche Regulierung des kollektiven Arbeitsrechts und der Gewerkschaften enthält. Speziell die haftungsrechtliche Immunität der

55 *Davies/Freedland*, Towards a Flexible Labour Market, S. 107.

56 Vgl. *Davies/Freedland*, Towards a Flexible Labour Market, S. 118 und 121–126.

57 Vgl. dazu auch *Ewing/Morris*, Labour Law, S. 235 f.

Gewerkschaften hängt heute davon ab, dass diese im Rahmen der gesetzlichen Vorgaben handeln.

2. Kollektivvertragsrecht

a) *Trade Union and Labour Relations (Consolidated) Act 1992*

Abseits des *common law* ist der *Trade Union and Labour Relations (Consolidated) Act 1992* die maßgebliche gesetzliche Ausgestaltung des britischen kollektiven Arbeitsrechts. Der *Trade Union and Labour Relations (Consolidated) Act 1992* ist nach sec. 301 (1) TULRCA 1992 anwendbar in England und Wales sowie in Schottland nach sec. 301 (2) TULRCA 1992.

Der Fokus des Gesetzes liegt zum einen auf den Rechten der einzelnen Arbeitnehmer in Bezug auf Gewerkschaftsmitgliedschaft oder Nicht-Mitgliedschaft (*Part III* TURLCA 1992). Dies umfasst auch den Schutz vor Benachteiligungen und Kündigungen aus diesen Gründen. Zum anderen regelt das Gesetz die innere Organisation der Gewerkschaften (*Part I* TULRCA 1992) und gewährt den Mitgliedern umfangreiche Rechtsmittel, etwa gegen ungerechtfertigte Disziplinierungsmaßnahmen oder das Recht auf Durchführung einer Urabstimmung vor Arbeitskämpfen. Lediglich *Part IV* regelt ausdrücklich, wenn auch nicht umfassend, die Kollektivverhandlungen zwischen Gewerkschaften und Arbeitgebern. Umfangreicher fällt *Part V* zu den Voraussetzungen zulässiger Arbeitskämpfe aus. Das Gesetz legt somit einen Schwerpunkt auf die Rechte der Arbeitnehmer und Gewerkschaftsmitglieder im Verhältnis zu den Gewerkschaften und den Arbeitgebern und macht dabei insbesondere Gewerkschaften umfangreiche organisatorische Vorgaben.[58] Von mehr als dreihundert Paragraphen nebst einiger Anhänge befassen sich letztlich nur circa zehn konkret mit Kollektivverhandlungen und Kollektivverträgen und rund 25 mit Arbeitskämpfen. Im Folgenden steht eine Darstellung des Rechts der Kollektivverhandlungen, der Kollektivverträge und des Arbeitskampfs im Vordergrund.

b) *Zentrale Begriffe und trade dispute*

Zunächst sollen dazu an dieser Stelle mögliche Unklarheiten beseitigt werden, die sich aus der Übersetzung der englischen Begriffe und ihrer entsprechenden Verwendung in dieser Arbeit ergeben können. Hierdurch soll aufgrund der inhaltlichen Unterschiede eine vereinfachende sprachliche Gleichsetzung der jeweiligen Begrifflichkeiten vermieden werden. Deswegen sollen im Rahmen

---

58 Vgl. dazu auch den Überblick bei *McColgan* ILJ 1993, 32, 32 f.

dieser Arbeit eine einheitliche Übersetzung vorgenommen und die notwendige Abgrenzung der britischen zu den entsprechenden deutschen Rechtsinstituten nicht unterschlagen werden.

Ein zentraler Begriff des britischen kollektiven Arbeitsrechts ist der des *trade dispute*. An ihn knüpfen die wesentlichen Regelungen des britischen Tarif- und Arbeitskampfrechts an, da insbesondere die gesetzlichen Vorgaben immer auf dieses Institut verweisen. So sind nach sec. 219 i.Vm. 244 (1) TULRCA 1992 Arbeitskämpfe (engl. *industrial actions*) nur im Rahmen derselben Angelegenheiten, die auch Gegenstand von Tarifauseinandersetzungen sein können, vor deliktischer Haftung geschützt. Deswegen soll zunächst dargelegt werden, was unter dem Begriff *trade dispute* (um eine annähernd passende deutsche Übersetzung zu finden: Tarifauseinandersetzungen) im britischen Recht zu verstehen ist. Nach sec. 178 (1) TULRCA 1992 sind Kollektivverhandlungen (engl. *collective bargaining*) alle Verhandlungen, die sich auf die in sec. 178 (2) TULRCA 1992 benannten Angelegenheiten[59] beziehen. Diese Angelegenheiten wiederum können dann Gegenstand eines *collective agreements* werden. Um eine begriffliche Abgrenzung zu deutschen Tarifverträgen zu ermöglichen, sollen diese *collective agreements* im weiteren Verlauf der Arbeit als Kollektivverträge bezeichnet werden.

Der in sec. 178 (2) TULRCA 1992 aufgelistete Katalog ist sehr umfangreich und umfasst nicht nur die inhaltliche Ausgestaltung der Arbeitsbedingungen, sondern auch Aspekte wie beispielsweise Einstellungsbedingungen, die Zuteilung von Arbeit und Arbeitspflichten der Arbeitnehmer eines Arbeitgebers untereinander, Mitgliedschaft von Arbeitnehmern in der Gewerkschaft, Einrichtungen für Gewerkschaftsvertreter sowie Mechanismen für weitere Verhandlungen, aber auch Konsultationsverfahren oder das Anerkennungsverfahren.[60] Insbesondere die Arbeitsbedingungen können nach sec. 178 (2)(a) TULRCA 1992 teilweise sehr weit ausgelegt werden. In *P vs. National Association of Schoolmasters/Union of Women Teachers* wurde beispielsweise die Weigerung einiger Lehrer, einen bestimmten verhaltensauffälligen Schüler unterrichten zu müssen, und die darauf folgende Auseinandersetzung unter diesen Begriff subsumiert.[61]

---

59 Sec. 178 (2) TURLCA 1992 und sec. 244 (1) TULRCA 1992 enthalten einen identischen Katalog dieser Angelegenheiten.

60 Vgl. die Übersicht zu den einzelnen Gründen bei *Deakin/Morris*, Labour Law, Rn. 11.27.

61 (2003) IRLR 310, Rn. 25 (*Lord Hoffmann*), hier ging es zwar um eine Arbeitskampfmaßnahme, aber sec. 244 (1) TULRCA 1992 ist deckungsgleich mit sec. 178 (2) TULRCA 1992.

Aus deutscher Sicht handelte es sich hierbei um eine Frage der konkreten und individuellen Ausübung des Direktionsrechts, nicht aber seiner vertraglichen Ausgestaltung.[62] In einer anderen Entscheidung wiederum wurde eine Auseinandersetzung um eine Garantie, dass existierende Kollektivverträge auch beim Verkauf an einen neuen Arbeitgeber beachtet würden, nicht unter die Auseinandersetzung um Arbeitsbedingungen subsumiert. Schließlich ging es dabei um Arbeitsbedingungen eines anderen, zukünftigen Arbeitsverhältnisses mit einem anderen Arbeitgeber.[63] Dass Tarifauseinandersetzungen nicht nur auf Auseinandersetzungen beschränkt sind, die eine Gruppe von Arbeitnehmern betreffen, ergibt sich auch aus sec. 178 (2)(b) TULRCA. Dort geht es ausdrücklich um die Einstellung oder Entlassung eines oder mehrerer Arbeitnehmer. Diese Beispiele illustrieren, warum eine Gleichsetzung des *collective bargaining* mit der deutschen Vorstellung von Tarifverhandlungen unzureichend wäre. Das Feld des *collective bargaining* ist erheblich breiter.

Weiterhin regelt sec. 178 (2)(g) TULRCA 1992 die Beziehungen zwischen Arbeitgebern und Gewerkschaften. Das umfasst ausweislich des Gesetzeswortlauts nicht nur Verhandlungsmechanismen oder Konsultierungsverfahren, sondern etwa auch die Anerkennung einer Gewerkschaft durch einen Arbeitgeber oder einen Arbeitgeberverband. Bedenkt man dabei die Verbindung der insoweit wortgleichen sec. 244 (1)(g) TULRCA 1992 mit der gesetzlichen Haftungsimmunität für Arbeitskämpfe nach sec. 219 TULRCA 1992, folgt daraus, dass die Gewerkschaften sich die Anerkennung durch einen Arbeitgeber auch erstreiken können.[64] Aus diesem exemplarischen Überblick ergibt sich, dass klassische Tarifverhandlungen nach deutschem Verständnis lediglich ein Teilaspekt dessen sind, was im britischen Recht als *collective bargaining* (oder eben: Kollektivverhandlungen) bezeichnet wird.

c) *Fähigkeit zum Abschluss von Kollektivverträgen*

Das Recht, Kollektivverträge nach britischem Recht abzuschließen, teilt sich in mehrere Elemente auf. Zum einen soll festgestellt werden, welche Organisationen Kollektivverträge grundsätzlich abschließen dürfen. Zum anderen ist zu erörtern, welche Anforderungen an diese Organisationen gestellt werden, damit sie

62 Vgl. auch (2003) IRLR 310, Rn. 27 f., wo *Lord Hoffmann* diese Unterscheidung explizit zurückweist.

63 *University College London Hospitals N.H.S. Trust vs. Unison* (1999) ICR 204, S. 213 f. (*Lord Woolf*, dem alle Richter zustimmten).

64 Vgl. *Davies* EuZA 2010, 37, 43.

zum Abschluss bestimmter Kollektivverträge berechtigt sind. Schließlich gehört zur Berechtigung, Kollektivverträge abzuschließen, auch die Anerkennung als Verhandlungspartner.

aa) Gesetzliche Definition der Gewerkschaften und der Arbeitgebervereinigungen

Welche Organisationen unter den britischen Begriff der *trade union* (Gewerkschaft) fallen, ist aus verschiedenen Gründen bedeutsam. Nicht nur genießen lediglich solche Organisationen, die unter die gesetzliche Definition nach sec. 1 TULRCA 1992 fallen, den Schutz davor, als illegal im Rahmen des *common law* zu gelten und ihre Mitglieder dementsprechend den Schutz vor Strafbarkeit gemäß sec. 11 TULRCA 1992. Weiterhin sind nur Gewerkschaften im Sinne von sec. 1 TULRCA 1992 berechtigt, einen Kollektivvertrag nach sec. 178 (1) TULRCA 1992 zu schließen. Sec 1 TULRCA 1992 definiert eine Gewerkschaft nach britischem Recht als eine Vereinigung, die zumindest hauptsächlich aus Arbeitnehmern besteht und zu deren grundlegenden Aufgaben die Regulierung der Beziehungen von Arbeitnehmern und Arbeitgebern und ihrer Vereinigungen gehört. Der dort verwendete Begriff des *worker* ist jedoch weiter zu fassen als der deutsche Arbeitnehmerbegriff. *Worker* sind in diesem Zusammenhang nicht nur Personen, die in einem Arbeitsverhältnis stehen, sondern etwa auch Arbeitssuchende, wie sich aus sec. 296 (1) TULRCA 1992 ergibt. Nach sec. 1 (b) TULRCA 1992 werden auch Dachorganisationen von Gewerkschaften erfasst.

Ein Kernelement der gesetzlichen Definition ist die Regulierung der Beziehungen zwischen Arbeitnehmern und Arbeitgebern. Um eine Organisation unter den Gewerkschaftsbegriff zu subsumieren, genügt es demnach nicht, wenn sich Vereinigungen nur politisch in diesem Sinne engagieren.[65] Vielmehr müssen solche Organisationen auch beabsichtigen, konkrete Verhandlungen mit Arbeitgebern zu führen. Dazu gehört es zumindest, die Anerkennung als Verhandlungspartner durch einen Arbeitgeber oder eine Arbeitgebervereinigung anzustreben. Andernfalls kann nicht davon ausgegangen werden, dass eine Organisation ernsthaft auf eine Regulierung von Arbeitsbedingungen abzielt.[66] Diese Minimalbedingung ist aus deutscher Sicht umso bemerkenswerter, als eine Gewerkschaft nach britischem Recht darüber hinaus weder eine bestimmte Mitgliederzahl haben noch sich besonders häufig oder gar effektiv in Verhand-

---

65 *Deakin/Morris*, Labour Law, Rn. 7.20.

66 Vgl. *Midland Cold Storage vs. Turner (N.I.R.C.)* (1972) ICR 230, 248.

lungen engagieren muss.[67] Eine Überprüfung ihrer tatsächlichen Durchsetzungsfähigkeit ist in diesem Zusammenhang nämlich nicht erforderlich.

Gewerkschaften sind darüber hinaus nach sec. 2, 3 TULRCA 1992 berechtigt aber nicht verpflichtet, sich auf einer vom *Certification Officer*[68] geführten Liste eintragen zu lassen. Für eingetragene Organisationen gilt dann unter anderem die gesetzliche Vermutung nach sec. 2 (4) TULRCA 1992, dass sie Gewerkschaften sind.[69]

Arbeitgebervereinigungen sind in sec. 122 TULRCA 1992 ebenfalls definiert als Zusammenschlüsse von Arbeitgebern oder Eigentümern von Unternehmen, die zu ihren grundlegenden Aufgaben die Regulierung der Beziehungen zu Arbeitnehmern und Gewerkschaften zählen. Auch für sie sehen sec. 123–126 TULRCA 1992 die Option vor, sich beim *Certification Officer* zu registrieren.

bb) Gewerkschaftliche Unabhängigkeit

Zusätzlich zum britischen Gewerkschaftsbegriff gibt es die weiterführende Kategorie der *independent trade union*, der unabhängigen Gewerkschaft. Die Unabhängigkeit flankiert als eigenständiges Kriterium den Gewerkschaftsbegriff lediglich und ist nicht notwendige Voraussetzung einer Gewerkschaft. Dies wird ergänzt durch die Möglichkeit der Gewerkschaften, gemäß sec. 5–8 TULRCA 1992 neben ihrer Registrierung eine Bescheinigung ihrer Unabhängigkeit beim *Certification Officer* zu beantragen. Die Unabhängigkeitsbescheinigung des *certification officers* nach sec. 8 TULRCA 1992 ist allerdings keine Voraussetzung für diesen Status, sondern stellt lediglich eine unwiderlegliche Vermutung dar. Tatsächlich kann eine Gewerkschaft nämlich auch ohne eine solche förmliche Bescheinigung unabhängig im Sinne des Gesetzes sein.[70]

Dabei ist die Bedeutung der Unabhängigkeit einer Gewerkschaft vor allem mit Blick auf den sehr offenen britischen Gewerkschaftsbegriff zu verstehen. Auch Arbeitnehmerorganisationen, die unter erheblichem Einfluss eines Arbeitgebers stehen, gelten rechtlich als Gewerkschaft und können damit grundsätzlich sämtliche gewerkschaftlichen Rechte und Möglichkeiten beanspruchen. Um solche arbeitgeberabhängige Organisationen nicht unterschiedslos gleichzustellen mit unabhängigen Gewerkschaften, sind einige im TULRCA 1992 enthaltene Rechte

67 Vgl. *BAALPE vs. NUT* (1986) IRLR 497, Rn. 36.

68 Hierbei handelt es sich um eine nach sec. 254 TULRCA 1992 beim ACAS eingerichtete Stelle.

69 Daneben bestehen noch andere, etwa steuerrechtliche Vorteile; vgl. *Deakin/Morris*, Labour Law, Rn. 7.21.

70 Vgl dazu *Deakin/Morris*, Labour Law, Rn. 7.22.

ausschließlich unabhängigen Gewerkschaften vorbehalten. Dies betrifft etwa den Schutz von Gewerkschaftsmitgliedern vor Benachteiligungen aufgrund ihrer Mitgliedschaft (sec. 146 TULRCA 1992) oder das Recht einer Gewerkschaft, im Rahmen des gesetzlichen Verfahrens vom Arbeitgeber die Anerkennung als Verhandlungspartner zu erzwingen (para. 6 TULRCA 1992, Schedule A1).[71] Auch für das Anhörungsverfahren im Falle von Massenentlassungen können nur die Vertreter unabhängiger Gewerkschaften nach sec. 188 (1B)(a) TULRCA 1992 zuständig sein. Zudem sehen einige individualarbeitsrechtliche Gesetze vor, dass nur mit unabhängigen Gewerkschaften abweichende Regelungen in Kollektivverträgen vereinbart werden dürfen, beispielsweise im Bereich der Arbeitszeit nach reg. 2 (1), 23 WTR 1998 oder soweit es Modalitäten der Elternzeit nach reg. 2 (1), 16 MPLR 1999 betrifft.

Die Unabhängigkeit einer Gewerkschaft ist somit zentrale Voraussetzung für bestimmte weiterreichenden gesetzlichen Rechte. Dabei ist eine Gewerkschaft nach sec. 5 TULRCA 1992 unabhängig, wenn sie nicht von Arbeitgebern oder ihren Vereinigungen kontrolliert wird und auch nicht durch finanzielle oder materielle Unterstützung von ihnen beeinflussbar ist. Beinflussbarkeit setzt dabei nicht voraus, dass ein Arbeitgeber tatsächlich Einfluss ausübt. Vielmehr genügt es, dass die Möglichkeit dazu besteht.[72] Die Wahrscheinlichkeit einer solchen Beeinflussung ist ebenso unerheblich. So hat der Arbeitgeber in *The Certification Officer vs. Squibb UK Staff Association* den Verantwortlichen der Gewerkschaft unter anderem bezahlte Freistellungen für ihre Gewerkschaftstätigkeit und die kostenlose Nutzung von Räumlichkeiten und von Telekommunikationsmitteln geboten. Allein die Möglichkeit, dass der Arbeitgeber diese Leistungen jederzeit zurückziehen könnte, reichte aus, um der Gewerkschaft ihre Unabhängigkeit abzusprechen.[73]

Die Kriterien, die der *Certification Officer* im Rahmen seiner Entscheidung berücksichtigt, sind auch in einem von ihm veröffentlichten Leitfaden veröffentlicht.[74] Als erstes Indiz wird dort die Historie der Gewerkschaft genannt. Hiernach ist zu prüfen, ob eine Gewerkschaft auf Veranlassung oder mit Unterstützung des

71 *Deakin/Morris*, Labour Law, Rn. 7.22.

72 Vgl. z.B. *Government Communications Staff Federation vs. Certification Officer* (1993) IRLR, 260, Rn. 42, wo der Fortbestand der Arbeitnehmerorganisation ausschließlich vom Willen des Arbeitgebers abhing.

73 (1979) IRLR 78, insb., Rn. 19, 20.

74 *Certification Officer*, INDEPENDECE-Guide, August 2013. Vgl. dazu auch bereits die Entscheidung *Blue Circle Staff Association vs. The Certification Officer* (1977) IRLR 20, Rn. 16 und die dort referierten Merkmale.

Arbeitgebers gegründet wurde. In diesem Zusammenhang ist auch zu berücksichtigen, ob die Gewerkschaft sich seither nicht vom Einfluss des Arbeitgebers lösen konnte.[75] Ein weiteres Kriterium ist die Mitgliederstruktur. Insbesondere Gewerkschaften, deren Mitglieder ausschließlich bei einem Arbeitgeber beschäftigt sind, werden demnach als potentiell abhängiger von diesem betrachtet als breit aufgestellte Gewerkschaften. Allerdings handelt es sich hierbei wiederum nicht um ein entscheidendes Kriterium und auch kleine Gewerkschaften, deren Arbeitnehmer bei wenigen oder nur einem Arbeitgeber beschäftigt sind, können in der Gesamtschau sehr wohl unabhängig sein.[76] Darüber hinaus wird auch die innere Organisation der Gewerkschaft betrachtet; vor allem wird darauf geachtet, ob die Arbeitnehmer Einfluss auf die Entscheidungsprozesse nehmen können. Ebenso wird erörtert, ob Arbeitgeber oder Arbeitnehmer in Führungspositionen Mitglied der Gewerkschaft werden können und falls ja, inwieweit ihr Einfluss eingeschränkt wird.[77] Auch die finanzielle Situation einer Gewerkschaft wird berücksichtigt, etwa das Verhältnis von Einnahmen zu Ausgaben und die Höhe der Rücklagen.[78] Dazu zählt auch, ob eine Gewerkschaft direkte Leistungen von einem Arbeitgeber bezieht. Dazu können Büroräume, Freistellungen oder Ähnliches zählen. Zum einen wird der Gegenwert der Leistungen geprüft und es wird der Frage nachgegangen, ob gegebenenfalls dafür bezahlt wird. Zudem wird geklärt, inwieweit eine Gewerkschaft den Entzug dieser Leistungen verkraften könnte. Letzteres ist nach dem *Guide* für breit aufgestellte nationale Gewerkschaften leichter als für Gewerkschaften, die nur die Belegschaft des entsprechenden Arbeitgebers repräsentieren.[79]

Ein sehr wichtiges Merkmal ist außerdem der bisherige Erfolg einer Gewerkschaft in Verhandlungen mit Arbeitgebern. Liegt ein solcher vor, kann dies sogar negative Bewertungen bei anderen Merkmalen verdrängen.[80] Hierbei wird unter anderem darauf abgestellt, ob eine Gewerkschaft ihre Ziele in Verhandlungen durchsetzen kann oder ob sie dem Verlangen des Arbeitgebers zu leichtfertig nachgibt. Dieses Kriterium bereitet allerdings Schwierigkeiten, wenn der Arbeitgeber schlicht großzügig gegenüber den Forderungen der Gewerkschaft

---

75 *Certification Officer*, INDEPENDECE-Guide, Rn. 18.

76 *Certification Officer*, INDEPENDECE-Guide, Rn. 19.

77 *Certification Officer*, INDEPENDECE-Guide, Rn. 20.

78 *Certification Officer*, INDEPENDECE-Guide, Rn. 21.

79 *Certification Officer*, INDEPENDECE-Guide, Rn. 22 f.

80 Unter dem englischen Terminus „*negotiating record*“: *Certification Officer*, INDEPENDECE-Guide, Rn. 24.

ist.[81] Zwar weist dieses Merkmal durchaus eine gewisse Ähnlichkeit auf zu dem Konzept der „Durchsetzungsfähigkeit“ oder „sozialen Mächtigkeit“ einer Gewerkschaft im deutschen Recht, es sollte aber nicht mit diesem verwechselt werden. So ist es zum Beispiel nach britischem Recht nicht erforderlich, dass eine Gewerkschaft Bereitschaft zu Arbeitskämpfen zeigt. Sie kann dies in ihrer Satzung sogar ausdrücklich ausschließen und dennoch unabhängig sein.[82]

cc) Anerkennung durch den Arbeitgeber

Erhebliche Bedeutung kommt im britischen Recht dem Prinzip der *recognition* zu, also der Anerkennung einer Gewerkschaft als Verhandlungspartner von Seiten des Arbeitgebers. Die Anerkennung ist kein Element der Gewerkschaftsdefinition, sondern ein rein faktisches Element, dem das britische Recht aber umfassende Regelungen widmet. Diese Anerkennung kann sowohl im Rahmen der Vorgaben des *Trade Union and Labour Relations (Consolidated) Act 1992* erfolgen, als auch unabhängig davon durch eine Einigung zwischen Arbeitgeber und Gewerkschaft herbeigeführt werden.[83] Sie kann darüber hinaus explizit, aber auch konkludent erfolgen. Allerdings genügen die Bereitschaft und die erste Kontaktaufnahme zu Gesprächen noch nicht, eine konkludente Anerkennung anzunehmen.[84]

(1) Gesetzliches Verfahren zur Anerkennung

Das gesetzliche Verfahren zur Anerkennung ist geregelt im *Trade Union and Labour Relations Act 1992, Schedule A1. Part I* dieses Anhangs regelt das Anerkennungsverfahren, wodurch Gewerkschaften die Anerkennung durch einen Arbeitgeber oder einen Arbeitgeberverband durch Antrag beim *Central Arbitration Committee* erzwingen können. Dieses außerordentlich formalisierte und komplexe Verfahren soll hier nur in seinen Grundzügen wiedergegeben werden,[85] ist aber auch nicht zu ignorieren, weil es die einzige rechtliche Möglichkeit ist, Arbeitgeber auch gegen ihren Willen zu Verhandlungen über die Anerkennung zu zwingen.

---

81 Vgl. *Deakin/Morris*, Labour Law, Rn. 7.24 und *Blue Circle Staff Association vs. The Certification Officer* (1977) IRLR 20, Rn. 16.

82 Vgl. *Deakin/Morris*, Labour Law, Rn. 7.24.

83 Vgl. *Deakin/Morris*, Labour Law, Rn. 9.3.

84 Vgl. *National Union of Gold, Silver & Allied Trades vs. Albury Brothers Ltd.* (1978) IRLR 504, Rn. 14 f. (*Master of Rolls*, dem alle Richter zustimmten).

85 Eine detaillierte Beschreibung findet sich bei *Deakin/Morris*, Labour Law, Rn. 9.6–9.18.

Voraussetzung ist, dass eine Gewerkschaft eine schriftliche Anfrage an einen Arbeitgeber oder einen Verband stellt, als Verhandlungspartner für eine genau bezeichnete Gruppe von Arbeitnehmern anerkannt zu werden. Diese Gruppe wird auch als *bargaining unit*, als Verhandlungseinheit, bezeichnet. Der Arbeitgeber muss weiterhin durchschnittlich mindestens 21 Arbeitnehmer beschäftigen und die Gewerkschaft muss über eine Bescheinigung des *Certification Officers* verfügen, die ihre Unabhängigkeit bestätigt.[86] Sind die formalen Voraussetzungen erfüllt, kann der Arbeitgeber die Gewerkschaft anerkennen oder zumindest nach para. 10 (3) TULRCA 1992, Schedule A1 in Verhandlungen mit ihr treten. In diesem Stadium können Arbeitgeber und Gewerkschaft auch noch eine freiwillige Anerkennungsvereinbarung nach para. 52 ff. TULRCA 1992, Schedule A1 schließen. Der Vorteil einer solchen freiwilligen Anerkennung liegt für Gewerkschaften unter anderem darin, dass der Arbeitgeber sie frühestens nach drei Jahren kündigen kann, para. 56 TULRCA 1992, Schedule A1.

Kommt es nicht zu einer solchen Vereinbarung oder einer Anerkennung, kann die Gewerkschaft beim CAC beantragen, den Arbeitgeber zur Anerkennung zu verpflichten. Dem Antrag muss das CAC grundsätzlich entsprechen, sofern nicht ein Ablehnungsgrund einschlägig ist.[87] Zu diesen Gründen zählt unter anderen, dass der Arbeitgeber bereits eine andere Gewerkschaft als Verhandlungspartner anerkannt hat. Dafür muss sich diese Anerkennung einer anderen Gewerkschaft nach para. 35 TULRCA 1992, Schedule A1 aber auf alle Arbeitnehmer der jeweiligen Verhandlungseinheit beziehen. Selbst eine Gewerkschaft, die über einen höheren Organisationsgrad in dieser Verhandlungseinheit verfügt, müsste dann abgewiesen werden. Die bereits anerkannte Gewerkschaft muss darüber hinaus nicht einmal unabhängig sein, könnte in diesem Fall aber durch das Verfahren nach Part VI TULRCA 1992, Schedule A1 wieder aberkannt werden.[88] Allerdings muss eine bereits anerkannte Organisation zumindest überhaupt eine Gewerkschaft im Sinne von sec. 1 TULRCA 1992 sein, um andere Gewerkschaften von der Anerkennung für diese Verhandlungseinheit auszuschließen.[89]

---

86 Vgl. die Regelungen in para. 1–9 TULRCA 1992, Schedule A1.

87 *Deakin/Morris*, Labour Law, Rn. 9.7.

88 Vgl. *R (on the application of the National Union of Journalists) vs. CAC* (2006) IRLR 53, Rn. 6 f.; zu den Schwierigkeiten eines solchen Aberkennungsverfahrens auch *Ewing* ILJ 2000, 267, 268 f.

89 Vgl. etwa *BECTU and City Screen Ltd* TUR1/309 vom 10.12.2003, CAC, Rn. 31 f. In diesem Fall hatte die konkurrierende Organisation schlicht keine Arbeitnehmer in den Bereichen, für die sie anerkannt wurde und deren Arbeitsbedingungen sie folglich hätte regeln wollen.

Weiterhin müssen mindestens 10 % der Arbeitnehmer in der anvisierten Verhandlungseinheit Mitglieder der beantragenden Gewerkschaft sein und eine Mehrheit der Arbeitnehmer in dieser Verhandlungseinheit muss die Anerkennung der Gewerkschaft „wahrscheinlich befürworten" („*likely to favour recognition*", para. 36 (1) TULRCA 1992, Schedule A1)). Es geht hierbei jedoch nicht zwingend darum, eine Abstimmung unter den Arbeitnehmern durchzuführen. Vielmehr entscheidet die CAC auf Basis der ihr vorliegenden Informationen, ob eine solche Mehrheit vorliegt. Genügen ihr diese Informationen nicht, kann die CAC aber eine geheime Abstimmung unter den Arbeitnehmern der Verhandlungseinheit abhalten lassen.[90] Darüber hinaus können mehrere Gewerkschaften gleichzeitig eine Anerkennung für eine Verhandlungseinheit begehren, wenn sie vereinbaren, bei Verhandlungen über Arbeitsbedingungen zusammenzuarbeiten. Andererseits können verschiedene Gewerkschaften nicht als jeweils eigenständige Verhandlungspartner für dieselbe Verhandlungseinheit von der CAC akzeptiert werden, wie aus para. 37 TULRCA 1992, Schedule A1 hervorgeht.

Daneben ist es Aufgabe der CAC zu prüfen, ob die beanspruchte Verhandlungseinheit auch die angemessene Verhandlungseinheit ist, wobei auch hier nach para. 18–19B TULRCA 1992, Schedule A1 eine Einigung zwischen Arbeitgeber und Gewerkschaft Vorrang hat vor einer Entscheidung der CAC über eine tatsächlich angemessene Verhandlungseinheit.

(2) Freiwillige Anerkennung

Das Recht und die Möglichkeit, eine Gewerkschaft als Verhandlungspartner anzuerkennen, stehen dem Arbeitgeber unabhängig vom gesetzlichen Anerkennungsverfahren zu. Die freiwillige Anerkennung einer Gewerkschaft kann auch außerhalb des formalisierten gesetzlichen Verfahrens geschehen – auch während des laufenden gesetzlichen Verfahrens. So können Arbeitgeber und Gewerkschaft die Anerkennung und ihren Umfang jederzeit autonom regeln und eine Einflussnahme der CAC vermeiden.[91] Das bedeutet aber auch, dass die Voraussetzungen und Mechanismen des gesetzlichen Anerkennungsverfahrens keinesfalls zwingend sind.

---

90 Vgl. *Deakin/Morris*, Labour Law, Rn. 9.8, 9.14 und zu dem komplexen und formalisierten Abstimmungsverfahren Rn. 9.15–9.17. Siehe auch para. 23–29 TULRCA 1992, Schedule A1. Kritisch im Hinblick auf den Ermessensspielraum der CAC *Simpson* ILJ 2007, 287, 290–292.

91 Vgl. *Dukes* ILJ 2008, 236, 253.

Dies führt jedoch dazu, dass der Arbeitgeber dann nicht verpflichtet ist, die mit der gesetzlichen Anerkennung einhergehenden Rechte der Gewerkschaften zu beachten. Dem Arbeitgeber steht es frei zu entscheiden, welche Gewerkschaft er anerkennt. Es ist ihm sogar möglich, eine Gewerkschaft anzuerkennen, die nicht unabhängig gemäß der obigen Ausführungen ist (vgl. B.I.2.c)bb)).[92] Das ist umso brisanter, als ein Arbeitgeber, der eine Gewerkschaft anerkannt hat, nicht mehr ohne Weiteres im Rahmen des gesetzlichen Verfahrens zur Anerkennung einer anderen (unabhängigen) Gewerkschaft gezwungen werden kann.[93] Ein weiterer Nachteil der außergesetzlichen Anerkennung ist aus gewerkschaftlicher Sicht, dass es dem Arbeitgeber jederzeit freisteht, eine Anerkennung zu widerrufen oder ihren Umfang zu ändern. Die rechtlichen Konsequenzen für ihn sind überschaubar: So können zum Beispiel bereits fällige, gesetzliche Verpflichtungen durch eine Aberkennung nicht mehr umgangen werden.[94] Deswegen wird es für ein funktionierendes System freiwilliger Anerkennung als entscheidend angesehen, dass die Gewerkschaften in der Lage sind, ihre Anerkennung aus eigener Kraft durchzusetzen. Neben dem Willen der Arbeitgeberseite, mit Gewerkschaften zu verhandeln, ist insbesondere die Möglichkeit bedeutsam, einen Arbeitskampf um die Anerkennung zu führen.[95]

(3) Umfang der Anerkennung und ihre Folgen

Wichtig ist auch, in welchem Umfang ein Arbeitgeber eine Gewerkschaft als Verhandlungspartner anerkennt. „Anerkennung" definiert sec. 178 (3) TULRCA 1992 als Anerkennung für alle Angelegenheiten im Zusammenhang mit Tarifverhandlungen nach sec. 178 (1) TULRCA 1992. Die von den Parteien geschlossene Anerkennungsvereinbarung regelt dazu auch den Umfang der Anerkennung, sie kann sich auf alle oder nur einige der in sec. 178 (2) TULRCA 1992 aufgelisteten Angelegenheiten beziehen.[96] Es reicht aus, wenn der Arbeitgeber bereit ist, über auch nur eine einzige zu verhandeln.[97] In diesem Fall fehlt es dementsprechend auch an einer Anerkennung für die anderen Angelegenheiten und eine (andere) Gewerkschaft ist frei, hierfür anerkannt zu werden. Weiterhin werden üblicherweise Modalitäten der weiteren Kollektivverhandlungen geregelt.[98]

92 *Deakin/Morris*, Labour Law, Rn. 7.25.
93 Dazu auch oben unter B.I.2.c)cc)(1).
94 Vgl. dazu *Deakin/Morris*, Labour Law, Rn. 9.4.
95 *Davies* EuZA 2010, 37, 38 f.
96 Dazu bereits oben unter B.I.2.b).
97 *Deakin/Morris*, Labour Law, Rn. 7.27.
98 *Davies* EuZA 2010, 37, 38.

Dies gilt grundsätzlich für eine Anerkennung außerhalb des gesetzlichen Verfahrens. Das gesetzliche Verfahren selbst unterliegt jedoch einer entscheidenden Ausnahme. Nach para. 3 (2), (3) TULRCA 1992, Schedule A1 ist die Möglichkeit, eine Anerkennung durch den Arbeitgeber zu erzwingen, auf die Bereiche Arbeitsentgelt, Arbeitszeit und Urlaub[99] beschränkt. Kommt es jedoch zu einer freiwilligen Einigung im Laufe des Verfahrens, hat diese Beschränkung keine Gültigkeit und die Parteien können auch eine weitergehende Anerkennung vereinbaren, wie sich aus para. 54 (3) TULRCA 1992, Schedule A1 ergibt. Hervorzuheben ist jedoch für alle Fälle, dass die Anerkennung einer Gewerkschaft nie pauschal als Verhandlungspartner für alle Belange erfolgt. Es ergibt sich immer erst aus der konkreten Vereinbarung – ob nun explizit oder konkludent geschlossen –, für welche Angelegenheiten eine Gewerkschaft anerkannt wird und in welche weiteren Verhandlungen sie mit dem Arbeitgeber treten kann.

d) Bindung an Kollektivverträge und ihre Wirkung

Die deutschen Begriffe der Tarifbindung und -wirkung sind zwar nicht unbedingt auf die Rechtslage für britische Kollektivverträge übertragbar. Allerdings dienen sie hier als sprachlicher Anknüpfungspunkt, um sich dem britischen Recht zu nähern. Im Wesentlichen ist somit im Folgenden zu untersuchen, welche Arbeitnehmer und Arbeitgeber durch britische Kollektivverträge verpflichtet werden und wie die Regelungen der Kollektivverträge im Rahmen des individuellen Arbeitsverhältnisses Wirkung entfalten.

aa) Rechtliche Unverbindlichkeit

Dabei ist zunächst festzuhalten, dass britische Kollektivverträge nach sec. 179 (1) TULRCA 1992 nicht rechtsverbindlich sind. Eine Ausnahme von diesem Grundsatz wird nur gemacht, wenn der Vertrag schriftlich geschlossen wurde und eine Klausel enthält, womit die Vertragsparteien zum Ausdruck bringen, ausnahmsweise einen rechtsverbindlichen Vertrag schließen zu wollen. Die Anforderungen daran sind nicht unerheblich: Die Klausel muss deutlich machen, dass nicht nur eine Bindung „*in honour*" gemeint ist, sondern eine echte rechtliche Verbindlichkeit.[100] Solche Klauseln werden aber in der Praxis nur höchst selten geschlossen. In der Regel sind Kollektivverträge deswegen nach britischem Recht unverbindlich und keine der beteiligten Parteien kann auf Einhaltung der

---

99 „*Pay, hours and holidays*".
100 *NCB vs. NUM* (1986) IRLR 439, Rn. 92.

Kollektivverträge verklagt werden.[101] Abgesehen von der ausnahmsweise vereinbarten Rechtsverbindlichkeit, entfalten kollektivvertragliche Regelungen im britischen Recht nur und erst dann eine einklagbare Bindungswirkung, wenn sie in ein Arbeitsverhältnis inkorporiert werden. Andernfalls lässt sich aus dem Kollektivvertrag selbst weder für Arbeitgeber und Arbeitnehmer noch für ihre jeweiligen Organisationen eine Rechtsfolge herleiten. Die Durchsetzung der abgeschlossenen Kollektivverträge ist vielmehr nur durch sozialen Druck zu erreichen, etwa durch Arbeitskämpfe.[102]

Insofern mag der deutsche Begriff „Vertrag" in diesem Zusammenhang sogar irreführend sein. Soweit im Folgenden von Kollektivverträgen oder Kollektivvereinbarungen nach britischem Recht die Rede ist, sei darunter keineswegs eine rechtsverbindliche Regelung im deutschen Sinn zu verstehen. Die britische arbeitsrechtliche Literatur differenziert aus diesem Grund auch zwischen dem rechtsverbindlichen „*contract*" auf der einen Seite und dem unverbindlichen „*agreement*" andererseits.[103] Mangels adäquater Synonyme für dieses Phänomen des britischen Rechts wird im Rahmen dieser Arbeit für britische *collective agreements* weiterhin der Begriff des Kollektivvertrags verwendet, ohne hiermit einen rechtsverbindlichen Vertrag zu meinen.

bb) Geltung im einzelnen Arbeitsverhältnis

(1) Hintergrund

Die rechtliche Unverbindlichkeit gilt wohlgemerkt nur für die unmittelbar am Vertragsschluss beteiligten Parteien, die aus dem Kollektivvertrag keine Ansprüche gegeneinander herleiten können. Anders stellt sich die Lage dar, wenn es um die Wirkung der Vereinbarungen für individuelle Arbeitsverhältnisse geht. Dabei ist zunächst festzuhalten, dass es im britischen Recht keinen rechtlichen Automatismus gibt, durch den Bestimmungen eines Kollektivvertrags unmittelbare und zwingende Wirkung für einzelne Arbeitsverhältnisse entfalten, wie es § 4 TVG in Deutschland vorsieht.[104] Auch das *common law* hält keinen derartigen Mechanismus bereit.[105]

---

101 *Deakin/Morris*, Labour Law, Rn. 9.26; vgl. auch etwa *Ford Motor Co. Ltd. vs. A.E.F.* (1969) 2 QB 303, dort in der Begründung von *Goeffrey Lane* auf S. 330 f.

102 Vgl. *Deakin/Morris*, Labour Law, Rn. 11.2; kritisch *Ewing* ILJ 2005, 1, 14.

103 Zum Beispiel *Wedderburn* ILJ 1992, 245, 246.

104 Zum deutschen Recht siehe unten unter B.II.1.e).

105 Vgl. *Deakin/Morris*, Labour Law, Rn. 4.27.

Lediglich in der Vergangenheit gab es im britischen Recht auch eine gesetzliche Verpflichtung für Arbeitgeber, die Regelungen von Kollektivverträgen auf Arbeitsverhältnisse anzuwenden. Die während des Zweiten Weltkriegs etablierten – und auch danach beibehaltenen – Zwangsschlichtungsverfahren zwischen Arbeitgeberverbänden und Gewerkschaften sahen nämlich einen Modus vor, nach dem die einzelnen Arbeitgeber auf sie fachlich und räumlich anwendbare Kollektivverträge auch in den individuellen Arbeitsverhältnissen umzusetzen hatten. Wurde ein Arbeitgeber[106] von den verantwortlichen Gewerkschaften oder Arbeitgeberverbänden erfolgreich auf Umsetzung verklagt, führte dies zu einer automatischen Einbindung der entsprechenden Kollektivregelung in die Arbeitsverträge seiner Arbeitnehmer. Dies ist zumindest in seiner zwingenden und unmittelbaren Wirkung durchaus mit dem normativen Effekt deutscher Tarifverträge vergleichbar. Allerdings fehlte es an einem Recht des einzelnen Arbeitnehmers, diese zwingende Wirkung des Kollektivvertrags einzuklagen.[107] Somit besteht ein wesentlicher Unterschied zum automatischen Effekt nach § 4 TVG. Diese Möglichkeit, die Regelungen von Kollektivverträgen im Rahmen der individuellen Arbeitsverhältnisse durchzusetzen, bestanden, wenn auch mit Änderungen, bis Anfang der 80er Jahre des letzten Jahrhunderts fort.

Erst als Teil der umfassenden Reformen des kollektiven Arbeitsrechts durch die Regierung Thatcher verschwand dieser Mechanismus aus dem britischen Recht.[108] Zentrales Argument dafür war, dass diese Regelung daran scheiterte, das Entstehen von Niedriglohnsektoren zu vermeiden. Vielmehr profitierten vor allem besser bezahlte und besser organisierte Arbeitnehmer von ihr. Allerdings störte sich die Regierung damals wohl auch daran, dass sich bei einer solchen gesetzlichen Ausdehnung von Kollektivverträgen konkrete und individuelle Umstände, wie die Marktaussichten eines Arbeitgebers, seine Profitabilität oder die Produktivität seiner Arbeitskräfte nicht berücksichtigen ließen.[109] Insofern könnte nicht nur die Funktionalität der erzwingbaren Umsetzung von Kollektivverträgen Motiv der Regierung Thatcher gewesen sein. Als Folge gibt es im

---

106 Er musste dazu zumindest gemäß des *Employment Protection Act 1975, Schedule 11* nicht einmal Mitglied der abschließenden Arbeitgebervereinigung sein. Entsprechendes galt auch hinsichtlich der Gewerkschaftsmitgliedschaft seiner Arbeitnehmer.

107 Vgl. *Davies/Freedland*, Labour Legislation and Public Policy, S. 386.

108 Vgl. zu diesem Thema insgesamt die Darstellung bei *Davies/Freedland*, Labour Law, S. 159–163.

109 Vgl. *Davies/Freedland*, Labour Legislation and Public Policy, S. 540.

britischen Recht bis heute keinen rechtlichen Automatismus, Kollektivverträge auf individualvertraglicher Ebene umzusetzen. Hierzu werden daher im britischen Recht andere Möglichkeiten herangezogen:

(2) Stellvertretung

Eine Variante, Kollektivverträgen auf einzelvertraglicher Ebene Wirkung zu verleihen, besteht darin, dass die einzelnen Arbeitnehmer die den Vertrag abschließende Gewerkschaft als Stellvertreter bevollmächtigen.[110] Die Einigung zwischen Arbeitgeber und Gewerkschaft wird dann unmittelbar verbindlich im individualvertraglichen Verhältnis des Arbeitgebers zum Arbeitnehmer, auch wenn der Kollektivvertrag als solcher rechtlich unverbindlich ist. Um eine Bevollmächtigung anzunehmen, braucht es aber weitergehende Indizien als die bloße Mitgliedschaft eines Arbeitnehmers in einer Gewerkschaft.[111] Diese Variante hat den Nachteil, von der konkreten Bevollmächtigung durch den Arbeitnehmer abhängig zu sein, auf die letztlich weder der Arbeitgeber noch die Gewerkschaft Einfluss hat. So kann der Arbeitnehmer sie auch jederzeit mit Wirkung für die Zukunft zurückziehen und sich damit Änderungen der Kollektivverträge entziehen.[112] Nicht zuletzt deswegen ist es sehr unüblich, Kollektivverträge auf diesem Weg auch auf das individuelle Arbeitsverhältnis gewissermaßen auszudehnen.[113]

(3) Inbezugnahme

Üblicher ist dagegen, Kollektivverträge im Wege einer arbeitsvertraglichen Inbezugnahmeklausel zu einem Bestandteil des Arbeitsvertrags zu machen und ihnen auf diese Weise zumindest im Verhältnis zwischen Arbeitgeber und Arbeitnehmer Rechtsverbindlichkeit zu verschaffen. Dies kann sowohl explizit vereinbart als auch konkludent in den Arbeitsvertrag einbezogen werden. Außerdem können Inbezugnahmeklauseln dynamisch gestaltet sein, sie müssen also nicht zwingend auf konkrete Kollektivverträge verweisen, sondern können

---

110 So etwa in *Harris vs. Richard Lawson Autologistics* Ltd. (2004) IRLR 477, dort *Lord Justice Kennedy* in Rn. 20.

111 Vgl. etwa *The Burton Group Ltd. vs. M Smith* (1977) IRLR 351, Rn. 21.

112 So geschehen in *Singh vs. British Steel Corporation* (1974) IRLR 131, Rn. 34. In diesem Fall hatten Arbeitnehmer eine Änderung ihrer Arbeitszeiten durch einen Kollektivvertrag verhindert, indem sie bereits im Vorfeld der verantwortlichen Gewerkschaft die entsprechende Vollmacht entzogen. Zu den Nachteilen auch *Deakin/Morris*, Labour Law, Rn. 4.28.

113 Vgl. auch bereits *Davies/Freedland*, Labour Law, S. 285.

auch zukünftige Veränderungen auf kollektiver Ebene erfassen.[114] Eine Mitgliedschaft in der entsprechenden Gewerkschaft oder dem Arbeitgeberverband ist nicht unbedingt Voraussetzung für eine explizite Inbezugnahme eines Kollektivvertrags in den Arbeitsvertrag.[115]

Von Bedeutung ist jedoch, unter welchen Bedingungen eine Inbezugnahme von Kollektivverträgen auch lediglich konkludent (so genannte *implied terms*) erfolgen kann.[116] Die bloße Existenz von Kollektivverträgen genügt noch nicht, um eine konkludente Inbezugnahme zu rechtfertigen.[117] Auch die Frage, ob ein Arbeitnehmer hierzu zwingend Mitglied der abschließenden Gewerkschaft sein muss, ist weitgehend ungeklärt.[118] Es existieren insofern verschiedene Varianten, unter denen eine konkludente Inbezugnahme angenommen werden könnte: So kann es eine regelmäßige Übung darstellen, bestimmte Kollektivverträge auf Arbeitsverhältnisse im jeweiligen Betrieb oder Unternehmen anzuwenden. Hierzu kommt es jedoch auch darauf an, dass die konkrete Übung allgemein bekannt ist; die Arbeitnehmer müssen diese Übung als Teil ihres Arbeitsverhältnisses quasi voraussetzen.[119] Außerdem muss eine solche Übung vernünftig, bestimmt und offenkundig sein.[120] Eine konkrete Übung zu bestimmen, bereitet vor allem dann Schwierigkeiten, wenn es um eine Regelung geht, die nicht alltäglich angewandt wird, beispielsweise zu den Modalitäten von betriebsbedingten Kündigungen.[121]

Für eine konkludente Inbezugnahme eines Kollektivvertrags in ein Arbeitsverhältnis kann weiterhin sprechen, wenn Arbeitnehmer in Kenntnis des Inhalts eines Kollektivvertrags weiterarbeiten. Dies gilt zumindest, nachdem der Arbeitgeber allgemein bekannt gegeben hat, zukünftig die Regelungen dieses Vertrags auf die Arbeitsverhältnisse anzuwenden. Arbeiten die Arbeitnehmer dann unter

---

114 Vgl. z.B. *Glendale Managed Services vs. Graham* (2003) IRLR 465; *Collins/Ewing/McColgan*, Labour Law, S. 124.

115 In *Burroughs Machines Ltd. vs. Timmoney* (1977) IRLR 405, Rn. 13, stand ein zwischenzeitiger Austritt des Arbeitgebers aus seinem Arbeitgeberverband der Anwendung einer ausdrücklich in den Arbeitsvertrag einbezogenen Klausel aus einem Kollektivvertrag beispielsweise nicht entgegen.

116 Vgl. allgemein *Deakin/Morris*, Labour Law, Rn. 4.29.

117 Zum Beispiel *Alexander vs. Standard Telephones & Cables Ltd. (No.2)* (1991) IRLR 286, Rn. 27 (*Hobhouse*).

118 Vgl. den Überblick bei *Smith/Baker*, Employment Law, S. 135.

119 Vgl. m.w.N. *Henry vs. London General Transport Services* (2002) IRLR 475, Rn. 28 (*Lord Justice Pill*).

120 *Ebenda.*

121 *Alexander vs. Standard Telephones & Cables Ltd. (No.2)* (1991) IRLR 286, Rn. 27 (*Hobhouse*).

diesen Bedingungen weiter, soll es auch nicht darauf ankommen, ob sie zuvor widersprachen.[122] Ein weiteres Beispiel, in welchem Umfang eine (konkludente) Inbezugnahme durch Gerichte angenommen werden kann, ist in der Entscheidung *Burke vs. Royal Liverpool N.H.S.Trust* zu finden. Dort ist zwar zunächst festgestellt worden, dass zwar nicht im Arbeitsvertrag, sondern nur in einem Begleitschreiben auf die Kollektivverträge verwiesen wurde, zugleich ist aber besonders auf die Erwartungen der Kollektivparteien abgestellt worden:

> *„Having regard to the fact that [...] there was a scope for local agreement to be made between employers and recognised bargaining agents [...] it would be difficult to imagine a position in which either the employer or the trade unions would wish to say that any such collective agreement was not incorporated into the employee's terms and conditions of employment.“*[123]

In dieser Passage spielen Inbezugnahmeklauseln im Arbeitsverhältnis oder die Perspektive und Erwartungen des konkreten Arbeitnehmers als Partei des Arbeitsvertrags bemerkenswerterweise keine Rolle. Vielmehr wird betont, welche Erwartungen die Tarifparteien bezüglich der Einbeziehung ihrer Vereinbarungen in die Arbeitsverträge haben. Es entsteht diesbezüglich fast der Eindruck, es komme auf eine bewusste Inkorporation im Verhältnis zwischen Arbeitgeber und Arbeitnehmer gar nicht an.

Allerdings ist die Kenntnis des Arbeitnehmers auch nicht unbedingt Voraussetzung einer Inbezugnahme.[124] Denn das *common law* hält durchaus auch die Möglichkeit bereit, die Inbezugnahme eines Tarifvertrags zu unterstellen, wenn der Arbeitsvertrag andernfalls unwirksam, widersinnig oder wirkungslos wäre.[125] Darüber hinaus kann ein Kollektivvertrag auch zur Lückenfüllung herangezogen werden, wenn ein Arbeitsvertrag eine bestimmte Frage nicht regelt, obwohl er sie regeln sollte. In *Howman & Son vs. Blyth* ist aus Praktikabilitätserwägungen („*reasonable*“) ein Arbeitsvertrag um eine Regelung bezüglich der Dauer eines Entgeltfortzahlungszeitraums im Krankheitsfall ergänzt worden.

---

122 So in *Henry vs. London General Transport Services* (2002) IRLR 475, dort *Lord Justice Pill* in Rn. 23, wonach die Arbeitnehmer für immerhin zwei Jahre unter den Bedingungen, denen sie eigentlich widersprochen hatten, weitergearbeitet haben.

123 *Burke vs. Royal Liverpool N.H.S.Trust* (1997) ICR 730, 739 (*Morison*).

124 Vgl. bereits *Hepple*, Employment Law, Rn. 267.

125 Englisch „inefficacious, absurd or futile“, vgl. *Tadd vs. Eastwood and Daily Telegraph Ltd.* (1983) IRLR 320, Rn. 71 und 80.

Der Vertrag selbst sah lediglich eine Verpflichtung zur Entgeltfortzahlung vor, regelte jedoch keine Dauer.[126]

(4) Umfang der Inkorporation

Weiterhin muss eine explizite (und auch konkludente) Inbezugnahmeklausel nicht einen Kollektivvertrag insgesamt einbeziehen, sondern kann sich auch auf einzelne Regelungen oder Klauseln beschränken. Auch abweichende und für den Arbeitnehmer ungünstigere Regelungen können die Arbeitsvertragsparteien vereinbaren.[127] Bei der konkludenten Inbezugnahme als so genannte „*implied terms*" hängt der Umfang der Einbeziehung in den Arbeitsvertrag wiederum sehr von den konkreten Umständen ab. Allerdings prüfen die Gerichte bei beiden Varianten der Inbezugnahme zusätzlich, ob eine Klausel in einem Kollektivvertrag überhaupt Teil des Arbeitsvertrags werden kann. Stichwort ist hier die Angemessenheit (engl. „*appropriateness*") der Einbeziehung einer kollektivvertraglichen Regelung in ein konkretes Arbeitsverhältnis.

Demnach sollen Klauseln einbezogen werden können, die materielle Ansprüche begründen, etwa in Bezug auf Entgelt, Arbeitszeit oder Urlaub. Andere Klauseln, die lediglich Verfahrensweisen zwischen Gewerkschafts- und Arbeitgeberseite oder organisatorische Belange des Arbeitgebers regeln, sollen demnach nicht geeignet sein, in Arbeitsverträge integriert zu werden.[128] Gleiches soll für reine Absichtserklärungen gelten.[129] Als ein Beispiel mag hier auch die Rechtssache *Malone vs. British Airways plc* dienen.[130] In diesem Streitfall enthielten die Arbeitsverträge eine ausdrückliche, eher allgemein gehaltene Inbezugnahmeklausel. Streitig war deswegen, ob die in Kollektivverträgen vereinbarten Mindestbesatzungsquoten für Flugzeuge auch auf individualvertraglicher Ebene Wirkung entfalten können und dem einzelnen Arbeitnehmer damit das Recht gäben, im Falle einer Unterbesetzung seine Arbeitsleistung zu verweigern und

---

126 *Howman & Son vs. Blyth* (1983) ICR 416, 420 f.; vgl. auch *Deakin/Morris*, Labour Law, Rn. 4.29.

127 Hierzu *Wedderburn* ILJ 1992, 245, 249.

128 Vgl. *National Coal Board vs. National Union of Mineworkers* (1986) IRLR 439, Rn. 151, 155 (*Scott*). Die Arbeitsverträge enthielten in dieser Entscheidung recht allgemeine Inbezugnahmeklauseln. Dennoch lehnte das Gericht in seiner Entscheidung eine Inbezugnahme von Verhandlungsmechanismen zwischen Gewerkschaft und Arbeitgeberverband ab, da nicht erkennbar sei, dass diese auch im Verhältnis Arbeitgeber zu Arbeitnehmer eine rechtliche Wirkung entfalten sollten.

129 Vgl. auch den Überblick bei *Collins/Ewing/McColgan*, Labour Law, S. 125 f.

130 (2011) IRLR 32.

damit womöglich geplante Flüge zu verhindern. Genau wegen dieser möglichen Konsequenz ist entschieden worden, die Parteien hätten eine solche Regelung nicht vereinbart, wenn sie auch auf individualvertraglicher Ebene Ansprüche begründete. Vielmehr sei davon auszugehen, es handle sich nur um eine allgemein gehaltene Absprache, durch die Arbeitnehmer als Kollektiv vor einer Arbeitsüberlastung geschützt werden sollen. Wie sich aus der Entscheidung selbst bereits ergibt, ist dieses Ergebnis keineswegs zwangsläufig, da sich aus der Gesamtschau der Kollektivregelungen auch herauslesen ließe, die Mindestbesatzungsquoten sollten auch individuelle Ansprüche begründen.[131]

Solche Unschärfen lassen sich auch schon älteren Entscheidungen entnehmen. In *Alexander vs. Standard Telephones & Cables Ltd. (No.2)* ging es zum Beispiel um die Einbeziehung einer Kollektivregelung, nach der bei betriebsbedingten Kündigungen die Auswahl der zu kündigenden Arbeitnehmer entsprechend der Seniorität erfolgen sollte. Obwohl in der Entscheidung zugestanden wurde, dass eine solche Regelung auch individuelle Rechte begründen könnte, ist vor allem auf den Gesamtkontext abgestellt worden. Da der Kollektivvertrag vor allem allgemein gehaltene Absichtserklärungen enthielt, ist entschieden worden, dass auch die streitige Regelung nicht dazu gedacht gewesen sei, in Arbeitsverträgen Rechtswirkung zu entfalten. Ein anderes Ergebnis hätte sich demnach erreichen lassen, wenn die Parteien des Kollektivvertrags explizit erklärt hätten, dass die Vereinbarung zu betriebsbedingten Kündigungen individuelle Rechte begründen solle, unabhängig vom Gesamtkontext.[132]

Wie sich daraus ergibt, wird allerdings keine inhaltliche Kontrolle der kollektiven Regelung vorgenommen. Vielmehr wird geprüft, ob sie ihrem Charakter und Regelungsziel nach überhaupt dazu geeignet und gedacht ist, die Beziehung zwischen Arbeitgeber und Arbeitnehmer zu regulieren. Im Rahmen des *common law* wird dieses Konzept sehr fallbasiert gehandhabt. Wie skizziert, ist es dementsprechend schwierig, die Konsequenzen im Einzelfall vorherzusagen. Dies gilt umso mehr, als durch die Angemessenheit der Inbezugnahme auch die Reichweite einer im Arbeitsvertrag ausdrücklich vereinbarten Inbezugnahmeklausel bestimmt wird. Bis zu einer gerichtlichen Entscheidung bleibt es somit zunächst unsicher, welche Teile eines einbezogenen Kollektivvertrags wirklich Gegenstand der rechtlichen Beziehung zwischen Arbeitgeber und Arbeitnehmer

131 *Malone vs. British Airways plc* (2011) IRLR 32, Rn. 57–62.

132 *Alexander vs. Standard Telephones & Cables Ltd. (No.2)* (1991) IRLR 286, Rn. 35 f. (*Hobhouse*). Vgl. auch ausführlich *Deakin/Morris*, Labour Law, Rn. 4.30.

werden. Wie die Beispiele zeigen, ändert auch eine explizit vereinbarte Inbezugnahmeklausel daran nichts.[133]

e) *Verfahren zum Abschluss eines Kollektivvertrags*

Die Abläufe und Verfahren von Tarifverhandlungen sind – nachdem eine Gewerkschaft einmal als Verhandlungspartner anerkannt wurde – gesetzlich nicht geregelt. Es obliegt allein den Parteien, sich hierüber zu einigen. Die einzige Ausnahme ist die gesetzliche Verpflichtung, anerkannten Gewerkschaften nach sec. 181–185 TULRCA 1992 gewisse Informationen bereitzustellen.[134] Der Arbeitgeber muss demnach einer anerkannten Gewerkschaft Informationen über das Unternehmen zur Verfügung stellen, die sie benötigt, um mit dem Arbeitgeber überhaupt in Verhandlungen über die Angelegenheiten treten zu können, für die sie anerkannt wurde. Nach sec. 182 TULRCA 1992 ist der Arbeitgeber allerdings in einem gewissen Rahmen berechtigt, Informationen zurückzuhalten, etwa aus Gründen der nationalen Sicherheit oder weil er andernfalls gegen gesetzliche Verpflichtungen verstieße.

Der Code of Practice No. 2 der ACAS[135] enthält unter Ziffer 11 eine keinesfalls abschließende Auflistung von Informationen, die der Arbeitgeber gegebenenfalls bereitstellen muss. Dazu gehören auf das Arbeitsverhältnis bezogene Informationen wie etwa über das Entlohnungsschema, Evaluierungssysteme, Einstellungsbedingungen oder Weiterbildung. Aber auch unternehmensbezogene Informationen können zu übermitteln sein, die sich auf Arbeitnehmerzahlen, Alters- und Geschlechtsstruktur und Arbeitsmethoden beziehen können sowie auch auf bilanzielle Informationen, Gewinne, Darlehen an Mutter- oder Tochterunternehmen und Ähnliches. Dies zeigt schon, dass diese Informationspflicht durchaus sehr weitreichend sein kann.[136]

f) *Form und Inhalt von Kollektivverträgen*

Auch bezüglich Form und Inhalt von Kollektivverträgen gibt es nahezu keine Regelung im britischen Recht. Weder ist Schriftform erforderlich, noch muss ein Kollektivvertrag in irgendeiner Urkunde verkörpert sein oder einen bestimmten

---

133 Vgl. auch die kritische Zusammenfassung bei *Collins/Ewing/McColgan*, Labour Law, S. 128.

134 *Deakin/Morris*, Labour Law, Rn. 9.22.

135 *ACAS*, Code of Practice 2, 2003.

136 Zu den Beschränkungen vgl. *Deakin/Morris*, Labour Law, Rn. 9.23.

Inhalt haben.[137] In der Entscheidung *Burke vs. Royal Livverpool N.H.S. Trust* genügte bereits der informelle Briefverkehr zwischen Gewerkschaftsvertretern und der Arbeitgeberseite, um einen wirksamen Kollektivvertrag zu schließen, soweit man davon im britischen Recht sprechen kann.[138] Formvorschriften bestehen letztlich nur ausnahmsweise und sind dann lediglich Voraussetzung für besondere Rechtsfolgen: Sollen die Verträge rechtsverbindlich sein, müssen sie nach sec. 179 (1) TULRCA 1992 schriftlich vorliegen und eine Klausel enthalten, in der die Rechtsverbindlichkeit ausdrücklich vereinbart wird. Gleichsam greifen nach sec. 180 TULRCA 1992 besondere Formvorschriften, wenn ein Kollektivvertrag Arbeitskampfmaßnahmen rechtsverbindlich auch für die einzelnen Arbeitnehmer ausschließen soll. Auch dann muss er schriftlich vorliegen und eine entsprechende ausdrückliche Klausel zur Friedenspflicht enthalten.[139]

Inhalt eines Kollektivvertrages können nach sec. 178 (1) TULRCA 1992 wiederum die in sec. 178 (2) TULRCA 1992 genannten Angelegenheiten sein. Aus dem bereits skizzierten sehr weiten Verständnis von Kollektivverhandlungen folgt deswegen ein gleichermaßen weites Verständnis von Kollektivverträgen.[140] Bedenkt man zudem die weitgehende Formlosigkeit britischer Kollektivverträge, wird der Unterschied zu den wesentlich förmlicheren und inhaltlich begrenzteren deutschen Tarifverträgen (vgl. § 1 TVG) deutlich.[141]

In einigen Bereichen steht es allerdings nur unabhängigen Gewerkschaften zu, Kollektivverträge zu schließen, die von gesetzlichen Vorgaben abweichen. Dies gilt beispielsweise im für abweichende Vereinbarungen im Bereich der Arbeitszeit nach reg. 2 (1), 23 WTR 1998 oder der Elternzeit nach reg. 2 (1), 16 MPLR 1999.

---

137 Vgl. *Deakin/Morris*, Labour Law, Rn. 2.8.

138 (1997) ICR 730, 738 (*Morison*), dabei ist zum einen darauf verwiesen worden, dass ein wirklicher vertraglicher Bindungswille nicht Voraussetzung sein muss, da regelmäßig ohnehin keine Rechtsverbindlichkeit durch einen Kollektivvertrag entsteht. Es genügt demnach, wenn der Wille, die Arbeitsverhältnisse zu regulieren, in irgendeiner Weise zum Ausdruck kommt.

139 Weitere Bedingungen sind, dass die Arbeitnehmer den Tarifvertrag jederzeit einsehen können, die abschließenden Gewerkschaften unabhängig sind und der Kollektivvertrag ausdrücklich oder konkludent in die Arbeitsverhältnisse einbezogen wurde, vgl. sec 180 (1),(2) TULRCA 1992.

140 Ausführlich zu den einzelnen Angelegenheiten bereits oben unter B.I.2.b).

141 Siehe zum deutschen Recht unten unter B.II.1.c) und B.II.1.d).

3. Arbeitskampfrecht

a) *Arbeitskampf im common law*

Wie bereits unter B.I.1 oben dargelegt, steht das *common law* Arbeitskämpfen bis heute abwehrend gegenüber, wenngleich die Strafbarkeit heute keine Rolle mehr spielt, weil die Regelung in sec. 11 TULRCA 1992 die üblichen Auseinandersetzungen zwischen Arbeitgebern und Gewerkschaften heute grundlegend straffrei stellt. Allerdings betrifft dieser Schutz nicht die im *common law* etablierte deliktische Haftung für die Durchführung von Arbeitskämpfen. Die daraus resultierenden Haftungsrisiken schweben auch heute noch über jeder Auseinandersetzung zwischen Gewerkschaften und Arbeitgebern.[142] Die zentralen Haftungstatbestände[143] bleiben die Verleitung zur Vertragsverletzung und die Beeinträchtigung der Geschäftstätigkeiten des Anspruchstellers durch rechtswidrige Mittel. Im Rahmen der Verleitung zur Vertragsverletzung ist wesentlich, dass es zu einer Vertragsverletzung zwischen dem deliktischen Anspruchsteller (grundsätzlich der Arbeitgeber) und einem Dritten wegen der Handlungen des Anspruchsgegners (grundsätzlich die Gewerkschaft) kommt. Dieser Haftungstatbestand ist insofern akzessorisch zum Verhältnis der Vertragsparteien zueinander.[144] Als subjektives Element muss eine Kenntnis oder bewusste Unkenntnis über das Vertragsverhältnis vorliegen, außerdem die Absicht, einen Bruch desselben herbeizuführen.[145] Dieser Tatbestand wurde sogar auf die Verletzung anderer, nicht vertraglicher Verpflichtungen ausgedehnt, allen voran gesetzliche Verpflichtungen. Diese Variante ist bislang aber noch recht konturlos. In *Associated British Ports vs. TGWU* wurde beispielsweise eine Gewerkschaft wegen Verleitung zum Bruch gesetzlicher Pflichten für haftbar gehalten, weil die Gewerkschaft durch ihren Streikaufruf die Arbeitnehmer zum Bruch einer besonderen gesetzlichen Arbeitspflicht verleiten wollte. Dies wurde jedoch vom *House of Lords* mit der Begründung wieder aufgehoben, eine solche gesetzliche Pflicht habe nicht bestanden, vielmehr handele es sich um nichts anderes als die arbeitsvertragliche Pflicht.[146] In der Entscheidung *OBG Ltd. vs. Allan* ließ *Lord Nicholls* die Frage wiederum offen, ob die Grundsätze der Verleitung zur Vertragsverletzung auch

142 Dazu schon oben unter B.I.1.b).

143 Vgl. die sehr ausführliche Darstellung zu Haftung bei *Deakin/Morris*, Labour Law, Rn. 11.10–11.19.

144 *OBG Ltd. vs. Allan* (2008) 1 AC 3, *Lord Hoffmann* in Rn. 4 f.

145 *OBG Ltd. vs. Allan* (2008) 1 AC 3, *Lord Hoffmann*, Rn. 40–43.

146 (1989) IRLR 399, *Lord Goff of Chieveley*, dem alle Richter zustimmten, Rn. 20.

auf die Verletzung gesetzlicher Pflichten angewendet werden könnten.[147] Insofern scheint recht unklar, inwieweit ein solcher Haftungstatbestand überhaupt ausreicht und welche Anforderungen an eine gesetzliche Verpflichtung zu stellen wären, um die Haftung auszulösen.[148]

Die Haftung wegen Beeinträchtigung des Geschäfts durch rechtswidrige Mittel[149] schließt wiederum eine Lücke, wo keine Vertragsbeziehung zwischen dem Dritten und dem Arbeitgeber besteht. Das Fehlen von Vertragsbeziehungen ist aber kein Tatbestandsmerkmal. Entscheidend ist vielmehr, dass die Geschäftsbeziehungen zwischen Arbeitgeber und einem Dritten durch rechtswidrige Mittel gestört werden, in der Absicht, den Arbeitgeber oder den Dritten hierdurch zu schädigen.[150] In diese Reihe gehört etwa die Haftung wegen Nötigung, um dem Arbeitgeber oder dem Dritten zu schaden.[151] Die Haftung wegen Verschwörung zweier oder mehrerer Personen, um jemand anderem mit rechtswidrigen oder rechtmäßigen Mitteln zu schaden, betont ebenfalls die Schädigungsabsicht.[152]

b) *Gesetzlicher Rahmen für den Arbeitskampf*

aa) *Die* golden formula *und ihre Bedingungen*

Die vorstehend skizzierten Haftungsrisiken basieren auf dem *common law* und erfassen Arbeitskämpfe zwischen Gewerkschaften und der Arbeitgeberseite weitflächig. Deswegen ist es essentiell für Gewerkschaften, im Rahmen des britischen Rechts vor dieser Haftung geschützt zu sein. Die dafür verantwortliche so genannte *golden formula*[153] ist heute in sec. 219 TULRCA 1992 geregelt. Mit ihr wird eine Immunität vor deliktischer Haftung sichergestellt, sofern ein Arbeitskampf im Rahmen einer Tarifauseinandersetzung (*trade dispute*) zwischen Arbeitgeber und Arbeitnehmer durchgeführt wird und dieser sich im Rahmen der gesetzlichen Vorgaben bewegt. Die Arbeitskampfmaßnahme muss dazu im

---

147 (2008) 1 AC 3, Rn. 189.

148 Vgl. dazu *Deakin/Morris*, Labour Law, Rn. 11.12.

149 Englisch „*causing loss by unlawful means*".

150 *OBG Ltd. vs. Allan* (2008) AC 3, *Lord Hoffmann*, Rn. 47.

151 Beispielsweise *Rookes vs. Barnard* (1964) AC 1129, *Lord Reid* auf S. 1168 f. Hier hatte eine Gewerkschaft vom Arbeitgeber verlangt, das Arbeitsverhältnis mit einem Nichtgewerkschaftsmitglied aufzulösen. Dies ist als Nötigung qualifiziert worden – unabhängig davon, dass das Arbeitsverhältnis rechtmäßig vom Arbeitgeber beendet wurde.

152 „*Lawful means conspiracy*" und „*unlawful means conspiracy*", hierzu ausführlich *Deakin/Morris*, Labour Law, Rn. 11.18.

153 Vgl. *Prassl*, The Right to Strike, S. 558.

Zusammenhang mit einer unmittelbar bevorstehenden oder bereits laufenden Tarifauseinandersetzung begonnen werden. Folglich muss ein zeitlicher und inhaltlicher Zusammenhang bestehen.[154]

(1) Trade dispute

Diese Tarifauseinandersetzung muss sich zudem zumindest im Wesentlichen um eine der in sec. 244 (1) TULRCA 1992 genannten Angelegenheiten drehen und zwischen Arbeitnehmern und ihren Arbeitgebern stattfinden.[155] Dies schließt persönliche und insbesondere politische Motive als Grund für einen gesetzlich geschützten Arbeitskampf aus.[156] Die Grenzziehung ist im Einzelnen schwierig, zumal „auch"-politische Motive nicht schaden müssen, sofern sie nicht den Schwerpunkt bilden. Ein Streik, mit dem ausschließlich das Ziel verfolgt wird, gegen (oder für) politische Entscheidungen zu demonstrieren, ist jedoch nicht von der gesetzlichen Immunität gedeckt, selbst wenn es sich um politische Entscheidungen mit Bezug zum Arbeitsleben handelt.[157] In *Associated British Ports vs. Transport & General Workers' Union* hat die Gewerkschaft vom Arbeitgeber Verhandlungen über Arbeitsbedingungen von Hafenarbeitern verlangt, nachdem die Regierung angekündigt hatte, entsprechende gesetzliche Regelungen abschaffen zu wollen. Obwohl die Gewerkschaft darüber auch eine Auseinandersetzung mit der Regierung eingegangen war, bezog sie sich in ihrem Streikaufruf lediglich auf die angestrebten Verhandlungen mit dem Arbeitgeber. Auf diese Weise gelang es, zur Überzeugung des Gerichts darzulegen, dass die politischen Geschehnisse zwar Anlass für die Auseinandersetzung mit dem Arbeitgeber waren, die Arbeitsbedingungen aber das eigentliche Ziel dargestellten.[158] Somit kann ein Arbeitskampf trotz eines möglichen politischen Hintergrunds im Wesentlichen eine der in sec. 244 (1) TULRCA 1992 genannten Angelegenheiten zum Gegenstand haben.[159]

(2) Umfang der Immunität

Allerdings schützt sec. 219 TULRCA 1992 nicht vor jeder deliktischen Haftung, sondern schließt nur bestimmte Haftungstatbestände aus – und auch das nur,

154 Grundlegend bereits in *Conway vs. Wade* (1909) AC 506, *Lord Loreburn* auf S. 512. Vgl. auch *Deakin/Morris*, Labour Law, Rn. 11.29.

155 Zu diesen Angelegenheiten oben unter B.I.2.b).

156 Vgl. *Prassl*, The Right to Strike, S. 559.

157 *Express Newspapers Ltd. vs. Keys* (1980) IRLR 247, Rn. 8.

158 (1989) IRLR 291, Rn. 78–81.

159 Vgl. dazu auch *Deakin/Morris*, Labour Law, Rn. 11.28.

wenn das gesetzlich vorgeschriebene Verfahren zur Durchführung eines Arbeitskampfs penibel eingehalten wurde. Sec. 219 (1)(a) TULRCA 1992 betrifft die Haftung wegen Verleitung zur Vertragsverletzung und sec. 219 (1)(b) TULRCA 1992 erfasst Nötigungen, sofern das Nötigungsmittel in einer drohenden Vertragsverletzung liegt. Weiterhin schützt sec. 219 (2) TULRCA 1992 vor der Haftung wegen Verschwörung gegen einen Dritten durch rechtmäßige oder durch unrechtmäßige Mittel, wenn diese nicht aus sich heraus einen Haftungsanspruch begründen können. Sobald ein Arbeitskampf jedoch Haftungstatbestände erfüllt, die nicht in sec. 219 TULRCA 1992 enthalten sind, besteht auch keine gesetzliche Immunität. Bei der Organisation von Arbeitskämpfen sind Gewerkschaften deswegen nach wie vor anfällig für Beschränkungen seitens des *common law*.[160]

Abgesehen von dieser nur begrenzten gesetzlichen Immunität werden bestimmte Formen oder Ziele des Arbeitskampfs sogar explizit ausgeschlossen. Bedeutsam ist dort das weitgehende Verbot von Sekundärstreiks gemäß sec. 224 TULRCA 1992, sofern es sich nicht nach sec. 224 (3) TULRCA 1992 um rechtmäßige Streikposten handelt. Sekundärstreiks sind nach sec. 224 (2) TULRCA 1992 Arbeitskämpfe von Arbeitnehmern, deren Arbeitgeber selbst nicht Partei der eigentlichen Tarifauseinandersetzung sind.[161] Das bedeutet nicht, dass jeder Arbeitskampf unrechtmäßig ist, durch den auch eine Auseinandersetzung anderer Arbeitnehmer mit ihrem Arbeitgeber beeinflusst wird. Jedoch muss jedem Arbeitskampf eine eigenständige Tarifauseinandersetzung mit dem jeweils eigenen Arbeitgeber zugrundeliegen. Dies wirkt sich allerdings auch auf Auseinandersetzungen in Konzernen aus: Entscheidend ist die Auseinandersetzung mit dem eigenen Arbeitgeber, konzernmäßige Verflechtungen der Arbeitgeber sind unerheblich.[162] Gleichsam sind nach sec. 220 TULRCA 1992 nur friedliche Streikposten („*peaceful picketing*") erlaubt. Damit sind Streikposten gemeint, die lediglich informieren sollen, ohne Druck auf andere Arbeitnehmer auszuüben, ebenfalls die Arbeit niederzulegen. Somit sind Streikposten immer verboten, die Arbeitnehmer unmittelbar von der Arbeit abhalten.

Weiterhin sind auch solche Arbeitskämpfe nach sec. 222 TULRCA 1992 nicht von der Haftungsimmunität erfasst, die auf eine unterschiedliche Behandlung von Gewerkschaftsmitgliedern und Nichtmitgliedern abzielen. Dadurch sollen nicht nur *closed shops* verhindert werden, sondern letztlich jede unterschiedliche

160 *Collins/Ewing/McColgan*, Labour Law, S. 667 f.; *Prassl*, The Right to Strike, S. 561.

161 Zu beidem auch *Collins/Ewing/McColgan*, Labour Law, S. 691–696.

162 Vgl. *Deakin/Morris*, Labour Law, Rn. 11.31.

Behandlung aufgrund der Gewerkschaftsmitgliedschaft. Nach sec. 225 TULRCA 1992 sind zudem Arbeitskämpfe nicht geschützt, die eine Anerkennung einer Gewerkschaft durch andere Arbeitgeber fördern sollen, etwa indem vom bestreikten Arbeitgeber verlangt wird, entsprechende vertragliche Vereinbarungen mit seinen Kunden zu schließen. Schließlich werden gemäß sec. 223 TULRCA 1992 Arbeitskämpfe ausgenommen, die sich gegen die Entlassung von Arbeitnehmern nach sec. 237 TULRCA 1992 richten, die an nicht offiziellen Arbeitskämpfen teilgenommen hatten. Bedeutsam für die drei vorstehenden Beschränkungen der Haftungsimmunität ist, dass die ausgeschlossenen Gründe nicht tragendes Motiv eines Arbeitskampfs sein müssen. es genügt, dass sie nur einer der Gründe sind. Insofern müssen Gewerkschaften vor einem Arbeitskampf klarstellen, dass dieser in keinem Bezug zu einem der genannten Gründe steht.[163]

bb) Friedenspflicht

Das britische Recht kennt grundsätzlich keine absolute oder auch nur relative Friedenspflicht. Ein Kollektivvertrag nach britischem Recht enthält keine implizite relative Friedenspflicht während seiner Laufzeit. Wegen der fehlenden Rechtsverbindlichkeit von Kollektivverträgen sind Arbeitskämpfe – beziehungsweise ihre Androhung – ein wichtiges faktisches Element, um die Einhaltung der Kollektivverträge durchzusetzen; sie dienen insofern auch als Mittel, faire Kollektivverträge zu vereinbaren. Nicht zuletzt deswegen ist die Vereinbarung einer Friedenspflicht in Kollektivverträgen im Rahmen des britischen Rechts systemfremd und somit unüblich.[164] Der britische Trade Union Congress, eine gewerkschaftliche Dachorganisation, rät seinen Mitgliedern beispielsweise sogar davon ab, entsprechende Vereinbarungen in Kollektivverträgen zu schließen.[165] Hinzu kommt noch, dass britische Kollektivverträge nach sec. 179 TULRCA 1992 in der Regel rechtlich unverbindlich sind. Selbst eine kollektivvertraglich vereinbarte Friedenspflicht hätte abgesehen von einer Verpflichtung ehrenhalber keine Beschränkung der Arbeitskampfmöglichkeit zur Folge, solange der Vertrag nicht explizit als rechtsverbindlich geschlossen wird.[166]

Zudem ist zu bedenken, dass eine kollektivvertraglich vereinbarte Friedenspflicht lediglich die Gewerkschaften selbst und die Arbeitgeber (bzw.

---

163 Vgl. zu allem *Deakin/Morris*, Labour Law, Rn. 11.30.

164 Vgl. *Deakin/Morris*, Labour Law, Rn. 11.67.

165 *Prassl*, The Right to Strike, S. 558.

166 Zur Rechtsverbindlichkeit oben unter B.I.2.d); im Übrigen: *Deakin/Morris*, Labour Law, Rn. 11.67.

Arbeitgeberverbände) bindet. Ohne eine wirksame Inbezugnahme dieser Regelung in den Arbeitsvertrag wäre sie individualrechtlich ebenfalls ohne Bedeutung. Eine solche Inbezugnahme einer Friedenspflicht unterliegt nach sec. 180 TULRCA 1992 ohnehin erheblichen rechtlichen Anforderungen. Unter anderem muss nach sec. 180 (2) TULRCA 1992 die Friedenspflicht explizit im Kollektivvertrag vereinbart sein; dieser muss während der Arbeitszeit zur Einsichtnahme für die Arbeitnehmer ausliegen und von einer unabhängigen Gewerkschaft abgeschlossen worden sein. Außerdem muss er ausdrücklich oder konkludent in den Arbeitsvertrag einbezogen sein. Allerdings werden die an einem Arbeitskampf teilnehmenden Arbeitnehmer nach britischem Recht ohnehin immer vertragsbrüchig, weswegen die verbindliche Inbezugnahme einer Friedenspflicht eigentlich nicht zu weiteren Konsequenzen führt.[167]

cc) Verfahren zur Durchführung eines Arbeitskampfs

Zur Vermeidung deliktischer Haftung ist es aus Sicht der Gewerkschaften sehr wichtig, die Pflicht zur Abhaltung einer Urabstimmung und die Informationspflichten gegenüber dem Arbeitgeber einzuhalten. Beachtet eine Gewerkschaft das komplexe und deswegen sehr fehleranfällige Verfahren zur Urabstimmung nicht peinlich genau, setzt sie sich dem Haftungsrisiko nach dem *common law* aus. Geregelt ist dieses Verfahren in *Part V*, sec. 226–235 TULRCA 1992. Dabei muss die Gewerkschaft den Arbeitgeber nach sec. 226A TURLCA 1992 mindestens sieben Tage vorher über eine geplante Urabstimmung informieren. Die Information muss detaillierte Angaben enthalten, welche Gruppen von Arbeitnehmern und welche Betriebe beziehungsweise Betriebsteile an der Urabstimmung teilnehmen sollen, außerdem muss die genaue Anzahl der betroffenen Arbeitnehmer benannt werden. Weiterhin muss die Gewerkschaft angeben, wie genau sie die Anzahl der Arbeitnehmer ermittelt hat.[168] Bei Durchführung der Urabstimmung muss genau das in sec. 226B-231 TULRCA 1992 geregelte Verfahren eingehalten werden, um die Immunität eines Arbeitskampfs vor der Haftung aufrechtzuhalten. An der Urabstimmung müssen nach sec. 227 TULRCA 1992 alle Mitglieder der Gewerkschaft beteiligt werden, die wahrscheinlich später zum Arbeitskampf aufgerufen werden. Nach sec. 227 (2) TULRCA 1992 ist die Urabstimmung unwirksam, wenn Gewerkschaftsmitglieder auf

---

167 Vgl. *Deakin/Morris*, Labour Law, Rn. 11.67; *Lewis* BJIR 1990 32, 37 f.

168 Zu den besonderen Schwierigkeiten, die allein hieraus resultieren, vgl. *Collins/Ewing/McColgan*, Labour Law, S. 677 f.

Aufforderung der Gewerkschaft am Arbeitskampf teilnehmen, ohne an der Urabstimmung beteiligt worden zu sein.

Der Inhalt des zugehörigen Wahlschreibens ist in sec. 230 TULRCA 1992 ausführlich geregelt. Je präziser dort die geplanten Arbeitskampfmaßnahmen beschrieben werden, desto geringer ist bei der Durchführung der Spielraum der Gewerkschaft. Denn nur auf die bezeichneten Maßnahmen bezieht sich die durchgeführte Urabstimmung.[169] Die Abstimmung ist gemäß sec. 230 TULRCA 1992 als geheime Briefwahl abzuhalten. Der Arbeitgeber und die beteiligten Arbeitnehmer müssen nach sec. 231 f. TURLCA 1992 über die Ergebnisse der Urabstimmung informiert werden.

Weiterhin muss der Arbeitgeber von der Gewerkschaft sieben Tage vor einem geplanten Arbeitskampf nach sec. 234A TULRCA 1992 informiert werden. Dabei ist unter anderem über den zeitlichen und räumlichen Umfang des Arbeitskampfs und die Zahl der beteiligten Arbeitnehmer zu informieren. Sollte eine der Informationspflichten gegenüber einem Arbeitgeber verletzt werden, verlieren die Gewerkschaften ihre Immunität allerdings „nur" gegenüber den Arbeitgebern, die unzureichend informiert wurden.[170] Eine wirksame Urabstimmung „verfällt" im Übrigen gemäß sec. 234 (1) TULRCA 1992 vier Wochen, nachdem sie abgehalten wurde, sofern keine abweichende Vereinbarung mit der Arbeitgeberseite getroffen wurde. Das bedeutet allerdings, dass eine Gewerkschaft gegebenenfalls mehrere Urabstimmungen abhalten muss, sollte sich eine Tarifauseinandersetzung über einen längeren Zeitraum erstrecken.

Dieses detailliert geregelte, komplexe Verfahren[171] bremst und schwächt die Gewerkschaften in Auseinandersetzungen mit dem Arbeitgeber. Zum einen müssen sie die Vorschriften bezüglich der Informationspflichten und der Urabstimmung genau einhalten, um ihre geplanten Arbeitskämpfe nicht rechtlich angreifbar zu machen.[172] Zum anderen erhält der Arbeitgeber durch die Pflicht der Gewerkschaft, ihn bereits im Vorfeld detailliert über geplante Arbeitskämpfe in Kenntnis zu setzen, die Gelegenheit, mögliche Folgen eines Arbeitskampfs präventiv zu mildern oder sogar abzuwenden. Er hat schließlich, berücksichtigt

---

169 Vgl. *Deakin/Morris*, Labour Law, Rn. 11.36, dort wird nochmals auf das besondere Risiko hingewiesen, wenn im Wahlschreiben Angelegenheiten als Hintergrund des Arbeitskampfs benannt werden, die nicht in sec. 244 (1) TULRCA 1992 aufgeführt sind.

170 *Deakin/Morris*, Labour Law, Rn. 11.42.

171 Ein ausführlicher Überblick findet sich bei *Deakin/Morris*, Labour Law, Rn. 11.33–11.44.

172 Dazu unten unter B.I.3.c), S. 40.

man die gesetzlichen Fristen, mindestens zwei Wochen Zeit zur Vorbereitung. Dieser Effekt tritt auch unabhängig von den Haftungsfolgen des *common law* auf und schwächt nicht nur die Effektivität eines Arbeitskampfs, sondern beeinträchtigt damit direkt auch die Durchsetzungsfähigkeit der Gewerkschaften in Tarifverhandlungen.[173]

c) Rechtsfolgen eines unzulässigen Arbeitskampfs

aa) Rechte des Arbeitgebers

Ist ein Arbeitskampf unzulässig – oder vielmehr der deliktischen Haftung ausgesetzt – ergeben sich hieraus vor allem zwei Möglichkeiten für Arbeitgeber: Im Nachhinein können sie versuchen, im Rahmen der deliktischen Haftungstatbestände Schadensersatzansprüche wegen des Arbeitskampfs geltend zu machen. Dadurch wird jedoch nicht unbedingt ein laufender Arbeitskampf beeinflusst. Außerdem ist die Höhe des Schadensersatzes aus deliktischer Haftung der Gewerkschaften nach sec 22 TULRCA 1992 gedeckelt. Gestaffelt nach der Mitgliederzahl der Gewerkschaften liegt die Höchstgrenze bei maximal 250.000 £. Allerdings bestehen hiervon einige Ausnahmen und sofern mehrere Arbeitgeber betroffen sind, bestehen die Haftungsgrenzen nur pro einzelnen Arbeitgeber.[174]

Die zweite und womöglich auch brisantere Möglichkeit der Arbeitgeber ist es, die deliktische Haftung als Basis für einstweilige Verfügungen gegen die Gewerkschaften heranzuziehen. Diese sollen zwar regelmäßig Arbeitskämpfe nur bis zu einer Hauptsacheentscheidung unterbinden, beenden sie aber faktisch häufig endgültig.[175] Insbesondere Fehler bei der Urabstimmung oder den Informationspflichten im Vorfeld eines Streiks können Anknüpfungspunkt einer einstweiligen Verfügung sein, da sie die gesetzliche Immunität aufheben.[176] Die Brisanz der einstweiligen Verfügung liegt deswegen nicht zuletzt im Zusammenspiel mit den komplexen Verfahrensregeln im Vorfeld eines Arbeitskampfs. Zwar sind Gerichte nach sec. 221 (2) TULRCA 1992 verpflichtet zu berücksichtigen, wie wahrscheinlich ein Obsiegen der Gewerkschaft in der Hauptsache ist. Sofern jedoch Haftungstatbestände geltend gemacht werden, die gar nicht von

---

173 Vgl. *Simpson* ILJ 2005 331, 337.

174 Vgl. *Deakin/Morris*, Labour Law, Rn. 11.47.

175 So *Deakin/Morris*, Labour Law, Rn. 11.48.

176 Vgl. etwa *EDF Energy Powerlink Ltd. vs. National Union of Rail, Maritime and Transport Workers* (2010) IRLR 114, *Blake* in Rn. 19, wo eine fehlerhafte Bezeichnung der betroffenen Arbeitnehmergruppen in der Kopie des Wahlschreibens an den Arbeitgeber Auslöser für die einstweilige Verfügung war.

der gesetzlichen Immunität erfasst werden (z.B. Verletzung einer gesetzlichen Pflicht), findet sec. 221 (2) TULRCA 1992 keine Anwendung.[177]

Darüber hinaus hat der Arbeitskampf aber auch Auswirkungen auf die Arbeitsverhältnisse der teilnehmenden Arbeitnehmer. Nach britischem Recht führt die Teilnahme an einem Arbeitskampf nicht nur zu einer Suspendierung der jeweiligen arbeitsvertraglichen Pflichten, sondern wird als Vertragsbruch angesehen. Dementsprechend ist der Arbeitgeber sogar bei rechtmäßigen Arbeitskämpfen zum Ausspruch einer Kündigung berechtigt.[178] Zwar kann eine solche Kündigung unwirksam sein, allerdings hat der Arbeitnehmer dann keinen Anspruch auf Wiedereinstellung, sondern lediglich auf eine finanzielle Entschädigung. So kann selbst ein rechtmäßiger Arbeitskampf dazu dienen, die streikenden Arbeitnehmer auszutauschen.[179]

bb) Rechte einzelner Arbeitnehmer und Dritter

Die rechtlichen Möglichkeiten des einzelnen Arbeitnehmers im Zusammenhang mit einem Arbeitskampf dürfen ebenfalls nicht außer Acht gelassen werden: Ein Arbeitnehmer kann nach sec. 62 TULRCA 1992 auf Unterlassung eines Arbeitskampfs klagen, wenn dieser ohne eine ordnungsgemäß abgehaltene Urabstimmung durchgeführt werden soll. Begünstigt wird diese Möglichkeit noch dadurch, dass eine Gewerkschaft einen Arbeitnehmer nach sec. 64–67 TULRCA 1992 gar nicht zur Teilnahme an einem Streik zwingen kann. Dem einzelnen Gewerkschaftsmitglied steht es völlig frei, sich an einem Arbeitskampf zu beteiligen. Gleichzeitig steht ihm aber das Recht zu, einen Arbeitskampf im Wege der Klage nach sec. 62 TULRCA 1992 zu verhindern. Dies gilt unabhängig davon, wie die übrigen Arbeitnehmer und Gewerkschaftsmitglieder dazu stehen und ist nicht nur ein Vorrang der individuellen Interessen vor denen der Gewerkschaft.[180] Es bedeutet gleichzeitig, dass nicht nur Arbeitgeber potentiell gegen Arbeitskämpfe vorgehen können, sondern ebenso einzelne Gewerkschaftsmitglieder. Daraus folgt zugleich, dass die rechtliche Beurteilung eines Arbeitskampfs nicht nur im Rahmen der Beziehung zwischen Gewerkschaft und Arbeitgeber erfolgt. Vielmehr tritt als weiterer Akteur der einzelne Arbeitnehmer hinzu, dem im Rahmen von sec. 62 TULRCA 1992 ein eigenes, unmittelbares und vor allem völlig unabhängiges Rechtsmittel zugestanden wird.

---

177 Vgl. *Deakin/Morris*, Labour Law, Rn. 11.49.

178 Ausführlich *Deakin/Morris*, Labour Law, Rn. 11.65 m.w.N. und Rn. 11.68.

179 Vgl. *Ewing*, British Labour Law and Private International Law Report, S. 219.

180 Vgl. hierzu *Deakin/Morris*, Labour Law, Rn. 11.92.

Das ist aber noch nicht die einzige Gefahr, die Gewerkschaften droht, wenn sie einen Arbeitskampf organisieren. Nach sec. 235A TULRCA 1992 steht auch Dritten, natürlichen Personen,[181] das Recht zu, auf Unterlassung der Durchführung von rechtswidrigen Arbeitskämpfen zu klagen. Voraussetzung ist dafür nach sec. 235A (1)(b) TULRCA 1992, dass hierdurch die Lieferung von Waren oder die Bereitstellung von Dienstleistungen an den Dritten unterbleibt, verzögert oder qualitativ eingeschränkt wird.[182] Nach sec. 235A (2) TULRCA 1992 ist ein Arbeitskampf rechtswidrig, wenn er Gegenstand einer deliktischen Klage anderer als des Dritten sein könnte oder ein Gewerkschaftsmitglied eine Klage nach sec. 62 TULRCA 1992 erheben könnte. Ein auch nur drohender Schadenseintritt ist nicht Voraussetzung für die Klage des Dritten.[183] Genauso wenig muss irgendeine Schädigungsabsicht gegen den Dritten vorliegen, es genügt die bloße Wahrscheinlichkeit, dass eine Leistung an ihn beeinträchtigt wird.[184] Der Dritte kann nach sec. 235A (5) TULRCA 1992 auch eine einstweilige Verfügung erwirken. Die bemerkenswerte Folge von sec. 234A TURLCA 1992 ist, dass eine außerhalb des Arbeitskampfs stehende Person rechtlich gegen den Arbeitskampf vorgehen kann. Für den Arbeitgeber hat dies den Nachteil, dass er in Kollektivverhandlungen den möglichen Trumpf einer Klage nicht sicher in den eigenen Händen hält, sondern ihm ein Dritter zuvorkommen kann. Die Gewerkschaft wiederum ist einer weiteren Einschränkung ausgesetzt, soweit die Effektivität von Arbeitskämpfen als Druckmittel in Kollektivverhandlungen betroffen ist. Vor allem aber verlieren sowohl die Arbeitgeber als auch die Gewerkschaften im Rahmen von Arbeitskämpfen die Möglichkeit, unabhängig ihre Beziehung zu gestalten. Der Spielraum für außergerichtliche Einigungen oder der Verzicht auf Rechtsmittel sind eingeschränkt, solange Dritte ihrerseits Klage gegen Arbeitskämpfe einlegen können und damit in das Gleichgewicht zwischen Arbeitgebern und Gewerkschaften eingreifen.[185] Das Rechtsmittel

---

181 Zur Beschränkung auf natürliche Personen: *Deakin/Morris*, Labour Law, Rn. 11.19, wo zugleich jedoch darauf hingewiesen wird, dass es etwa Geschäftsführern eines Unternehmens möglich wäre, sich dieses Rechts als natürliche Person zu bedienen.

182 Vgl. *P vs. National Association of Schoolmasters/Union of Women Teachers* (2003) IRLR 307, *Lord Hoffman* in Rn. 17 f. Hier hat ein Schüler gegen einen Arbeitskampf geklagt, durch den die Qualität des Unterrichts reduziert worden sei.

183 Vgl. *Morris* ILJ 1993 194, 198.

184 *Morris* ILJ 1993 194, 200.

185 Vgl. *Morris* ILJ 1993 194, 208, wo die Nachteile für die beteiligte Gewerkschaft und den Arbeitgeber diskutiert werden.

des Dritten entzieht sich – wie auch das nach sec. 62 TULRCA 1992 – völlig dem Einfluss von Arbeitgebern und Gewerkschaften.

II. Kollektives Arbeitsrecht in Deutschland

Dem Überblick über das britische kollektive Arbeitsrecht soll eine pointierte Darstellung der im weiteren Rahmen dieser Arbeit wichtigsten Aspekte des kollektiven Arbeitsrechts in Deutschland folgen.

Das kollektive Arbeitsrecht Deutschlands ist aufgespalten in zwei Ebenen. Die betriebliche Sphäre der Betriebsräte und Arbeitgeber ist im Wesentlichen durch das Betriebsverfassungsgesetz umfassend gesetzlich geregelt. Die tarifvertragliche Sphäre als Ebene, auf der die Tarifvertragsparteien miteinander agieren, zeichnet sich durch eine erheblich geringere gesetzliche Regelungsdichte aus. Das Tarifvertragsgesetz ist ein vergleichsweise schlankes Gesetz, das Form, Inhalt und Abschlussbedingungen für Tarifverträge regelt. Das damit eng verknüpfte Arbeitskampfrecht genießt eine bemerkenswerte Sonderstellung im deutschen Recht, da es hierzu an einer gesetzlichen Regelung fehlt. Vielmehr ist es geprägt durch richterrechtlich geprägte Auslegung der Grundrechte, namentlich der Koalitionsfreiheit in Art. 9 Abs. 3 GG.

1. Tarifvertragsrecht

a) Tariffähigkeit

Die Tariffähigkeit nach § 2 TVG ist im deutschen Tarifvertragssystem Dreh- und Angelpunkt für die Tätigkeit der Arbeitnehmer- und Arbeitgeberkoalitionen. Sie eröffnet ihnen beispielsweise zum einen die exklusive Möglichkeit, Tarifverträge mit normativer, unmittelbarer Wirkung für ihre Mitglieder abzuschließen. Wegen der Verknüpfung des Arbeitskampfrechts mit dem Tarifvertragsrecht können zudem nur tariffähige Koalitionen zu einem Arbeitskampf aufrufen.[186] Von der Tariffähigkeit hängen somit die typischsten Aufgaben von Gewerkschaften und Arbeitgeberverbänden ab.

Die Rechtsprechung stellt dabei einen Katalog von Anforderungen an Gewerkschaften und Arbeitgeberverbände, um ihre Tariffähigkeit festzustellen. So müssen sie grundsätzlich Koalitionen im Sinn des Art. 9 Abs. 3 GG sein. Es muss sich demzufolge um eine frei gebildete, gegnerfreie, unabhängige und auf überbetrieblicher Grundlage organisierte Vereinigung mit dem Zweck der Förderung

186 Dazu unten unter B.II.2.

der Arbeits- und Wirtschaftsbedingungen ihrer Mitglieder handeln.[187] Dazu gehört auch, dass die Koalition als Sonderfall des Art. 9 Abs. 1 GG über eine organisierte Willensbildung verfügen muss und die Mitgliedschaft in ihr freiwillig ist, also nicht auf staatlichem Zwang beruht.[188] Um tariffähig zu sein, müssen Koalitionen im Sinne des Art. 9 Abs. 3 GG darüber hinaus das geltende Tarifrecht akzeptieren und vor allem eine leistungsfähige Organisation und Durchsetzungsmächtigkeit gegenüber dem sozialen Gegenspieler verfügen.[189] Insbesondere letzteres – auch unter dem Stichwort der „sozialen Mächtigkeit" thematisiert – ist ein entscheidendes Kriterium, da hierdurch sichergestellt werden soll, dass die Gewerkschaften einen Tarifvertrag nicht von der Arbeitgeberseite diktiert bekommen. Die Gewerkschaften sollen somit in der Lage sein, die Interessen der eigenen Mitglieder im Rahmen eines Streiks auch durchsetzen zu können. Diesbezüglich hat sich das Bundesarbeitsgericht in einer Entscheidung die dort *Blanpain* zugeschriebene Formel zu eigen gemacht, ohne das Recht zum Streik seien Tarifverhandlungen nicht mehr als „kollektives Betteln"[190]. So wird auch die Richtigkeitsgewähr, die Tarifverträgen nach deutschem Recht zukommt, aus dem Erfordernis der sozialen Mächtigkeit hergeleitet. Nur deswegen ist demzufolge davon auszugehen, dass keine Seite übervorteilt wird und eine Inhaltskontrolle tariflicher Regelungen grundsätzlich nicht nötig ist.[191]

Die tariffähigen Vereinigungen müssen zudem über eine leistungsfähige Organisation verfügen, da sowohl die Verhandlung eines Tarifvertrags als auch die Überwachung seiner Durchführung ohne eine solche nicht sichergestellt sind.[192] Bezüglich der demokratischen Struktur verlangt zumindest die Rechtsprechung lediglich eine grundsätzliche Gleichheit der Mitglieder zueinander und deren Partizipation an den internen Willensbildungsprozessen.[193]

Problematisch ist angesichts dieser ausführlichen Anforderungen, inwieweit sie an Tarifparteien zu stellen sind, die nicht in Deutschland sitzen, aber einen Tarifvertrag abschließen, der im Inland Wirkung entfalten soll.

187 BVerfG NJW 1995, 3377, 3377.
188 Vgl. dazu ausführlich *Löwisch/Rieble*, TVG, § 2 TVG, Rn. 49–52.
189 St. Rspr.: BAG vom 28.03.2006, 1 ABR 58/04, Rn. 34.
190 BAG vom 10.06.1980, 1 AZR 822/79, NJW 1980, 1642, 1643.
191 Vgl. BAG vom 28.03.2006, 1 ABR 58/04, AP TVG § 2 Tariffähigkeit Nr. 4, Rn. 47.
192 BAG, AP TVG § 2 Tariffähigkeit Nr. 4, Rn. 53, m.w.N.
193 BAG, AP TVG § 2 Tariffähigkeit Nr. 4, Rn. 55.

b) *Verfahren zum Abschluss von Tarifverträgen*

Da der Tarifvertrag eine Aushandlung zwischen privatrechtlichen Personen ist, folgen die Regeln seines Abschlusses dem allgemeinen zivilrechtlichen Vertragsrecht. Das Tarifvertragsgesetz enthält diesbezüglich keine weitergehenden Regelungen,[194] insbesondere existiert keine generelle Verhandlungspflicht für die Tarifvertragsparteien. Sie können sich demzufolge weder gegenseitig zwingen, noch durch Dritte gezwungen werden, Verhandlungen aufzunehmen. Eine solche Pflicht könnten sie allenfalls vertraglich miteinander vereinbaren. Das BAG lehnt eine generelle Verhandlungspflicht unter anderem deswegen ab, weil als Voraussetzung für eine tariffähige Koalition ist, dass sie einen Tarifvertrag aus eigener Kraft durchsetzen kann. Eine entsprechend mächtige Koalition bedarf, so hat das BAG entschieden, konsequenterweise auch keiner Pflicht, mit ihr zu verhandeln.[195] Im Übrigen ist im Verzicht auf eine solche generelle Verpflichtung auch keine Verletzung von Art. 9 Abs. 3 GG auszumachen, da sich auch die jeweilige Gegenseite auf ihre grundrechtliche Betätigungsfreiheit berufen kann; es gilt somit der Grundsatz der Vertragsfreiheit.[196]

Weiterhin ist aber die enge Verknüpfung zwischen den Verhandlungen über einen Tarifvertrag und dem Führen eines Arbeitskampfs zu beachten: Da ein Arbeitskampf nur mit dem Ziel geführt werden darf, einen Tarifvertrag abzuschließen, können die von der Rechtsprechung entwickelten formalen Voraussetzungen zum Führen eines Arbeitskampfs wesentlicher Bestandteil der Tarifverhandlungen sein, sofern ein Arbeitskampf droht oder durchgeführt wird.[197]

Grundsätzlich unbenommen ist es den Tarifparteien zudem, sich im Rahmen ihrer Tarifverhandlungen auf ein Schlichtungsverfahren einzulassen, das mit einem Schlichtungsspruch des Schlichters endet. Unterwerfen sie sich dabei bereits im Vorfeld dem Spruch, bedarf es auch keiner weiteren Anerkennung, um ihn als Tarifvertrag mit allen Konsequenzen wirksam werden zu lassen. Der Spruch muss allerdings seinerseits den formalen Anforderungen an einen Tarifvertrag genügen.[198] Staatliche Zwangsschlichtungen existieren demgegenüber

---

194 Vgl. die allgemeine Darstellung bei *Löwisch/Rieble*, TVG, § 1 TVG, Rn. 1303–1311 m.w.N.

195 Vgl. zur Verhandlungspflicht BAG vom 14.02.1989, 1 AZR 142/88, NZA 1989, 601, 603 f.

196 BAG vom 02.08.1963, 1 AZR 9/63, NJW 1963, 2289, 2291.

197 Hierzu unten unter B.II.2; vgl. auch *Reim/Nebe*/Däubler, TVG, § 1, Rn. 124, 129.

198 Siehe auch den Überblick bei *Reim/Ahrendt*/Däubler, TVG, § 1, Rn. 1216–1220.

nicht; sie sind auch im Zusammenhang mit Arbeitskämpfen grundsätzlich nicht mit Art. 9 Abs. 3 GG vereinbar.[199]

c) Form von Tarifverträgen

In formeller Hinsicht sieht § 1 Abs. 2 TVG lediglich vor, dass ein Tarifvertrag der Schriftform gemäß § 126 BGB zu genügen hat. Demnach müssen Tarifverträge als schriftliche Urkunde eigenhändig von den jeweiligen Vertretern der Tarifparteien unterzeichnet werden.[200] Ein Verstoß gegen diese Vorgabe führt zur – unheilbaren – Nichtigkeit nach § 125 BGB. Dies bedeutet jedoch bereits eine nicht unerhebliche Hürde. Mündliche Absprachen der Tarifparteien mögen ihrerseits rechtsverbindlich sein, jedoch können sie bereits wegen der zwingenden Formvorschrift nicht als Tarifvertrag gelten. Ihnen fehlt damit zum Beispiel die normative Wirkung nach den §§ 3, 4 TVG. Ansprüche und vor allem Verpflichtungen Dritter können sich aus solchen Absprachen nicht ohne Weiteres ergeben.[201]

d) Inhalt und Auslegung von Tarifverträgen

Inhaltlich teilt man deutsche Tarifverträge gewöhnlich in zwei Bereiche. Auf der einen Seite, dem so genannten schuldrechtlichen Teil, stehen Regelungen, die das Verhältnis der abschließenden Tarifparteien zueinander regeln. Auf der anderen steht der Teil, durch den die individuellen Arbeitsverhältnisse im Hinblick auf Abschluss, Inhalt und Beendigung ausgestaltet beziehungsweise betriebliche oder betriebsverfassungsrechtliche Aspekte geregelt werden. Dies ist der so genannte normative Teil nach § 4 Abs. 1 TVG.

aa) Betriebliche Normen

Betriebliche Normen eines Tarifvertrags regeln die betrieblichen Verhältnisse und betreffen das Verhältnis der gesamten Belegschaft zu ihrem Arbeitgeber. Gegenstand können Sozialeinrichtungen, Arbeitsschutz, aber auch Torkontrollen, Arbeitszeiterfassung etc. sein.[202] Betriebsverfassungsrechtliche Normen wiederum betreffen betriebsverfassungsrechtliche Fragen, also vor allem das

---

199 Bereits BVerfG vom 06.05.1964, 1 BvR 79/62, NJW 1964, 1267, 1268 f.; neuerdings etwa BAG vom 20.11.2012, 1 AZR 611/11, NZA 2013, 327, 444.

200 Dazu BAG vom 06.10.2010, 7 ABR 80/09, NZA 2012, 50, 52.

201 Siehe hierzu aber unten unter B.II.3.

202 Vgl. dazu *Franzen*/Erfurter, § 1 TVG, Rn. 45–47.

Verhältnis zwischen dem Arbeitgeber und den Arbeitnehmervertretungen.[203] Problematisch ist sowohl für betriebliche als auch betriebsverfassungsrechtliche Normen, dass in Gestalt des durch das Betriebsverfassungsgesetz geregelten Betriebsrats auf betrieblicher Ebene ein eigenständiger Akteur mit eigenen Rechten existiert.[204] Insofern ist die Regelungsmacht der Tarifparteien in diesem Bereich nicht unbegrenzt. Das Betriebsverfassungsgesetz sieht allerdings eine Reihe von Öffnungsklauseln für tarifvertragliche Regelungen vor: Einige der wichtigsten sind sicherlich die Vereinbarung über die Betriebsstrukturen nach § 3 BetrVG, die Größe eines Gesamt- oder Konzernbetriebsrats nach den §§ 47 Abs. 4, 55 Abs. 4 BetrVG oder die Ausgestaltung des betrieblichen Beschwerdeverfahrens nach § 86 BetrVG.[205] Demgegenüber können die Tarifparteien die Mitbestimmungsrechte in sozialen, personellen oder wirtschaftlichen Belangen nicht einschränken, soweit nicht das Gesetz dies vorsieht, wie etwa in § 87 Abs. 1 Eingangssatz BetrVG.[206] Ihnen steht vielmehr allenfalls die Möglichkeit zu, die Mitbestimmungsrechte des Betriebsrats zu konkretisieren oder zu erweitern.[207] Die Möglichkeit, die Mitbestimmungsrechte bezüglich der personellen Einzelmaßnahmen nach den §§ 92 ff. BetrVG in einem Tarifvertrag auszugestalten, ist beschränkt. Für diese Mitbestimmungsrechte sieht die Rechtsordnung nämlich konkrete Verfahren zur Konfliktlösung vor, etwa das Zustimmungsersetzungsverfahren zur Kündigung von Betriebsratsmitgliedern nach § 103 BetrVG.[208] Eine tarifvertragliche Einschränkung der Mitbestimmung in personellen Angelegenheiten ist somit wegen einer fehlenden Öffnungsklausel in den §§ 92–105 BetrVG grundsätzlich unzulässig.[209]

bb) Auslegung und Richtigkeitsgewähr

Die Auslegung tarifvertraglicher Bestimmungen erfolgt ihrem Charakter als Normvertrag entsprechend nicht nach den Regelungen des allgemeinen Zivilrechts. Das BAG hat vielmehr grundsätzlich entschieden, dass Tarifverträge wie

---

203 Vgl. *Franzen*/Erfurter, § 1 TVG, Rn. 48.

204 Vgl. *Fitting*, BetrVG, § 1, Rn. 195.

205 Siehe auch den umfassenden Überblick bei *Reim/Nebe*/Däubler, TVG, § 1, Rn. 375 f.

206 *Fitting*, BetrVG, § 1, Rn. 247; BAG vom 21.10.2003, 1 ABR 39/02, NZA 2004, 936, 939.

207 *Ebenda*; siehe auch BAG vom 12.01.2011, 7 ABR 34/09, NZA 2011, 1297, 1301.

208 BAG vom 07.06.1988, 1 AZR 372/86, NJW 1988, 63.

209 So auch *Raab*/GK-BetrVG, vor § 92, Rn. 9 m.w.N.

Gesetze objektiv auszulegen sind.[210] Teilweise wird deswegen auch angenommen, sie seien – zumindest soweit sie normativ wirken – materielle Gesetze.[211] Allerdings schränkt das BAG diesen Auslegungsgrundsatz letztlich selbst wieder ein und legt für die Ermittlung des Regelungsinhalts ein besonderes Gewicht auf den Willen der Tarifparteien, soweit er sich aus dem Wortlaut oder dem Gesamtzusammenhang des jeweiligen Tarifvertrags ermitteln lässt.[212]

Für den schuldrechtlichen Teil, der nur das Verhältnis der Tarifvertragsparteien zueinander betrifft, gelten hingegen die Kriterien der allgemeinen Vertragsauslegung.[213] Weiterhin finden auf den schuldrechtlichen Teil auch die allgemeinen Regeln des Bürgerlichen Gesetzbuchs Anwendung. Insbesondere ist der schuldrechtliche Teil zwischen den Vertragsparteien jederzeit und vollumfänglich rechtsverbindlich.[214]

Wesentlich, nicht nur für die konkreten Auswirkungen der Regelungen eines Tarifvertrags, sondern auch für seine Bedeutung als Instrument zur Gestaltung der von ihm erfassten Arbeitsverhältnisse, ist vor diesem Hintergrund weiterhin die so genannte Richtigkeitsgewähr. Ihr zufolge beruht ein Tarifvertrag auf der Einigung gleichstarker Parteien. Das BAG hat dazu entschieden, dass aufgrund dieses Verhandlungsgleichgewichts davon auszugehen ist, dass ein Tarifvertrag den Interessen beider Seiten entspricht und keine Seite übervorteilt wird. Somit verzichtet die Rechtsprechung auf eine Angemessenheitskontrolle tariflicher Regelungen. Lediglich eine Überprüfung auf ihren Einklang mit übergeordnetem Gesetzes- und Verfassungsrecht findet demnach statt.[215] Hier zeigt sich eine enge Verknüpfung des Tarifvertrags als Regelungsinstrument mit den Anforderungen an die Tariffähigkeit: Im Wesentlichen in der erforderlichen Mächtigkeit und Durchsetzungsfähigkeit gegenüber dem sozialen Gegenspieler der jeweiligen Tarifparteien liegt diese Richtigkeitsgewähr begründet.[216]

---

210 Etwa BAG vom 05.02.2009, 6 AZR 114/08, NZA 2009, 559, 561.

211 *Thüsing*/Wiedemann, TVG, § 1, Rn. 11.

212 Beispielsweise BAG vom 24.11.1999, 4 AZR 479/98, AP Nr. 35 zu § 1 TVG Tarifverträge: Druckindustrie unter I.4.a).

213 *Wank*/Wiedemann, TVG, § 1 TVG, Rn. 984.

214 *Löwisch/Rieble*, TVG, § 1 TVG, Rn. 987, 989.

215 Ausführlich m.w.N. BAG vom 28.03.2006, 1 ABR 58/04, NZA 2006, 1112, 1116 f.

216 *Ebenda.*

e) *Tarifbindung und Tarifwirkung*

aa) *Grundsatz*

Die deutsche Rechtsordnung sieht verschiedene Möglichkeiten vor, die tarifvertraglichen Regelungen auf einzelne Arbeitsverhältnisse anzuwenden. Der primäre Mechanismus der Tarifbindung ist in § 3 TVG geregelt. Das gilt sowohl für die Inhaltsnormen als auch die Betriebsnormen des Tarifvertrags. Nach § 3 Abs. 1 TVG sind demzufolge sowohl Arbeitgeber als auch Arbeitnehmer, die Mitglied der vertragsschließenden Tarifparteien sind, an den Tarifvertrag gebunden.[217] Eine Sonderregelung gilt für Betriebsnormen, für die es nach § 3 Abs. 2 TVG nur auf die Tarifbindung des Arbeitgebers ankommt. Aus § 4 Abs. 1 TVG ergibt sich wiederum, dass der Tarifvertrag unmittelbar und zwingend – die so genannte normative Wirkung – zwischen diesen Arbeitgebern und Arbeitnehmern gilt; es bedarf hierfür keiner Transformation in das Arbeitsverhältnis.[218] Nicht-Mitglieder sind demnach nach deutschem Tarifvertragsgesetz nicht normativ an einen Tarifvertrag gebunden. Somit sind die Regelungen eines Tarifvertrags, die auf Arbeitsverhältnisse einwirken, Normen. Hieraus folgt die Besonderheit des Tarifvertrags als Normenvertrag.

Zwingende Wirkung nach § 4 Abs. 1 TVG bedeutet auch, dass die nach § 3 Abs. 1 TVG gebundenen Arbeitsvertragsparteien auch einvernehmlich nicht ohne Weiteres von den Regelungen eines Tarifvertrags abweichen dürfen und können. Sobald eine Tarifbindung eintritt, sind abweichende Vereinbarungen im Arbeitsvertrag unwirksam. Nach § 4 Abs. 3 TVG sind Abweichungen nur noch nach Maßgabe von Öffnungsklauseln im Tarifvertrag oder durch Vereinbarung von für den Arbeitnehmer günstigeren Bedingungen möglich.[219] Eine Abweichung von tarifvertraglichen Vereinbarungen zulasten des Arbeitnehmers ist also selbst mit dessen Zustimmung nicht möglich, es handelt sich insoweit um nur einseitig zwingende Regelungen.[220]

bb) *Allgemeinverbindlichkeit*

Daneben gibt es im deutschen Recht aber noch Möglichkeiten, den Anwendungsbereich der Regelungen eines Tarifvertrags auch auf die Arbeitsverhältnisse von Nicht-Mitgliedern zu erstrecken. Die erste Möglichkeit sieht § 5 TVG vor,

---

217 Natürlich nur, soweit sie auch im Übrigen in den sachlichen, örtlichen und persönlichen Anwendungsbereich des jeweiligen Tarifvertrags fallen.

218 Vgl. *Franzen*/Erfurter, § 4 TVG, Rn. 1.

219 Vgl. *Deinert*/Däubler, TVG, § 4, Rn. 540 f. m.w.N.

220 *Wank*/Wiedemann, TVG, § 4, Rn. 383.

wonach Tarifverträge für allgemeinverbindlich erklärt werden können. Sie erstrecken sich dann auch auf zuvor nichtgebundene Arbeitgeber und Arbeitnehmer in ihrem im Übrigen unveränderten persönlichen, fachlichen, zeitlichen und räumlichen Geltungsbereich. Somit wird durch die Allgemeinverbindlichkeit lediglich auf die Organisationszugehörigkeit der Arbeitnehmer und Arbeitgeber als Voraussetzung für Tarifbindung verzichtet.[221] Zuständig für diese Erstreckung ist das Bundesministerium für Arbeit und Soziales, das aber nur auf Antrag der Tarifparteien tätig werden kann und falls zusätzlich ein öffentliches Interesse vorliegt, wie aus § 5 Abs. 1 TVG hervorgeht. Eine vergleichbare Möglichkeit sehen auch die §§ 3 ff. AEntG vor. Wesentlich für all diese Varianten ist, dass sie die Bindung an den Tarifvertrag nur auf Basis einer expliziten gesetzlichen Regelung und durch entsprechendes Handeln hoheitlicher Institutionen erweitern können. Die Tarifvertragsparteien können selbst keine über §§ 3, 4 TVG hinausgehende normative Bindung erreichen.

Die zwingende und unmittelbare Wirkung der tariflichen Normen unterscheidet sich im Übrigen nicht von der üblichen Bindung an den Tarifvertrag qua Mitgliedschaft nach § 3 Abs. 1 TVG.

cc) Individualvertragliche Inbezugnahme

Darüber hinaus ist es den Parteien des Arbeitsvertrags unbenommen, die Anwendung des Tarifvertrags vertraglich zu vereinbaren. Solche Inbezugnahmeklauseln ermöglichen es, die Regelungen des Tarifvertrags auch zwischen Nicht-Mitgliedern von Tarifvertragsparteien anzuwenden. Arbeitnehmer und Arbeitgeber müssen nur eine solche Klausel in den Arbeitsvertrag aufnehmen.[222] Sie ermöglicht auch eine dynamische Inbezugnahme, die zukünftige Änderungen der jeweiligen Tarifverträge erfasst.[223] Soweit der Tarifvertrag insgesamt und nicht nur in Teilen einbezogen wird, verzichtet die Rechtsprechung bezüglich der tarifvertraglichen Regelungen grundsätzlich sogar auf die für arbeitsvertragliche Vereinbarungen sonst erforderliche Inhaltskontrolle nach den §§ 305–310 BGB.[224] Dies soll verhindern, dass die Auslegung von Tarifverträgen zu unterschiedlichen Ergebnissen führt, je nachdem, ob sie qua normativer Wirkung oder arbeitsvertraglicher Inbezugnahme anzuwenden sind. Dies würde zu einer

---

221 Vgl. *Lakies*/Däubler, TVG, § 5, Rn. 167, 174.

222 Vgl. z.B. BAG vom 16.05.2012, 4 AZR 290/10, AP TVG § 1 Bezugnahme auf Tarifvertrag Nr. 113, Rn. 15.

223 BAG, AP TVG § 1 Bezugnahme auf Tarifvertrag Nr. 113, Rn. 20.

224 BAG vom 28.06.2007, 6 AZR 750/06, AP BGB § 307 Nr. 27, Rn. 21–25.

indirekten Tarifzensur führen.[225] Somit gibt es auch einen von den Tarifparteien unabhängigen Mechanismus, ein Arbeitsverhältnis einem Tarifvertrag zu unterstellen. Zwar ist es den Parteien zudem unbenommen, einen Tarifvertrag auch nur in Teilen einzubeziehen oder teilweise Änderungen vorzunehmen. In diesem Fall ist aber nicht mehr gewährleistet, dass eine gerichtliche Inhaltskontrolle nach dem allgemeinen Zivilrecht unterbleibt, da damit schließlich auch der zwischen den Tarifparteien gefundene Ausgleich aufgehoben wird.[226]

Die Problematik im Zusammenhang mit einem grenzüberschreitenden Tarifvertrag liegt darin, dass andere Rechtsordnungen zum Teil eine generelle Erstreckung auf Nicht-Mitglieder vorsehen beziehungsweise eine normative Wirkung gar nicht kennen. Deswegen stellt sich hier die Frage, ob ein Tarifvertrag, auf den eine ausländische Rechtsordnung angewandt werden soll, überhaupt eine andere Rechtswirkung entfalten kann, als in den §§ 3, 4 TVG vorgesehen.

2. Arbeitskampfrecht

Das Arbeitskampfrecht in Deutschland zeichnet sich durch seinen für die deutsche Rechtsordnung höchst untypischen Charakter aus: Es basiert in seiner ganzen Differenziertheit nahezu ausschließlich auf gerichtlichen Entscheidungen. Spezifische gesetzliche Regelungen fehlen weitgehend. Es gibt nur Regelungen, die am Rande Bezug zum Arbeitskampfrecht haben. Zu nennen wären hier etwa der Ausschluss von Arbeitskämpfen bei ausschließlich betriebsverfassungsrechtlichen Auseinandersetzungen nach § 74 Abs. 2 S. 1 BetrVG oder indirekte Regelungen, wie den zeitweisen sozialrechtlichen Ausschluss von Arbeitslosengeld für Arbeitnehmer, die aufgrund eines Arbeitskampfs arbeitslos wurden nach § 160 SGB III. Wann, in welcher Form und in welchem Umfang Arbeitskämpfe zulässig sind und ihre Rechtsfolgen ergeben sich aber ansonsten lediglich aus der einschlägigen Rechtsprechung des Bundesarbeitsgerichts.[227] Die Verbindlichkeit dieser richterrechtlich geprägten Arbeitskampfordnung hat das Bundesverfassungsgericht trotz ihrer vermeintlichen Systemfremdheit wiederholt herausgestrichen.[228]

225 BAG, AP BGB § 307 Nr. 27, Rn. 25.

226 Vgl. nur *Löwisch/Rieble*, TVG, § 3 TVG, Rn. 501–504 m.w.N.

227 *Däubler*/Däubler, ArbeitskampfR, § 9, Rn. 25.

228 Vgl. nur m.w.N. BVerfG vom 10.9.2004, 1 BvR 1191/03, AP GG Art. 9 Arbeitskampf Nr. 167, unter 1. der Gründe.

a) *Voraussetzungen eines rechtmäßigen Arbeitskampfs*

aa) *Verhältnismäßigkeitsprinzip*

Die ursprüngliche Begründung des Arbeitskampfrechts aus den 1950er Jahren fußte auf dem Prinzip der „sozialen Adäquanz", wonach nur solche Arbeitskämpfe zulässig waren, die sozialadäquat waren. Dies war laut Großem Senat des Bundesarbeitsgerichts bei von Gewerkschaften oder Arbeitgeberverbänden eingeleiteten Arbeitskämpfen grundsätzlich der Fall.[229] Dieser Begründungsansatz wurde aber später vom Bundesarbeitsgericht wieder aufgegeben. Im Jahr 1971 änderte sich die Rechtsprechung zumindest in der Begründung der Zulässigkeit grundlegend. Anstatt auf das Prinzip der „sozialen Adäquanz" zurückzugreifen, wird seither das Verhältnismäßigkeitsprinzip herangezogen, um rechtmäßige von rechtswidrigen Arbeitskämpfen zu unterscheiden.[230] Dies betrifft sowohl die Zulässigkeit als auch die Art der Durchführung eines Arbeitskampfs.[231] Demnach müssen Arbeitskämpfe der Erreichung rechtmäßiger Kampfziele dienen, zur Erreichung dieser Ziele geeignet und erforderlich sowie das letztmögliche Mittel sein.[232] Unverändert von diesem Wandel in der Begründung bleibt aber ein Grundsatz bestehen: Ein Arbeitskampf ist nur zur Durchsetzung von Tarifforderungen zulässig, d.h. um den Abschluss eines Tarifvertrags zu erreichen.[233] Eine weitergehende, inhaltliche gerichtliche Kontrolle der tariflich regelbaren Ziele ist damit nicht verbunden, sie verstieße gegen die Tarifautonomie.[234] Andere Ziele, etwa politischer Natur oder insbesondere sonstige, nicht tariflich regelbare Forderungen gegen den Arbeitgeber begründen nicht das Recht, einen Arbeitskampf durchzuführen.[235]

---

229 BAG vom 28.1.1955, GS 1/54, AP GG Art. 9 Arbeitskampf Nr. 1, unter I.6. und II.1. der Gründe.

230 BAG vom 21.4.1971, GS 1/68, AP GG Art. 9 Arbeitskampf Nr. 43, unter Teil III, A.1. der Gründe.

231 BAG vom 21.4.1971, GS 1/68, AP GG Art. 9 Arbeitskampf Nr. 43, unter Teil III, A.2. der Gründe.

232 BAG vom 21.4.1971, GS 1/68, AP GG Art. 9 Arbeitskampf Nr. 43, unter Teil III, A.2.a) der Gründe.

233 Vgl. nur BAG vom 19.06.2012, 1 AZR 775/10, AP GG Art. 9 Arbeitskampf Nr. 177, Rn. 37.

234 Vgl. BVerfG vom 26.09.1991, 1 BvR 779/85, BVerfGE 84, 212, 231; BAG vom 24.04.2007, 1 AZR 252/06, NZA 2007, 987, 996 f.

235 Vgl. *Löwisch/Rieble*, TVG, Grundlagen, Rn. 434 f.; *Linsenmaier*/Erfurter, Art. 9 GG, Rn. 118 f.

Hieraus resultiert eine enge Verknüpfung des Arbeitskampfrechts in Deutschland mit dem Tarifrecht: Ein Arbeitskampf ist ausschließlich als Element von Tarifverhandlungen zulässig und damit ein Teil derselben und kein davon unabhängiges Recht. So kann ein Arbeitskampf nur von tariffähigen Koalitionen eingeleitet werden, die darüber hinaus auch im jeweiligen Fall tarifzuständig sein müssen.[236] Zugleich kann er auch nur gegen tariffähige und in der konkreten Auseinandersetzung tarifzuständige Koalitionen – oder jedenfalls einzelne Arbeitgeber nach § 2 Abs. 1, 2. Alt. TVG – geführt werden.[237] Als zentrale und einzige legitime Funktion eines Arbeitskampfs wertet das Bundesarbeitsgericht, dass dadurch das Verhandlungsgleichgewicht zwischen Arbeitgebern und Gewerkschaften hergestellt wird. Ohne das Recht zum Streik sind Gewerkschaften und Arbeitnehmer demzufolge nicht in der Lage, dem Arbeitgeber auf Augenhöhe zu begegnen und könnten nur akzeptieren, was ihnen der Arbeitgeber anbietet.[238] Daraus folgt zugleich, dass das Streikrecht in Deutschland als kollektives Recht und nicht als Recht der einzelnen Arbeitnehmer verstanden wird.[239] Weiterhin folgt aus der engen Anbindung an die Tarifverhandlungen, dass ein Arbeitskampf nicht zur Lösung eines Konflikts um eine konkrete personelle Einzelmaßnahme genutzt werden darf.[240]

Das Ultima-ratio-Prinzip, wonach Arbeitskämpfe nur das letztmögliche Mittel in einer Tarifauseinandersetzung sein sollen, ist von der Rechtsprechung weitgehend inhaltsleer ausgestaltet worden. Weder muss die Gewerkschaft die vorherigen Verhandlungen förmlich für gescheitert erklären, noch muss sie überhaupt verhandeln, wenn die Gegenseite von vornherein Verhandlungen ablehnt.[241] Bestätigt wird dies durch die Entscheidungen zu den so genannten Warnstreiks, die theoretisch kleine kurze und verhandlungsbegleitende und damit nur milden Druck ausübende Streiks sein sollen. In diesem Zug hat das BAG entschieden, dass letztlich die Einleitung eines Streiks – auch während laufender Verhand-

---

236 *Linsenmaier*/Erfurter, Art. 9 GG, Rn. 123.

237 *Ebenda* und vgl. BAG vom 19.6.2012, 1 AZR 775/10, AP GG Art. 9 Arbeitskampf Nr. 177, Rn. 37.

238 Vgl. BAG vom 10.6.1980, 1 AZR 822/79, AP GG Art. 9 Arbeitskampf Nr. 64, unter A.I.2.a) der Gründe.

239 Bereits BAG vom 28.1.1955, GS 1/54, AP GG Art. 9 Arbeitskampf Nr. 1, unter I.5. der Gründe.

240 BAG vom 07.06.1988, 1 AZR 372/86, NJW 1988, 63 sowie oben unter B.II.2.a)aa), S. 51 f.

241 Vgl. BAG vom 9.4.1991, 1 AZR 332/90, AP GG Art. 9 Arbeitskampf Nr. 116, II.3. der Gründe.

lungen – das Ultima-Ratio-Prinzip nicht verletzt, da hiermit immer konkludent ausgedrückt wird, man sehe die Verhandlungen ohne Ausübung von Druck als gescheitert an.[242] Damit erfordert das Ultima-Ratio-Prinzip aber eigentlich nur noch, dass ein Streik in inhaltlichem Zusammenhang mit Tarifverhandlungen durchgeführt wird. Deswegen fehlt dem Prinzip aber letztlich eine eigenständige Funktion, um rechtmäßige von rechtswidrigen Arbeitskämpfen zu trennen.

bb) Aussperrung

Weiterhin ist auch die Aussperrung als Kampfmaßnahme der Arbeitgeber zulässig, um sie nicht zu Getriebenen der Kampfhandlungen der Gewerkschaften zu machen.[243] Allerdings hat sich die Aussperrung dabei ebenfalls am Grundsatz der Verhältnismäßigkeit zu messen. Nach der Rechtsprechung des BAG ist dabei vor allem die Abwehraussperrung als Reaktion auf Arbeitskampfmaßnahmen der Gewerkschaften verhältnismäßig. Vor dem Hintergrund der Kampfparität darf dabei kein Missverhältnis zwischen streikenden und ausgesperrten Arbeitnehmern entstehen. Wird nur ein Teil der infrage kommenden Betriebe bestreikt, darf die Arbeitgeberseite nicht mit einer bundesweiten Aussperrung in der besagten Branche reagieren,[244] dies ist die so genannte Arbeitskampfarithmetik.[245] Diese Beschränkung dürfte neben rein praktischen Erwägungen dazu führen, dass Aussperrungen, soweit ersichtlich, heute in Deutschland kaum noch eine Rolle spielen.[246]

cc) Friedenspflicht

Eine weitere Einschränkung des Rechts zum Arbeitskampf liegt in seiner Bindung an eine Tarifauseinandersetzung. Daraus resultiert die so genannte Friedenspflicht. Diese verpflichtet die Tarifparteien während der Laufzeit eines zwischen ihnen bestehenden Tarifvertrags Arbeitskampfmaßnahmen zu unterlassen.[247] Sie schützt damit beide Parteien und stellt daher eine Gegenleistung zum

---

242 BAG vom 21.6.1988, 1 AZR 651/86, AP GG Art. 9 Arbeitskampf Nr. 108, unter A.I.3.c) der Gründe.

243 BAG vom 21.4.1971, GS 1/68, AP GG Art. 9 Arbeitskampf Nr. 43, unter Teil III, B.1. der Gründe.

244 BAG vom 12.3.1985, 1 AZR 636/82, AP GG Art. 9 Arbeitskampf Nr. 84, unter II.2.c) der Gründe.

245 Vgl. hierzu auch den Überblick bei *Däubler*/Däubler, ArbeitskampfR, § 7, Rn. 11–14.

246 Vgl. die Darstellung bei *Wirtschafts- und Sozialwissenschaftliches Institut in der Hans-Böckler-Stiftung*, Statistisches Taschenbuch Tarifpolitik 2015, Ziffer 4.2.

247 *Thüsing*/Wiedemann, TVG, § 1, Rn. 866.

Versprechen der tariflichen Mindestarbeitsbedingungen dar.[248] Zu unterscheiden ist zum einen zwischen absoluter und relativer Friedenspflicht. Die absolute soll umfassend jeden Arbeitskampf ungeachtet des Grunds zwischen den Tarifparteien ausschließen. Die relative Friedenspflicht wiederum verbietet jedoch nur Arbeitskämpfe, die sich um Angelegenheiten drehen, die umfassend durch die bereits bestehenden Tarifverträge geregelt sind. Soweit also noch keine tarifliche Regelung besteht, sind die Tarifparteien nicht gehindert, Arbeitskampfmaßnahmen zur Durchsetzung anderer Materien zu ergreifen. Die sachliche Reichweite der laufenden Tarifverträge ist dabei durch Auslegung zu ermitteln.[249] Die relative Friedenspflicht ist nach ständiger Rechtsprechung des BAG jedem Tarifvertrag auch ohne gesonderte Vereinbarung immanent. Dabei ist zu bedenken, dass die relative Friedenspflicht von den Tarifparteien nicht eingeschränkt werden kann. Sie „wohnt dem Tarifvertrag als einer Friedensordnung wesensmäßig inne"[250]. Nur zur Annahme einer weitergehenden oder gar absoluten Reichweite bedürfte es dementsprechend einer ausdrücklichen Vereinbarung.[251] Die Friedenspflicht endet, sofern abweichende Vereinbarungen fehlen, mit dem Auslaufen des jeweiligen Tarifvertrags. Lediglich nach § 4 Abs. 5 TVG nachwirkende Tarifverträge enthalten grundsätzlich keine Friedenspflicht mehr.[252]

Persönlich erfasst die Friedenspflicht nicht nur die Tarifvertragsparteien, sondern schützt auch ihre Mitglieder vor Kampfmaßnahmen – vor allem also die Arbeitgeber, die Mitglied des entsprechenden Arbeitgeberverbands sind. Soweit die Friedenspflicht reicht, sind verbandsangehörige Arbeitgeber während der Laufzeit der Verbandstarifverträge auch vor dem Versuch geschützt, ihnen gegenüber Firmentarifverträge zu erkämpfen.[253] Dies führt umgekehrt aber dazu, dass konkurrierende Gewerkschaften nicht gehindert sind, anderweitig gebundene Arbeitgeber ihrerseits zu bestreiken, um eigene Tarifverträge mit ihnen abzuschließen.[254] Welche Änderungen der jüngste Gesetzesentwurf zur Tarifeinheit

---

248 Vgl. *Reim/Ahrendt*/Däubler, TVG, § 1, Rn. 1095 f.

249 Vgl. zu absoluter und relativer Friedenspflicht: *Linsenmaier*/Erfurter, Art. 9 GG, Rn. 125 m.w.N.

250 BAG vom 21.12.1982, 1 AZR 411/80, NJW 1983, 1750, 1750; *Otto*, ArbeitskampfR, § 7, Rn. 4; *Löwisch/Rieble*, TVG, § 1 TVG, Rn. 1080 m.w.N.

251 Vgl. etwa BAG vom 10.12.2002, 1 AZR 96/02, NZA 2003, 734, 738 f.

252 BAG vom 12.09.1984, 1 AZR 342/83, NZA 1983, 393, 394, wo das BAG eine konkludente Verlängerung über die durch ausdrückliche Vereinbarung bereits verlängerte Friedenspflicht hinaus abgelehnt hat.

253 BAG vom 10.12.2002, 1 AZR 96/02, NZA 2003, 734, 739.

254 Hierzu etwa *Franzen* RdA 2008, 193, 204.

diesbezüglich nach sich zieht, ist noch unklar, da der Entwurf das Arbeitskampfrecht ausdrücklich nicht regelt.[255] Allerdings ist der Hintergrund, aus dem man sich dieser Thematik annimmt, gerade die Auswirkung der Aufgabe des Grundsatzes der Tarifeinheit auf das Arbeitskampfrecht und die Befriedungsfunktion der Friedenspflicht.

b) Formen und Ablauf eines rechtmäßigen Arbeitskampfs

aa) Verfahren vor Einleitung eines Arbeitskampfs

Es fehlt im deutschen Recht weitgehend an Vorgaben, die formal vor der Einleitung eines Arbeitskampfs zu beachten sind. Gegebenenfalls existieren Vereinbarungen der Tarifparteien, in denen diese sich etwa verpflichten, zunächst ein Schlichtungsverfahren durchzuführen. Eine allgemeine Pflicht dazu besteht jedoch nicht.[256] Üblich sind allerdings Urabstimmungen über die Durchführung eines Arbeitskampfs, bei denen alle betroffenen Gewerkschaftsmitglieder abstimmen sollen. Hierbei handelt es sich aber um verbandsinterne Verfahren, die beispielsweise durch die Satzung der jeweiligen Gewerkschaft vorgeschrieben werden. Solche Vorschriften entfalten grundsätzlich keinerlei Außenwirkung, sondern binden allenfalls intern die Organe des Verbands. Kommt es unter Missachtung dieser Vorschriften zu einem Arbeitskampf, führt dies dementsprechend nicht zu dessen Rechtswidrigkeit. Dritte – auch der bestreikte Arbeitgeber – können hieraus keine Rechte ableiten.[257]

Unabhängig davon bedarf es eines Beschlusses des zuständigen Verbandsorgans zur Einleitung des Arbeitskampfs, damit er auch als von einer Koalition geführt und nicht als rechtswidriger wilder Arbeitskampf gewertet werden kann.[258] Dieser Beschluss ist dem jeweiligen Gegner des Arbeitskampfs vor Einleitung der Kampfmaßnahmen bekanntzugeben. Die Gegenseite muss demnach „wissen, woran sie ist [...] und was von ihr verlangt wird“[259]. Dem Gegner müssen vor allem der Gegenstand und der zeitliche Umfang des Arbeitskampfs mitgeteilt werden. Eine bestimmte Form ist hierbei nicht zu beachten, insbesondere kann der Gegner auch durch in seinem zu bestreikenden Betrieb verteilte Flugblätter

---

255 BT-Drs. 18/4062, S. 12.

256 Hierzu bereits oben unter B.II.1.b) m.w.N.

257 Ausführlich *Reinfelder*/Däubler, ArbeitskampfR, § 15, Rn. 33–35 m.w.N.

258 Vgl. BAG vom 31.10.1995, 1 AZR 217/95, NZA 1996, 389, 389; allgemein *Linsenmaier*/Erfurter, Art. 9 GG, Rn. 136.

259 BAG vom 19.06.2012, 1 AZR 775/10, NZA 2012, 1372, 1376.

indirekt informiert werden.[260] Zudem ist eine bestimmte Frist zur Bekanntgabe vor endgültiger Einleitung der Kampfmaßnahmen nicht zu beachten.[261]

bb) Arbeitskampfmittel

Ein rechtmäßiger Arbeitskampf ist zwangsläufig Teil der Tarifverhandlungen zwischen Gewerkschaften und der Arbeitgeberseite.[262] Die Durchführung eines Arbeitskampfs ist konsequenterweise nur vor dem Hintergrund dieser engen Verknüpfung durch die Rechtsprechung reguliert. Das führt dazu, dass überhaupt nur Kampfmaßnahmen zulässig sind, die zur Erreichung eines tariflichen Ziels dienen.[263] So sind etwa reine Unterstützungskämpfe nicht ohne Weiteres zulässig, durch die beispielsweise an der eigentlichen Tarifauseinandersetzung unbeteiligte Arbeitgeber bestreikt werden, um indirekten Druck auf die eigentlichen Verhandlungsgegner auszuüben. Zwar sind Unterstützungsstreiks nach neuerer Rechtsprechung des BAG nicht schlechthin mit Art. 9 Abs. 3 GG unvereinbar,[264] jedoch müssen auch sie dem Gebot der Verhältnismäßigkeit genügen. So ist es demnach durchaus zulässig, wenn eine Gewerkschaft einen fremden Arbeitskampf unterstützt, wenn ihr Unterstützungsstreik dazu geeignet, erforderlich und angemessen ist. Daran kann es etwa fehlen, wenn der Arbeitskampf gegen den Willen der Gewerkschaft des Hauptarbeitskampfs geführt wird, der Hauptarbeitskampf unrechtmäßig ist oder insbesondere es an wirtschaftlichem, räumlichem oder branchenmäßigem Bezug zum Bereich des Hauptarbeitskampfs und an entsprechender Verflechtung der jeweiligen Arbeitgeber mangelt.[265]

Unabhängig davon bestehen weder Beschränkungen auf den Streik als Arbeitskampfmittel, um wirtschaftlichen Druck auf den Gegner auszuüben, noch sonstige formale Vorgaben. So beschränken sich die Kampfmittel nicht auf Streik, Boykott und Aussperrung. Es gilt der Grundsatz der freien Wahl der Kampfmittel, soweit sie erforderlich im Rahmen der Tarifautonomie sind.[266] Dieses weite und entwicklungsoffene Verständnis wird in jüngerer Zeit etwa durch die Flashmob-Entscheidung des BAG unterstrichen. Dort rief eine Gewerkschaft die Allgemeinheit auf, zu einem bestimmten Zeitpunkt in einer bestimmten Supermarktfiliale massenhaft Pfennigartikel zu kaufen oder Einkaufswagen

---

260 BAG NZA 2012, 1372, 1377.

261 Vgl. *Kissel*, Arbeitskampfrecht, § 42, Rn. 16.

262 Oben unter B.II.1.b).

263 Vgl. *Linsenmaier*/Erfurter, Art. 9 GG, Rn. 114.

264 Grundlegend BAG vom 19.06.2007, 1 AZR 396/06, NZA 2007, 1055, 1056 f.

265 Vgl. hierzu ausführlich BAG NZA 2007, 1055, 1059–1061.

266 So bereits *Gamillscheg* Kollektives Arbeitsrecht I, S. 983 f.

vollzuladen und stehen zu lassen. Das BAG hat diese Maßnahmen vor dem Hintergrund der konkreten Tarifauseinandersetzung für von Art. 9 Abs. 3 GG geschützt und damit für zulässig erachtet.[267]

cc) Durchführung

Allerdings sind die Gewerkschaften gehalten, den Arbeitskampf auf das erforderliche Maß zu beschränken. Mit den Worten des BAG darf er „nicht auf eine Vernichtung des Gegners abstellen"[268]. Dies zielt zum einen auf unbedingt notwendige Erhaltungsarbeiten ab, ohne die es zu Schäden an Anlagen des Arbeitgebers käme. Dazu gehören etwa Arbeiten, die den endgültigen Verderb von Waren aufhalten sollen oder die die nicht wieder zu entfachenden chemischen Vorgänge in Hochöfen weiter laufen lassen.[269] Zum anderen sind aber in einigen Bereichen Arbeitskämpfe nicht unbeschränkt zulässig. Dies gilt, soweit die „Versorgung der Bevölkerung mit lebensnotwendigen Diensten und Gütern während eines Arbeitskampfes"[270] sicherzustellen ist. So müssen etwa Notdienste in Krankenhäusern sichergestellt sein.

Umfang und Durchführung solcher Erhaltungs- oder Notarbeiten sind grundsätzlich durch Vereinbarungen zwischen der Gewerkschaft und der Arbeitgeberseite zu regeln. Allerdings sind die Gewerkschaften auch ohne eine solche Vereinbarung zur Duldung dieser „unerläßliche[n] Arbeiten" verpflichtet.[271] Kommt es nicht zu einer solchen Vereinbarung, kann der Arbeitgeber somit in den Grenzen der Erforderlichkeit die Arbeitnehmer zu derlei Arbeiten trotz des Arbeitskampfs bestellen.[272]

c) Rechtsfolgen eines Arbeitskampfs

Wird ein Arbeitskampf rechtmäßig durchgeführt, suspendiert er die Arbeitsverhältnisse der teilnehmenden Arbeitnehmer. Der Arbeitgeber ist von der Pflicht der Entgeltzahlung für die Zeit des Arbeitskampfs entsprechend befreit. Es kommt grundsätzlich nicht zu einer Beendigung der betroffenen Arbeitsverhältnisse. Endet der Streik, endet zugleich die Suspendierung der arbeitsvertraglichen

---

267 BAG vom 22.09.2009, 1 AZR 972/08, NJW 2009, 631, insbesondere S. 634.

268 Grundlegend BAG vom 21.4.1971, GS 1/68, NJW 1971, 1668, 1669.

269 BAG vom 30.03.1982, 1 AZR 265/80, NJW 1981, 2835, 2837.

270 BAG vom 31.01.1995, 1 AZR 142/94, NZA 1995, 958, 959 f.

271 Vgl. etwa BAG vom 14.12.1993, 1 AZR 550/93, NJW 1994, 1300, 1302.

272 So lässt sich zumindest BAG vom 30.03.1982, 1 AZR 265/80, NJW 1981, 2835, 2837 f. deuten; vgl. auch *Linsenmaier*/Erfurter, Art. 9 GG, Rn. 188.

Hauptpflichten, die Arbeitnehmer müssen wieder ihre Arbeit leisten, der Arbeitgeber diese wieder entlohnen. Eine Kündigung wegen Teilnahme an einem rechtmäßigen Streik ist unwirksam.[273]

Relevanter sind die Folgen eines rechtswidrigen Streiks: Zunächst ist es möglich, die zum Arbeitskampf aufrufende Gewerkschaft auf Unterlassen nach §§ 1004 Abs. 1 S. 2, 823 Abs. 1 BGB zu verklagen, auch im Wege des einstweiligen Rechtsschutzes.[274] Wird der rechtswidrige Streik durchgeführt, können die betroffenen Arbeitgeber die aufrufende Gewerkschaft auf Schadensersatz mindestens nach § 823 Abs. 1 BGB verklagen.[275] Allerdings nimmt das BAG angesichts des ausschließlich durch die Rechtsprechung geformten Arbeitskampfrechts zugunsten der Gewerkschaften an, dass ihnen nicht zugemutet werden könne, auf ihre legitimen Forderungen zu verzichten. Irren sie sich dabei über die Zulässigkeit des Arbeitskampfs, führen solche Rechtsirrtümer über die in den Details oft unklare Rechtslage deswegen noch nicht zwingend zu einer Haftung der Gewerkschaft.[276]

Die Arbeitsverhältnisse der einzelnen am rechtswidrigen Arbeitskampf teilnehmenden Arbeitnehmer werden nicht ohne Weiteres beendet. Zwar ist die Teilnahme an einem rechtswidrigen Streik zugleich eine rechtswidrige Arbeitsniederlegung, was zu einer Kündigung führen kann. Jedoch ist für einen Arbeitnehmer grundsätzlich nicht unbedingt erkennbar, ob ein von einer Gewerkschaft geführter Streik rechtmäßig oder rechtswidrig ist. Deswegen kann dem Arbeitnehmer seine Teilnahme aber ohne Hinzutreten weiterer Umstände nicht pauschal als ein die Kündigung rechtfertigendes Verhalten vorgeworfen werden.[277] Dies gilt entsprechend auch für Schadensersatzansprüche des Arbeitgebers gegenüber den Arbeitnehmern. Der Arbeitnehmer befindet sich regelmäßig in einem unvermeidbaren Verbotsirrtum.[278]

Weitgehend unklar ist, in welchem Umfang Dritten Rechte zustehen, die mittelbar von Arbeitskämpfen betroffen sind, beispielsweise Kunden oder Lieferanten eines bestreikten Arbeitgebers. Tatsächlich mangelt es hierzu schon an einschlägiger Rechtsprechung.[279] Abseits möglicher Schadensersatzforderung

---

273 Vgl. den Überblick bei *Linsenmaier*/Erfurter, Art. 9 GG, Rn. 192–212.

274 Vgl. nur BAG vom 20. 11. 2012, 1 AZR 611/11, NZA 2013, 437, Rn. 79.

275 Vgl. etwa BAG vom 07.06.1988, 1 AZR 372/86, NJW 1988, 63.

276 Vgl. BAG vom 21.03.1978, 1 AZR 11/76, NJW 1978, 2114, 2115.

277 Beispielsweise BAG vom 29.11.1983, 1 AZR 469/82, NZA 1984, 34, 36.

278 Siehe *Wank* RdA 2009, 1, 9 m.w.N.

279 Vgl. dazu die Nachweise bei *Däubler*/Däubler, ArbeitskampfR, § 25, Rn. 2 f., der aber zugleich berechtigt darauf hinweist, dass dies nur den Status quo wiedergibt, aber

gegen Arbeitgeber und sonstiger Rechte im Rahmen des jeweiligen Vertragsverhältnisses[280] stellt sich vor allem die Frage, ob Dritte etwa auch im Wege der Unterlassungsklage gegen laufende Arbeitskämpfe vorgehen könnten. Allerdings dürfte hierdurch keine unterschiedliche Behandlung eines Arbeitskampfs je nach Perspektive der Klagenden Person (Arbeitgeber oder Dritter) erreicht werden. Ist ein Arbeitskampf zwischen den Tarifparteien rechtmäßig, muss er das auch im Verhältnis zu Dritten sein.[281]

3. Der nicht-tarifliche Koalitionsvertrag

Neben dem Instrument des Tarifvertrags im Sinne des Tarifvertragsgesetzes ist es den Koalitionen nach Art. 9 Abs. 3 GG unbenommen, schuldrechtliche Verträge sui generis zu schließen. Diese nicht-tariflichen Koalitionsverträge unterscheiden sich jedoch in vielen wesentlichen Aspekten von Tarifverträgen im eigentlichen Sinn: Sie können grundsätzlich nur die Beziehungen der Tarifparteien zueinander regeln und nicht Rechtsverhältnisse Dritter. Gegenstand solcher Verträge kann die Errichtung gemeinsamer Sozialeinrichtungen, von Beschäftigungs- und Qualifizierungsgesellschaften oder auch Notdienstvereinbarungen während Arbeitskämpfen sein.[282]

Das BAG erkennt ausdrücklich an, dass tariffähige Koalitionen schuldrechtliche Vereinbarungen schließen können, welche Arbeitsbedingungen regeln, ohne sich des Instruments des Tarifvertrags zu bedienen. Diese Möglichkeit soll den Koalitionen für den gesamten Bereich der Arbeits- und Wirtschaftsbedingungen im Sinne Art. 9 Abs. 3 GG zustehen.[283] Eine Beschränkung dieser Möglichkeit auf tariffähige Koalitionen scheint allerdings nicht generell geboten, da das Tarifvertragsgesetz zu sonstigen Koalitionsverträgen keinerlei Regelung trifft und deswegen auch andere Koalitionen dazu berechtigt sein dürften.[284] Soweit eine solche Regelung auch Rechte zugunsten Dritter vorsieht, wird jedoch unterstellt, dass grundsätzlich ein Tarifvertrag vorliegt, sofern nicht ausdrücklich Gegenteiliges erklärt wurde.[285] Solche Koalitionsverträge können dann auch keine normative Wirkung nach den §§ 3, 4 TVG haben. Um auf die Rechtsverhältnisse

---

nichts über die zukünftige Entwicklung aussagt.

280 Zu den diesbezüglichen Problemen *Däubler*/Däubler, ArbeitskampfR, § 25, Rn. 6–15.

281 *Kissel*, Arbeitskampfrecht, § 73, Rn. 71 f.

282 Vergleiche den Überblick bei *Thüsing*/Wiedemann, TVG, § 1, Rn. 21–24.

283 Vgl. BAG vom 05.11.1997, 4 AZR 872/95, NZA 1998, 654, 657. Zur diesbezüglichen Diskussion vgl. *Kraus*/Jacobs et al., TVG, § 4, Rn. 159.

284 *Löwisch/Rieble*, TVG, § 1 TVG, Rn. 1116; *Zachert* NZA 2006, 10, 12 f.

285 BAG vom 05.11.1997, 4 AZR 872/95, NZA 1998, 654, 657.

der Arbeitnehmer einzuwirken, bleiben ihnen insofern nur die allgemeinen zivilrechtlichen Mechanismen, namentlich der Vertrag zugunsten Dritter nach § 328 BGB. Da hierdurch Koalitionsverträge aber auch viele Arbeitnehmer begünstigen können, legt das BAG solche Verträge grundsätzlich auch wie Tarifverträge aus, soweit an ihrer Stelle auch ein Tarifvertrag hätte geschlossen werden können.[286] Grundsätzlich ist es nicht möglich, auch Pflichten für die Mitglieder der Tarifparteien zu begründen, da ein Vertrag zulasten Dritter im deutschen Recht unzulässig ist. Deswegen dürften sich auch Ansprüche der Arbeitnehmer nur in einem Koalitionsvertrag begründen lassen, an den der jeweilige Arbeitgeber als Partei unmittelbar gebunden ist.[287] Für andere Fälle werden als mögliches Instrument die arbeitsvertragliche Inbezugnahme oder die Stellvertretung diskutiert, um dem Koalitionsvertrag auch im Verhältnis der Arbeitsvertragsparteien zueinander Bindungswirkung zu verleihen.[288] Er entfaltet aber keine zwingende Wirkung nach § 4 Abs. 1 TVG und es ist den Arbeitsvertragsparteien somit möglich, von den Koalitionsverträgen abweichende Bedingungen zu vereinbaren.[289] Im Übrigen gelten für Koalitionsverträge die gleichen Schranken wie für Tarifverträge. Das bedeutet, dass sie von ausschließlich tarifdispositiven gesetzlichen Vorgaben nicht abweichen können.[290] Offengelassen ist bislang, ob solche Verträge auch die Ausnahme von der Inhaltskontrolle nach § 310 Abs. 4 BGB beanspruchen können. Abgelehnt hat das BAG die Ausnahme bisher nur dann, wenn in der Koalitionsvereinbarung lediglich festgelegt worden ist, dass der Arbeitgeber sich zu entsprechenden einzelvertraglichen Vereinbarungen mit den Arbeitnehmern verpflichtet und damit keine direkten Ansprüche der Arbeitnehmer begründet worden sind.[291]

Unabhängig davon sind Koalitionsverträge zwischen den vertragsschließenden Parteien rechtsverbindlich. Sie sind in diesem Verhältnis nach den Regeln des allgemeinen Zivilrechts durchsetzbar.[292]

Unklar ist jedoch, ob solche allgemeinen Koalitionsverträge mit Arbeitskämpfen durchgesetzt werden können. Soweit es um Regelungen geht, die auch Gegenstand von Tarifverträgen sein können und die Beteiligten tariffähig sind,

---

286 BAG NZA 1998, 654, 658.

287 Vgl. auch *Kraus*/Jacobs et al., TVG, § 4, Rn. 160.

288 *Löwisch/Rieble*, TVG, § 1 TVG, Rn. 1118–1121.

289 BAG vom 14.04.2004, 4 AZR 232/03, NZA 2005, 178, 181.

290 Vgl. *Kraus*/Jacobs et al., TVG, § 4, Rn. 162; *Löwisch/Rieble*, TVG, § 1 TVG, Rn. 1172.

291 Vgl. BAG vom 13.06.2012, 7 AZR 519/10, Rn. 46 (n.v., zitiert nach juris); BAG vom 14. 8. 2007, 9 AZR 18/07, NZA 2008, 1194, Rn. 52.

292 *Löwisch/Rieble*, TVG, § 1 TVG, Rn. 1250, 1256.

ist allerdings nicht ersichtlich, was dagegen sprechen sollte. Schließlich ist es keineswegs Bedingung eines rechtmäßigen Arbeitskampfs, dass an seinem Ende tatsächlich ein Tarifvertrag geschlossen wird. Vielmehr könnten die Parteien auch von jeder Einigung absehen. Dann müsste aber ein Koalitionsvertrag gewissermaßen als Mittelweg genauso möglich sein. Andernfalls wäre die Rechtmäßigkeit eines Arbeitskampfs abhängig von seinem Ergebnis und es läge in der Hand eines der Beteiligten, durch strikte Weigerung die Rechtmäßigkeit in der Schwebe zu halten.[293]

III. Zusammenfassung

1. Tarifvertragsrecht

Die Tarifvertragssysteme in Deutschland und dem Vereinigten Königreich weisen auf den ersten Blick zahlreiche erhebliche Unterschiede auf. Allerdings scheinen sich bei genauerer Betrachtung einige Unterschiede wesentlich weniger stark auszuwirken.

a) Berechtigung zum Abschluss von Verträgen

Das britische Recht zeichnet sich durch seine große Flexibilität aus. Soweit es einen gesetzlichen Rahmen gibt, besteht oft auch die Möglichkeit, durch Vereinbarungen abzuweichen. Die gesetzlichen Bedingungen sind deswegen oft keinesfalls zwingend und an einigen Stellen schon aus sich heraus sehr offen gestaltet. Letzteres trifft etwa auf den sehr weiten Gewerkschaftsbegriff zu. Erst wenn es um den Zugang zu bestimmten gesetzlichen Rechten geht, wie etwa das Anerkennungsverfahren oder die Möglichkeit zu bestimmten Vereinbarungen über Arbeitsbedingungen, kommt es zusätzlich darauf an, dass die Gewerkschaften auch unabhängig sind. Das deutsche Recht wiederum setzt demgegenüber mit den umfassenden Anforderungen an die Tariffähigkeit von vornherein eine hohe Hürde für das Tätigwerden einer Koalition im Bereich des Tarifvertrags- oder Arbeitskampfrechts.

Andererseits hat das britische Recht eine umfassende rechtliche und dogmatische Auseinandersetzung mit der Frage der Anerkennung einer Gewerkschaft als Verhandlungspartner in kollektivrechtlichen Angelegenheiten entwickelt. So existiert ein gesetzliches Verfahren, womit die Arbeitgeber zu einer Anerkennung in begrenztem Umfang gezwungen werden können, wenngleich dieses Verfahren

293 Vgl. auch *Otto*, ArbeitskampfR, § 5, Rn. 20; im Ergebnis genauso *Löwisch/Rieble*, TVG, § 1 TVG, Rn. 448; *Linsenmaier*/Erfurter, Art. 9 GG, Rn. 114.

seinerseits rein fakultativ ist. Das britische Recht legt den Schwerpunkt auf eine staatliche Unterstützung der Gewerkschaften bei der Anerkennung durch den Arbeitgeber (sieht man von den äußerst umfangreichen Verfahrensregeln ab, die diese Intention geradezu ins Gegenteil verkehren). Das mag sich damit erklären, dass so etwas wie Durchsetzungsfähigkeit oder soziale Mächtigkeit kein konstitutives Element britischer Gewerkschaften ist, sondern sie stattdessen ihre Anerkennung als Verhandlungspartner durch die Arbeitgeber eigenständig erreichen müssen.

Im deutschen Recht ist dieses Problem auf rechtlicher Ebene bislang unbekannt.[294] Weder gibt es entsprechende Verfahren zur Anerkennung noch einen Anspruch darauf. Die Gewerkschaften müssen ihren Vertretungsanspruch zwar ebenfalls rein tatsächlich durchsetzen. Allerdings wird die Durchsetzungsfähigkeit im Rahmen der Prüfung der Tariffähigkeit einer Gewerkschaft vorausgesetzt. Das deutsche Recht vertritt somit einen anderen Ansatz als das britische: Es verbietet Arbeitnehmervereinigungen, die keine Tarifverträge oder auch nur Verhandlungen darüber durchsetzen könnnen, die Interessen ihrer Mitglieder durch Abschluss von Tarifverträgen zu vertreten.

b) *Rechtswirkung der Verträge*

Ähnlich umfassend sind auf den ersten Blick auch die Unterschiede im Hinblick auf die Rechtswirkung: Wie überhaupt unverbindliche Vereinbarungen im deutschen Recht eher die Ausnahme sind, sind auch Tarifverträge in Deutschland umfassend rechtsverbindlich. Dies gilt nicht nur für das Verhältnis der Vertragsparteien zueinander, sondern – durch die normative Wirkung – auch unmittelbar für die Arbeitsverhältnisse ihrer Mitglieder. Tarifverträge enthalten nämlich zwingende Arbeitsbedingungen, von denen die Arbeitsvertragsparteien nur zugunsten der Arbeitnehmer abweichen können. Eine damit vergleichbare Bindungswirkung können Nichtmitglieder der Tarifparteien durch eine Inbezugnahmeklausel im Arbeitsvertrag erreichen.

Im britischen Recht wiederum sind Kollektivverträge grundsätzlich vollkommen unverbindlich und rechtlich nicht durchsetzbar, sofern nicht Gegenteiliges ausdrücklich vereinbart wird. Die Einhaltung der Kollektivverträge ist dementsprechend nur durch sozialen Druck, aber nicht durch gerichtlichen Rechtsschutz gesichert. Zusätzlich zu dieser rechtlichen Unverbindlichkeit unterliegen britische Kollektivverträge keinen Formvorschriften. Informelle Absprachen können also ohne Weiteres einen entsprechenden Kollektivvertrag begründen,

---

294 *Gamillscheg*, Kollektives Arbeitsrecht I, S. 269.

der jedoch ohnehin nicht verbindlich wäre. Allerdings können sie trotz ihres informellen Zustandekommens rechtsverbindlicher Teil der individuellen Arbeitsverträge werden. Hierzu bedarf es aber weiterer Transferakte, etwa durch die konkludente oder explizite Vereinbarung einer Inkorporation des Kollektivvertrags in den Arbeitsvertrag zwischen den Arbeitsvertragsparteien. Dann sind die Ansprüche aus britischen Kollektivverträgen zumindest zwischen den Arbeitsvertragsparteien einklagbar. Es können jedoch auch von den Kollektivverträgen abweichende, sogar ungünstigere, Regelungen im Arbeitsvertrag vereinbart werden.

c) *Inhalt und Reichweite der Verträge*

Bezüglich des Inhalts eines Tarifvertrags liegt im deutschen Recht der Schwerpunkt auf kollektiven Regelungen. Individualrechtliche Aspekte, etwa eine konkrete Kündigung, sind nicht Gegenstand von Tarifverträgen oder Tarifverhandlungen. Darüber hinaus gibt es neben den Gewerkschaften die Betriebsräte als kollektive Interessenvertreter auf betrieblicher Ebene und auf Unternehmensebene. In deren gesetzliche Rechte können die Tarifparteien auch nicht unbeschränkt eingreifen.

Der Gegenstand britischer Kollektivverhandlungen – und damit auch von Kollektivverträgen – ist wesentlich weiter gefasst: Er betrifft auch individualrechtliche Angelegenheiten und Konsultationsverfahren, die in Deutschland eher der betriebsverfassungsrechtlichen Ebene zugeordnet würden. Beides mag sich auch damit erklären, dass in Großbritannien eine mit den deutschen Betriebsräten vergleichbare Einrichtung der Interessenvertretung auf Unternehmensebene fehlt, so dass diese Aufgabe umfassend den Gewerkschaften zukommt.

Im Übrigen ist an dieser Stelle noch darauf hinzuweisen, dass britische Kollektivverträge nur noch selten national oder branchenbezogen abgeschlossen werden. Vielmehr dominiert die Ebene der einzelnen Unternehmen die Kollektivvertragslandschaft. In Deutschland wiederum herrscht nach wie vor das Bild des branchenbezogenen Flächentarifvertrags vor.[295] Allerdings zeigt sich etwa für das Jahr 2014, dass bei ca. 70.000 abgeschlossenen deutschen Tarifverträgen rund 40.000 Firmentarifverträge ausgehandelt wurden.[296] Zumindest unternehmensbezogene transnationale Tarifverträge dürften deswegen auch nicht im

---

295 Dies ergibt sich auch aus dem Überblick in Chart 1.5, Chapter 1, S. 31 des Berichts der *Europäischen Kommission*, Industrial Relations in Europe 2014.

296 *Wirtschafts- und Sozialwissenschaftliches Institut in der Hans-Böckler-Stiftung*, Statistisches Taschenbuch Tarifpolitik 2015, Ziffer 1.3.

Widerspruch zur jeweiligen kulturellen Ausprägung in beiden Ländern stehen. Die entsprechende Verhandlungsebene ist in beiden Rechtsordnungen ohnehin den Parteien überlassen.

2. Arbeitskampfrecht

Der auffälligste Unterschied im Arbeitskampfrecht zwischen beiden Rechtsordnungen ist zunächst ein atmosphärischer: Zwar spielt auch in der Rechtsprechung des deutschen Arbeitskampfrechts der Schadensersatz eine wesentliche Rolle als Grundlage der – insbesondere höchstrichterlichen – Rechtsprechung. Die Rechtmäßigkeit von Arbeitskämpfen wird jedoch immer am Grundrecht auf Koalitionsfreiheit nach Art. 9 Abs. 3 GG gemessen und damit aus dem unmittelbaren Kontext des Schadensersatzes herausgelöst. Damit einher geht auch ein erheblicher Unterschied im Hinblick auf das Risiko eines Arbeitskampfs für den einzelnen Arbeitnehmer und die Gewerkschaften insgesamt: Zentraler Aspekt ist der grundrechtliche Schutz des Arbeitskampfrechts. Die Rechtsprechung kommt deswegen Gewerkschaften und Arbeitnehmern weit entgegen, um eine Haftung selbst bei letztlich rechtswidrigen, also auch nicht von Art. 9 Abs. 3 GG geschützten Arbeitskämpfen zu beschränken oder gar auszuschließen. Dies wird sogar gerade mit der unsicheren Rechtslage begründet. Dieses gewissermaßen arbeitskampffreundliche Klima wird auch dadurch deutlich, dass die Rechte mittelbar betroffener Dritter ungeklärt und bislang kaum in der Rechtsprechung thematisiert worden sind.

Demgegenüber ist das Vermeiden einschlägiger haftungsrechtlicher Tatbestände typisch und essentiell für das Durchführen von Arbeitskämpfen nach britischem Recht. Nur das peinlich genaue Einhalten der gesetzlichen, sehr formalistischen Rahmenbedingungen schließt eine Haftung nach den Regeln des *common law* aus. Dieser Unterschied spiegelt wider, dass in den jeweiligen Rechtsordnungen eine unterschiedliche Bewertung von Arbeitskämpfen herrscht. Das Haftungsrisiko der Gewerkschaften ist nach britischem Recht wesentlich größer. Darüber hinaus haben in dieser Rechtsordnung auch einzelne Arbeitnehmer und sogar Dritte die gesetzlich explizit vorgesehene Möglichkeit, gegen Arbeitskämpfe vorzugehen, die in ihre Rechte (etwa auf eine ordnungsgemäße Urabstimmung) eingreifen. Neben dem großen Haftungsrisiko ist somit auch die Gruppe möglicherweise auf Unterlassung des Arbeitskampfs klagender Personen gesetzlich bewusst weit gefasst.

Dieser nicht ausschließlich rechtliche, sondern auch faktische Unterschied zeigt sich letztlich sogar in der jeweiligen wissenschaftlichen Literatur: Während in Deutschland häufig die ausufernde Rechtsprechung zugunsten der gewerkschaftlichen Arbeitskämpfe thematisiert wird,[297] beklagt die britische Literatur die äußerst restriktiven Rahmenbedingungen, die den Gewerkschaften die Durchsetzung von Arbeitsbedingungen erheblich erschweren.[298]

Ein weiterer für die vorliegende Untersuchung wichtiger Unterschied zwischen beiden Rechtsordnungen liegt in der Funktion des Arbeitskampfs. Arbeitskämpfe sind in Deutschland eng mit der Tarifautonomie verbunden und nur zulässig, wenn sie im Rahmen von Tarifverhandlungen dazu dienen, den Gewerkschaften das nötige Verhandlungsgewicht zum Erreichen ausgewogener Vereinbarungen zu verleihen. Diese Funktion kommt Arbeitskämpfen auch im britischen Recht zu, jedoch erschöpft sie sich nicht darin. Zumindest die Möglichkeit, Arbeitskämpfe anzudrohen, soll auch die Einhaltung der an sich unverbindlichen Kollektivverträge sicherstellen; dies kompensiert den fehlenden Rechtsschutz. Deswegen ist eine Friedenspflicht im britischen Recht nur ausnahmsweise und unter Einhaltung strenger Formvorschriften sowohl zwischen den Kollektiv- als auch den Arbeitsvertragsparteien verbindlich vereinbar. Diese Durchsetzungsfunktion kommt in Deutschland wiederum ausschließlich den Gerichten zu, die von den Tarifparteien und den tarifgebundenen Arbeitnehmern dazu angerufen werden können.

---

297 Vgl. z.B. die kritische Auseinandersetzung mit der Rechtsprechung bei *Otto* RdA 2010, 135, 146 f.

298 So etwa *Ewing/Hendy* ILJ 2010, 2, 34–37.

C. Einheitliches Vertragsstatut

Die vorliegende Arbeit widmet sich der Frage, inwieweit sich ein einheitlicher Tarifvertrag realisieren lässt, der Arbeitsbedingungen transnational in Deutschland und Großbritannien regelt. Dabei wird untersucht, ob die Möglichkeit besteht, den Vertrag durch Rechtswahl einer der beiden Rechtsordnungen zu unterstellen. Auf diesem Weg ließe sich einer unterschiedlichen, asymmetrischen Anwendung des transnationalen Tarifvertrags in beiden Staaten begegnen. Einen europarechtlichen Rahmen hierzu könnte die Rom I-Verordnung der Europäischen Union darstellen. Sie regelt das Kollisionsrecht der Schuldverhältnisse und damit die Frage, nach welchem Recht nationale Gerichte einen Vertrag in einem Rechtsstreit auszulegen und anzuwenden haben. Deswegen wird in diesem Kapitel unter I untersucht, ob deutsche Tarifverträge oder britische Kollektivverträge grundsätzlich in den Anwendungsbereich der Verordnung fallen und damit einer Rechtswahl gemäß der Rom I-Verordnung zugänglich sind. Sofern dies zutrifft, wird unter II in einem zweiten Schritt untersucht, inwieweit die Rom I-Verordnung es den Rechtsordnungen ermöglicht, die Rechtswahl für Tarifverträge einzuschränken. Dabei steht im Vordergrund, inwieweit sich deutsches oder britisches Recht gegen eine einheitliche Rechtswahl für den transnationalen Tarifvertrag im Wege einer Sonderanknüpfung durchsetzen und dadurch ein einheitliches Tarifvertragsstatut trotz Rechtswahl verhindert wird.

I. Wahl des Tarifvertragsstatuts

Die Bestimmung des anwendbaren Vertragsstatuts erfolgt für privatrechtliche Schuldverträge nach Maßgabe des Internationalen Privatrechts, welches mittlerweile in der Verordnung 593/2008/EG (Rom I-VO) geregelt ist. Die Verordnung ist gemäß Art. 2 Rom I-VO auf alle Schuldverträge mit grenzüberschreitendem Bezug anzuwenden. Dabei ist unerheblich, ob Rechtsordnungen von Ländern gewählt werden, die ihrerseits nicht Mitgliedsstaat der Europäischen Union sind oder die jedenfalls nicht selbst an die Verordnung gebunden sind. Allerdings sind sowohl das Vereinigte Königreich als auch Deutschland an die Verordnung gebunden, womit sie einen einheitlichen, unmittelbar in beiden Staaten geltenden

Rahmen darstellt, der durch die Zuständigkeit des Europäischen Gerichtshofs sogar einer einheitlichen Rechtsprechung unterworfen ist.[299]

1. Exkurs: Dogmatische Begründung der Rechtswahl

Zunächst soll dazu der dogmatische Hintergrund einer Rechtswahl für zivilrechtliche Verträge erläutert werden. Dies ist zu einer Einordnung des Tarifvertragsrechts in die kollisionsrechtliche Systematik unerlässlich. Die Rechtswahl für Schuldverhältnisse wird heute zumindest im europäischen Rechtsraum allgemein mit der Parteiautonomie begründet,[300] was im Wesentlichen aus zwei Ansätzen folgt: Zunächst wird vertreten, die Parteiautonomie sei letztlich die Übertragung der Privatautonomie auf die kollisionsrechtliche Ebene. Die Parteiautonomie stellt insofern das kollisionsrechtliche Spiegelbild der Privatautonomie dar. Soweit die Privatautonomie den Rechtssubjekten das Recht gibt, ihre Beziehungen in ihrem Inhalt materiell frei zu regeln, steht ihnen auch das Recht zu, im Rahmen der Parteiautonomie diejenige Rechtsordnung frei zu wählen, der sie sich dabei unterwerfen. Andere wiederum betonen den Aspekt, dass eine Rechtswahl durch die Vertragsparteien dazu dient, Risiken und Unklarheiten einer rein objektiven Anknüpfung des Vertragsstatuts zu beseitigen. Dies betont insbesondere auch die Klarstellungsfunktion einer Rechtswahl.[301] Zugleich ist aber auch eine zunehmende Kombination beider Ansätze zu erkennen. Insoweit wird die Freiheit der Privatrechtssubjekte betont, das Recht frei zu wählen, dem sie ihre Beziehungen unterordnen. Diese Freiheit soll ihre Grenzen aber in rein innerstaatlichen Sachverhalten finden. Hier fehle es an einem anerkennenswerten Interesse der Privaten, eine andere Rechtsordnung zu wählen.[302] Insofern werden auch Anleihen bei der Anknüpfungstheorie genommen, da bei einem reinen Inlandssachverhalt keine Schwierigkeiten bestehen sollten, das anwendbare Vertragsstatut zu ermitteln.

---

299 Die früher beispielsweise von *Lohmann*, Grenzüberschreitende FirmenTV, S. 69–80, aufgeworfene Problematik einer Vielzahl nationaler und durch das EVÜ nur teilweise harmonisierter IPR-Regelungen und damit der Gefahr unterschiedlicher Auslegung der Begrifflichkeiten und Rechtsfolgen durch die nationalen Gerichte ist deswegen im Rahmen der Rom I-VO erheblich entschärft worden. Dazu unten unter C.I.2.b)dd).

300 Ausführliche Darstellung bei *Leible* FS Jayme, 485, insb. S. 489–493; aus rechtstheoretischer und rechtsphilosophischer Sicht: *Basedow* RabelsZ 75 (2011), 32, 32–59.

301 Zum Überblick über die Meinungsstände und m.w.N. *Maultzsch* RabelsZ 75 (2011), 60, 63 f.

302 Ausdrücklich in solchen Fällen einschränkend *Basedow* RabelsZ 75 (2011), 32, 57 f.; ebenso ist wohl *Leible* FS Jayme, 485, 488 zu verstehen.

Vor diesem Hintergrund hat auch die Europäische Union ihre Rom I-Verordnung zum Internationalen Schuldvertragsrecht erlassen: Laut Erwägungsgrund Nr. 11 der Rom I-Verordnung soll „die freie Rechtswahl der Parteien einer der Ecksteine“ des europäischen Kollisionsrechts für private Schuldverhältnisse sein. Zugleich wird aber durch einige Regelungen der rein innerstaatliche Sachverhalt in der Möglichkeit der Rechtswahl stark beschränkt. Allen voran Art. 3 Abs. 3 Rom I-VO ordnet die Anwendung sämtlicher zwingender Bestimmungen der lex fori bei reinen Inlandssachverhalten an. Somit könnte eine Rechtswahl in solchen Szenarien lediglich das ohnehin dispositive Recht betreffen. Auch die Rom I-Verordnung betont somit nicht nur explizit die Parteiautonomie auf sehr umfangreiche Weise, ohne dabei die Klarstellungsfunktion einer Rechtswahl außer Acht zu lassen. Vielmehr werden durch Art. 3 Abs. 3 Rom I-VO und andere Sonderanknüpfungsregelungen die besonderen Geltungsansprüche der nationalen Rechtsordnungen berücksichtigt. Hierdurch stellt sich auch die Rom I-Verordnung als Vertreter größtmöglicher Rechtswahlfreiheit dar und begrenzt diese zugleich nur dort, wo es geboten scheint.[303]

2. Anwendbarkeit der Rom I-VO auf Tarifverträge nach deutschem Recht

Vor diesem Hintergrund stellt sich die Frage, ob das Recht der Rom I-Verordnung überhaupt auf Tarifverträge anzuwenden ist. Soweit ihnen in vielen Rechtsordnungen eine normative Wirkung zukommt, unterscheiden sie sich von lediglich inter partes wirkenden Schuldverträgen herkömmlicher Art. Zudem enthält die Verordnung keine spezifische Regelung für Tarif- beziehungsweise Kollektivverträge, ungeachtet des Grads ihrer normativen Wirkung.

a) Arbeitsrechtliche Sonderregelung in Art. 8 Rom I-VO

Allerdings wird in Art. 8 Rom I-VO die Rechtswahl von Individualarbeitsverträgen geregelt. Schon der Wortlaut verdeutlicht somit, dass damit nur die vertragliche Beziehung zwischen Arbeitnehmer und Arbeitgeber gemeint ist, nicht aber ein Kollektivvertrag, der notwendigerweise die Beziehungen zwischen einer Vielzahl von Arbeitnehmern und einem oder auch mehreren Arbeitgebern regelt.[304] Ein solcher Kollektivvertrag setzt das Bestehen von Individualarbeitsverträgen voraus, innerhalb derer er Wirkung entfalten kann, ist aber

303 So auch *Maultzsch* RabelsZ 75 (2011), 60, 62 f. und 66 f.

304 Für eine analoge Anwendung zumindest auf den schuldrechtlichen Teil eines Tarifvertrags *Kocher*/Kempen/Zachert, TVG, § 4 TVG, Rn. 46.

selbst naturgemäß keiner und damit nicht vom Wortlaut von Art. 8 Rom I-VO erfasst. Dies bestätigt sich auch in der Regelung des Art. 8 Abs. 1 S. 2 Rom I-VO. Hierdurch wird die Möglichkeit der Rechtswahl durch den Arbeitnehmerschutz einer Rechtsordnung beschränkt: Es finden entgegen einer Rechtswahl die zwingenden Vorschriften des objektiv zu bestimmenden Vertragsstatuts Anwendung auf einen Arbeitsvertrag. Dies geht über die Regelung zu Eingriffsnormen nach Art. 9 Rom I-VO hinaus. Art. 9 Rom I-VO gewährt nur Normen Vorrang, die am Gemeinwohl orientierte Ziele verfolgen und nicht lediglich dem Ausgleich von Individualinteressen dienen.[305] Art. 8 Abs. 1 Satz 2 Rom I-VO stellt hingegen lediglich darauf ab, dass eine zwingende Norm dem Arbeitnehmerschutz dient.[306] Diese deutlich auf den individuellen Schutz des Arbeitnehmers als Vertragspartei bezogene Besonderheit lässt sich nicht mit den Interessen der Tarifvertragsparteien und insbesondere ihrer Tarifautonomie in Einklang bringen.[307] Somit ist festzuhalten, dass Art. 8 Rom I-VO nicht die Rechtswahl von Tarifverträgen regelt.[308]

b) Rechtswahl nach Art. 3 f. Rom I-VO

aa) Problemstellung

Übrig bleibt aber die Generalklausel des Art. 3 Rom I-VO, in welcher die Rechtswahl von Schuldverträgen allgemein geregelt ist. In diesem Zusammenhang wird der Tarifvertrag jedoch nicht explizit erwähnt. Nicht zuletzt daraus resultiert die auch bereits zu den Vorgängerregelungen zum internationalen Schuldvertragsrecht diskutierte Problematik, ob ein Tarifvertrag ein Schuldverhältnis im Sinne der Rom I-Verordnung ist.

---

305 *Magnus*/Staudinger, Internationales VertragsR 1, Art. 9 Rom I-VO, Rn. 14.

306 *Magnus*/Staudinger, Internationales VertragsR 1, Art. 8 Rom I-VO, Rn. 75.

307 Anhand der klar auf Einzelarbeitsverhältnisse angepassten Regelungen zum Günstigkeitsvergleich und zur objektiven Anknüpfung in Art. 30 EGBGB a.F. zeigt *Junker*, Int. ArbR im Konzern, S. 416 f., überzeugend auf, warum auch eine analoge Anwendung von Art. 30 EGBGB a.F., und damit auch von Art. 8 Rom I-VO, auf Tarifverträge von vornherein ausscheidet.

308 *Magnus*/Staudinger, Internationales VertragsR 1, Art. 8 Rom I-VO, Rn. 34, 251; *Staudinger*/Ferrari et al., Art. 8 Rom I-VO, Rn. 11; *Martiny*/MüKo Bd. 10, Art. 8 Rom I-VO, Rn. 154; *von Hein*/Rauscher, EuZPR/EuIPR, Art. 8 Rom I-VO, Rn. 6; *Wurmnest* EuZA 2009, 481, 485; so auch schon für Art. 30 EGBGB als Vorgängernorm: *Franzen* AR-Blattei SD 920, Rn. 199; *Hergenröder* AR-Blattei SD 1550.15, Rn. 27; jeweils m.w.N.

Tarifverträge unterscheiden sich von herkömmlichen zivilrechtlichen Schuldverträgen in einem Punkt in den meisten Rechtsordnungen: Sie beschränken sich in ihrer Wirkung nicht auf die vertragsschließenden Parteien.[309] Dies gilt letztlich unabhängig davon, ob ein Tarifvertrag, wie im deutschen Recht nach §§ 3, 4 Abs. 1 TVG, normative Elemente enthält, die unmittelbar auf die einzelnen Arbeitsverhältnisse einwirken,[310] oder ob sie, wie im britischen Recht, nur qua Inkorporation in den Arbeitsvertrag rechtlich verbindlich werden. In jedem Fall ist nämlich einem Tarifvertrag die Intention immanent, Wirkung über die Vertragsparteien hinaus zu entfalten und Einfluss auf andere Rechtsverhältnisse zu nehmen. Der rechtliche Modus, den nationale Rechtsordnungen wählen, dies umzusetzen, ist für diese faktische Einordnung noch nicht entscheidend. Die Rechtswahl eines Tarifvertrags geht allerdings über die Vertragsparteien hinaus und zeitigt Konsequenzen für die Arbeitnehmer und Arbeitgeber, die in seinen Geltungsbereich fallen. Daher stellt sich in diesem Zusammenhang die Frage, ob Tarifverträge insofern „vertragliche Schuldverhältnisse" im Sinne des Art. 1 Abs. 1 Rom I-VO sind.

Die deutsche Diskussion um die Möglichkeit der Tarifvertragsparteien, das Vertragsstatut frei zu wählen, kommt dabei zu sehr unterschiedlichen und deswegen auch höchst umstrittenen Ergebnissen. Festzuhalten ist, dass die Diskussion erheblich älter ist, als die Rom I-Verordnung, weswegen die Meinungsäußerungen regelmäßig nicht auf die Besonderheiten der Subsumtion des Tarifvertrags unter Begriffe einer europäischen Verordnung eingehen.

bb) Unzulässigkeit wegen Abwahl der inländischen Rechtsordnung

Teilweise wird pauschal vertreten, in einem Tarifvertrag ließe sich das auf ihn anwendbare Rechtsstatut nicht frei wählen.[311] Dies wird etwa von *Thüsing* unter anderem damit begründet, durch die Rechtswahlmöglichkeit ließen sich auch reine

---

309 Selbst in Verträgen, die ausschließlich betriebliche Aspekte regeln, erstreckt sich die Wirkung wenigstens auf die Mitglieder der abschließenden Arbeitgeberorganisation, § 3 Abs. 2 TVG. Nur wenn es sich um einen reinen Firmentarifvertrag handelte, käme insofern Anderes in Betracht.

310 Weiterhin gibt es auch Rechtsordnungen, wie etwa die französische, die eine normative Wirkung nicht nur für die Mitglieder der Tarifvertragsparteien vorsehen, sondern etwa für sämtliche Arbeitnehmer eines tarifgebundenen Arbeitgebers, vgl. *Gamillscheg*, Kollektives Arbeitsrecht I, S. 716.

311 *Birk* FS Beitzke, 831, 848; *Thüsing* NZA 2003, 1303, 1311; *Thüsing*/Wiedemann, TVG, § 1, Rn. 108, will allerdings letztlich eine rein klarstellende Rechtswahl zulassen.

Inlandssachverhalte anderen Rechtsordnungen unterstellen.[312] Dies überzeugt aber schon deswegen nicht, weil diese Möglichkeit in der Rom I-Verordnung für alle von ihr erfassten Vertragstypen grundsätzlich angelegt ist. Art. 3 Abs. 3 Rom I-VO regelt beispielsweise ausdrücklich die Folgen einer Rechtswahl bei reinen Inlandssachverhalten. Hierdurch soll gerade für diese sichergestellt sein, dass nicht willkürlich zwingende Bestimmungen einer Rechtsordnung ausgehebelt werden können.[313] Diese Regelung stellt einen Kompromiss dar, der vor allem gefunden werden musste, um die Position der Befürworter einer umfassend freien Rechtswahl und die Position ihrer Kritiker, die vor allem Missbrauchsbedenken geltend machten, in Einklang zu bringen.[314] Inlandssachverhalte auf diese Weise in der Rechtswahl zu beschränken, wäre aber überflüssig, wenn sich aus dem Inlandssachverhalt bereits ein Verbot der Rechtswahl ableiten ließe. Kernelement der Verordnung ist somit die *freie* Rechtswahl auch für Inlandssachverhalte.[315] Einen Vertrag bei Inlandssachverhalten von der Rechtswahl auszuschließen, nur weil er dadurch einer bestimmten Rechtsordnung entzogen würde, widerspricht daher dem Grundcharakter der Rom I-Verordnung. Mit diesem Argument ließe sich zudem grundsätzlich jeder Vertragstyp von der Rechtswahl nach der Rom I-Verordnung ausschließen. Damit wird bereits deutlich, dass sich nur aus diesem Grund Tarifverträgen – oder anderen privatrechtlichen Vertragstypen – die Option der Rechtswahl nicht entziehen lässt. Insofern weist *Junker* völlig zutreffend darauf hin, dass es kaum einen Vertragstyp gebe, bei dem die Gleichrangigkeit der Vertragsparteien so stark hervorgehoben wird und eine „Angst vor Mißbräuchen“ schon deswegen kaum nachvollziehbar sei.[316]

Ohnehin fördert die Rom I-Verordnung bis zu einem gewissen Grad den Wettbewerb unterschiedlicher Rechtsordnungen. Wesentliches Element eines solchen Wettbewerbs ist, dass auch die eigene Rechtsordnung abgewählt werden kann, weil im konkreten Fall eine andere Rechtsordnung die besseren Lösungsmöglichkeiten verspricht.[317] Im Fall eines Tarifvertrags kann dies schon durch die faktische Erwägung begründet sein, dass die Mehrheit der erfassten

312 *Thüsing* NZA 2003, 1303, 1311; ebenso wohl auch *Birk*. RdA 1984, 129, 136.

313 Zu den Konsequenzen des Art. 3 Abs. 3 Rom I-VO bei reinen Inlandssachverhalten siehe auch unten C.I.2.b)ee).

314 Vgl. nur zur Vorgängernorm des Art. 3 Abs. 3 EVÜ: *Giuliano/Lagard*, Amtsbl. 1980 Nr. C 282/18.

315 Dies betont bereits Erwgr. 11 der Rom I-VO.

316 *Junker* IPRax, 1994, 21, 23; in diesem Sinn auch *Deinert*, Internationales Arbeitsrecht, § 15 Rn. 41.

317 Ganz allgemein und kritisch dazu *Eidenmüller* JZ 2009, 641, 641 f.

Arbeitsverhältnisse in einem bestimmten Staat angesiedelt ist. Motiv muss daher nicht zwingend ein vermeintlich niedrigeres Schutzniveau sein.

cc) Gesellschaftspolitischer Zusammenhang

Hintergrund dieses Arguments ist mithin wohl vielmehr die Überlegung, dass eine Tarifordnung in ihrer jeweiligen Ausprägung zugleich auch eine „gesellschaftspolitische Grundentscheidung" darstellt, die jede Gesellschaft auf ihre Weise und in mitunter zähem Ringen gefunden hat.[318] Dieser gesellschaftspolitische Konsens würde in der Tat durch eine Rechtswahl umgangen.[319] Fraglich ist allerdings, ob hiermit auch ein taugliches Argument gegen die Rechtswahl gefunden ist. Zunächst ist jede Rechtswahl zugleich auch eine Wahl gegen eine bestimmte Rechtsordnung und entzieht einen Sachverhalt damit (teilweise) dem jeweiligen rechtlichen Rahmen, in dem er ohne sie zu beurteilen wäre. Dabei ist hervorzuheben, dass diese Abwahl einer Rechtsordnung für jeden Vertragstyp gleichermaßen eintritt. Auch Kauf-, Miet- oder Darlehensverträge, letztlich das gesamte Zivilrecht, sind aber das Ergebnis gesellschaftlicher und politischer Richtungsentscheidungen. Dort handelt es sich ebenfalls nicht um abstrakt bestehende Rechtssysteme, die, Naturgesetzen gleich, im Rahmen der Gesetzgebung lediglich sichtbar gemacht werden. Vielmehr ist hier ebenfalls ein gesellschaftlicher Konsens gefunden worden,[320] angefangen bei so grundlegenden Fragen, wie denen nach der Existenz und Ausgestaltung von Privateigentum und Privatautonomie. So weist *Junker* völlig zutreffend darauf hin, dass nicht nur das kollektive Arbeitsrecht ein Ergebnis dieses gesellschaftlichen Konsenses zu einer Form der Wirtschafts- und Sozialordnung ist, sondern ebenso das Individualarbeitsrecht.[321] Dieses aber hat der Gesetzgeber in Art. 8 Rom I-VO sehr wohl der Rechtswahl unterworfen und damit bewusst in Kauf genommen, dass ein abweichendes Vertragsstatut zur Anwendung kommt, welches nicht dem Leitbild der nationalen Wirtschafts- und Sozialordnung entsprechen muss.[322] Das in Art. 8 Abs. 1 S. 2 Rom I-VO vorgesehene Günstigkeitsprinzip dient im Übrigen gerade

---

318 Vgl. *Birk* FS Beitzke, 831, 841 und 848; *Birk*/MünchArbR 2000, § 21, Rn. 30.

319 So dann auch *Thüsing*/Wiedemann, TVG, § 1, Rn. 108; *Löwisch/Rieble*, TVG, Grundlagen, Rn. 343; *Walz*, Multinationale Unternehmen, S. 160; *Kocher*/Kempen/Zachert, TVG, § 4 TVG, Rn. 57.

320 Vgl. z.B. zur gesellschaftspolitischen Steuerungsfunktion des Zivilrechts – beispielsweise zum Schutz der schwächeren Vertragspartei – die Darstellung bei *Honsell*/ Staudinger, BGB AT 1, Einl zum BGB, Rn. 113.

321 Vgl. *Junker*, Int. ArbR im Konzern, S. 420 f.

322 *Ebenda*.

nicht dazu, im Inlandssachverhalt eine „Flucht“ aus der jeweiligen Rechtsordnung zu verhindern. Es sieht nämlich nicht die Anwendung der Bestimmungen der Inlandsrechtsordnung vor, sondern die Anwendung der jeweils für den Arbeitnehmer günstigeren Bestimmungen. Dies kann letztlich von Fall zu Fall zu einer weitgehenden Zersplitterung des Vertragsstatuts führen. Nicht einmal die gewählte Rechtsordnung entfaltet noch einheitliche Geltung. Ziel ist es vielmehr, hierdurch einen Schutz des Arbeitnehmers als der „typischerweise [...] schwächeren Partei“[323] zu ermöglichen. Es soll somit eben nicht die Anwendung einer einzelnen, konkreten Rechtsordnung sichergestellt werden.[324] Dass die gesellschaftspolitische Rolle von Tarifverträgen offensichtlicher sein mag als bei anderen Vertragstypen, muss also noch nicht dazu führen, eine Rechtswahl kategorisch auszuschließen.

Soweit das deutsche Tarifrecht das Ergebnis eines gesellschaftlichen Konsenses ist und ihm eine wesentliche Bedeutung für das Zusammenleben zukommt, wäre die Grenze der Rechtswahl im Rahmen der Eingriffsnormen nach Art. 9 Rom I-VO beziehungsweise des ordre public nach Art. 21 Rom I-VO zu ermitteln.[325] Diese Vorschriften kommen aber erst infolge einer vorangegangenen Rechtswahl zur Anwendung. Gerade die Regelung in Art. 9 Abs. 1 Rom I-VO verdeutlicht allerdings nochmals, dass die „gesellschaftspolitische Grundentscheidung“ kein Anlass sein kann, die Rechtswahlmöglichkeit auszuschließen. Vielmehr dient der Vorrang der Eingriffsnormen dazu, übergeordnete nationale sozialpolitische Interessen trotz der Wahl einer fremden Rechtsordnung durchzusetzen.[326] Es gehört zur Bedingung für die Charakterisierung einer Rechtsnorm als Eingriffsnorm, dass diese abseits von Individualinteressen dem Schutz wirtschafts- und sozialpolitischer Wertvorstellungen dient.[327] Sofern eine Norm der lex fori als Eingriffsnorm zu qualifizieren ist, müsste sie auch entgegen einer abweichenden Rechtswahl auf ein Vertragsverhältnis angewandt werden.[328] Diese Regelung wäre mithin überflüssig, wenn aus demselben Grund bereits die Rechtswahl als solche ausgeschlossen würde.[329]

---

323 *Magnus*/Staudinger, Internationales VertragsR 1, Art. 8 Rom I-VO, Rn. 68 und unter Rn. 68–89 zum Günstigkeitsprinzip allgemein.

324 Diese Folge übersieht *Kocher*/Kempen/Zachert, TVG, § 4 TVG, Rn. 57.

325 Zu Sonderanknüpfungen unten unter C.II.

326 Vgl. *Magnus*/Staudinger, Internationales VertragsR 1, Art. 9 Rom I-VO, Rn. 61.

327 *Deinert* RdA 2009, 144, 150.

328 *Magnus*/Stauginder, IPR I, Art. 9 Rom I-VO, Rn. 87.

329 Zutreffend verweist auch *Hergenröder* AR-Blattei SD 1550.15, Rn. 53, darauf, dass einer missbräuchlichen Derogation deutschen Tarifrechts durch die Art. 6, 27 Abs. 3

Darüber hinaus steht die deutsche Rechtsordnung längst nicht mehr isoliert als Fundament und Rahmen des Tarifvertragsrechts bereit. Durch Art. 28 EuGRC wird ein Schutz der Tarifautonomie auch auf europäischer Ebene sichergestellt. Dieser beschränkt sich auch nicht darauf, lediglich auf den Schutz der mitgliedsstaatlichen Rechtsordnungen zu verweisen.[330] Soweit es die Auslegung der Rom I-VO betrifft, kommt es auch primär auf dieses Grundrecht an, da die Grundrechtecharta vor allem bei der Anwendung europäischer Rechtsnormen zum Tragen kommt. Der isolierte Blick auf den nationalen Rahmen übersieht insoweit, dass die Grundrechtecharta ihrerseits eine transnationale Gewährleistung der Koalitionsfreiheit und damit auch der Tarifautonomie bereithält. Dabei hatte insbesondere der Europäische Gerichtshof bereits mehrfach Entscheidungen im Bereich der Koalitionsfreiheit und mit ihr kollidierender Rechtsgüter zu treffen. Auf diesem Weg ist somit der nationale Kompromiss einer Tarif- und Arbeitskampfordnung bereits beeinflusst worden.[331] Daher vermag das Argument eines isolierten, quasi autarken gesellschaftlichen Konsenses im Bereich des Tarif- und Arbeitskampfrechts nicht zu überzeugen.

dd) Schuldverhältnis im Sinn der Verordnung

(1) Der Begriff des Schuldverhältnisses

Allerdings ist für die Beurteilung, ob die Rom I-Verordnung auf Tarifverträge anwendbar ist, nicht nur eine rechtspolitische Diskussion entscheidend. Vielmehr stellt sich die Frage, ob Tarifverträge unter den Begriff des vertraglichen Schuldverhältnisses im Sinne von Art. 1 Abs. 1 Rom I-VO zu subsumieren sind. Problematisch ist dies zunächst, wenn normativ wirkende Tarifverträge, wie sie in einigen Mitgliedsstaaten der Europäischen Union rechtlich vorgesehen sind, einer Rechtswahl unterworfen werden sollen. Aus britischer Sicht bereitet hier unter anderem die regelmäßig fehlende rechtliche Verbindlichkeit Schwierigkeiten,[332] aus deutscher Sicht die in herkömmlichen Schuldverträgen nicht enthaltene normative Wirkung, die unmittelbare Verpflichtungen über die vertragsschließenden Parteien hinaus schafft.[333]

---

und 34 EGBGB a.F. vorzubeugen wäre; ebenso wohl *Fudickar*, Parteiautonome Anknüpfung, S. 208 f.; *Däubler*/Däubler, TVG, Einleitung, Rn. 670; *Deinert* FS Bepler, 75, 83.

330 Hierzu ausführlich unten E.I.3.

331 Ausführlich dazu unten unter E.I.1.b) und E.II.3.c).

332 So bereits *Lohmann*, Grenzüberschreitende FirmenTV, S. 72.

333 So jedenfalls bezüglich der normativen Wirkung, ohne nähere Begründung, gegen die Einordnung eines Tarifvertrags als Schuldvertrag: *Birk* FS Beitzke, 831, 848.

Dabei ist zunächst nochmals zu betonen, dass es sich bei der Rom I-Verordnung um eine Verordnung nach Art. 288 Abs. 2 AEUV handelt. Im Gegensatz zu ihrem Rechtsvorgänger EVÜ wirkt sie unmittelbar in jedem Mitgliedsstaat. Es bedarf keines Umsetzungsakts in nationales Recht und als finale Instanz für die Auslegung der Verordnung ist der Europäische Gerichtshof zuständig. Dieser kann nun in auslegungsbedürftigen Fällen nach Art. 267 AEUV angerufen werden, um eine einheitliche Rechtsauslegung für die Mitgliedsstaaten zu gewährleisten. Im Gegensatz zum EVÜ sind auch Instanzgerichte zur Vorlage berechtigt und letztinstanzliche Gerichte hierzu nunmehr sogar verpflichtet.[334] Somit kann die Frage, ob deutsche Tarifverträge vertragliche Schuldverhältnisse nach Art. 1 Abs. 1 Rom I-VO darstellen, letztlich nicht aus rein nationaler Perspektive beantwortet werden. Der Begriff des Schuldverhältnisses ist vielmehr autonom, aus der Perspektive des Europarechts auszulegen.[335] Nach Erwägungsgrund Nr. 7 der Rom I-Verordnung soll insoweit auch zwischen ihren Bestimmungen und den Bestimmungen der Brüssel I-Verordnung (Verordnung 44/2001/EG) ein Einklang bestehen. Daher kann die diesbezügliche Rechtsprechung des Europäischen Gerichtshofes herangezogen werden. Als allgemeine Definition hat der Europäische Gerichtshof im Rahmen des Brüsseler Übereinkommens (heute abgelöst durch die besagte Brüssel I-Verordnung) zur internationalen Zuständigkeit in Zivilrechtsstreitigkeiten mehrfach entschieden, dass ein Vertrag grundsätzlich die „von einer Person gegenüber einer anderen freiwillig eingegangene Verpflichtung" sei.[336] So hat der Europäische Gerichtshof bereits in der Rechtssache *Peters/ZNAV* bezüglich der Rechtsbeziehungen zwischen Vereinsmitgliedern im Rahmen ihrer Mitgliedschaft festgestellt, dass diese Beziehungen als vertragliche Ansprüche im Sinne des Übereinkommens vom 27.09.1968 über die gerichtliche Zuständigkeit und die Vollstreckung gerichtlicher Entscheidungen in Zivil- und Handelssachen anzusehen sind.[337] Hiermit wird der Ansatz des Gerichtshofs deutlich, den Begriff des Schuldverhältnisses im Sinne des effet utile nicht nur autonom, sondern auch weit auszulegen.[338] Auch in der Literatur wird der weite Begriff des Gerichtshofs für eine Definition des vertraglichen

334 Vgl. *Magnus* IPRax 2010, 27, 28.

335 *Magnus*/Staudinger, Internationales VertragsR 1, Art. 1 Rom I-VO, Rn. 27; vgl. auch bereits die Ausführungen des *EuGH* vom 22.03.1983, C-34/82 (*Peters*), Slg. 1983 I-987, Rn. 10.

336 *Magnus*/Staudinger, Internationales VertragsR 1, Art. 1 Rom I-VO, Rn. 27; sowie insbesondere EuGH vom 20.01.2005, C-27/02 (*Engler*), Rn. 51 m.w.N.

337 EuGH vom 22.03.1983, C-34/82 (*Peters*), Slg. 1983 I-987, Rn. 13.

338 EuGH vom 20.01.2005, C-27/02 (*Engler*), Rn. 49.

Schuldverhältnisses im Sinne der Rom I-Verordnung herangezogen.[339] Demnach sind vor allem zwei Elemente entscheidend für die Klassifizierung: die Freiwilligkeit der eingegangenen Vereinbarung und die rechtliche Verpflichtung durch diese Vereinbarung. Aus diesem Grund ist die zentrale Frage zu klären, inwieweit sich deutsche Tarifverträge im Sinne des Tarifvertragsgesetzes unter diese europarechtliche Definition subsumieren lassen:

(2) Normative Bindung

Zentrales Argument der Gegner einer Rechtswahl dürfte somit auch der Verweis auf die Struktur eines deutschen Tarifvertrags sein, der sich durch seine normative Wirkung wesentlich von einem (herkömmlichen) Schuldverhältnis unterscheide.[340] Soweit diesbezüglich zwischen schuldrechtlichem und normativem Teil differenziert[341] oder sogar vertreten wird, die Rechtswahl sei zumindest für den normativen Teil eines Tarifvertrags unzulässig,[342] macht dies für die Beurteilung im Rahmen der vorliegenden Arbeit keinen Unterschied.[343] Betrachtet man den schuldrechtlichen Teil isoliert, verdeutlicht bereits seine Benennung, dass er in den Anwendungsbereich des Art. 3 Rom I-VO fällt. Er unterscheidet sich insoweit nicht von sonstigen Koalitionsverträgen, die ebenfalls nur die Vertragsparteien binden, aber nicht auch die Arbeitsvertragsparteien.[344] Die zentrale Problematik für die Rechtswahl liegt somit im normativen Teil eines deutschen Tarifvertrags und dies völlig unabhängig davon, ob dieser normative Teil von einem expliziten oder impliziten schuldrechtlichen Teil begleitet wird. Insofern ist

339 *Von Hein*/Rauscher, EuZPR/EuIPR, Art. 1 Rom I-VO, Rn. 7; *Kieninger*/Ferrari et al., Rom I-VO Art. 1, Rn. 5; *Magnus*/Staudinger, Internationales VertragsR 1, Art. 1 Rom I-VO, Rn. 29, jeweils m.w.N.

340 Dieses Argument wird zum Teil noch ganz unabhängig von der Rom I-Verordnung von den Gegnern einer Rechtswahl vorgebracht: *Birk* FS Beitzke, 831, 848; *Birk*/MünchArbR 2000, § 21, Rn. 31; *Walz*, Multinationale Unternehmen, S. 166 f.; *Löwisch/Rieble*, TVG, Grundlagen, Rn. 344; *Thüsing* NZA 2003, 1303, 1311; *Lohmann*, Grenzüberschreitende FirmenTV, S. 94.

341 Etwa *Deinert*, Internationales Arbeitsrecht, § 15, Rn. 22 m.w.N.

342 So etwa *Ebenroth/Fischer/Sorek* ZVglRWiss 88 (1989), 124, 145; *Kocher*/Kempen/Zachert, TVG, § 4 TVG, Rn. 45 f., 50.

343 Vgl. hierzu *Hergenröder* AR-Blattei SD 1550.15, Rn. 46 f., der überzeugend auf die Sinnwidrigkeit dieser Unterscheidung hinweist. So stünden schuldrechtliche Vereinbarungen „regelmäßig in einem inneren Sinnzusammenhang mit den Tarifnormen", wie er zutreffend ausführt. Ausführlich auch *Fudickar*, Parteiautonome Anknüpfung, S. 122–126.

344 Dazu oben unter B.II.3.

eine entsprechende Differenzierung kollisionsrechtlich nicht weiterführend: Erst der normative Teil eines deutschen Tarifvertrags gestaltet die einzelnen Arbeitsverhältnisse; gerade daraus folgt somit die rechtliche Problematik, die zu untersuchen ist.[345] Für die Auseinandersetzung mit diesem Aspekt sind zwei Elemente entscheidend: der Hintergrund der normativen Wirkung tariflicher Regelungen nach deutschem Recht und die Tarifautonomie der Tarifparteien.

Die Möglichkeit der Rechtswahl im Rahmen eines privatrechtlichen Schuldverhältnisses wird im Wesentlichen mit der Parteiautonomie der Vertragsparteien begründet. Die Privatautonomie beschränkt sich demnach nicht nur auf die materielle Ausgestaltung des Vertragsverhältnisses, sondern umfasst als kollisionsrechtliche Parteiautonomie im Rahmen der Rom I-Verordnung auch die Möglichkeit, den Vertrag einer bestimmten Rechtsordnung zu unterwerfen.[346] Die Tarifautonomie der Tarifparteien soll nun im Unterschied zur sonstigen Privat- und Parteiautonomie bezüglich der Rechtswahl eingeschränkt sein.[347] Die aus einem Tarifvertrag berechtigten und verpflichteten Arbeitgeber und Arbeitnehmer haben ihn nämlich grundsätzlich nicht selbst abgeschlossen. Auch der Regelungsinhalt wird von den vertragschließenden Verbänden ausgehandelt, nicht von ihren Mitgliedern. Diesen kommt insoweit im Rahmen eines Arbeitskampfs „nur" die Aufgabe zu, den nötigen Druck auf die andere Partei zu entfalten. Deswegen soll es für den Tarifvertrag an einer „eigenverantwortlichen Selbstbelastung" der Normunterworfenen mit der fremden Rechtsordnung fehlen.[348] Mithin würde dem Tarifvertrag das Element der Freiwilligkeit fehlen, welches der Europäische Gerichtshof unter anderem als konstitutives Merkmal eines Schuldverhältnisses im Rahmen der Rom I-Verordnung ansieht.

Dabei wird aber übersehen, dass die Normunterworfenen – die Mitglieder der vertragsschließenden Parteien – diese Mitgliedschaft freiwillig eingegangen sind. Die daraus resultierende Konsequenz, von den Normen eines Tarifvertrags erfasst zu sein, tritt für sie keinesfalls überraschend ein. Sie ist vielmehr Folge ihrer rechtsgeschäftlich eingegangenen Mitgliedschaft, die sie genauso frei wieder aufgeben können.[349] So wird auch durch die Möglichkeit der so genannten OT-Mitgliedschaft in einigen Arbeitgeberverbänden illustriert, dass die

345 Vgl. auch *Fudickar*, Parteiautonome Anknüpfung, S. 125.

346 Umfassend zur Parteiautonomie als Grundlage der Rechtswahl: *Basedow* RabelsZ 75 (2011), 32, 32–59.

347 *Löwisch/Rieble*, TVG, Grundlagen, Rn. 344.

348 *Ebenda*. Ähnlich *Kocher*/Kempen/Zachert, TVG, § 4 TVG, Rn. 45 f., 50.

349 Vgl. *Hergenröder* AR-Blattei SD 1550.15, Rn. 51; *Fudickar*, Parteiautonome Anknüpfung, S. 127.

„Normunterwerfung“ durch Beitritt keineswegs durch das Gesetz erzwungen oder auch nur dessen zwangsläufige Folge ist.[350] Die normative Wirkung nach § 3 Abs. 1 TVG mag zwar aus der entsprechenden hoheitlichen Gesetzgebung resultieren und den Tarifvertrag in diesem Aspekt von einem typischen Schuldvertrag unterscheiden. Jedoch tritt die normative Wirkung erst durch einen freiwilligen Akt der einzelnen Arbeitnehmer und Arbeitgeber ein. Sie ist im Einklang mit der Rechtsprechung des Bundesarbeitsgerichts zur OT-Mitgliedschaft eben kein gesetzlicher Automatismus und nicht einmal zwingende Folge der Mitgliedschaft.[351] Vielmehr unterliegt es der Entscheidung der Verbände, im Rahmen ihrer Satzungen auch eine Mitgliedschaft ohne Tarifbindung vorzusehen und der Entscheidung der Mitglieder, ob sie diese Variante in Anspruch nehmen wollen oder nicht. Darüber hinaus ist die ohne Weiteres anerkannte Möglichkeit zu berücksichtigen, tarifvertragliche Normen in Arbeitsverhältnissen durch entsprechende individualvertragliche Bezugnahmeklauseln vollumfänglich gelten zu lassen. Für die Wirksamkeit solcher Klauseln muss nicht einmal der Arbeitgeber selbst an den entsprechenden Tarifvertrag gebunden sein.[352] Die dadurch in den Arbeitsvertrag inkorporierten Tarifregelungen legt das Bundesarbeitsgericht zumindest bei Gesamtverweisungen sogar wie tarifliche Regelungen aus. Eine Inhaltskontrolle nach den §§ 305 ff. BGB, wie bei anderen Arbeitsvertragsbedingungen, schließt es jedenfalls grundsätzlich aus, um nicht gewissermaßen durch die Hintertür in die Tarifautonomie einzugreifen.[353] Eine Bezugnahmeklausel schafft somit de lege lata auch keine Bindung zweiter Klasse an Tarifregelungen. Im Gegenteil, eine solche Klausel lässt sich nur durch (Änderungs-)Kündigung des Arbeitsvertrags oder einvernehmliche Aufhebung beseitigen. Für die Tarifbindung nach § 3 Abs. 1 TVG genügt zumindest für zukünftige Tarifverträge bereits der einseitige Verbandsaustritt.

Damit wird aber umso mehr verdeutlicht, dass der im Tarifvertragsgesetz vorgesehene Mechanismus zur Tarifbindung und -wirkung nicht der einzig

---

350 Im Zusammenhang damit schreibt das BAG selbst von „der Freiheit des einzelnen Arbeitgebers oder Arbeitnehmers, durch Beitritt zu einem solchen Verband eine Tarifgebundenheit zu begründen“. Demnach hänge die Tarifgebundenheit im Sinne des § 3 Abs. 1 TVG allein von der individuellen Entscheidung über die Mitgliedschaft im jeweiligen Verband ab; so BAG vom 18.07.2006, 1 ABR 36/05, AP § 2 TVG Tarifzuständigkeit Nr. 19, Rn. 37 f.

351 Vgl. BAG, AP § 2 TVG Tarifzuständigkeit Nr. 19, Rn. 37 f.

352 Vgl. nur BAG vom 16.05.2012, 4 AZR 290/10, AP TVG § 1 Bezugnahme auf Tarifvertrag Nr. 113, Rn. 15 f.

353 BAG vom 28.06.2007, 6 AZR 750/06, AP BGB § 307 Nr. 27, Rn. 21–25.

zulässige Modus ist, in dem Tarifautonomie in Deutschland Wirksamkeit für die individuellen Rechtsverhältnisse entfaltet. Weder führt eine Mitgliedschaft immer zur Tarifbindung im Sinne des § 3 Abs. 1 TVG, noch ist eine Tarifbindung ohne Mitgliedschaft ausgeschlossen. Die geltende Rechtslage zeigt sich an dieser Stelle bereits wesentlich flexibler, als es die Gegner einer Rechtswahlmöglichkeit unter Verweis auf das in Deutschland geltende Tarifrecht zugestehen wollen.

Das Konstrukt der normativen Wirkung von Tarifverträgen stellt sich vor diesem Hintergrund auch als eine ganz praktische Konsequenz eines zivilrechtlichen Grundsatzes dar: Ein Vertrag zugunsten Dritter ist ohne Weiteres nach § 328 BGB zulässig. Ein Vertrag zulasten Dritter ist aber grundsätzlich unzulässig, da hierdurch ein Dritter andernfalls ohne eigene Mitwirkungshandlung verpflichtet würde.[354] Ein Tarifvertrag verschafft Arbeitnehmern und Arbeitgebern aber nicht nur Rechte. Da er ein synallagmatisches Verhältnis zwischen diesen beiden Parteien regelt, verpflichtet oder beschränkt er den jeweils anderen im gleichen Maße, indem er einem von ihnen ein Recht verleiht.[355] Er stellt sich damit abstrakt betrachtet als eine Art Vertrag zulasten Dritter dar. Durch die normative Bindung nach §§ 3 Abs. 1, 4 TVG wird jedoch die Möglichkeit geschaffen, vom zivilrechtlichen Grundsatz des Verbots eines Vertrags zulasten Dritter abzuweichen. Dies ermöglicht den Tarifparteien erst, ihre Mitglieder auch zu verpflichten oder in ihren Rechten zu beschränken.[356] Die freiwillige Mitgliedschaft der Arbeitnehmer und Arbeitgeber in ihren Vereinigungen stellt somit gleichzeitig ihr Einverständnis dar, sich einem „Vertrag zulasten Dritter" zu unterwerfen.[357]

Somit kommt der normativen Wirkung, die durch die „privatautonome Mitgliedschaft"[358] ausgelöst wird, die Funktion zu, vertragliche Regelungen auf Dritte zu erstrecken, namentlich die Mitglieder der Tarifparteien. Diese

---

354 Beispielsweise BAG vom 20.10.2003, 8 AZR 491/02, NZA 2004, 481, 483 m.w.N.

355 In der Entscheidung des BAG vom 05.11.1997, 4 AZR 872/95, BAGE 87, 45, 57 war der Arbeitgeber selbst Partei der Vereinbarung und kein Arbeitgeberverband. Er hat sich somit selbst verpflichtet und es lag somit kein Vertrag zulasten Dritter vor. Vgl. zur Belastung Dritter auch *Fudickar*, Parteiautonome Anknüpfung, S. 127.

356 So auch – unter dem Stichwort „Selbstexekution des Tarifvertrages" – *Rieble* ZfA 2000, 5, 14.

357 Vgl. *Rieble* ZfA 2000, 5, 13; auch *Fudickar*, Parteiautonome Anknüpfung, S. 127; a.A. *Birk* FS Beitzke, 831, 860 f., der für § 4 TVG darauf hinweist, auf eine Vollmacht der Mitglieder komme es nicht an, und dabei aber die notwendige, im Verbandsbeitritt liegende (konkludente) Bevollmächtigung durch die Mitglieder ignoriert.

358 *Löwisch/Rieble*, TVG, § 3 TVG, Rn. 1.

Konstellation ist faktisch vergleichbar mit der des Abschlusses beispielsweise eines Kaufvertrags durch einen bevollmächtigten Stellvertreter.[359] Auch dort kann das Vertragsstatut vom Stellvertreter gewählt werden, obwohl der eigentlich Vertragsgebundene dies nicht unmittelbar selbst vereinbart hat. Der Stellvertretene muss die Rechtswahl nicht einmal ausdrücklich vorher legitimieren. Es genügt, wenn die erteilte Vollmacht insoweit auch eine mögliche Rechtswahl umfasst.[360]

Interessant ist darüber hinaus eine Anmerkung in den Schlussanträgen des Generalanwalts *Mancini* in der Rechtssache *Peters / ZNAV*[361]. Dort musste der Europäische Gerichtshof entscheiden, ob die Beschlüsse eines Vereinsorgans, durch die einem Mitglied Zahlungspflichten auferlegt werden, vertragliche Ansprüche im Sinne des Übereinkommens vom 27.09.1968 über die gerichtliche Zuständigkeit und die Vollstreckung gerichtlicher Entscheidungen in Zivil- und Handelssachen sind. Generalanwalt *Mancini* führte in seinen Schlussanträgen diesbezüglich aus, dass die Vereinbarung, wodurch die Vereinsmitgliedschaft begründet werde, auch den Willen zum Ausdruck bringe, sich den Beschlüssen der Vereinsorgane zu unterwerfen. Er hat dies auf die überzeugende Feststellung gebracht, dass die Verbindlichkeit solcher Beschlüsse, wie auch die Bindungswirkung des Vereinsbeitritts, letztlich auf dem vertraglichen Willen der Parteien beruhe.[362] Ein Tarifvertrag basiert schließlich auch auf entsprechenden Beschlüssen der zuständigen Organe der beteiligten Koalitionen. Wenn aber aus dieser europarechtlichen Perspektive bereits die Beschlüsse der Organe in letzter Konsequenz vertraglicher Natur sein können, ist umso weniger verständlich, warum ein Tarifvertrag dies nicht sein soll. Auch seine normative Wirkung basiert – wie dargestellt – auf der privatautonomen Beitrittserklärung der Arbeitnehmer und Arbeitgeber. Der Gerichtshof hat sich in seiner Entscheidung zwar mit den Argumenten im Einzelnen nicht weiter auseinandergesetzt, folgte aber den Schlussanträgen im Ergebnis.[363]

Zudem sei angemerkt, dass nach deutschem Recht die Möglichkeit zur Normsetzung durch Private eben kein Exklusivrecht der Tarifparteien ist. Private können auch in anderen Zusammenhängen normative Regelungen treffen, zum Beispiel bei privatrechtlichen Vereinssatzungen nach § 25 BGB. Auch die Wirkung dieser Satzungsnormen erstreckt sich nur auf die Mitglieder, die dem

---

359 Dieser Vergleich findet sich auch bereits bei *Rieble* ZfA 2000, 5, 15.

360 Vgl. *Magnus*/Staudinger, Internationales VertragsR 1, Art. 1 Rom I-VO, Rn. 89.

361 EuGH vom 22.03.1983, C-34/82 (*Peters*), Slg. 1983 I-987.

362 Schlussanträge des GA *Mancini*, Slg. 1983 I-1005, Rn. 8.

363 EuGH vom 22.03.1983, C-34/82 (*Peters*), Slg. 1983 I-987, Rn. 15 und 18.

Verein freiwillig beitreten.[364] Bemerkenswert ist, dass Generalanwalt *Mancini* diese deutsche Rechtslage in seinen Schlussanträgen referierte und dennoch zu seinem oben dargestellten Ergebnis kam.[365] Hier zeigt sich die autonome Begriffsbestimmung und Subsumtion des Gerichtshofs. Einen Vertrag im nationalen Kontext als Normenvertrag zu bezeichnen, determiniert die Rechtsauslegung und -anwendung des Europäischen Gerichtshofs offensichtlich und nachvollziehbar nicht.

Auf Grundlage dieser Diskussion ist zumindest aus europarechtlicher Sicht kein Grund erkennbar, einem Tarifvertrag deutscher Art die Einordnung als Schuldverhältnis zu versagen,[366] nur weil ihm eine normative Wirkung zukommt. Es zeigt sich, dass die normative Wirkung keine staatlich erzwungene ist, sondern Arbeitgeber und Arbeitnehmer sich ihr freiwillig und autonom unterwerfen, aber auch entziehen können. Dieses rechtstechnische Konstrukt vermag somit für sich genommen noch nicht als Argument zu dienen, die Rechtswahlfreiheit im Rahmen der Rom I-Verordnung für Tarifverträge überzeugend zu verneinen.[367]

(3) Tarifautonomie versus staatlich abgeleitete Rechtssetzungskompetenz

Hervorzuheben ist, dass dieser Befund zunächst nur die Ebene des einfachen Rechts betrifft. Für das Grundgesetz betont sogar das Bundesverfassungsgericht, dass der im Rahmen des Tarifvertragsgesetzs getroffene Regelungsrahmen für die Tarifautonomie keinesfalls der nach Art. 9 Abs. 3 GG einzig mögliche ist. Die Tarifautonomie sei vielmehr „ganz allgemein" geschützt.[368] Die durch Mitgliedschaft in der Tarifpartei vermittelte normative Wirkung ist insoweit keine unabänderliche ordnungsrechtliche Vorgabe, wie Personen an einen Tarifvertrag zu binden sind. Diesbezüglich ist es letztlich auch unzutreffend, wenn *Wimmer* davon ausgeht, eine Abänderung der Tarifwirkung oder -bindung durch die Tarifparteien sei gesetzlich nicht vorgesehen,[369] bedenkt man nur die bereits erwähnte OT-Mitgliedschaft und die arbeitsvertraglichen Bezugnahmeklauseln.

---

364 Vgl. nur *Weick*/Staudinger, BGB AT 2, § 25 BGB, Rn. 9 f.

365 Schlussanträge des GA *Mancini*, Slg. 1983 I-1005, Rn. 5.

366 Vgl. hierzu auch ganz allgemein, nicht auf Rechtswahlfreiheit bezogen: *Rieble* ZfA 2000, 5, 5–24.

367 So auch *Junker* IPRax 1994, 21, 23; *Deinert* FS Bepler, 75, 84; für die Vorgängerregelung: *Fudickar*, Parteiautonome Anknüpfung, S. 127; *Hergenröder* AR-Blattei SD 1550.15, Rn. 51.

368 BVerfGE 50, 290, 369.

369 *Wimmer*, Kollektive Normenverträge, S. 57 f.

Der Begriff der „materiellen Privatautonomie", die den Tarifparteien durch den hoheitlichen Gesetzgeber nur in den Grenzen des Tarifvertragsgesetzes verliehen sei und deswegen eine Rechtswahl ausschließe,[370] verschleiert somit mehr, als er erklärt. Privatrechtliche Verträge sind immer den Rahmenbedingungen höherrangigen Rechts unterworfen. Die allgemeine Privatautonomie wird ebenfalls erst durch die einfachen Zivilgesetze geregelt und ausgestaltet, allen voran durch das Bürgerliche Gesetzbuch. Nähme man dieses Argument also ernst, wäre jede Rechtswahl für privatrechtliche Schuldverhältnisse ausgeschlossen. Es kann diesbezüglich keinen Unterschied machen, ob durch den Vertrag eine Rechtswirkung lediglich inter partes erzeugt wird oder normativ auch für Dritte;[371] zumal dabei völlig übersehen wird, dass der Tarifvertrag im Sinne des Tarifvertragsgesetzes auch in Deutschland keinesfalls die einzige Möglichkeit der Tarifparteien ist, sich rechtlich zu binden. Weitgehend unumstritten ist, dass sie auch sonstige Koalitionsverträge miteinander schließen können. Das Bundesarbeitsgericht betont sogar ausdrücklich, dass „auch tariffähige Koalitionen [...] nichttarifliche Vereinbarungen treffen" können.[372] Im zugrundeliegenden Fall hatte das Bundesarbeitsgericht auch nicht über eine Vereinbarung zu urteilen, die lediglich die Parteien untereinander binden sollte. Vielmehr hat es den dort entscheidungsrelevanten Koalitionsvertrag als Vertrag zugunsten Dritter nach § 328 BGB eingeordnet und ihm damit eine unmittelbare Wirkung den Arbeitnehmern gegenüber verliehen. Damit bestätigt das Gericht allerdings, dass die Tarifparteien auch abseits des Tarifrechts Verträge sui generis mit Wirkung für Dritte schließen können.[373] Im Übrigen weisen auch andere Vertragstypen je nach Rechtsordnung unterschiedliche Rechtsfolgen auf: Lediglich das deutsche Recht kennt das sachenrechtliche Abstraktionsprinzip, wonach zum Beispiel die Übereignung einer Sache nicht als Rechtsfolge des Kaufvertrags erfolgt, sondern durch ein rechtlich eigenständiges Verfügungsgeschäft.[374]

Bedingung wäre im Zusammenhang mit einer möglichen Rechtswahl nach Art. 3 Rom I-VO somit lediglich, dass sich der Einzelne freiwillig der Tarifbindung unterwerfen kann. Die deutsche Rechtslage mag sich damit unterscheiden

---

370 In Anlehnung an *Wimmer*, Kollektive Normenverträge, S. 57 f., auch *Thüsing*/Wiedemann, TVG, § 1, Rn. 108; in diese Richtung bereits *Walz*, Multinationale Unternehmen, S. 160.

371 Vgl. *Junker*, Int. ArbR im Konzern, S. 421 f.

372 BAG vom 05.11.1997, 4 AZR 872/95, BAGE 87, 45, 57. Dazu allgemein bereits oben unter B.II.3.

373 BAG vom 05.11.1997, 4 AZR 872/95, BAGE 87, 45, 58.

374 *Seiler*/Staudinger, Allg. LiegenschaftsR 1, Einl. SachenR, Rn. 27 und 48.

von der normativen Wirkung etwa nach französischem Recht. Dort gelten die Tarifnormen für einzelne Arbeitnehmer, wenn der jeweilige Arbeitgeber tarifgebunden ist. Eine eigenständige Tarifbindung der Arbeitnehmer ist nicht Voraussetzung.[375] Im Gegensatz dazu können sich sowohl Arbeitnehmer als auch Arbeitgeber nach deutschem Recht der Tarifbindung durch Austritt aus der Koalition entziehen. Insoweit wird den Gewerkschaften und Arbeitgeberverbänden damit auch das Mandat entzogen, verbindliche tarifliche Normen für diese Personen abzuschließen. Damit können sich Private aber freiwillig an einen Tarifvertrag binden und sind nicht staatlichem Zwang unterworfen.[376] So schreibt auch *Basedow* ganz allgemein, dass die Rechtswahl im Rahmen der Parteiautonomie möglich sei, wenn Private sich ohne konstitutive Beiträge seitens staatlicher Gewalt binden.[377]

Diese Ausführungen sind klarstellend zu ergänzen: Die Normsetzung der Tarifparteien erfolgt nicht in Erfüllung einer auf sie übertragenen staatlichen Aufgabe.[378] In diesem Fall wären Tarifverträge keine „vertraglichen Schuldverhältnisse" im Sinne des Art. 1 Abs. 1 Rom I-VO, da hiervon nur Verträge im Bereich des Zivil- und Handelsrechts erfasst werden.[379] Der Abschluss tariflicher Normenverträge durch die Tarifparteien stellt aber keine hoheitliche Aufgabe dar, mit der sie durch das Tarifvertragsgesetz beliehen werden.[380] Vielmehr steht ihnen das Recht, Arbeits- und Wirtschaftsbedingungen durch Tarifverträge zu regeln, originär aus der Verfassung selbst zu. Art. 9 Abs. 3 GG garantiert den Koalitionen unmittelbar auch die Tarifautonomie; im Übrigen gilt Gleiches auch nach Art. 28 EuGRC.[381] Insofern kommen die Koalitionen keiner hoheitlichen Aufgabe nach, sondern handeln aus ihrer autonomen und verfassungsrechtlich

---

375 *Gamillscheg*, Kollektives Arbeitsrecht I, S. 716.

376 *Kocher*/Kempen/Zachert, TVG, § 4 TVG, Rn. 33. So auch allgemein, aber ausführlich: *Schiek*/Däubler, TVG, Einleitung, Rn. 205–208. Vgl. auch oben unter C.I.2.b) dd)(2).

377 *Basedow*, RabelsZ 75 (2011), 32, 58.

378 Siehe auch *Deinert*, Internationales Arbeitsrecht, § 15, Rn. 38; *Deinert* FS Bepler, 75, 84; *Kocher*/Kempen/Zachert, TVG, § 4 TVG, Rn. 29, 33; anders zumindest in diesem konkreten Punkt wohl *Fudickar*, Parteiautonome Anknüpfung, S. 127, die allerdings auf S. 247 den Sozialpartner letztlich dennoch zugestehen will, sich der durch einen anderen Staat erteilten Normsetzungsbefugnis und den dortigen Bedingungen zu unterwerfen.

379 Vgl. *Magnus* IPRax 2010, 27, 29; *Reufels*/Thüsing/Braun, Tarifrecht, Kap. 13, Rn. 4.

380 Hierzu aus rechtstheoretischer Sicht die ausführliche Darstellung von *Rieble* ZfA 2000, 5, 8–24.

381 Zur Tarifautonomie in der Grundrechtecharta unten unter E.I.3.a).

abgesicherten Rechtsposition heraus, grundsätzlich frei von staatlichen Einflüssen.[382] *Richardi* formuliert pointiert: „Die Tarifvertragsparteien erfüllen keine Aufgaben des Gemeinwohls, sondern nehmen Mitglieder- und Verbandsinteressen wahr."[383]

Nichts anderes ergibt sich daher aus der Möglichkeit, Tarifverträge gemäß § 5 TVG für allgemeinverbindlich zu erklären. Diese Regelung verdeutlicht, dass die Tarifvertragsparteien nicht als Beliehene eine hoheitliche Aufgabe zur Normsetzung übernehmen, wenn sie Tarifverträge schließen. Dem Staat steht im Bereich des Art. 9 Abs. 3 GG lediglich eine im Verhältnis zu den Tarifparteien subsidiäre Regelungszuständigkeit zu.[384] Sobald eine Bindung an den Tarifvertrag über den Kreis der eigenen Mitglieder hinaus erreicht werden soll, müssen nach § 5 TVG aber staatliche Organe eingeschaltet werden.[385] Die normative Wirkung gewöhnlicher Tarifverträge außerhalb der Allgemeinverbindlicherklärung beruht vor diesem Hintergrund eben nicht auf einem hoheitlichen Akt, dessen Vornahme den Tarifvertragsparteien übertragen wurde. Damit verdeutlicht § 5 TVG aber, dass die normative Wirkung im Sinne des § 3 Abs. 1 TVG einem rein privatrechtlichen und vor allem privatautonomen Kontext zuzuordnen ist. Die Befugnis, Normen für die Mitglieder ihrer Vereinigungen zu schaffen, entsteht erst durch die Beitrittserklärung der Arbeitnehmer und Arbeitgeber zu den jeweiligen Verbänden. Für eine lediglich staatlich delegierte Rechtssetzungsmacht der Tarifparteien fehlt somit nicht nur eine verfassungsrechtliche Grundlage. Vielmehr trennen auch die Regelungen des Tarifvertragsgesetzes zwischen der freiwilligen Unterwerfung unter privatautonom verhandelte Regelungen und der staatlich erzwungenen Normunterwerfung.[386]

(4) Ergebnis

Unter Berücksichtigung dieser Aspekte unterscheidet sich ein Tarifvertrag nach deutschem Recht nicht grundlegend von einem Schuldvertrag im Sinne der

---

382 Vgl. dazu auch BVerfG vom 11.7.2006, 1 BvL 4/00, NJW 2007, 51, 53; auch *Hergenröder* AR-Blattei SD 1550.15, Rn. 48 f.; *Fudickar*, Parteiautonome Anknüpfung, S. 127; *Deinert*, Internationales Arbeitsrecht, § 15, Rn. 38; allgemein ebenso *Richardi* NZA 2013, 408, 409.

383 *Richardi* NZA 2013, 408, 409.

384 BVerfG vom 24.5.1977, 2 BvL 11/74, NJW 1977, 2255, 2256.

385 So auch *Rieble* ZfA 2000, 5, 13 f.; so interessanterweise auch *Wimmer*, Kollektive Normenverträge, S. 31.

386 Vgl. *Rieble* ZfA 2000, 5, 13 f.; auch *Fudickar*, Parteiautonome Anknüpfung, S. 127.

Rom I-Verordnung. Die Gegner einer Rechtswahl berücksichtigen insbesondere die europarechtliche Dimension der Rom I-Verordnung und die damit notwendig werdende, von nationalen Befindlichkeiten autonome Subsumtion unter die Begriffe der Verordnung nicht. Dies wird allerdings auch dem Umstand geschuldet sein, dass die Diskussion um eine Rechtswahl für Tarifverträge lange vor dem Inkrafttreten der Rom I-Verordnung ihren Anfang genommen hat. Allerdings hat sich auch das Bundesarbeitsgericht bereits Anfang der 1990er Jahre zur Frage der Rechtswahl von Tarifverträgen in einem obiter dictum geäußert. Dort hat es klar gestellt, dass für Tarifverträge als Teil des Privatrechts eine Rechtswahl grundsätzlich zulässig sein müsse.[387] Ob das Bundesarbeitsgericht „im Ernstfall", wenn diese Problematik entscheidungserheblich würde, an dieser Aussage festhielte, steht zwar nicht fest. Nach den bisherigen Darlegungen ist die Rechtswahl für einen Tarifvertrag aber als zulässig zu erachten. Er beruht in seinem Geltungsbereich und seinem Regelungsinhalt auf freien und damit auch freiwilligen Verhandlungen der Parteien.[388] Auch die Bindung der Mitglieder an den Tarifvertrag erfolgt nicht nach der Art gesetzlicher Pflichtverbände[389], sondern durch freiwilligen Beitritt der Arbeitnehmer und Arbeitgeber zu ihrer jeweiligen Koalition und daraus gegebenenfalls folgender Bindung an den Tarifvertrag nach § 3 Abs. 1 TVG.

ee) Grenzen der Rechtswahl

Bejaht man vor diesem Hintergrund grundsätzlich die Rechtswahl für Tarifverträge nach Maßgabe der Rom I-Verordnung, sind die diesbezüglichen Bedingungen und Grenzen zu untersuchen. Denn einige wollen die Rechtswahl auf Fälle beschränken, in denen ein hinreichender Auslandsbezug besteht.[390]

---

387 BAG vom 11.09.1991, 4 AZR 71/91, AP Internat. Privatrecht Nr. 29, unter II.2.b) der Gründe.

388 *Schlachter* NZA 2000, 57, 64; zur Definition des vertraglichen Schuldverhältnisses im IPR: EuGH vom 20.01.2005, C-27/02 (*Engler*), Rn. 51 m.w.N.

389 Solche sind der deutschen Rechtsordnung ebenfalls nicht fremd; als naheliegendes Beispiel mögen an dieser Stelle nur die Rechtsanwaltskammern genannt sein. Die Pflichtmitgliedschaft in solchen Verbänden zeigt, dass Gewerkschaften und Arbeitgeberverbände und das mit ihnen verbundene Tarifrecht im Gegensatz dazu vom Gedanken der Privatautonomie auch der Arbeitnehmer und Arbeitgeber bestimmt sind.

390 *Hergenröder* AR-Blattei SD 1550.15, Rn. 54 f.; *Wimmer*, Kollektive Normenverträge, S. 56, 58 f.; *Schlachter*/Erfurter, Rom I-VO, Art. 3–9, Rn. 32; *Deinert* FS Bepler, 75, 84.

Insbesondere reine Inlandssachverhalte sollen damit von der Rechtswahl ausgeschlossen sein.[391] In Bezug auf die Frage, wie ein reiner Inlandssachverhalt von einem Sachverhalt mit Auslandsbezug zu unterscheiden ist, gibt es wiederum unterschiedliche Ansätze. So soll die Rechtswahl auf Zweifelsfälle bei „Vertragspartnern anderer Nationalität"[392] begrenzt oder auf den Aspekt, dass der Tarifvertrag „internationale Bezüge"[393] aufweist, beschränkt sein. Diese Differenzierungen scheinen aber vor allem semantischer Natur, ohne zwingend unterschiedliche Konsequenzen nach sich zu ziehen. Einig ist man sich darin, die Rechtswahl für rein nationale Tarifverträge auszuschließen, die beispielsweise zwischen der IG Metall in Hessen und einem lokalen Arbeitgeberverband geschlossen werden. Letztlich wird hierbei zur Begründung auf die Klarstellungsfunktion einer Rechtswahlklausel verwiesen, wonach die Rechtswahl dazu dient, eine Festlegung unter mehreren möglichen Rechtsordnungen zu treffen.[394] Vereinzelt wird eine freie Rechtswahl der Parteien jedoch auch ohne ausdrückliche Beschränkung auf Fälle mit Auslandsbezug bejaht.[395] Bei Vertretern dieser Auffassung fehlt aber regelmäßig eine dezidierte Stellungnahme; vielmehr wird die Rechtswahl allgemein bejaht, ohne eine diesbezügliche Einschränkung überhaupt zu thematisieren.

Basedow weist ganz allgemein darauf hin, dass eine Rechtswahlfreiheit für reine Inlandssachverhalte auch mit der Parteiautonomie letztlich nicht zu begründen sei.[396] Der innere Widerspruch der Rom I-Verordnung, die nach Art. 1 Abs. 1 Rom I-VO für die Rechtswahl eine Verbindung zum Recht verschiedener Staaten voraussetzt, zugleich aber in Art. 3 Abs. 3 Rom I-VO den reinen Inlandssachverhalt regelt,[397] spiegelt insoweit die ambivalenten Äußerungen zur

---

391 So letztlich auch *Thüsing*/Wiedemann, TVG, § 1, Rn. 108; in diesem Sinn wohl auch *Junker*, Int. ArbR im Konzern, S. 418.

392 *Thüsing*/Wiedemann, TVG, § 1, Rn. 108; wobei völlig unklar bleibt, wann solche Zweifelsfälle vorliegen.

393 *Wimmer*, Kollektive Normenverträge, S. 59, der dann als Beispiel wiederum die unterschiedliche Nationalität der Tarifparteien anführt.

394 Insbesondere *Wimmer*, Kollektive Normenverträge, S. 58 f.; zur Klarstellungsfunktion auch oben unter C.I.1, S. 72.

395 So etwa noch *Schlachter* NZA 2000, 57, 64; *Franzen* AR-Blattei SD 920, Rn. 201.

396 Vgl. *Basedow* RabelsZ 75 (2011), 32, 57.

397 *Von Hein*/Rauscher, EuZPR/EuIPR, Art. 3 Rom I-VO, Rn. 101, der den scheinbaren Widerspruch damit erklärt, dass andernfalls Verträge, die abgesehen von der Rechtswahlklausel einen reinen Inlandssachverhalt regeln, aus dem Anwendungsbereich der Rom I-Verordnung heraus fielen und somit in den Mitgliedsstaaten uneinheitlich beurteilt würden.

Reichweite der Rechtswahl von Tarifverträgen wider. Dennoch ist Art. 3 Abs. 3 Rom I-VO eindeutig zu entnehmen, dass eine Rechtswahl auch im reinen Inlandssachverhalt zulässig ist, die Internationalität des Vertrags ergibt sich dann schlicht aus der Rechtswahlklausel selbst. Ihre Wirkung beschränkt sich aber auf eine materiellrechtliche Verweisung, da sie lediglich ein Abweichen von den dispositiven Normen der lex fori erlaubt.[398] Der Rom I-Verordnung lässt sich also eine Beschränkung der Rechtswahl auf reine Inhaltssachverhalte nicht entnehmen. Bejaht man aber zutreffend die Rechtswahl für Tarifverträge im Rahmen der Verordnung, muss man dies folgerichtig auch für den reinen Inlandssachverhalt akzeptieren. Dennoch gilt: Das Ziel, einen Tarifvertrag zu schließen, der durch Rechtswahl einer einheitlichen ausländischen Rechtsordnung unterstellt wird, ließe sich auf diesem Weg nicht erreichen.

Denn die Einschränkungen des Art. 3 Abs. 3 Rom I-VO betreffen weite Teile der Rahmenbedingungen eines Tarifvertrags deutschen Rechts. Überwiegend sind diese Regelungen zwingend und stehen nicht zur Disposition der Parteien.[399] Dies beginnt schon bei der Tariffähigkeit nach § 2 TVG, die unabdingbare Voraussetzung zum Abschluss eines Tarifvertrags ist. Fehlt sie, sind bereits abgeschlossene Tarifverträge von Anfang an unwirksam und es kann kein Tarifvertrag im Sinne des Tarifvertragsgesetzes abgeschlossen werden.[400] Gleiches gilt letztlich für die normative Wirkung von Tarifverträgen, da diese von der deutschen Rechtsordnung nur im Rahmen der §§ 3, 4 TVG ermöglicht wird. In diesem Sinne sind die Bestimmungen des Tarifvertragsgesetzes für Tarifparteien zwingend. Außerhalb des Tarifvertragsgesetzes können Tarifvertragsparteien nach deutschem Recht keinen normativ geltenden Tarifvertrag abschließen.[401] Wollte man in einem reinen Inlandssachverhalt beispielsweise durch Wahl französischen Rechts eine Bindung aller Arbeitnehmer tarifgebundener Arbeitgeber erreichen, scheitert dies an den insoweit unabdingbaren Bestimmungen des Tarifvertragsgesetzes. Auch Normen, durch welche die Regelungsautonomie der Tarifparteien im Einzelnen beschränkt wird,[402] sind insoweit zwingend und könnten nicht abgewählt werden.

Nicht zuletzt deswegen dürfte diese Variante schon aus praktischer Sicht keine Rechtssicherheit bieten, zumal auch die Motivation nicht ersichtlich ist, die Gewerkschaften und Arbeitgeberverbände gleichermaßen antreiben müsste,

398 *Von Hein*/Rauscher, EuZPR/EuIPR, Art. 3 Rom I-VO, Rn. 119, 121.

399 Vgl. *Däubler*/Däubler, TVG, Einleitung, Rn. 670.

400 Vg. BAG vom 15.11.2006, 10 AZR 665/05, NZA 2007, 448, 451, Rn. 21 m.w.N.

401 So BAG vom 28.03.2006, 1 ABR 58/04, NZA 2006, 1112, 1115, Rn. 35.

402 Zu denken ist hier beispielsweise an § 7 Abs. 1–2a ArbZG oder § 3 Abs. 1 S. 1 BurlG.

einen rein inländisch geltenden Tarifvertrag einer ausländischen Rechtsordnung zu unterstellen. Insoweit ist es nach wie vor zutreffend, wenn *Junker* bezüglich der „panische[n] Angst vor Mißbräuchen der Parteiautonomie" davon spricht, dass die Gleichrangigkeit der Vertragsparteien beim Tarifvertrag stärker betont wird als bei den meisten anderen Vertragstypen.[403] So ist die Rechtswahl auch im Inlandssachverhalt unter den letztlich erheblichen Einschränkungen von Art. 3 Abs. 3 Rom I-VO zulässig. Unabhängig von diesen Einschränkungen ist aber auch ein plausibles Motiv zu einer solchen Rechtswahl nicht ersichtlich. Deswegen ist nicht davon auszugehen, dass ein solches Szenario praktisch relevant werden könnte.

ff) Anerkennung des geltenden Tarifrechts als Hindernis?

Das Bundesarbeitsgericht fordert als ein konstitutives Element der Tariffähigkeit, dass die fraglichen Vereinigungen das geltende Tarifrecht als verbindlich anerkennen.[404] Dies könnte einer Rechtswahl entgegenstehen, da diese zumindest zu einer Abwahl des deutschen Tarifrechts führen könnte. Soweit ersichtlich, hat dieses Merkmal in den bisherigen Entscheidungen des Bundesarbeitsgerichts zur Tariffähigkeit noch keine tragende Rolle gespielt, weswegen die daran zu stellenden Anforderungen nicht ausgearbeitet sind.[405] Das Bundesarbeitsgericht weist darüber hinaus selbst darauf hin, dass eine fehlende Tariffähigkeit weder die Geschäfts- noch die Rechtsfähigkeit einer Vereinigung betrifft. Sie hat weiterhin die Möglichkeit, schuldrechtliche Vereinbarungen (Koalitionsvereinbarungen) zu treffen. Lediglich Tarifverträge mit normativer Wirkung im Sinne des Tarifvertragsgesetzes können von solchen Vereinigungen nicht geschlossen werden.[406] Daraus ergibt sich aber, dass das Merkmal der Anerkennung des geltenden Tarifrechts allenfalls den Anwendungsbereich des Tarifvertragsgesetzes eröffnet; außerhalb des Tarifvertragsgesetzes spielt es für Arbeitnehmer- oder Arbeitgeberkoalitionen keine Rolle. Insofern dürfte es deutsche Gewerkschaften und Arbeitgebervereinigungen nicht daran hindern, Kollektivverträge durch Rechtswahl anderen Rechtsordnungen zu unterstellen, obwohl sie damit außerhalb des in Deutschland geltenden Tarifrechts agieren.

---

403 *Junker* IPRax 1994, 21, 23; vgl. dazu auch *Junker*, Int. ArbR im Konzern, S. 418.

404 St. Rspr.: BAG vom 28.03.2006, 1 ABR 58/04, Rn. 34, NZA 2006, 1112, 1114 m.w.N.

405 Vgl. insoweit die Übersicht bei *Löwisch/Rieble*, TVG, § 2 TVG, Rn. 156–159, die ohnehin eine praktische Relevanz wohl nur im Rahmen des Arbeitskampfrechts sehen, Rn. 158.

406 BAG vom 28.03.2006, 1 ABR 58/04, Rn. 35, NZA 2006, 1112, 1115.

3. Rechtswahl nach britischem Recht

a) Diskussion zum britischen Kollektivvertrag

Entgegen der Situation in Deutschland findet eine Diskussion der Problematik der Rechtswahl für Kollektivverträge in der britischen Literatur allenfalls am Rande statt. Es wird angenommen, dass britische Kollektivverträge den allgemeinen Regelungen in Art. 3, 4 Rom I-VO unterstehen. Eine tiefergehende Problematisierung wird nicht vorgenommen. Dementsprechend werden beispielsweise weder die mögliche Bindungswirkung der Verträge für die individuellen Arbeitsverträge noch die fehlende rechtliche Verbindlichkeit thematisiert.[407] Auch in der Rechtsprechung existieren nur wenige Beispiele, die sich mit der international-privatrechtlichen Einordnung britischer Kollektivverträge befassen. In *Monterosso Shipping Co. vs. International Transport Workers Federation* war zu entscheiden, ob auf einen Kollektivvertrag spanisches oder britisches Recht anzuwenden sei. Der Vertrag wurde in Spanien unterzeichnet und enthielt keine Rechtswahlklausel, weswegen das Gericht zu entscheiden hatte, welches Recht auf den Kollektivvertrag Anwendung findet. In diesem Zusammenhang wird die fehlende ausdrückliche Rechtswahl der Parteien thematisiert, was im Umkehrschluss als indirekte Anerkennung einer Rechtswahlmöglichkeit verstanden werden kann.[408] In *Dimskal Shipping Co. S.A. vs. International Transport Workers Federation* ging es um Schadensersatzforderungen gegen die ITF. Die dort streitgegenständlichen, in Schweden abgeschlossenen Kollektivverträge zwischen der ITF und dem Arbeitgeber enthielten eine explizite Rechtswahl des britischen Rechts. Dies hat das *House of Lords* in der Entscheidung ohne Widerspruch zum Anlass genommen, auf die Kollektivverträge britisches Recht anzuwenden.[409] Beide Entscheidungen deuten somit an, dass auch die britische Rechtsprechung einer Rechtswahl für Kollektivverträge nicht grundlegend entgegensteht. Die Folgen einer Anwendung eines ausländischen Kollektivvertrags in Großbritannien ist aber in beiden Entscheidungen nicht thematisiert worden,[410] zumal beide Entscheidungen jeweils nur das Verhältnis zwischen Arbeitgeber und der

---

407 Vgl. *Collins*, Conflict of Laws, Rn. 33-253; *Plender/Wilderspin*, EU-PIL, Rn. 11-003; *Merrett*, Employment Contracts in PIL, Rn. 6.26; ohne Bezug zur Rom I-Verordnung, allgemein für die Rechtswahl: *Deakin/Morris*, Labour Law, Rn. 2.51; noch für Art. 6 Rom-Übereinkommen: *Morse*/Beale, Chitty on Contracts, Rn. 30-108.

408 Vgl. (1982) ICR 675, *Lord Denning* auf S. 681 f. und *May* auf S. 684 f.

409 (1992) 2 AC 152, *Lord Goff of Chievely* auf S. 168, dem die Mehrheitsmeinung folgte. Die Mindermeinung *Lord Templemans* betraf nicht die Rechtswahl.

410 Vgl. auch *Fudickar*, Parteiautonome Anknüpfung, S. 168 f.

Gewerkschaft betrafen, nicht aber die einzelnen Arbeitnehmer oder gar die Anwendung der Verträge auf einzelne Arbeitsverhältnisse.

b) Anwendbarkeit der Rom I-Verordnung

Abgesehen von diesen Ausführungen in der britischen Literatur und Rechtsprechung ist aber aus einem anderen Grund fraglich, ob die Rom I-Verordnung tatsächlich auf britische Kollektivverträge angewandt werden kann. Ein britischer Kollektivvertrag verpflichtet keine der am Vertragsschluss beteiligten Personen und er wirkt auf die individuellen Arbeitsverhältnisse nicht normativ zwingend. Deswegen sind die Überlegungen zu deutschen Tarifverträgen nicht übertragbar, soweit es um die Frage geht, ob die Rom I-Verordnung auch auf britische Kollektivverträge Anwendung findet. Wegen der fehlenden normativen Wirkung erscheint es auf den ersten Blick erheblich einfacher, britische Kollektivverträge als klassischen Anwendungsfall der Rom I-Verordnung zu klassifizieren, wäre da nicht die traditionell verankerte und gesetzlich geregelte rechtliche Unverbindlichkeit nach sec. 179 (1) TULRCA 1992. Diese sorgt dafür, dass britische Kollektivverträge auch zwischen den beteiligten Arbeitgebern und Gewerkschaften rechtlich unverbindlich bleiben, sofern nicht explizit Gegenteiliges vereinbart wird. Britische Literatur und Rechtsprechung unterscheiden insoweit sprachlich auch sorgfältig zwischen den *collective agreements* und anderen *contracts*. Nur letztere sind demnach rechtsverbindlich.[411] Eine ausdrückliche Vereinbarung der Rechtsverbindlichkeit würde dieses Problem im Einzelfall zweifellos beseitigen.[412] Damit wäre der Anwendungsbereich der Rom I-Verordnung unproblematisch eröffnet, da auch dann ein britischer Kollektivvertrag nur die am Vertragsschluss Beteiligten bindet. Dies gilt unabhängig davon, ob er auch Regelungen für individuelle Arbeitsverhältnisse trifft und nicht nur das Rechtsverhältnis der Parteien gestalten soll.[413] Allerdings ist dabei der traditionelle Hintergrund der unverbindlichen Kollektivverträge nicht zu unterschätzen, der vor allem darauf basiert, Gewerkschaften vor Klagen wegen Vertragsbruchs zu schützen. Auch deswegen ist die Zahl der britischen Kollektivverträge, die durch eine entsprechende Klausel im Sinne von sec. 179 (1) TULRCA 1992 ausnahmsweise rechtsverbindlich sind, sehr überschaubar.[414]

---

411 Vgl. z.B. m.w.N. *National Coal Board vs. National Union of Mineworkers* (1986) IRLR 439, Rn. 80–82 (*Scott*).

412 Vgl. zur (Un-)Verbindlichkeit oben unter B.I.2.d).

413 Hierzu oben unter B.I.2.d)bb).

414 Vgl. etwa *Freedland*/Beale, Chitty on Contracts, Rn. 39–043 f.

Insofern ist zu untersuchen, ob es überhaupt der expliziten Vereinbarung der Rechtsverbindlichkeit bedarf. So deutet etwa *Hepple* noch für die Vorgängerregelung der Rom I-Verordnung – das Römische Übereinkommen – an, dass es nicht auf britische Kollektivverträge anwendbar sei, da diese keine rechtsverbindlichen Verträge seien.[415] Allerdings ist auch hier zu berücksichtigen, dass die Verordnung europäisches Recht ist und ihr Vertragsbegriff dementsprechend autonom von nationalen Gepflogenheiten auszulegen ist. Weiterhin ist zu bedenken, dass die rechtliche Unverbindlichkeit eines britischen Kollektivvertrags Folge der Anwendung britischen Rechts und damit einer entsprechenden Rechtswahl ist. Wäre nämlich auf den Vertrag kein britisches Recht anwendbar, sondern das Recht eines anderen Staats, dass nur verbindliche Kollektivverträge kennt, wäre er auch rechtsverbindlich.

In *Monterosso Shipping Co. vs. International Transport Workers Federation* hatte der englische *Court of Appeal* somit konsequenterweise zunächst zu entscheiden, ob auf den dort streitgegenständlichen Kollektivvertrag britisches oder spanisches Recht anzuwenden war. Nur in letzterem Fall handele es sich nämlich um einen rechtsverbindlichen Vertrag, aus dem sich die eingeklagten Ansprüche herleiten ließen.[416] Diese Entscheidung ist zwar lange vor Inkrafttreten der Rom I-Verordnung ergangen, bedeutsam ist aber, dass sich bereits hier die Antwort auf die Frage nach der Rechtsverbindlichkeit des Kollektivvertrags erst aus der Rechtswahl beziehungsweise der anzuwendenden Rechtsordnung ergibt und nicht umgekehrt.[417] Diesbezüglich hat *May* in der Entscheidung auch ausdrücklich festgehalten:

> „*Where one cannot gather from the terms of the relevant agreement any express or implicit statement by the parties of their intention about which particular system of law was to be applicable to it, I think the enforceability or unenforceability of the material agreement is irrelevant when, in the absence of any such express or implicit statement of intention, one has objectively to decide with which system of law the transaction has to its closest and most real connection.*"[418]

Diese Äußerung wurde zwar nicht im Zusammenhang mit der Rom I-Verordnung oder älterer europäischer Regelungen zur Rechtswahl getätigt, betrifft aber dennoch exakt den Punkt des hier relevanten Problems der Anwendbarkeit der

---

415 *Hepple*, Labour Laws and Global Trade, S. 181, Fn. 116.

416 (1982) ICR 675, *Lord Denning* aus S. 681 f. und vor allem *May* auf S. 684 f.

417 (1982) ICR 675, wo *Lord Denning* auf S. 682 die Frage des anwendbaren Rechts ausdrücklich als den „*preliminary point*" bezeichnet. Vgl. zu dieser Entscheidung auch *Fudickar*, Parteiautonome Anknüpfung, S. 166.

418 (1982) ICR 675, S. 685.

Rom I-Verordnung auf britische Kollektivverträge. Dabei macht es keinen Unterschied, dass die Entscheidung eine objektive und keine subjektive Anknüpfung des Kollektivvertrags zum Gegenstand hatte. Entscheidend ist, dass die Frage der Anknüpfung vorrangig und unabhängig von einer möglichen Rechtsunverbindlichkeit geprüft wird. Es ist deswegen ein Zirkelschluss, die Anwendbarkeit der Rom I-Verordnung von der Frage abhängig zu machen, ob der Kollektivvertrag rechtsverbindlich ist. Diese Frage lässt sich schließlich erst entscheiden, wenn feststeht, welches Recht auf den Kollektivvertrag anzuwenden ist.[419] Aus diesem Grund ist festzustellen, dass auch britische Kollektivverträge trotz ihrer rechtlichen Unverbindlichkeit vertragliche Schuldverhältnisse im Sinne von Art. 1 Abs. 1 Rom I-VO sein können.[420] Außerdem verdeutlicht die Entscheidung, dass nach ausländischem Recht rechtsverbindliche Tarifverträge auch bei einer Anwendung in Großbritannien rechtsverbindlich sind.[421]

Dies steht im Einklang mit der autonomen Begriffsbestimmung im Rahmen der Rom I-Verordnung durch den Europäischen Gerichtshof. Deswegen kann es nicht in erster Linie darauf ankommen, ob das britische Recht einen Kollektivvertrag als Vertrag im eigentlichen Sinne qualifiziert.[422] Ein weiteres Indiz dafür, dass auch der Europäische Gerichtshof nicht unbedingt die rechtliche Unverbindlichkeit von britischen Kollektivverträgen genügen lässt, um sie außerhalb des Anwendungsbereichs europäischen Rechts zu stellen, ist in seiner Entscheidung vom 08. November 1983 zu finden.[423] In dem Verfahren ging es um einen Verstoß gegen die Gleichbehandlungsrichtlinie 76/207/EWG. Die Kommission warf der britischen Regierung vor, es sei nicht sichergestellt, dass Regelungen in Kollektivverträgen nichtig sind, die gegen das Diskriminierungsverbot der Richtlinie verstoßen. Der Gerichtshof ließ den Einwand der britischen Regierung nicht gelten, dies sei wegen der rechtlichen Unverbindlichkeit britischer Kollektivverträge ohnehin unnötig. Er hob vielmehr hervor, dass auch britische Kollektivverträge eine nicht zu vernachlässigende faktische Wirkung auf die Gestaltung der Arbeitsverhältnisse haben, insbesondere dort, wo sie die Rechte der Arbeitnehmer regeln.[424] Dadurch sollte die effektive Durchsetzung der

419 Vgl. *Deinert*, Internationales Arbeitsrecht, § 15, Rn. 21.

420 So auch Ergebnis und Analyse der Entscheidung bei *Fudickar*, Parteiautonome Anknüpfung, S. 166.

421 Vgl. *Plender/Wilderspin*, EU-PIL, Rn. 11–008.

422 Vgl. auch *Morse*/Beale, Chitty on Contracts, Rn. 30–146, der diesen Gedanken ganz allgemein, unabhängig von Kollektivverträgen, betont.

423 C-165/82, Slg. 1983, I-3431.

424 EuGH, Slg. 1983, I-3431, Rn. 11.

Richtlinie sichergestellt werden. Es unterstreicht aber auch, dass der Gerichtshof sich nicht von nationalen Besonderheiten beeindrucken lässt, wenn es um die effektive Anwendung europäischen Rechts geht, zumal eine Anwendung der Rom I-Verordnung auf britische Kollektivverträge deren rechtliche Unverbindlichkeit gar nicht berührt. Wie bereits festgestellt, beträfe es lediglich die Frage, unter welchen Voraussetzungen die britische Rechtsordnung international-privatrechtlich auf den Kollektivvertrag angewandt wird, nicht aber die inhaltlichen Ausgestaltungen des britischen Kollektivvertragsrechts.

4. Objektive Anknüpfung

Die Problematik fehlender Rechtswahl zeigt sich nicht zuletzt in der Regelung des Art. 4 Rom I-VO zur objektiven Anknüpfung des Vertragsstatuts. Fehlt eine Rechtswahl der Parteien, stellt sich die Frage, an welche Rechtsordnung ein Tarifvertrag objektiv anzuknüpfen wäre. Allerdings geht der objektiven Anknüpfung eine konkludente Rechtswahl nach Art. 3 Abs. 1 S. 2 Alt. 2 Rom I-VO vor. Insofern wäre zunächst immer zu prüfen, ob die Tarifparteien nicht auf anderem Weg in ihrer Vereinbarung eine Rechtswahl getroffen haben. Dabei kommt es darauf an, ob die Parteien im Rahmen des Vertrags unter Berücksichtigung sämtlicher Umstände eine Rechtswahl getroffen haben, ohne sie ausdrücklich zu erklären.[425] Als Indizien hierfür werden etwa die verwendete Sprache, die Anmeldung zu Tarifregistern oder die inhaltliche Bezugnahme von Rechtsnormen eines Staats herangezogen.[426] Diese Ansicht wird sogar so weitgehend vertreten, dass sich letztlich in nahezu jedem Tarifvertrag eine konkludente Rechtswahl finden lasse und somit die Rechtswahl für einen Tarifvertrag auch keinesfalls praxisfern sei.[427]

Kann keine konkludente Rechtswahl festgestellt werden, bleibt jedoch nur die Möglichkeit der objektiven Anknüpfung gemäß Art. 4 Rom I-VO. Das Rechtsstatut mag in diesem Fall für Tarifverträge, die ausschließlich einen Inlandssachverhalt regeln, ohne größere Schwierigkeit zu ermitteln sein.[428] Sobald ein Tarifvertrag aber ein transnationales Element enthält, wäre das Recht festzustellen, an das er anzuknüpfen ist. Aus Art. 4 Rom I-VO lässt sich ableiten, dass dies zu erheblichen Schwierigkeiten führen kann. Dabei unterfällt der Tarifvertrag

425 So bereits zur Vorgängernorm des EVÜ *Guiliano/Lagarde*, Amtsbl. 1980 Nr. C 282/17.

426 *Wimmer*, Kollektive Normenverträge, S. 59.

427 So *Junker*, Int. ArbR im Konzern, S. 423.

428 Vgl. *Deinert*, Internationales Arbeitsrecht, § 15 Rn. 44.

keinem der in Art. 4 Abs. 1 a)-h) Rom I-VO geregelten Spezialfälle. Nach Art. 4 Abs. 2 Rom I-VO bestimmt sich das anwendbare Recht nach dem Ort, an dem diejenige Partei sitzt, welche die charakteristische Leistung des Vertrags zu erbringen hat. Dabei kommt es letztlich auf die Leistung an, die dem Vertrag „sein Gepräge gibt“[429]. Diese Leistung zu bestimmen, dürfte im Falle eines Tarifvertrags regelmäßig äußerst schwer fallen und könnte allenfalls im Einzelfall zu klaren Ergebnissen führen.[430] Es kommt weder Gewerkschaften noch Arbeitgebervereinigungen im Rahmen eines Tarifvertrags eine vertragstypische Leistungspflicht zu.[431] Zudem ist es nicht überzeugend, darauf abzustellen, wo die durch den Tarifvertrag geregelten Arbeitsverhältnisse erfüllt werden;[432] Letzteres schon deswegen nicht, weil es sich dabei um andere Vertragsbeziehungen zwischen Dritten – nämlich Arbeitnehmern und Arbeitgebern – mit anderen Leistungspflichten handelt und damit um keine charakteristische Leistung des Tarifvertrags.[433] Auch eine Spaltung des objektiven Vertragsstatuts lässt sich über Art. 4 Rom I-VO durch Gerichte nicht herbeiführen.[434]

Es bleibt für den Tarifvertrag damit nur die Auffangregel des Art. 4 Abs. 4 Rom I-VO, welche eine Anknüpfung an diejenige Rechtsordnung vorsieht, zu welcher der Vertrag die engste Verbindung aufweist. Hierzu sind sämtliche Umstände des konkreten Falls heranzuziehen, die einen räumlichen Schwerpunkt des Vertrags aufzeigen können.[435] Für Tarifverträge kommen dabei eine Reihe Indizien zur Bestimmung des Schwerpunkts infrage, beispielsweise: 1. der Verwaltungssitz der Tarifvertragsparteien, wenn er im gleichen Staat liegt, oder 2. das Recht des Staats, in dem die Mehrheit der erfassten Arbeitsverhältnisse durchgeführt wird, ferner 3. bei Haustarifverträgen der Sitz des abschließenden Arbeitgebers.[436] Diese kurze Aufzählung zeigt aber schon, dass eine objektive Anknüpfung äußerst schwierig würde, je vielschichtiger ein Tarifvertrag

---

429 *Thorn*/Rauscher, EuZPR/EuIPR, Art. 4 Rom I-VO, Rn. 78.

430 Vgl. *Schlachter* NZA 2000, 57, 64.

431 Vgl. hierzu auch das Beispiel bei *Hergenröder* AR-Blattei SD 155.15, Rn. 58.

432 So aber *Deinert*, Internationales Arbeitsrecht, § 15 Rn. 44 soweit ein Tarifvertrag sich im Wesentlichen auf ein Land beschränkt.

433 Anders aber *Schlachter*/Erfurter, Art. 9 Rom I-VO, Rn. 32.

434 *Ferrari*/Ferrari et al., Art. 4 Rom I-VO, Rn. 68 m.w.N.

435 *Thorn*/Rauscher, EuZPR/EuIPR, Art. 4 Rom I-VO, Rn. 153.

436 Vgl. *Deinert*, Internationales Arbeitsrecht, § 15 Rn. 44; *Magnus*/Staudinger, Internationales VertragsR 1, Art. 8 Rom I-VO, Rn. 253; *Thüsing* RdA 2010, 78, 91; *Junker*, Int. ArbR im Konzern, S. 425; *Wimmer*, Kollektive Normenverträge, S. 53; *Hergenröder* AR-Blattei SD 1550.15, Rn. 60; *Franzen* AR-Blattei SD 920, Rn. 201.

über nationale Grenzen hinaus konzipiert ist. Häufig dürfte sie auch kaum zu befriedigenden oder eindeutigen Ergebnissen führen.[437] Dies kann auch als Argument dienen, warum eine subjektive Wahl des Tarifvertragsstatuts zumindest faktisch sinnvoller sein kann. Die objektive Anknüpfung macht den Tarifvertrag letztlich zum Spielball der Gerichte.

5. Zwischenergebnis

Die Frage nach der grundsätzlichen Möglichkeit, das auf einen Tarifvertrag anwendbare Recht zu wählen, ist essentiell, weil sich nur auf diesem Weg eine homogene Rechtsanwendung sicherstellen lässt. Denn eine objektive Anknüpfung eines (grenzüberschreitenden) Tarifvertrags ist, wie vorstehend aufgezeigt, letztlich ein unsicheres und nur bedingt prognostizierbares Instrument. Allerdings sind die Fragen sehr unterschiedlich, die zur Bejahung einer Rechtswahl nach deutschem und britischem Recht zu untersuchen waren. In der Diskussion im deutschen Recht werden eher gesellschaftliche und rechtspolitische Vorbehalte erhoben, die vor allem mit dem Wesen des Tarifvertrags als Normenvertrag zusammenhängen. Dabei konnte aber herausgearbeitet werden, dass dies aus europarechtlicher Sicht keine überzeugenden Argumente sind, die einen deutschen Tarifvertrag von der Rechtswahl nach Art. 3 Rom I-VO ausnehmen können. Er ist vielmehr ein Schuldverhältnis im Sinne dieser Norm.

Wesentlich anders stellt sich die Situation aus Sicht des britischen Rechts dar. Die dortige Literatur und Rechtsprechung thematisieren die Frage der möglichen Rechtswahl eines britischen Kollektivvertrags kaum. In den wenigen Stellungnahmen wird die Rechtswahl ohne explizite Einschränkung akzeptiert. Dies hängt sicherlich auch mit dem informellen und grundsätzlich unverbindlichen Charakter eines britischen Kollektivvertrags zusammen. Da er selbst regelmäßig keine einklagbaren Pflichten enthält, fällt die Akzeptanz einer Rechtswahl natürlich erheblich leichter. Tatsächlich entstehen die Fragen im Fall des britischen Kollektivvertrags vor allem auf der Ebene der Anwendung des europäischen Rechts, also der Rom I-Verordnung. Auch hier bestehen jedoch keine durchgreifenden Bedenken, eine Rechtswahl wegen der fehlenden rechtlichen Verbindlichkeit und der daraus resultierenden Zweifel, ob der Kollektivvertrag ein Schuldverhältnis im Sinne der Rom I-Verordnung ist, auszuschließen. Vor Inkrafttreten der Verordnung bestanden diese Bedenken ohnehin nicht.

---

437 Vgl. *Hergenröder* AR-Blattei SD 1550.15, Rn. 61. Vgl. die unterschiedlichen Anknüpfungen je nach Ausgestaltung des grenzüberschreitenden Tarifvertrags bei *Deinert*, Internationales Arbeitsrecht, § 15 Rn. 44.

Damit ergibt sich, dass beide Rechtsordnungen eine Rechtswahl ihrer Tarif- beziehungsweise Kollektivverträge prinzipiell zulassen. Im Grundsatz bedeutet dies zudem, dass beide Rechtsordnungen auch die Anwendbarkeit anderer Rechtsordnungen auf diese Vertragstypen im Rahmen ihrer lex fori akzeptieren.

II. Sonderanknüpfung und Grenzen der Rechtswahl

Nachdem damit die Möglichkeit bejaht wurde, Tarifverträge nach Maßgabe der Rom I-Verordnung einer bestimmten Rechtsordnung zu unterstellen, stellt sich vor allem die Frage nach den Grenzen einer solchen Rechtswahl. Denn bislang ist lediglich herausgearbeitet worden, dass durch die Rom I-Verordnung der Rechtswahl dieser Verträge nichts im Weg steht, diese vielmehr ermöglicht wird. Die kollektiven Arbeitsrechtsordnungen Großbritanniens und Deutschlands regeln wesentliche Aspekte des Tarifvertragsrechts unterschiedlich. Dies betrifft vor allem die Fragen danach, wer Tarif- oder Kollektivverträge abschließen darf und wie ihr normativer Teil auf die individuellen Arbeitsverhältnisse anzuwenden ist. Gerade die dort bestehenden Unterschiede zwischen deutschem und britischem Recht könnten einem einheitlichen Tarifvertragsstatut entgegenstehen. Die Rom I-Verordnung hält im Wesentlichen zwei Mechanismen vor, wie nationale Gerichte ihre Rechtsordnung trotz einer abweichenden, parteiautonomen Rechtswahl anwenden können. Dies sind zum einen Eingriffsnormen nach Art. 9 Rom I-VO und zum anderen der Ordre-public-Vorbehalt nach Art. 21 Rom I-VO. Im Folgenden ist daher zu untersuchen, inwieweit einzelne Elemente der jeweiligen Rechtsordnungen einer abweichenden Rechtswahl entgegenstehen könnten und damit womöglich der rechtlichen Umsetzung transnationaler Tarif- oder Kollektivverträge im Wege stehen. Zunächst sind dazu die einschlägigen Regelungen der Rom I-Verordnung zur Sonderanknüpfung nationalen Rechts entgegen einer abweichenden Rechtswahl vorzustellen:

1. Allgemein

a) Eingriffsnormen

aa) Definition

Soweit man damit die Rechtswahl für Tarifverträge im Rahmen der Rom I-Verordnung eröffnet, stellt sich die Frage nach den inneren Schranken der Rechtswahl. Für allgemeine Schuldverhältnisse, die der Rechtswahl nach Art. 3 Abs. 1 Rom I-VO unterliegen, sind dabei die Eingriffsnormen die bedeutsamste Schranke. Geregelt sind sie einheitlich in Art. 9 Rom I-VO für alle von der Verordnung erfassten Vertragstypen. Demnach sind für die Einordnung einer

Norm als Eingriffsnorm zusammengefasst folgende Aspekte entscheidend: Sie muss zwingend und so entscheidend für die Wahrung öffentlicher Interessen eines Staats sein, dass sie ungeachtet einer Rechtswahl Anwendung finden soll.[438] Diese Aspekte gehen zurück auf die *Arblade*-Entscheidung des Europäischen Gerichtshofs.[439] Gegenstand dieser Entscheidung waren allerdings noch mitgliedsstaatliche Normen, die eine Ausnahme von den Grundfreiheiten oder zwingende Gründe des Allgemeininteresses darstellen können.

bb) Normbegriff

Gerade vor dem Hintergrund, dass die Feinheiten des Tarifrechts in Deutschland entscheidend durch gerichtliche Entscheidungen geprägt werden und die Gesetze oft sehr abstrakt gehalten sind, stellt sich die Frage, was als „Norm" im Sinne des Art. 9 Abs. 1 Rom I-VO zu qualifizieren ist. Dies gilt umso mehr, blickt man auf das Arbeitskampfrecht, wo gesetzliche Regelungen vollständig fehlen. Allerdings stellen die richterrechtlichen Ausprägungen des deutschen Arbeitskampfrechts letztlich eine Vertiefung und Präzisierung der Normen des Tarifvertragsgesetzes und anderer Gesetze dar, weswegen diese Frage nicht überstrapaziert werden soll. Schon aufgrund ihres nationenübergreifenden Anwendungsbereichs ist auch nicht davon auszugehen, dass der Normbegriff von Art. 9 Abs. 1 Rom I-VO derart eng ist. Insofern sind auch ungeschriebene, gewohnheitsrechtliche und richterrechtliche Normen mögliche Eingriffsnormen im Sinne der Rom I-Verordnung.[440]

cc) Zwingender Charakter

Weitere Voraussetzung ist, dass die Eingriffsnorm nach Art. 9 Abs. 1 Rom I-VO „zwingend" sein muss. Dies schließt rein dispositive Regelungen von vornherein aus. Insoweit decken sich Eingriffsnormen mit den zwingenden Bestimmungen, die etwa in Art. 3 Abs. 3 Rom I-VO oder Art. 8 Abs. 1 S. 2 Rom I-VO erwähnt werden. Diese Voraussetzung ist notwendig, da eine nicht einmal intern zwingende Norm nicht als eine international zwingend anzuwendende Norm eingeordnet werden kann.[441] Wegen der auch in Erwägungsgrund Nr. 37 der Verordnung erwähnten Abgrenzung der Eingriffsnorm von den übrigen

---

438 Vgl. *Magnus*/Staudinger, Internationales VertragsR 1, Art. 9 Rom I-VO, Rn. 46.

439 EuGH vom 23.11.1999, C-369/96 (*Arblade*), Slg. 1999 I-8498, Rn. 30.

440 Im Ergebnis auch *Magnus*/Staudinger, Internationales VertragsR 1, Art. 9 Rom I-VO, Rn. 49.

441 Vgl. *Magnus*/Staudinger, Internationales VertragsR 1, Art. 9 Rom I-VO, Rn. 52 f.

„zwingenden Bestimmungen“ müssen Eingriffsnormen aber nach Art. 9 Abs. 1 Rom I-VO noch weitere Anforderungen erfüllen.

dd) Internationaler Zwang und öffentliches Interesse

Aus den obigen Erörterungen folgt, dass Eingriffsnormen international zwingend sein müssen. Sie müssen also beanspruchen, dass sie trotz einer von der lex fori abweichenden Rechtswahl oder objektiven Anknüpfung des Vertragsstatuts angewendet werden müssen.[442] Dieses Tatbestandsmerkmal der Eingriffsnorm korrespondiert mit ihrer Rechtsfolge: Denn soweit sich die Eingriffsnorm entgegen einer abweichenden Rechtswahl nach dem Willen des nationalen Gesetzgebers durchsetzen soll, verleiht ihr Art. 9 Abs. 2 Rom I-VO genau diese Wirkung. Dabei kann der international zwingende Charakter sowohl ausdrücklich im Gesetz angelegt[443] als auch durch Auslegung zu ermitteln sein. Hier ist vor allem zu berücksichtigen, dass zukünftig die nationalen Gesetzgeber und Gerichte nicht mehr völlig frei sind, eine Norm als Eingriffsnorm zu klassifizieren. Vielmehr wird künftig der Europäische Gerichtshof als höchste Instanz darüber zu entscheiden haben und es ist fraglich, wie weitreichend dabei der Spielraum der Mitgliedsstaaten bleibt.[444]

Neben dem internationalen Zwang muss eine Eingriffsnorm entscheidend der Wahrung öffentlichen Interesses des Erlassstaats dienen. Art. 9 Abs. 1 Rom I-VO nennt exemplarisch[445] die politische, wirtschaftliche oder soziale Organisation als mögliche Gründe des öffentlichen Interesses. Dabei muss das öffentliche Interesse wesentlicher und überwiegender Hintergrund einer Norm sein. Es genügt nicht, dass sie lediglich „auch“ öffentlichen Interessen dient oder dienen kann. Dieses Kriterium zielt darauf ab, Normen auszusortieren, die rein oder weit überwiegend dem Schutz von Individualinteressen dienen.[446] Dies ist für Vorschriften des öffentlichen Rechts regelmäßig zu bejahen, sofern sie im Sinne

442 *Thorn*/Rauscher, EuZPR/EuIPR, Art. 9 Rom I-VO, Rn. 8.

443 Beispielsweise in § 32b UrhG, der die Anwendung der §§ 30–32a UrhG auch für die Fälle abweichender Rechtswahl erzwingt oder sogar, wenn der Vertrag nur vorsieht, dass maßgebliche Nutzungshandlungen im Geltungsbereich dieses Gesetzes vorgenommen werden.

444 Vgl. *Roth* FS Kühne, 859, 869.

445 Vgl. *Pfeiffer* EuZW 2008, 622, 628.

446 Hierzu *Roth* FS Kühne, 859, 867 f.

von Art. 9 Abs. 1 Rom I-VO als „entscheidend" anzusehen sind[447] – also auch international zwingend sein sollen.

Somit korrespondieren internationaler Zwang und öffentliches Interesse insofern, als sie konkret der jeweiligen Norm zu entnehmen sein müssen: entweder weil der Gesetzgeber eine solche Regelung explizit getroffen hat oder weil sie durch Auslegung zu ermitteln ist. Deswegen folgt der internationale Geltungsanspruch letztlich auch aus dem Gewicht des öffentlichen Interesses.[448] Insbesondere die Ermittlung einer Eingriffsnorm durch Auslegung ist angesichts der sehr offenen Definition schwierig. Hierbei sind Äußerungen des Gesetzgebers (auch Gesetzesbegründungen) und relevante Gerichtsentscheidungen zu beachten. Auch der jeweilige zeitliche Kontext spielt eine Rolle. Sofern solche Äußerungen fehlen oder nicht ergiebig sind, muss davon losgelöst ein durch die Norm verfolgtes öffentliches Interesse und ein internationaler Geltungsanspruch ermittelt werden, was regelmäßig erhebliche Schwierigkeiten bereiten dürfte.[449]

ee) Sonderprivatrecht als Eingriffsnorm

Vor diesem Hintergrund können – nach der auch für die neue Rechtslage noch vorherrschenden Auffassung – Normen, die vordergründig nur die Beziehung von privatrechtlichen Personen zueinander betreffen, zu den Eingriffsnormen zählen. Die privatrechtlich wirkende Norm muss dabei aber trotzdem überwiegend dem Schutz von Gemeinwohlbelangen dienen und dies auch international durchsetzen wollen.[450]

b) Ordre public

aa) Inhalt und Rechtsfolge

Der in Art. 21 Rom I-VO geregelte ordre public ist eine andere Möglichkeit, Wertungen der lex fori gegen eine abweichende Rechtswahl durchzusetzen. Voraussetzung ist, dass die Anwendung des von den Vertragsparteien gewählten

---

447 *Thorn*/Rauscher, EuZPR/EuIPR, Art. 9 Rom I-VO, Rn. 10; für die alte Rechtslage: *Sonnenberger* IPRax 2003, 104, 109.

448 Diese Verbindung betont für die alte Rechtslage bereits *Sonnenberger* IPRax 2003, 104, 106, wenn er die Klassifizierung einer Norm als Eingriffsnorm ohne eine vorherige Bestimmung der Gemeininteressen als beliebig bezeichnet.

449 Vgl. hierzu die ausführlichere Darstellung bei *Sonnenberger* IPRax 2003, 104, 109–111.

450 Vgl. insoweit auch *Magnus*/Staudinger, Internationales VertragsR 1, Art. 9 Rom I-VO, Rn. 62 f.

ausländischen Rechts gegen die öffentliche Ordnung der lex fori verstößt. Der Begriff der öffentlichen Ordnung ist naturgemäß sehr unbestimmt und die Rom I-Verordnung enthält keine weitergehende Definition. Er umfasst die tragenden Rechtsgrundsätze des Staats, dessen Gerichte angerufen werden. Diese sind in Deutschland insbesondere durch die Grundrechte verkörpert. Darüber hinaus sind aber auch die Wertungen des europäischen Primär- und Sekundärrechts zu berücksichtigen, dies gilt speziell auch für die Grundrechte der Grundrechtecharta der EU.[451] Soweit die Anwendung ausländischer Bestimmungen einen unverhältnismäßigen Eingriff in eine grundrechtliche Position nach sich zöge und damit unvereinbar mit den Grundrechten wäre, verhindert der Ordre-public-Vorbehalt die Anwendung der ausländischen Bestimmung.[452] Insoweit schützt der ordre public letztlich auch Individualinteressen und nicht lediglich Interessen der Allgemeinheit.[453] Als Ausnahmebestimmung ist der Ordre-public-Vorbehalt eng auszulegen. Art. 21 Rom I-VO fordert deswegen, dass die Anwendung des ausländischen Rechts mit dem ordre public der lex fori „offensichtlich unvereinbar" ist. [454] Die Rechtsprechung zu Art. 6 EGBGB hat dabei auch immer den Grad des Inlandsbezugs berücksichtigt: Je geringer dieser ist, umso bedeutender müssen die verletzten Grundsätze des deutschen Rechts sein, um eine Anwendung des Ordre-public-Vorbehalts zu rechtfertigen.[455]

Gegenstand der Kontrolle ist dabei nicht die ausländische Rechtsnorm als solche, sondern ihre Auswirkungen im konkreten Einzelfall.[456] Darauf aufbauend unterscheidet sich auch die Rechtsfolge des Art. 21 Rom I-VO von Art. 9 Rom I-VO. Es tritt keinesfalls die maßgebliche Regelung der lex fori an die Stelle des ausländischen Rechts, vielmehr ist auf Grundlage der Wertungen des ausländischen Rechts die Lücke zu füllen. Lediglich hilfsweise soll die Lücke mit den Regelungen der lex fori geschlossen werden.[457]

---

451 Vgl. *Hausmann*/Staudinger, Internationales VertragsR 2, Art. 21 Rom I-VO, Rn. 13 f.

452 Vgl. zu den Voraussetzungen noch für Art. 6 EGBGB: BVerfG vom 18.7.2006, 1BvL 1/04, NJW 2007, 900, 903.

453 *Thorn*/Rauscher, EuZPR/EuIPR, Art. 21 Rom I-VO, Rn. 6.

454 *Thorn*/Rauscher, EuZPR/EuIPR, Art. 21 Rom I-VO, Rn. 12; *Schulze*/Ferrari et al., Art. 21 Rom I-VO, Rn. 8.

455 BGH vom 04.6.1992, IX ZR 149/91, BGHZ 118, 312, 349; für Art. 21 Rom I-VO: *Thorn*/Rauscher, EuZPR/EuIPR, Art. 21 Rom I-VO, Rn. 15 m.w.N.

456 *Hausmann*/Staudinger, Internationales VertragsR 2, Art. 21 Rom I-VO, Rn. 15 m.w.N.

457 *Thorn*/Rauscher, EuZPR/EuIPR, Art. 21 Rom I-VO, Rn. 16; kritisch im Hinblick darauf, ob nicht vielmehr die Wertungen der lex fori sinnvollerweise maßgeblich sein müssten: Schulze/Ferrari et al., Art. 21 Rom I-VO, Rn. 17; *Hausmann*/Staudinger, Internationales VertragsR 2, Art. 21 Rom I-VO, Rn. 30–32; jeweils m.w.N.

bb) Verhältnis zu Art. 9 Rom I-VO und Folgen

Ein zentraler Aspekt ist das Verhältnis zwischen Eingriffsnormen nach Art. 9 Abs. 2 Rom I-VO und dem ordre public nach Art. 21 Rom I-VO, da beide eine Anwendung gewählten ausländischen Rechts vor dem Hintergrund der lex fori ausschließen.

Die Unterscheidung beider Normen ist anhand ihrer Wirkungsweise vorzunehmen und bereitet insoweit im Hinblick auf ihren Anwendungsbereich keine Schwierigkeiten. Art. 9 Abs. 2 Rom I-VO setzt eine Eingriffsnorm der lex fori an die Stelle der entsprechenden Norm des Vertragsstatuts und verdrängt diese unmittelbar. Art 21 Rom I-VO hingegen erzwingt nicht die Anwendung einer Norm der lex fori, sondern wehrt die uneingeschränkte Anwendung einer ausländischen Norm ab.[458] Wie bereits dargestellt, setzt sich eine Eingriffsnorm der lex fori nach Art. 9 Abs. 2 Rom I-VO ohne Berücksichtigung des eigentlich gewählten Rechts durch, während nach Art. 21 Rom I-VO unter konkreter Beachtung der Rechtsfolgen einer ausländischen Norm im Einzelfall zu untersuchen ist, ob diese im Rahmen der lex fori anzuwenden ist.

Berücksichtigt man diese unterschiedliche Ausgestaltung der beiden Rechtsinstitute, ist die Qualifikation einer Norm als Eingriffsnorm absolut. Sie setzt sich immer gegen das an sich gewählte Recht durch und es spielt keine Rolle, inwieweit das gewählte Recht überhaupt im Widerspruch zur Rechtsordnung der lex fori stünde. Der Ordre-public-Vorbehalt im Sinne des Art. 21 Rom I-VO ist in diesem Zusammenhang letztlich flexibler, da er ausländisches Recht nur einschränkt, wenn es offensichtlich gegen die öffentliche Ordnung der lex fori verstößt. Zudem wird hiernach ausländisches Recht auch nur insoweit verdrängt, als es die Wertungen der lex fori verletzt. Somit geht der Eingriff in das Vertragsstatut durch Art. 9 Abs. 2 Rom I-VO weiter als durch Art. 21 Rom I-VO.[459]

Dieser Aspekt ist aber auch zu berücksichtigen, sofern für eine Norm durch Auslegung ermittelt werden muss, ob es sich um eine Eingriffsnorm nach Art. 9 Abs. 1 Rom I-VO handelt – insbesondere sofern es an einer klaren Zuordnung im Gesetz oder seitens des Gesetzgebers fehlt. Im Rahmen der Auslegung ist zu berücksichtigen, dass die Qualifikation einer Eingriffsnorm keinerlei Flexibilität mehr im Hinblick auf konkrete Einzelfälle zulässt und damit immer einen wesentlich schwerwiegenderen Eingriff in die Parteiautonomie darstellt als der Ordre-public-Vorbehalt. Soweit eine Norm der lex fori ohnehin nur eine binäre Rechtsfolge im Sinne von klaren zustimmenden oder ablehnenden

---

458 Vgl. *Thorn*/Rauscher, EuZPR/EuIPR, Art. 21 Rom I-VO, Rn. 31.

459 *Magnus*/Staudinger, Internationales VertragsR 1, Art. 9 Rom I-VO, Rn. 31.

Entscheidungen zulässt, mag diese Unterscheidung nicht erheblich sein. Sobald aber ein Wertungsspielraum besteht, könnte dieser im Falle einer Eingriffsnorm nicht mehr berücksichtigt werden. Die Auswirkungen im konkreten Fall vermag nur Art. 21 Rom I-VO zu berücksichtigen.[460] Es kommt hinzu, dass gerade die Verletzung von Grundrechtspositionen eher im Rahmen des Art. 21 Rom I-VO zu lösen ist,[461] da solche Eingriffe in Grundrechte nur in der konkreten Situation entstehen. Somit dürfte das Verhältnis von Art. 9 Rom I-VO zu Art. 21 Rom I-VO ebenfalls bei der Ermittlung von Eingriffsnormen zu berücksichtigen sein.

2. Berechtigung zum Abschluss von Tarifverträgen

Nach dieser abstrakten Darstellung sind nun die einzelnen Elemente der Tarifvertragsordnungen zu untersuchen. Zunächst ist fraglich, ob die Berechtigung, Tarifverträge abzuschließen nach dem gewählten Vertragsstatut zu bestimmen ist. Dies wäre nicht der Fall, wenn etwa die entsprechende Regelung zur deutschen Tariffähigkeit eine Eingriffsnorm darstellte und deswegen auch britische Gewerkschaften diese Anforderungen erfüllen müssten, wenn ein Kollektivvertrag nach britischem Recht in Deutschland angewendet werden sollte. Gleiches ist auch umgekehrt zu untersuchen, soweit es die entsprechenden Vorgaben des britischen Kollektivvertragsrechts betrifft. Sollten keine Eingriffsnormen vorliegen, wäre zudem zu prüfen, ob der ordre public der Anwendung der jeweils anderen Rechtsordnung mit Blick auf die Berechtigung zum Abschluss von Tarif- oder Kollektivverträgen entgegenstünde.

a) Nach deutschem Recht

aa) Meinungsstand

Die Meinungen, nach welchen Maßstäben und an welche Rechtsordnung die Tariffähigkeit der Vertragsparteien anzuknüpfen ist, gehen zum Teil weit auseinander. Insbesondere die Frage, ob die Tariffähigkeit nach § 2 TVG einer Sonderanknüpfung, etwa als Eingriffsnorm, unterliegt, wird regelmäßig gar nicht explizit problematisiert. Zum Teil könnte dies daran liegen, dass diese Frage nicht vor dem konkreten Hintergrund einer Rechtswahl im Rahmen des früher

---

460 So erklärt auch *Junker* FS 50 Jahre BAG, 1197, 1213 f., das weitgehende Fehlen von Eingriffsnormen im deutschen Individualarbeitsrecht unter anderem damit, dass im konkreten Einzelfall problematisches ausländisches Recht schließlich über den damals noch maßgeblichen Art. 6 EGBGB ausgeschlossen werden könne.

461 *Staudinger*/Ferrari et al., Art. 9 Rom I-VO, Rn. 11; BGH NJW 1997, 1697, 1700.

im EGBGB und heute in der Rom I-Verordnung kodifizierten Internationalen Privatrechts für Schuldverträge behandelt wurde.

Hergenröder vertritt die Auffassung, dass sich die Frage der Tariffähigkeit nach dem maßgeblichen Tarifvertragsstatut bestimme. Er thematisiert dies aber nur vor dem Hintergrund eines dem deutschen Recht unterstellten Tarifvertrags.[462] Damit ist letztlich zur Frage der Eingriffsnormqualität des § 2 TVG nichts gesagt. Diesbezüglich wird allenfalls eine Andeutung gemacht: Es wird als Verstoß gegen Art. 9 Abs. 3 GG klassifiziert, einer ausländischen Vereinigung, die tariffähig nach ihrem Heimatrecht ist, dies nur deswegen auch nach deutschem Recht zuzusprechen. Wenn aber für ausländische Tarifverträge anderes gelten soll, ohne dies zu konkretisieren, ist es schwierig, diese Stellungnahme in die Thematik der Eingriffsnorm einzuordnen.[463] *Oetker* formuliert dahingehend etwas deutlicher, dass „nur die in § 2 TVG Genannten" tariffähig seien, soweit das deutsche Recht Tarifvertragsstatut sei.[464] Weiterhin lassen sich zudem auch Ansichten finden, welche die Frage der Tariffähigkeit ohne weitere Einschränkung an das Tarifvertragsstatut anknüpfen.[465] Insoweit ist *Junker* differenzierter, indem er zwar grundsätzlich eine Orientierung der Tariffähigkeit am Vertragsstatut befürwortet, zugleich aber auf die daraus resultierenden Schwierigkeiten verweist.[466] Unverständlich argumentiert *Martiny*, demzufolge sich die Tariffähigkeit zwar nach der Rechtsordnung richte, für die der Tarifvertrag geschlossen wurde, das Tarifvertragsgesetz aber für Arbeitsverhältnisse mit Schwerpunkt in Deutschland gelte.[467]

Allerdings ist in der Regel die Anwendung deutschen Tarifrechts Ausgangspunkt der Argumentation, womit § 2 TVG schon qua Anknüpfung anzuwenden wäre. Dem lässt sich daher jedenfalls nicht eindeutig entnehmen, § 2 TVG sei eine in jedem Fall anzuwendende Eingriffsnorm. Andererseits lässt sich der

---

462 *Hergenröder* AR-Blattei SD Nr. 1550.15, Rn. 63 f.; ohne eingehende Begründung aber wohl auch *Franzen* AR-Blattei SD Nr. 920, Rn. 203.

463 *Hergenröder* AR-Blattei SD Nr. 1550.15, Rn. 64 u. 116.

464 *Oetker*/MünchArbR 2009, § 11, Rn. 117; ähnlich *Kocher*/Kempen/Zachert, TVG, § 4 TVG, Rn. 35.

465 *Magnus*/Staudinger, Internationales VertragsR 1, Art. 8 Rom I-VO, Rn. 254; *Däubler*/Däubler, TVG, Einleitung, Rn. 674; Auch *Deinert*, Internationales Arbeitsrecht, § 15, Rn. 27, 47, ist wohl so zu verstehen, da er die Tariffähigkeit dem frei wählbaren Tarifvertragsstatut (und dem von ihm entwickelten frei wählbaren Tarifnormenstatut) unterstellt; *Deinert* FS Bepler, 75, 83; wohl auch *Wimmer*, Kollektive Normenverträge, S. 43 f.

466 *Junker*, Int. ArbR im Konzern, S. 427.

467 *Martiny*/MüKo Bd. 10, Art. 8 Rom I-VO, Rn. 156.

Ansatz, die lex fori auch zum Tarifvertragsstatut zu erklären, letztlich auch in dem Sinne verstehen, das gesamte Tarifvertragsrecht ist Eingriffsnorm, also erst recht auch die Tariffähigkeit.[468] Insofern scheinen beide Interpretationen berechtigt zu sein. Entscheidend dürfte sein, ob die Vertreter der jeweiligen Meinung im Übrigen eine Rechtswahl für Tarifverträge befürworten oder nicht. Für letztere dürfte es naheliegend sein, anzunehmen, dass sie die Tariffähigkeit als Eingriffsnorm ansehen. So ist wohl *Thüsing* zu verstehen, der ausdrücklich einschränkt, eine nach deutschem Recht nicht tariffähige Gewerkschaft könne eben keinen Tarifvertrag nach deutschem Recht abschließen, obwohl sich die Tariffähigkeit nach dem Tarifvertragsstatut richten soll.[469] Letztlich ist eine exakte Zuordnung aber schwierig, da es oft an weiterführenden Erläuterungen unter Beachtung international-privatrechtlicher Argumentationen fehlt.

Klarer in diesem Sinne ist zunächst *Lohmann* zu verstehen, der auch darauf hinweist, dass sich die Tariffähigkeit deutscher Gewerkschaften bei der Wahl ausländischen Sachrechts nach ebendieser Rechtsordnung zu richten hat.[470] Konterkariert wird dies aber sogleich dadurch, dass im Einzelfall zu beurteilen sei, ob die Tariffähigkeit als „international-privatrechtlich zwingendes Recht" sonderangeknüpft werden muss und damit nicht der Rechtswahl der Parteien unterliegt.[471] Da Eingriffsnormen in Art. 7 Abs. 2 EVÜ und Art. 34 EGBGB a.F. lediglich als „zwingende Vorschriften" bezeichnet wurden, scheint hiermit eine einzelfallgeprägte Zuordnung des § 2 TVG zu den Eingriffsnormen befürwortet zu werden.

Schärfer im Hinblick auf den Eingriffsnormcharakter formuliert *Birk*, der nicht auf das maßgebliche Tarifvertragsstatut abstellt, sondern darauf, dass ein „Tarifvertrag, der in erster Linie in Deutschland seine Wirkung entfalten soll", nach deutschem Recht zu beurteilen sei – mithin die Tariffähigkeit in diesem Fall immer nach § 2 TVG bestehen müsse.[472] Komplexere transnationale Sachverhalte – etwa bei einem fehlenden Schwerpunkt des Tarifvertrags in Deutschland – werden an anderer Stelle thematisiert: Demnach sei es zumindest nicht ausgeschlossen, dass auch Auslandssachverhalte dem deutschen Tarifrecht

---

468 Zurecht weist *Fudickar*, Parteiautonome Anknüpfung, S. 239 f., darauf hin.

469 Zuvor lehnt er die Möglichkeit der Rechtswahl ab, *Thüsing*/Wiedemann, TVG, § 1 TVG, Rn. 108, 110.

470 So zumindest an dieser Stelle *Lohmann*, Grenzüberschreitende FirmenTV, S. 90.

471 Vgl. *Lohmann*, Grenzüberschreitende FirmenTV, S. 92 f.; wohl auch *Reufels*/Thüsing/Braun, Tarifrecht, Kap. 13, Rn. 7.

472 *Birk* RdA 1984, 129, 136; *Birk*/MünchArbR 2000, § 21, Rn. 58, der zuvor eine Rechtswahl für Tarifverträge allgemein ablehnt.

unterstehen und somit die Tariffähigkeit nach § 2 TVG maßgeblich sei.[473] Hierin lässt sich eine Einordnung der Tariffähigkeit nach deutschem Recht zu den Eingriffsnormen im Sinne des Art. 9 Abs. 2 Rom I-VO erkennen.[474] In diesem Zusammenhang weist *Walz* auf zwei beachtliche Einschränkungen hin: Zum einen sei eine Beteiligung ausländischer Parteien auch völlig unerheblich, sofern auf beiden Seiten ebenfalls deutsche Tarifparteien beteiligt seien. Dann läge schließlich ein Tarifvertrag vor, der auf beiden Seiten (auch) von deutschen Parteien abgeschlossen wurde und es komme auf die ebenfalls beteiligten ausländischen Parteien schlicht nicht mehr an. Zum anderen wären ausländische Arbeitgeber ohnehin tariffähig im Sinne des § 2 TVG.[475]

Andere wiederum knüpfen die Tariffähigkeit an das Personalstatut der jeweiligen Vertragsparteien an, also an das Recht der Heimatstaaten der Vereinigungen. Demzufolge bestimmt sich die Tariffähigkeit nach dem Recht, in dem die jeweilige Vereinigung ihren Sitz hat, unabhängig davon, welches Recht auf den Tarifvertrag angewandt wird.[476] Das würde bedeuten, dass eine britische Gewerkschaft, die britische Kollektivverträge schließen kann, ebenso einen Tarifvertrag nach deutschem Recht abschließen darf, ohne die Anforderungen der Rechtsprechung an die deutsche Tariffähigkeit nach § 2 TVG erfüllen zu müssen.

bb) Analyse und Stellungnahme

Das Spektrum der Ansichten stellt sich als sehr vielfältig dar, was auch damit zusammenhängen dürfte, dass eine eindeutige Äußerung des Gesetzgebers bezüglich des international zwingenden Charakters von § 2 TVG nicht vorliegt. Oft fehlt es den Ansichten zudem an klaren Festlegungen, insbesondere mangelt es – was oft auch dem jeweiligen historischen Kontext geschuldet sein dürfte – an einer Einordnung in die heute maßgebliche Systematik und Terminologie des internationalen Privatrechts. Festzuhalten ist jedoch, dass die Tariffähigkeit im deutschen Recht Dreh- und Angelpunkt für die Rechtsstellung der Tarifparteien, allen voran der Gewerkschaften, ist. Erst wenn eine Koalition tariffähig ist,

---

473 *Birk* RabelsZ 46 (1982), 384, 404; *Birk* FS Beitzke, 831, 840.

474 In diesem Sinne ausdrücklich: *Stiller* ZIAS 1991, 194, 218; *Walz*, Multinationale Unternehmen, S. 163.

475 Zu beidem: *Walz*, Multinationale Unternehmen, S. 164 f.; zu letzterem vgl. auch *Franzen*/Erfurter, § 2 TVG, Rn. 23.

476 Vgl. *Fudickar*, Parteiautonome Anknüpfung, S. 240; so bereits ebenfalls schon *Gamillscheg*, Internationales Arbeitsrecht, S. 360, der aber für Arbeitgeber als Tarifpartei einschränkt, es komme auf das Recht des Orts an, in dem der Betrieb liegt, für den ein Tarifvertrag geschlossen werden soll.

gelangt sie in den Genuss vielfältiger Rechte im Bereich des kollektiven Arbeitsrechts; dies gilt sowohl für das Tarif- und Arbeitskampfrecht als auch für das Betriebsverfassungsrecht und die Unternehmensmitbestimmung.[477]

Diejenigen, welche die Tariffähigkeit an das Personalstatut der jeweiligen Tarifpartei anknüpfen möchten, können sich immerhin auf Art. 7 EGBGB und auf Art. 1 Abs. 2 lit. a) Rom I-VO berufen. Art. 7 EGBGB bestimmt, dass sich die Rechts- und Geschäftsfähigkeit nach dem jeweiligen Personalstatut und nicht nach dem Vertragsstatut richtet, während Art. 1 Abs. 2 lit. a) Rom I-VO diesen Bereich weitgehend aus dem Regelungskomplex der Rom I-Verordnung ausklammert. Soweit man die Tariffähigkeit also lediglich als eine Sonderform der Rechts- und Geschäftsfähigkeit betrachtet, spricht schon die Gesetzeslage für diesen Ansatz. Ob die Tariffähigkeit nach deutschem Recht aber nur das kollektiv-arbeitsrechtliche Äquivalent zur Rechts- und Geschäftsfähigkeit des sonstigen Zivilrechts ist, erscheint zweifelhaft. Zum einen ist es unstreitig, dass Tarifparteien unabhängig von der Tariffähigkeit in der Lage sind, sich anderweitig rechtsgeschäftlich zu binden.[478] Zum anderen knüpft die Tariffähigkeit an Organisationen an – anders als die Geschäftsfähigkeit, die als Eigenschaft nur natürlichen Personen zukommt.[479] Die Tariffähigkeit hat zudem die Funktion einer Zugangsschranke zum Tarifvertragssystem und den damit verbundenen Rechtselementen.[480] Dies zeigt sich letztlich auch darin, dass die Tariffähigkeit nicht nur die Voraussetzung dafür ist, Tarifverträge abzuschließen, sondern zugleich auch Bedingung für das Führen rechtmäßiger Arbeitskämpfe ist und – im Falle der Gewerkschaften – auch für die Wahrnehmung der umfangreichen betriebsverfassungsrechtlichen Rechte. Damit reicht die Tariffähigkeit aber bereits wesentlich über rein rechtsgeschäftliches Handeln hinaus.

Diese eng verzahnte Stellung im kollektiven Arbeitsrecht ist nicht unbedingt gleichzusetzen mit der zivilrechtlichen Geschäftsfähigkeit. Die starke Position der Tarifparteien in Deutschland wird deswegen nur solchen zugestanden, die den daraus folgenden Herausforderungen gewachsen sind und die die Interessen ihrer Mitglieder in diesem Zusammenhang angemessen vertreten können.[481] Es

477 Dort allerdings nur für die Gewerkschaften; vgl. auch BAG vom 19.09.2006, 1 ABR 53/05, AP BetrVG 1972 § 2 Nr. 5, Rn. 29 f.

478 Vgl. *Franzen*/Erfurter, § 2 TVG, Rn. 4.

479 *Knothe*/Staudinger, BGB AT 3, Vorbemerkungen zu §§ 104–115 BGB, Rn. 1.

480 Vgl. nur *Oetker*/Wiedemann, TVG, § 2 TVG, Rn. 12; ähnlich bereits *Fudickar*, Parteiautonome Anknüpfung, S. 238.; *Kocher*/Kempen/Zachert, TVG, § 4 TVG, Rn. 53.

481 Vgl. auch zur Unterscheidung zwischen Rechts- und Tariffähigkeit: *Hergenröder* AR-Blattei SD Nr. 1550.15, Rn. 65.

ist dann aber nicht ersichtlich, warum es praktikabler sein soll, die Entscheidung über die Tariffähigkeit der jeweiligen Heimatrechtsordnung zu überlassen,[482] wenn das Tarifrecht dieser Rechtsordnung gar nicht angewandt werden soll, zumal dadurch Tarifparteien desselben Tarifvertrags gänzlich unterschiedlichen Anforderungen unterliegen könnten.[483]

Der hierin liegende Konflikt ist offensichtlich und führt direkt zur Frage, ob § 2 TVG nicht vielmehr eine Eingriffsnorm im Sinne des Art. 9 Rom I-VO ist. Schließlich soll gerade die Frage, wem die Tariffähigkeit zukommt, Gegenstand einer wesentlichen gesellschaftspolitischen Grundsatzentscheidung sein.[484] Die Tarifautonomie nach Art. 9 Abs. 3 GG gewährt den Koalitionen das Recht, autonom über die Arbeits- und Wirtschaftsbedingungen zu verhandeln. Wem dieses Recht zukommt, wird einfachgesetzlich durch § 2 TVG und die dazugehörige Rechtsprechung konkretisiert.[485] Die Frage, wer Tarifverträge schließen darf, reicht somit weit über reine Individualinteressen hinaus, schließlich können die entsprechenden Parteien in Deutschland für ganze Branchen die wesentlichen Arbeitsbedingungen festlegen und die Gewerkschaften den Abschluss von Tarifverträgen durch Streiks erzwingen.[486] Das öffentliche Interesse wird ebenfalls hervorgehoben durch die enge Bindung der Tariffähigkeit an den Koalitionsbegriff in Art. 9 Abs. 3 GG, also eine öffentlich-rechtliche Norm.

Die grundlegende öffentliche Bedeutung der Tariffähigkeit, gerade auch im gesellschaftlichen Zusammenhang, zeigt sich dabei in einem weiteren Aspekt: Es gibt kein schützenswertes Vertrauen in ihr Vorliegen. Fehlt sie auch nur bei einer Tarifvertragspartei, ist ein trotzdem geschlossener Tarifvertrag ex tunc nichtig.[487] Die mit der Tariffähigkeit eng verbundene Richtigkeitsvermutung der ausgehandelten Tarifbedingungen ließe sich mit einem Vertrauensschutz nämlich nicht vereinbaren. Arbeitsgerichte unterlassen aufgrund der Richtigkeitsvermutung eine weitergehende Inhaltskontrolle von Tarifbedingungen und vertrauen darauf, dass die von Tarifparteien geforderte „soziale Mächtigkeit" vor missbräuchlichen und einseitig bevorteilenden Bedingungen schützt.[488] Darin

---

482 So *Fudickar*, Parteiautonome Anknüpfung, S. 240.

483 *Schlachter* NZA 2000, 57, 64.

484 Vgl. etwa *Stiller* ZIAS 1991, 194, 218.

485 BAG vom 05.10.2010, 1 ABR 88/09, AP TVG § 2 Tariffähigkeit Nr. 7, Rn. 27.

486 Besonders brisant vor dem Hintergrund der Tarifpluralität, hierzu *Richardi* NZA 2013, 408, 411 f.

487 BAG vom 15.11.2006 – 10 AZR 665/05, AP TVG § 4 Tarifkonkurrenz Nr. 34, Rn. 21.

488 BAG vom 28.03.2006, 1 ABR 58/04, AP TVG § 2 Tariffähigkeit Nr. 4, Rn. 47.

äußert sich das öffentliche Interesse, welches hinter der Tariffähigkeit steht.[489] Die Richtigkeitsvermutung gilt selbst dann, wenn ein Tarifvertrag zwischen an sich nicht tarifgebundenen Arbeitgebern und Arbeitnehmern nur durch arbeitsvertragliche Inbezugnahmeklausel wirkt.[490]

Das besondere öffentliche Interesse kommt zusätzlich dadurch zum Ausdruck, dass eine Entscheidung über die Tariffähigkeit einer Partei nach § 97 ArbGG nicht nur inter partes wirkt, sondern gegenüber jedermann[491] – ein im deutschen Zivilprozessrecht ungewöhnlicher Fall. Dies begründet das Bundesarbeitsgericht ausdrücklich mit der Bedeutung, die der Tariffähigkeit „für die Ordnung des Arbeitslebens" zukomme. Deswegen müsse die Tariffähigkeit für alle verbindlich gerichtlich festgestellt oder verneint werden, um unterschiedliche Entscheidungen zu dieser Frage auszuschließen.[492]

Daraus ergibt sich zunächst, dass die Tariffähigkeit nach § 2 TVG besonderen öffentlichen Interessen im Rahmen der Ordnung des Wirtschafts- und Arbeitslebens in Deutschland dient. Ob sie deswegen als Eingriffsnorm international zwingend sein muss, kann damit aber noch nicht begründet werden. Schließlich lässt sich dieses besondere Interesse nicht isoliert begründen. Es muss etwa die normative Wirkung von Tarifverträgen oder die Bedeutung für den Arbeitskampf einbezogen werden.[493]

Soweit aber Vereinbarungen ohne zwingende normative Wirkung geschlossen werden sollen, ist eine Tariffähigkeit nicht Voraussetzung. Auch die Existenz von Koalitionen im Sinne des Art. 9 Abs. 3 GG, die nicht tariffähig sind, ist schon im Inland ohne Weiteres möglich.[494] Soweit man § 2 TVG also als international zwingend für das Handeln ausländischer Gewerkschaften auf Basis ihrer jeweils eigenen Rechtsordnung in Deutschland betrachtet, würde man an sie höhere Anforderungen stellen, als die deutsche Verfassung deutschen Koalitionen abverlangt. Dies gilt insbesondere, wenn sie gar keine normativ wirkenden Tarifverträge nach deutschem Verständnis abgeschlossen haben.[495] Insofern erscheint es trotz der erheblichen Bedeutung der Tariffähigkeit angebrachter, im Einzelfall

---

489 Hierzu auch *Richardi* NZA 2013, 408, 411 f.; vgl. hierzu auch unten unter C.II.4.c) bb)(2).

490 BAG vom 28.06.2007, 6 AZR 750/06, AP BGB § 307 Nr. 27, Rn. 25.

491 BAG vom 23.5.2012, 1 AZB 58/11, NZA 2012, 623, 624 m.w.N.

492 *Ebenda.*

493 Auf diesen Zusammenhang weisen außerdem hin: *Fudickar*, Parteiautonome Anknüpfung, S. 238; *Kocher*/Kempen/Zachert, TVG, § 4 TVG, Rn. 53.

494 BVerfG vom 26.01.1995, 1 BvR 2071/94, NJW 1995, 3377, 3377.

495 Vgl. auch unabhängig vom Kollisionsrecht hierzu, *Richardi* NZA 2013, 408, 411.

durch Anwendung von Art. 21 Rom I-VO die Anwendung einer ausländischen Rechtsordnung zu beschränken, soweit sie diesbezüglich mit den Wertungen des deutschen Rechts nicht in Einklang zu bringen ist.[496] Ein solches offeneres Verständnis äußerte sich bereits in der Gesetzesbegründung zu § 21 Abs. 4 S. 2 FlaggRG. Diese Vorschrift regelt, wann deutsches Tarifvertragsrecht auf ausländische Tarifverträge im Bereich der internationalen Seeschifffahrt anwendbar sein kann.[497] Der Gesetzgeber hatte in der Begründung nicht gefordert, die Anforderungen an die Tariffähigkeit nach deutschem Recht wären auf ausländische Gewerkschaften anzuwenden. Vielmehr sollten sie „internationalen Standards" genügen, namentlich den einschlägigen ILO-Übereinkommen zur Vereinigungsfreiheit.[498]

b) Nach britischem Recht

aa) Exkurs: Sec. 289 TULRCA 1992

Eine grundlegende Frage vor dem Hintergrund des Eingriffsnormcharakters des kollektiven britischen Arbeitsrechts stellt sich zunächst im Zusammenhang mit der Bedeutung von sec. 289 TULRCA 1992. Diese Norm legt fest, dass die Regelungen des TULRCA 1992 auch auf Arbeitsverhältnisse anzuwenden sind, die einer anderen Rechtsordnung unterstellt werden. Dies wird allgemein als eine explizite Charakterisierung der Regelungen des TULRCA 1992 als Eingriffsnormen im Sinne des Art. 9 Abs. 1 Rom I-VO angesehen.[499] Die Frage, was dies für Kollektivverträge anderer Rechtsordnungen bedeuten kann, die auch in Großbritannien gelten sollen, ist damit aber noch nicht beantwortet. Denn zum einen bezieht sich sec. 289 TULRCA 1992 nur auf Arbeitsverhältnisse, seine Bedeutung für Kollektivverträge wird nicht erwähnt. Zum anderen enthält der TULRCA 1992 nahezu keine formalen oder inhaltlichen Vorgaben für Kollektivverträge. Seine wesentlichen Regelungen betreffen vielmehr die Rechte der Gewerkschaftsmitglieder, Unorganisierter und Dritter.[500] Da somit der entscheidende Komplex der Kollektivverhandlungen von dem Gesetz nicht verbindlich und final geregelt wird, dürfte die Relevanz dieser Norm für die im Rahmen dieser Arbeit erfolgende Untersuchung möglicher Sonderanknüpfungen des britischen

---

496 So auch *Wimmer*, Kollektive Normenverträge, S. 43 f. Zum Spannungsverhältnis zwischen Art. 9 Rom I-VO und Art. 21 Rom I-VO auch oben unter C.II.1.b)bb).

497 *Ehlers*, Flaggenrechtsgesetz, § 21, Rn. 9.

498 Bt-Drs. 11/2161, S. 4, 7; vgl. auch *Deinert*, Internationales Arbeitsrecht, § 15, Rn. 27.

499 *Collins*, Conflict of Laws, Rn. 33–293; *Plender/Wilderspin*, EU-PIL, Rn. 11–061.

500 Vgl. hierzu oben unter B.I.2.a).

Kollektivvertragsrechts gering sein. Im Übrigen bestehen berechtigte Zweifel, ob diese Norm genügt, um den Eingriffsnormcharakter des TULRCA 1992 entsprechend den hohen Anforderungen von Art. 9 Rom I-VO zu begründen.[501]

bb) Anerkennung als Verhandlungspartner

Dies gilt umso mehr für das Konzept der Tariffähigkeit, für das es im britischen Recht ohnehin keine eindeutige Entsprechung gibt. Der Gewerkschaftsbegriff des TULRCA 1992 stellt allenfalls eine Minimalbedingung dar, die jedoch wesentlich ist, um in den Genuss der Haftungsimmunität bei Arbeitskämpfen zu kommen.[502] Abgesehen davon steht es einer britischen Gewerkschaft, die diese Minimalbedingungen erfüllt, aber frei, Kollektivverträge abzuschließen. Weitergehende Bedingungen bestehen zunächst nicht.

Soweit das Verfahren der Anerkennung einer Gewerkschaft als funktional äquivalent zur deutschen Tariffähigkeit zu verstehen ist, weil nur starke Gewerkschaften eine Anerkennung auch erstreiten können, ist es dennoch nicht als Eingriffsnorm anzusehen. Das folgt schon daraus, dass es keine verbindlichen Vorgaben hierzu gibt. Die Regelungen im Rahmen des TULRCA 1992 sind zudem keinesfalls obligatorisch, eine Anerkennung kann auch auf rein freiwilliger Basis erfolgen.[503] Das gesetzliche Anerkennungsverfahren soll Gewerkschaften unterstützen, die eine Anerkennung nicht aus eigener Kraft erreichen können.[504] Dennoch ist die freiwillige Anerkennung sogar in der Praxis die bevorzugte Variante, da das gesetzliche Verfahren die Anerkennung nur in einem sehr beschränkten Umfang ermöglicht und zudem keine effektiven Sanktionen vorsieht.[505] Insofern ist die Anerkennung als Verhandlungspartner letztlich dem Spiel der Kräfte der Tarifparteien überlassen, formale Bedingungen existieren nicht.[506] Da es sich hierbei nicht einmal um ein zwingendes Verfahren nach britischem Recht handelt, kann es auch keine Eingriffsnorm nach Art. 9 Abs. 1 Rom I-VO sein.

---

501 Angesichts der restriktiven Anforderungen der Rom I-VO zweifelnd zum britischen Ansatz, arbeitsrechtliche Regelungen umfassend als Eingriffsnorm zu qualifizieren: *Merrett*, Employment Contracts in PIL, Rn. 7.47 und 8.24–8.42; *Deakin/Morris*, Labour Law, Rn. 2.49.

502 Vgl. oben unter B.I.2.c)aa).

503 Vgl. oben B.I.2.c)cc)(2).

504 Vgl. *Dukes* ILJ 2008, 236, 257.

505 *Dukes* ILJ 2008, 236, 255.

506 Hierzu oben unter B.I.2.c)cc)(3).

Abgesehen davon ist eine Verhandlung zwischen Tarifparteien nicht möglich, ohne dass der Arbeitgeber die entsprechende Gewerkschaft als Verhandlungspartner in irgendeiner expliziten oder konkludenten Form anerkennt.[507] Damit ist aber nicht nur rechtlich, sondern auch faktisch gar nicht ersichtlich, warum das Konzept der Anerkennung einer Gewerkschaft als Verhandlungspartner des britischen Rechts als Eingriffsnorm einzuordnen wäre. Eine Konsequenz für Kollektivverträge, die durch Gewerkschaften aus anderen Rechtsordnungen verhandelt und abgeschlossen werden, lässt sich aus diesem nicht-obligatorischen Verfahren nicht ableiten. Auch in anderen Rechtsordnungen, wie etwa der deutschen, kommt ohne eine wechselseitige Anerkennung als Verhandlungspartner eine Verhandlung zwischen Tarifparteien nicht infrage. Dass etwa die deutsche Rechtsordnung diesen Prozess zumindest bislang nicht in einen formalen Rahmen setzt, ändert daran nichts.[508] Insofern stellt die *recognition* vor allem ein prozedurales Element des britischen Kollektivvertragssystems dar, nicht aber eine obligatorische Bedingung, die eine Arbeitnehmerorganisation generell von der Partizipation an Kollektivverhandlungen nach britischem Recht ausschließen könnte.

cc) Gewerkschaftliche Unabhängigkeit

Ein zweites Problem ist die Anforderung an die gewerkschaftliche Unabhängigkeit.[509] Diese ist nicht Voraussetzung zum Abschluss von Kollektivverträgen nach britischem Recht, sondern nur eine Beschränkung des Anwendungsbereichs bestimmter gesetzlicher Rechte, allen voran der Teilnahme am gesetzlichen Anerkennungsverfahren. Auch sind einige Rechte der Arbeitnehmer, wie etwa der Schutz vor Benachteiligung durch den Arbeitgeber wegen ihrer Gewerkschaftsmitgliedschaft, auf Mitglieder unabhängiger Gewerkschaften beschränkt, z.B.

---

507 Vgl. *Deakin/Morris*, Labour Law, Rn. 7.20.

508 Ein Beispiel, dass auch in Deutschland die Problematik, als Vertreter bestimmter Arbeitnehmergruppen von Arbeitgebern anerkannt zu werden, Gegenstand von Auseinandersetzungen zwischen Gewerkschaft und Arbeitgeber sein kann, ist etwa der Arbeitskampf im Jahr 2014 zwischen der Gewerkschaft Deutscher Lokomotivführer (GDL) und der Deutschen Bahn AG. Ein wesentliches Ziel der Gewerkschaft war, dass die Deutsche Bahn AG die GDL nicht nur als Vertreter der Lokführer in Tarifverhandlungen akzeptierte, sondern auch für ihre Mitglieder aus anderen Berufsgruppen (z.B. Zugbegleiter), vgl. etwa http://www.zeit.de/wirtschaft/2014-10/streik-lufthanse-gdl-bahn-tarifeinheit vom 20. Oktober 2014, (zuletzt abgerufen am 16. Juli 2015). Vgl. auch allgemein *Gamillscheg*, Kollektives Arbeitsrecht I, S. 269.

509 Dazu ausführlich oben unter B.I.2.c)bb).

nach sec. 146 TULRCA 1992. Im Zusammenhang mit Kollektivverträgen ist außerdem bedeutsam, dass bestimmte Regelungen, etwa zur Arbeitszeit, nur unabhängigen Gewerkschaften vorbehalten sind. Insofern ist die gewerkschaftliche Unabhängigkeit die größte Annäherung des britischen Rechts an das, was im deutschen Recht von der Tariffähigkeit abgedeckt wird.

Allerdings liegt darin auch zugleich der Unterschied zwischen den Rechtsordnungen: Kollektivverträge kann eine Gewerkschaft nach britischem Recht grundsätzlich auch dann abschließen, wenn sie nicht unabhängig ist. Die Einschränkungen folgen erst im Detail. Es handelt sich also allenfalls um eine partiell zwingende Voraussetzung. Anstatt arbeitgebernahe Organisationen per se zu verbieten, werden ihnen wesentliche Rechte und Handlungsmöglichkeiten nicht gewährt. Diesen Weg wählt das britische Arbeitsrecht, um von Arbeitgebern beherrschte oder beeinflusste Gewerkschaften zu verhindern.[510] Unabhängig von den unter britischen Arbeitsrechtlern scharf diskutierten Schwächen dieses Ansatzes[511] verkörpert er jedoch ein grundlegendes Prinzip für kollektive Organisationen, nicht unter dem Einfluss ihres Gegenspielers zu stehen.

Es ist jedoch fraglich, ob im britischen Recht die gewerkschaftliche Unabhängigkeit als kollisionsrechtlich dispositiv ausgestaltet ist. Sec. 289 TULRCA 1992 regelt, dass es für die Anwendbarkeit dieses Gesetzes unerheblich ist, ob die individuellen Arbeitsverhältnisse britischem Recht unterliegen oder nicht. Dieser Bezug zu individuellen Arbeitsverträgen erklärt sich damit, dass der TULRCA 1992 in erster Linie die Arbeitnehmerrechte im Verhältnis zu den Kollektivparteien und den einzelnen Arbeitgebern regelt.[512] Insofern betrifft sec. 289 TULRCA 1992 also nicht unbedingt das Verhältnis der Kollektivparteien zueinander. Vielmehr sind britische Gerichte gehalten, die Arbeitnehmerrechte dieses Gesetzes auch dann anzuwenden, wenn der Arbeitsvertrag anderem Recht unterliegt. Die Arbeitnehmerrechte des TULRCA 1992 werden somit explizit als Eingriffsnormen klassifiziert.[513] Soweit wiederum die Unabhängigkeit einer Gewerkschaft Voraussetzung der meisten dieser Rechte ist, kann dies als Indiz dafür gelten, dass das britische Recht auch die gewerkschaftliche Unabhängigkeit als Eingriffsnorm im Sinne des Art. 9 Rom I-VO klassifiziert. Wenn die Unabhängigkeit darüber hinaus notwendig für das gesetzliche Anerkennungsverfahren oder den Abschluss bestimmter Inhaltsnormen in Kollektivverträgen ist, ist nicht auszuschließen, dass ihr auch generell ein international zwingender

510 *Ewing* ILJ 2000, 267, 271.

511 Vgl. nur *Ewing* ILJ 2000, 267, 271–273.

512 Dazu schon oben unter B.I.2.a).

513 Vgl. *Collins*, Conflict of Laws, Rn. 33-293.

Charakter zukommt. Letztlich ist auch dort davon auszugehen, dass sie zwingend ist und auch ein grundlegendes Element des kollektiven britischen Arbeitsrechts verkörpert.

c) *Folgerungen*

Nun stellt sich allerdings die Frage, welche Konsequenzen diese internationalprivatrechtlichen Einordnungen für den Abschluss grenzüberschreitender Tarif- beziehungsweise Kollektivverträge haben. Wird etwa unter maßgeblicher Führung einer britischen Gewerkschaft ein Kollektivvertrag nach britischem Recht abgeschlossen, dessen Anwendungsbereich auch deutsche Arbeitnehmer erfasst, müsste hierfür tatsächlich eine tariffähige Gewerkschaft im Sinne des § 2 Abs. 1 TVG zuständig sein? Der britische Kollektivvertrag ist schließlich nicht nach Maßgabe des Tarifvertragsgesetzes abgeschlossen worden und dessen wesentliche Regelungen sollen auf den Kollektivvertrag ohnehin keine Anwendung finden, sondern britisches Recht. Insbesondere die eng an die Tariffähigkeit geknüpfte normative Wirkung beansprucht der Kollektivvertrag demzufolge gar nicht. Erst durch Inbezugnahmeklauseln könnte er entsprechend dem britischen Recht Wirkung in den Individualarbeitsverhältnissen entfalten. Wie zuvor dargestellt, ermöglicht zudem auch das deutsche Recht einer nicht-tariffähigen Koalition, Verträge zu schließen und die Interessen ihrer Mitglieder zu vertreten. Probleme könnten auftreten, soweit deutsche Gerichte in einer Auseinandersetzung zwischen den Arbeitsvertragsparteien Regelungen des Kollektivvertrags anwenden müssen und damit die Frage nach einer Inhaltskontrolle auftritt.

Dabei ist ein weiterer Aspekt relevant: Die grundrechtlich geschützte Kollektivautonomie nach Art. 9 Abs. 3 GG kommt nicht nur deutschen Gewerkschaften zu. Das Bundesverfassungsgericht hat entschieden, dass die Anwendung der Grundrechte auf juristische Personen nach Art. 19 Abs. 3 GG auch juristischen Personen aus dem EU-Ausland zukommt. Der Grund dafür liegt unter anderem in den Diskriminierungsverboten der EU-Verträge.[514] Deswegen sollen sich solche ausländischen juristischen Personen auf deutsche Grundrechte berufen können, soweit ihre Tätigkeit im Inland Bezug zu europäischem Primär- oder Sekundärrecht aufweist.[515] Eine britische Gewerkschaft kann sich somit auf den Grundrechtsschutz berufen, da die Erstreckung des Kollektivvertrags nach Deutschland auf Basis europäischen Sekundärrechts – der Rom I-Verordnung – erfolgt. Da die

---

514 BVerfG vom 19.07.2011, 1 BvR 1916/09, NJW 2011, 3428, Rn. 72–81.

515 BVerfG NJW 2011, 3428, Rn. 78; auch in diesem Verfahren kam der europarechtliche Bezug durch Sekundärrecht, nämlich die Urheberrechtsrichtlinie zustande.

Tariffähigkeit auch im Inland primär bezogen auf das Recht zum Abschluss deutscher normativer Tarifverträge relevant ist, kann sie nicht ohne Weiteres durch den ordre public zur Voraussetzung sonstiger Kollektivverträge gemacht werden, auf die andere Rechtsordnungen anzuwenden sind.[516] Arbeitnehmervertretungen können schließlich auch im rein nationalen Sachverhalt Koalitionen nach Art. 9 Abs. 3 GG sein, ohne zugleich tariffähig zu sein.[517] Dennoch ist es ihnen grundsätzlich unbenommen, sonstige Koalitionsverträge zu schließen.[518] Die deutsche Koalitionsfreiheit nach Art. 9 Abs. 3 GG dürfte deswegen auch einer britischen Koalition den Abschluss britischer Kollektivverträge gestatten. Ein Verstoß gegen den deutschen ordre public scheidet somit zumindest in Bezug auf die Abschlusskompetenz einer britischen Gewerkschaft nach britischem Recht ohnehin aus.[519]

Es wäre widersinnig, höhere Anforderungen an ausländische Koalitionen als an inländische zu stellen. Erst wenn britische Gewerkschaften einen Tarifvertrag nach deutschem Recht abschließen wollen, müssten sie auch tariffähig sein. Diese Bedingung müssten sie aber nicht aufgrund international-privatrechtlicher Eingriffsnormen oder des ordre public erfüllen, sondern aufgrund ihrer eigenen Rechtswahl. Dieses Ergebnis bezieht sich natürlich auf die spezifischen Besonderheiten britischer Kollektivverträge und die Rahmenbedingungen in Deutschland, wonach nicht nur durch normative Tarifverträge Regelungen von Arbeits- und Wirtschaftsbedingungen abgeschlossen werden können. Zumindest eine unabhängige britische Gewerkschaft dürfte auch unter den Schutzbereich von Art. 9 Abs. 3 GG fallen und damit sollte sie, ohne Verstoß gegen den hiesigen ordre public, britische Kollektivverträge auch zur Anwendung in Deutschland schließen können.[520] Soweit gerade für die Durchsetzungsfähigkeit britischer Gewerkschaften das Arbeitskampfrecht erheblich ist, wird darauf unten unter D.I.2 eingegangen.

Umgekehrt wiederum wird eine deutsche tariffähige Gewerkschaft ohne Weiteres auch die erhöhten Anforderungen an eine unabhängige Gewerkschaft im Sinne des britischen Rechts erfüllen, da die Tariffähigkeit nach deutschem Recht ein wesentlich restriktiverer Maßstab ist. Selbst wenn das Kriterium der Unabhängigkeit im britischen Recht international zwingend ist, dürfte dies eine

516 So bereits allgemein auch *Wimmer*, Kollektive Normenverträge, S. 27 f.

517 Vgl. oben B.II.1.a).

518 Vgl. oben B.II.3.

519 So weist *Junker*, Int. ArbR im Konzern, S. 421, darauf hin, dass auch ausländisches Tarifvertragsrecht den Rahmen des Art. 9 Abs. 3 GG ausfüllen könne.

520 Als Grenze der Tariffähigkeit verweist auch *Reufels*/Thüsing/Braun, Tarifrecht, Kap. 13, Rn. 8 auf Art. 21 Rom I-VO.

deutsche Gewerkschaft nicht daran hindern, deutsche Tarifverträge auch auf das Vereinigte Königreich zu erstrecken beziehungsweise sogar selbst Kollektivverträge nach britischem Recht zu schließen.

Inwieweit vor diesem Hintergrund Art. 28 EuGRC eine klarstellende Funktion zukommt, lässt sich kaum abschließend beurteilen. Der weitgehend unklare persönliche Schutzbereich der Norm lässt eine europäische Definition der tariffähigen Gewerkschaften bislang nicht erkennen, auch weil das Grundrecht sich augenscheinlich auf die Bedingungen der nationalen Rechtsordnung bezieht.[521] Gäbe es einen europäischen Begriff der tariffähigen Vereinigungen nach Art. 28 EuGRC, wäre es naheliegend zu fragen, ob einer Gewerkschaft oder Arbeitgebervereinigung eines Mitgliedsstaats das Recht, Tarifverträge in einem anderen Mitgliedsstaat zu schließen, mit Blick auf die europäische Koalitionsfreiheit verwehrt werden könnte. Als Sekundärrechtsakt unterliegt schließlich auch die Rom I-Verordnung den Grundrechten der Charta. Auch der ordre public der Mitgliedsstaaten der EU wird von der Grundrechte-Charta beeinflusst. Die Charta verfolgt aber selbst einen offenen Ansatz, indem sie sich auf die nationalen Vorgaben bezüglich der Berechtigung bezieht, die Arbeitsbedingungen der Arbeitnehmer auf kollektiver Ebene auszuhandeln.[522] Soweit aber die britische Rechtsordnung diese Berechtigung einer Arbeitnehmerorganisation zugesteht, widerspräche es der Charta, ihr dies kollisionsrechtlich wegen des (vermeintlichen) deutschen ordre public nicht zu gestatten. Vor dem Hintergrund internationaler Gewährleistung der Tarifautonomie müsste also mit der Tariffähigkeit nach § 2 TVG quasi ausländerfreundlich zu verfahren sein.[523] Dieses Argument gilt zwischen Mitgliedsstaaten der EU natürlich wechselseitig.

3. Tarifbindung und Tarifwirkung

Die Überschrift dieses Abschnitts greift zwar die deutschen Begriffe der Tarifbindung und Tarifwirkung auf. Jedoch soll abstrakt untersucht werden, inwieweit die Rechtsordnungen Deutschlands und Großbritanniens offen sind für die Mechanismen der jeweils anderen Rechtsordnung, und zwar bezüglich der Anwendung von Tarif- oder Kollektivverträgen auf die individuellen Arbeitsverhältnisse. Auch dabei kommt es wesentlich auf die in der Rom I-Verordnung

---

521 Vgl. hierzu die Ausführungen unten unter E.I.2.

522 Dazu unten unter E.I.3.

523 So *Löwisch/Rieble*, TVG, Grundlagen, Rn. 359 f.; *Däubler*/Däubler, TVG, Einleitung, Rn. 674; a.A. wohl noch *Hergenröder* AR-Blattei SD Nr. 1550.15, Rn. 64 anders jedoch in Rn. 124.

angelegten Grenzen der Rechtswahl an; konkret, ob die jeweiligen Mechanismen Eingriffsnormen sind oder ob der ordre public einer Abweichung entgegensteht. So ist zu untersuchen, ob britisches Recht der normativen Wirkung eines deutschen Tarifvertrags bei Erstreckung auf das Gebiet Großbritanniens entgegenstehen könnte. Umgekehrt stellt sich die Frage, ob britische Kollektivverträge in Deutschland unbedingt normativ nach den §§ 3, 4 TVG wirken müssen.

a) Nach deutschem Recht

aa) Meinungsstand

Diesbezüglich gehen die Meinungen in Deutschland wiederum auseinander und korrespondieren oft mit der grundlegenden Haltung zur Rechtswahl für Tarifverträge. Gegner der Rechtswahl begründen ihre Position häufig mit den Konsequenzen für die normative Bindung, vor allem der Gefahr einer normativen Bindung von Nicht-Mitgliedern.[524] Ausdrücklich für eine Sonderanknüpfung von §§ 3, 4 TVG plädieren unabhängig davon einige Autoren, wobei auch hier die dem deutschen Recht fremde Erstreckung auf Außenseiter primäres Argument ist. Dabei sind diese Auffassungen oft missverständlich, da pauschal darauf verwiesen wird, Tarifbindung und -wirkung richteten sich nach dem Tarifvertragsstatut. Sofern aber zugleich die Wahl des Tarifvertragsstatuts abgelehnt wird, dürfte dies so zu verstehen sein, dass sich die §§ 3, 4 TVG immer gegen fremde Rechtsordnungen durchsetzen sollen.[525] Nach *Magnus* wiederum sollen sich Tarifbindung und -wirkung nach dem objektiven Tarifvertragsstatut bestimmen, welches sich wiederum nach dem Regelungsschwerpunkt des Tarifvertrags richte.[526] *Kocher* knüpft die Bindungswirkung des Tarifvertrags hingegen an die entsprechenden Regelungen der Rechtsordnung des jeweiligen Arbeitsvertragsstatuts an.[527]

Wimmer sieht demgegenüber keine Notwendigkeit, den §§ 3, 4 TVG als Eingriffsnormen Vorrang vor anders lautendem ausländischen Tarifrecht zu gewähren.[528] Er begründet dies damit, die von der ausländischen Rechtsordnung gewählte Form der Tarifbindung – gegebenenfalls auch Nichtorganisierter – begegne keinen durchgreifenden Bedenken. Die jeweiligen Rahmenbedingungen

---

524 Hierzu ausführlich oben unter C.I.2.b)dd).

525 *Walz*, Multinationale Unternehmen, S. 162 f.; *Stiller* ZIAS 1991, 194, 218; letztlich so zu verstehen sein dürfte auch *Birk* FS Beitzke, 848, 860; *Birk* RdA 1984, 129, 136; *Birk*/MünchArbR 2000, § 21, Rn. 40 f.

526 *Magnus*/Staudinger, Internationales VertragsR 1, Art. 8 Rom I-VO, Rn. 255 f.

527 *Kocher*/Kempen/Zachert, TVG, § 4 TVG, Rn. 55–60.

528 *Wimmer*, Kollektive Normenverträge, S. 50.

des ausländischen Staats seien insoweit zu respektieren und könnten dies aus sich heraus legitimieren. Er verweist dabei auf die in anderen Ländern gängigen Verfahren, eine Bindung auch für Nichtmitglieder zu begründen; etwa der Wahl des Verhandlungsführers durch alle Arbeitnehmer oder die Zuständigkeit der jeweils mitgliederstärksten Organisationen. Aber selbst wenn solche Mechanismen fehlen, seien Nichtorganisierte nicht unnötig belastet, da sie im Individualvertrag regelmäßig günstigere Vereinbarungen schließen könnten.[529] Ähnlich gehen auch andere – oft ohne eingehende Begründung – davon aus, Tarifbindung und Tarifwirkung richteten sich ohne Weiteres nach dem gewählten oder andernfalls objektiv zu bestimmenden Tarifvertragsstatut. Dies lässt sich zumindest dann als Stellungnahme gegen eine Sonderanknüpfung verstehen, wenn das Tarifvertragsstatut als solches der freien Rechtswahl unterliegen soll.[530]

bb) Analyse und Stellungnahme

Sofern teilweise eine gesonderte Betrachtung von Tarifbindung und Tarifwirkung im Hinblick auf die Sonderanknüpfung erfolgt,[531] vermag diese Unterscheidung in einer kollisionsrechtlichen Untersuchung nicht zu überzeugen. Denn im Kern kann die Tarifbindung argumentativ nicht von der Tarifwirkung getrennt werden. Andernfalls wäre es schließlich unerheblich, ob man an einen Tarifvertrag gebunden ist oder nicht.[532] Problematisch daran ist insbesondere, dass gegebenenfalls Nichtorganisierte an einen Tarifvertrag mit normativer Wirkung gebunden werden könnten. Die darin liegende Brisanz wäre obsolet, wenn

529 Vgl. dazu die hier lediglich zusammengefasste Darstellung von *Wimmer*, Kollektive Normenverträge, S. 48–50.

530 So *Hergenröder* AR-Blattei SD Nr. 1550.15, Rn. 66–68; *Franzen* AR-Blattei SD Nr. 920, Rn. 204; *Zimmer*, Soziale Mindeststandards, S. 276. Berücksichtigt man, dass zuvor die Rechtswahl des Tarifvertragsstatuts von ihm bejaht wird: auch *Junker*, Int. ArbR im Konzern, S. 442; unter dem Begriff „Rechtsfolgen des Tarifvertrages" wohl auch *Thüsing*/Wiedemann, TVG, § 1 TVG, Rn. 109; *Deinert*, Internationales Arbeitsrecht, § 15, Rn. 50, 59; *Deinert* FS Bepler, 75, 85; *Fudickar*, Parteiautonome Anknüpfung, S. 241 und 244 f.; zumindest im Hinblick auf die Tarifwirkung: *Martiny*/MüKo Bd. 10, Art. 8 Rom I-VO, Rn. 158; *Däubler*/Däubler, TVG, Einleitung, Rn. 673; *Oetker*/MünchArbR 2009, § 11, Rn. 118; *Reufels*/Thüsing/Braun, Tarifrecht, Kap. 13, Rn. 12 u. 14; so auch bereits *Gamillscheg*, Internationales Arbeitsrecht, S. 362.

531 Exemplarisch hierfür ist etwa die Aufteilung bei *Fudickar*, Parteiautonome Anknüpfung, S. 240–247; *Martiny*/MüKo Bd. 10, Art. 8 Rom I-VO, Rn. 157 f.; *Birk*/MünchArbR 2000, § 21, Rn. 40 f.

532 *Gamillscheg*, Kollektives Arbeitsrecht I, S. 711, schreibt dazu ganz allgemein, dass „die Tarifbindung [...] mithin Bedeutung nur im Zusammenhang mit § 4 TVG" habe.

beispielsweise ein Tarifvertrag für alle Arbeitnehmer gälte, für die Wirkung im individuellen Arbeitsverhältnis aber zusätzlich eine von Arbeitgeber und Arbeitnehmer zu vereinbarende Bezugnahmeklausel erforderlich wäre. Die Verknüpfung und jeweilige Ausgestaltung von Tarifbindung und Tarifwirkung lässt sich deswegen im Rahmen der kollisionsrechtlichen Sonderanknüpfung nur einheitlich sinnvoll untersuchen.[533]

Tarifbindung und -wirkung an ein objektives Tarifvertragsstatut anzuknüpfen, wie von *Magnus* vorgeschlagen, und damit abweichend von einer etwaigen Rechtswahl, überzeugt nicht. Hierfür fehlt es an jeglicher Rechtsgrundlage in der Rom I-Verordnung. Eine Durchbrechung der Rechtswahl erfolgt dort nur im Rahmen von Ausnahmebestimmungen, zum Beispiel der Eingriffsnormen nach Art. 9 Rom I-VO. Eine andere, auf Tarifverträge abgestimmte Ausnahme, wie sie etwa nach Art. 8 Abs. 1 S. 2 Rom I-VO für Individualarbeitsverträge geregelt ist, existiert nicht. Auch die Sonderanknüpfung einfach zwingender Bestimmungen im Rahmen eines reinen Inlandssachverhalts nach Art. 3 Abs. 3 Rom I-VO ist bei einem transnationalen Vertrag nicht möglich.[534] Dieser Ansatz ist deswegen schon de lege lata ausgeschlossen. Es verbleibt somit dabei, dass eine von einer getroffenen Rechtswahl abweichende Sonderanknüpfung an deutsches Tarifvertragsrecht nur infrage kommt, wenn die §§ 3, 4 TVG Eingriffsnormen sind. Dazu müssten diese Regelungen zwingende Bestimmungen sein, die sich auch international gegen andere Rechtsordnungen durchsetzen sollen.[535] Hier sei auf den Zirkelschluss hingewiesen, der darin liegt, wegen der (vermeintlich) sensiblen rechtlichen und gesellschaftspolitischen Funktion der normativen Bindungswirkung die Tarifwahl als solche abzulehnen und dies nicht vielmehr erst im Rahmen einer Sonderanknüpfung zu thematisieren.[536]

Fraglich erscheint aber, ob die Regelungen zur Tarifbindung und -wirkung nach deutschem Recht tatsächlich international zwingende Normen sind. Dazu ist zunächst festzuhalten, dass die §§ 3, 4 TVG zwingend anzuwenden sind, wenn die Tarifparteien sich entschließen, einen normativ wirkenden Tarifvertrag abzuschließen. Ohne hierbei auf die Feinheiten einzugehen, die im Hinblick auf Anwendungsbereich und inhaltliche Ausgestaltung der Tarifnormen bestehen, ist das grundsätzliche Konzept der normativen Bindung eines Tarifvertrags im Sinne des Tarifvertragsgesetzes nach deutschem Recht nicht dispositiv.[537]

533 In diese Richtung argumentiert auch *Junker*, Int. ArbR im Konzern, S. 442.

534 Dazu oben unter C.I.2.b)ee).

535 Siehe auch die Übersicht unter C.II.1.a).

536 Vergleiche hierzu die ausführlichen Ausführungen oben unter C.I.2.b)cc).

537 *Franzen*/Erfurter, § 3 TVG, Rn. 2.

Ob daraus aber auch gleichzeitig ein internationaler Geltungsanspruch der normativen Bindung folgt, erscheint zweifelhaft. Hierfür müsste ermittelt werden, ob die §§ 3, 4 TVG sich auch gegen die Anwendung einer ausländischen Rechtsordnung durchsetzen sollen. Eine explizite Regelung oder Äußerung des Gesetzgebers hierzu fehlt. Trotzdem wird oftmals pauschal eingewandt, dass es sich bei der normativen Bindungswirkung um eine grundlegende gesetzgeberische Wertung handele, die nicht von anderen Rechtsordnungen beseitigt werden dürfe.[538] Woraus sich diese Erkenntnis speist, wird allerdings nicht deutlich. Schon die vermeintliche grundlegende Wertung ist nicht ersichtlich, berücksichtigt man, wie weitgehend die normative Bindungswirkung durch Maßnahmen außerhalb des Tarifvertragsgesetzes schon bei klassischen inländischen Sachverhalten durchbrochen wird: Indem den Koalitionen die Möglichkeit eingeräumt wird, in ihren Satzungen so genannte OT-Mitgliedschaften vorzusehen, wird die Tarifbindung nach § 3 TVG unterlaufen. OT-Mitglieder werden niemals an Tarifverträge ihrer Koalition gebunden.[539] Die von der Rechtsprechung diesbezüglich getroffene, recht spitzfindige Unterscheidung, OT-Mitglieder seien eben keine Mitglieder der Koalition im Sinne des § 3 Abs. 1 TVG,[540] ändert nichts am Ergebnis: Durch ihre innere Organisation kann eine Koalition Einfluss auf den Anwendungsbereich von § 3 TVG nehmen. Die Tarifbindung als solche lässt sich somit zwar nicht (im Tarifvertrag) abbedingen, aber durch äußere Gestaltungsmöglichkeiten dennoch zumindest ausschließen. Die OT-Mitgliedschaft ist auch nicht zu verwechseln mit der Regelung des Geltungsbereichs eines Tarifvertrags. Dabei handelt es sich nämlich um eine einvernehmliche Ausgestaltung der Tarifparteien, die ihrerseits normativ für alle ihre Mitglieder gilt; auch für diejenigen, welche damit von der Anwendung der übrigen Normen des Tarifvertrags ausgeschlossen werden. Die OT-Mitgliedschaft hingegen entzieht entsprechende Mitglieder von vornherein der Tarifbindung nach § 3 Abs. 1 TVG und damit auch einer Regelung des Anwendungsbereichs eines Tarifvertrags.[541]

Gleichsam ist auch die normative Bindungswirkung als solche ein Rechtsinstrument, das sich auf anderem Weg mit faktisch durchaus vergleichbaren Rechtsfolgen ersetzen lässt. So ist es Arbeitgebern und Arbeitnehmern

538 Vgl. etwa *Stiller* ZIAS 1991, 194, 218.

539 BAG vom 18.07.2006, 1 ABR 36/05, AP § 2 TVG Tarifzuständigkeit Nr. 19, Rn. 54–61.

540 BAG vom 18.07.2006, 1 ABR 36/05, AP § 2 TVG Tarifzuständigkeit Nr. 19, Rn. 54.

541 Vgl. zum Unterschied zwischen Geltungsbereich des Tarifvertrags und Tarifbindung nach § 3 TVG: BAG vom 10.12.1997, 4 AZR 247/96, AP TVG § 3 Nr. 20, unter 2. a) bb) der Gründe.

unbenommen, die Arbeitsverhältnisse durch vertragliche Vereinbarung einer Bezugnahmeklausel einem Tarifvertrag zu unterwerfen, selbst wenn beide kein Mitglied der abschließenden Tarifparteien sind.[542] Die Bezugnahmeklausel macht den Tarifvertrag zwar unmittelbar zu einem Teil des Arbeitsvertrags, trotzdem erfolgt seine Anwendung und Auslegung nach den gleichen Regeln, wie sie auch im Falle einer normativen Bindung nach §§ 3, 4 TVG gelten.[543] Insofern lässt sich eine qualitativ kaum von den §§ 3, 4 TVG zu unterscheidende Bindung an den Tarifvertrag durch eine simple Rechtsgestaltung außerhalb des eigentlichen Tarifrechts erreichen. Diese Bindung lässt sich dabei sogar, da es sich bei der Bezugnahmeklausel in den allermeisten Fällen um eine Allgemeine Geschäftsbedingung handelt,[544] einseitig vom Arbeitgeber im Arbeitsvertrag vorgeben. Dies liegt schon im Wesen der Allgemeinen Geschäftsbedingungen begründet, die nach § 305 Abs. 1 S. 1 BGB vom Verwender vorformuliert werden, so dass der Arbeitnehmer darauf keinen Einfluss hat.[545] Aus der Möglichkeit der Inbezugnahmeklauseln ergibt sich zudem, dass die originäre Bindungswirkung nach §§ 3, 4 TVG nicht dem Arbeitsvertrag folgt, sondern sich aus dem Tarifvertrag selber ergibt. Deswegen ist eine Abhängigkeit der Bindungswirkung vom Arbeitsvertragsstatut auch nicht überzeugend.[546]

Anhand der OT-Mitgliedschaft und der Bezugnahmeklauseln[547] zeigt sich somit, dass bereits bei reinen Inlandssachverhalten die normative Bindung von Tarifverträgen aus den §§ 3, 4 TVG keineswegs den intern zwingenden Charakter hat, wie es zunächst scheint. Durch die OT-Mitgliedschaft lässt sich die normative Bindungswirkung einschränken, durch die Bezugnahmeklauseln erweitern. Wenn es sich aber de facto schon nicht um intern zwingende Normen handelt, lässt sich ein international zwingender Durchsetzungsanspruch im Sinne des Art. 9 Abs. 1 Rom I-VO kaum plausibel begründen. Es wäre ein innerer Widerspruch, könnte der internationale Zwang weiter reichen, als die Normen intern zwingend sind. Insofern ist es abzulehnen, die §§ 3, 4 TVG nach Art. 9

---

542 BAG vom 16.05.2012, 4 AZR 290/10, AP TVG § 1 Bezugnahme auf Tarifvertrag Nr. 113, Rn. 15 f.

543 BAG vom 28.06.2007, 6 AZR 750/06, AP BGB § 307 Nr. 27, Rn. 21–25.

544 Der Arbeitnehmer ist nämlich grundsätzlich Verbraucher nach § 310 Abs. 3 BGB: BAG vom 25.05.2005, 5 AZR 572/04, AP BGB § 310 Nr. 1, unter V.1.c) der Gründe.

545 Hätte er ihn, wäre es nach § 305 Abs. 1 S. 3 BGB keine Allgemeine Geschäftsbedingung. Dies ergibt sich im weiteren auch aus § 310 Abs. 3 Nr. 1 und 2 BGB.

546 Anders aber *Kocher*/Kempen/Zachert, TVG, § 4 TVG, Rn. 55–60; vgl. dazu unten unter C.II.4.c)bb)(1).

547 Zu beidem auch schon oben unter C.I.2.b)dd)(2).

Abs. 1 und 2 Rom I-VO entgegen einer Rechtswahl der Tarifvertragsparteien sonderanzuknüpfen.

Für dieses Ergebnis spricht eine weitere Überlegung: Lehnt man eine in jedem Fall vorzunehmende Sonderanknüpfung nach Art. 9 Rom I-VO für die normative Bindungswirkung ab, bedeutet dies nicht, dass ausländische Rechtsordnungen sich infolgedessen immer durchsetzen und beispielsweise ohne Weiteres auch Nichtorganisierte an Tarifverträge gebunden werden könnten. Vielmehr verbleibt für die angerufenen Gerichte die Möglichkeit, den Ordre-public-Vorbehalt nach Art. 21 Rom I-VO anzuwenden. Dies hat zudem den Vorteil, dass eine gewählte ausländische Rechtsordnung nicht vollständig ausgeschlossen, sondern nur insoweit eingeschränkt würde, wie sie zu nach deutschem Recht untragbaren Rechtsfolgen führt.[548] Dies kann dann etwa den Ausschluss der Bindung Nichtorganisierter bedeuten oder diese Bindung dann zulassen, wenn sie auch für die deutsche Rechtsordnung tragbar ist. Diesbezüglich hat *Wimmer* bereits dargelegt, dass eine weitergehende Tarifbindung nicht zwingend den fundamentalen Prinzipien der deutschen Rechtsordnung widersprechen muss.[549] Dessen Darstellung verdeutlicht zumindest, wie wenig geeignet pauschale Verweise auf eben jene vermeintlichen grundlegenden Wertungen des deutschen Rechts sind, um eine zwingende internationale Durchsetzung der §§ 3, 4 TVG zu begründen. Insofern ist die Tarifbindung und Tarifwirkung ausländischer Rechtsordnungen nicht durch eine Sonderanknüpfung deutschen Tarifrechts nach Art. 9 Abs. 2 Rom I-VO zu verdrängen, sondern allenfalls im Einzelfall durch den Ordre-public-Vorbehalt nach Art. 21 Rom I-VO dort zu beschränken, wo es nötig scheint. Die größere Flexibilität des Ordre-public-Vorbehalts korrespondiert mit der Vielgestaltigkeit der im Ausland (und im Inland!) existierenden Varianten der Bindungswirkung. Dabei muss allerdings beachtet werden, dass Art. 21 Rom I-VO eine sehr restriktiv anzuwendende Ausnahmebestimmung ist.

b) Nach britischem Recht

Die Frage, wie sich das britische Recht gegenüber durch Rechtswahl einwirkenden ausländischen Rechtsordnungen in Bezug auf Tarifbindung und Tarifwirkung verhält, ist schwieriger zu beantworten. Dies liegt nicht nur daran, dass man sich in der rechtswissenschaftlichen Literatur kaum mit der Problematik auseinandersetzt, sondern sicherlich auch (und womöglich vor allem) daran,

548 Dazu bereits oben unter C.II.1.b).

549 Siehe hierzu *Wimmer*, Kollektive Normenverträge, S. 48–50; ebenso *Birk* FS Beitzke, 831, 868 f.

dass es im britischen Recht selbst keine klare Regelung dieser Aspekte gibt. Eine der wenigen sehr knappen Stellungnahmen geht davon aus, dass das auf den Arbeitsvertrag anwendbare Recht bestimmt, wie und ob Kollektivverträge Bestandteil des Arbeitsvertrags werden.[550] Ähnliches nimmt wohl auch *Hepple* an, wenn er schreibt, dass sich die Anwendung der normativen Bestandteile von Kollektivverträgen auf Arbeitsverhältnisse nach Maßgabe des nach den Spezialregelungen der EU auf die individuellen Arbeitsverträge anwendbaren Rechts bestimme.[551] Dies umgeht letztlich die Frage nach einer Sonderanknüpfung von Tarifbindung und -wirkung, da es lediglich auf das Arbeitsvertragsstatut ankommen soll.[552] Das stellt eine aus britischer Sicht konsequente Position dar, da die maßgeblichen Gesetze zu Arbeits- oder Kollektivverträgen völlig schweigen zu der Frage, wie Kollektivverträge Wirkung im Arbeitsverhältnis entfalten. Entscheidend sind vielmehr allgemeine Grundsätze: Die in diesem Zusammenhang in Wissenschaft und Rechtsprechung diskutierten Modelle sind vielgestaltig,[553] unterscheiden sich aber von dem, was man in Deutschland unter normativer Wirkung von Tarifverträgen versteht. Im britischen Recht kommt es entscheidend auf eine Inkorporation der Kollektivverträge in die individuellen Arbeitsverträge an. Insofern ist es schlüssig, die Frage der Bindungswirkung von Kollektivverträgen auch vom auf die Kollektivverträge anzuwendenden Recht zu trennen.[554] Dass der Fokus in der deutschen Diskussion auf den Tarifverträgen liegt, erklärt sich dementsprechend auch damit, dass diese durch die Regelung nach §§ 3, 4 TVG Bindungswirkung eo ipso erzeugen. Deswegen ist die Frage noch offen, ob sich die britische Rechtsordnung gegen die Einwirkung eines normativen deutschen Tarifvertrags durch Eingriffsnormen oder die Anwendung des ordre public wehren würde und es bei den national etablierten Mechanismen der Inkorporation in den Arbeitsvertrag bliebe.

Britische Kollektivverträge werden teilweise oder vollständig in den individuellen Arbeitsvertrag zwischen Arbeitnehmer und Arbeitgeber integriert, um ihrer normativen Funktion gerecht zu werden. Dies kann geschehen durch die weniger akzeptierte und praktizierte, wenngleich deswegen aber nicht ausgeschlossene Variante der gewillkürten Stellvertretung der einzelnen Arbeitnehmer und Arbeitgeber durch „ihre" jeweilige Kollektivvertragspartei. Infolgedessen sollen Kollektivverträge gleichzeitig auch Arbeitnehmer und Arbeitgeber unmittelbar

550 *Collins*, Conflict of Laws, Rn. 33-253, dort Fn. 1140.
551 *Hepple*, Labour Laws and Global Trade, S. 181.
552 So jedoch auch *Fudickar*, Parteiautonome Anknüpfung, S. 171.
553 Vgl. dazu oben unter B.I.2.d).
554 So auch *Fudickar*, Parteiautonome Anknüpfung, S. 170 f.

binden. Üblicher ist aber, in Arbeitsverträgen eine Bezugnahmeklausel zu vereinbaren, in der geregelt wird, welche Kollektivverträge ganz oder teilweise in das Arbeitsvertragsverhältnis einbezogen werden. Historisch betrachtet gab es zwar auch im Vereinigten Königreich die Möglichkeit der zwingenden Anwendung einschlägiger Kollektivverträge auf die individuellen Arbeitsverhältnisse im Wege einer Art Allgemeinverbindlicherklärung.[555] Allerdings waren nur die Arbeitgeber verpflichtet, die entsprechenden Regelungen auch auf die Arbeitsverhältnisse anzuwenden; eine normative Wirkung war damit nicht verbunden.[556] Die Abschaffung dieser Möglichkeit war weniger einer grundsätzlichen Ablehnung solcher Mechanismen geschuldet, als vielmehr einer politischen Grundstimmung und dem Willen, Kollektivverträge auf der Ebene einzelner Arbeitgeber zu fördern.[557] Daraus lässt sich eine Ablehnung anderer als der heute etablierten vertraglichen Mechanismen zur Inkorporierung von kollektivvertraglichen Regelungen in einzelne Arbeitsverhältnisse nicht ableiten, schließlich fehlt es an diesbezüglicher Gesetzgebung und es verbleiben die von der Rechtsprechung entwickelten Varianten. Diese wiederum sehen keine automatische und zwingende Wirkung von Kollektivverträgen für Dritte vor.[558]

Vielmehr ist die Vertragsfreiheit von Arbeitgeber und Arbeitnehmer ein grundlegendes Prinzip des *common law*. Dem widerspräche jedoch der Ansatz vieler kontinentaleuropäischer Rechtsordnungen, wonach Tarifverträge zwingende Mindestarbeitsbedingungen festlegen, von denen nicht ohne Weiteres abgewichen werden kann und die sogar automatisch Bestandteil der Arbeitsverhältnisse werden.[559] *Wedderburn* kommt aufgrund dieses fundamentalen Unterschieds zu dem Schluss, das britische Recht lasse zwingend auf die Arbeitsverhältnisse anzuwendende Tarifverträge nicht zu. Es sei vielmehr aufgrund der Vertragsfreiheit Aufgabe von Arbeitnehmer und Arbeitgeber zu vereinbaren, welche Kollektivverträge einbezogen werden.[560] Das wird sogar explizit als Problem der Erstreckung möglicher transnationaler Kollektivverträge mit normativer

---

555 Siehe auch oben unter B.I.2.d)bb)(1).

556 *Deakin/Morris*, Labour Law, Rn. 4.27.

557 Vgl. *Davies/Freedland*, Labour Legislation and Public Policy, S. 466; auch schon *Davies/Freedland*, Labour Law, S. 162.

558 Vgl. *Deakin/Morris*, Labour Law, Rn. 4.27.

559 Ausführlich dargelegt wird dieses Problem aus britischer Sicht bei *Wedderbun* ILJ 1992, 245, 249–251.

560 Vgl. *Wedderburn* LQR 1993, 220, 225 f., der unter anderen auch das deutsche Tarifrecht als Beispiel anführt.

Wirkung ins Vereinigte Königreich bezeichnet,[561] wenngleich natürlich noch nicht vor dem Hintergrund des heute in der gesamten EU einheitlich geltenden Internationalen Privatrechts.[562] Ob allerdings solche rein vertragsrechtlichen Prinzipien eine Eingriffsnorm nach Art. 9 Rom I-VO zu begründen vermögen, die sich gegen das parteiautonom gewählte Recht durchsetzt, ist unklar. Sowohl im Rahmen von Art. 9 Rom I-VO als auch im Rahmen des Ordre-public-Vorbehalts nach Art. 21 Rom I-VO bedarf es schließlich eines besonderen öffentlichen Interesses. Der Verweis auf die vertragsrechtlichen Traditionen des *common law*[563] wird kaum genügen, ein solches Interesse aus britischer Sicht zu begründen. Die Anforderungen der Rom I-Verordnung sind diesbezüglich höher.[564]

Die Mechanismen, die das *common law* bereithält, sind darüber hinaus vielfältig. Soweit etwa die Kollektivparteien als Stellvertreter ihrer Mitglieder fungieren und die von ihnen getroffenen Vereinbarungen auf diesem Weg Bestandteil der Arbeitsverhältnisse werden, gibt es einige Gemeinsamkeiten mit der normativen Wirkung nach deutschem Verständnis.[565] Bedenken begegnen dem Modell der Stellvertretung im britischen Recht, weil es seinerseits nicht zu erklären vermag, wie Nichtmitglieder von Gewerkschaften an Kollektivverträge gebunden werden.[566]

Die umfangreichen Urteile zu den Varianten, Kollektivverträge konkludent in die individuellen Arbeitsverträge zu integrieren, verdeutlichen zudem, dass das britische Recht nicht unbedingt auf einer expliziten individuellen Vereinbarung zwischen Arbeitgeber und Arbeitnehmer besteht. Dies gilt umso mehr, bedenkt man die Rechtsprechung zur Inbezugnahme aus einer Art „betrieblicher Übung".[567] Zwar kennt das *common law* keine normative Wirkung von Kollektivverträgen im Sinne der §§ 3, 4, TVG. Jedoch ist festzustellen, dass sich das *common law* als sehr flexibel erweist, wenn es darum geht, Kollektivverträge in die Arbeitsverträge zu integrieren. Eine uneingeschränkte Betonung der Vertragsfreiheit von Arbeitgeber und Arbeitnehmer ist in diesem Zusammenhang

561 *Wedderburn* LQR 1993, 220, 226.

562 Unter Einbezug des IPR aber *Fudickar*, Parteiautonome Anknüpfung, S. 171.

563 Dazu auch *Wedderburn* ILJ 1992, 245, 249 f.

564 Dazu schon oben unter C.II.1.a)dd) und C.II.1.b)aa). Vgl. auch allgemein *Merrett*, Employment Contracts in PIL, Rn. 7.47 und 8.24–8.42.

565 Dazu oben unter B.I.2.d)bb)(2); aus genau diesem Grund auch ablehnend *Wedderburn*, The Worker and the Law, S. 330.

566 *Wedderburn*, The Worker and the Law, S. 327.

567 Hierzu oben unter B.I.2.d)bb)(3).

jedenfalls auch nicht zu konstatieren.[568] Das kann zumindest darauf hindeuten, dass sich die vertragsrechtlichen Prinzipien des *common law* nicht unbedingt gegen eine abweichende Rechtswahl nach Maßgabe der Vorgaben der Rom I-Verordnung durchzusetzen vermögen.[569] Denn es ist unklar, worin das besondere öffentliche Interesse an der unbedingten Durchsetzung dieser recht ambivalenten Mechanismen liegen sollte.[570]

Als weiteres Indiz mag zudem die Rechtsprechung zur Frage gelten, ob die rechtliche Unverbindlichkeit von Kollektivverträgen eine Eingriffsnorm im kollisionsrechtlichen Sinn ist. In *Monterosso Shipping Co. vs. I.T.F.* entschied das Gericht, dass sich die entsprechende gesetzliche Regelung (heute sec. 179 TULRCA 1992) als Teil der lex fori nicht gegen eine abweichende Rechtswahl durchsetzt.[571] Wenn aber der Grundsatz der Vermutung rechtlicher Unverbindlichkeit trotz ausdrücklicher gesetzlicher Regelung und großer Tradition nicht so wesentlich ist, dass er als Eingriffsnorm gelten sollte, kann dies auch dafür sprechen, dass sich die nicht explizit geregelten und damit sehr vielgestaltigen Mechanismen zur Erstreckung von Kollektivverträgen auf einzelne Arbeitsverhältnisse nicht gegen gewähltes ausländisches Recht durchzusetzen vermögen.

Interessanterweise hat sich das deutsche BAG mit der Frage der normativen Wirkung eines deutschen Tarifvertrags auf ein in England durchgeführtes Arbeitsverhältnis nach britischem Recht bereits befasst. Demnach komme einem deutschen Tarifvertrag in Großbritannien wegen des britischen Rechts keine normative Wirkung zu und die §§ 3, 4 TVG seien auf ihn zumindest dort nicht anwendbar. Das BAG stützt sich zur Begründung rein auf den territorialen Geltungsbereich des TVG. Demzufolge müsse ein deutscher Tarifvertrag nach britischem Recht in den Arbeitsvertrag inkorporiert werden und könne keine

568 So auch *Deakin/Morris*, Labour Law, Rn. 4.29, die dort darauf hinweisen, dass die Varianten der konkludenten Inbezugnahme das *common law* wesentlich näher an kontinentaleuropäische Modelle der normativen Wirkungen rücken als an eine privatautonome Regelung durch die Arbeitsvertragsparteien.

569 *Wedderburn* ILJ 1992, 245, 264 beschließt seinen rechtsvergleichenden Aufsatz zur Frage der zwingenden Mindestarbeitsbedingungen in Tarifverträgen damit, dass die Einführung eines solchen Konzepts die Härten des *common law* abmildern könnte. Er empfiehlt es sogar als Teil einer künftigen Reform des kollektiven britischen Arbeitsrechts.

570 A.A. wohl *Fudickar*, Parteiautonome Anknüpfung, S. 171 f., wobei dem auch noch nicht die Rom I-VO zugrunde lag.

571 (1982) ICR 675, *May* auf S. 688; als Entscheidung gegen den Eingriffsnormcharakter interpretieren dieses Urteil auch *Plender/Wilderspin*, EU-PIL, Rn. 11–009.

normative Wirkung erzeugen.[572] Diese Entscheidung setzt sich jedoch mit der international-privatrechtlichen Dimension dieses Problems nicht auseinander. Es überzeugt allerdings nicht, sich auf den territorialen Geltungsbereich des Tarifvertragsgesetzes zu berufen, begreift man einen normativen deutschen Tarifvertrag als Teil der Privatautonomie. Gestattet man den Tarifparteien deutsches Tarifvertragsrecht nach Maßgabe der Rom I-Verordnung zu wählen und somit auch im Ausland anzuwenden, kann es auf den territorialen Anwendungsbereich nicht ankommen.[573] Nach der heute anzuwendenden Rom I-Verordnung hätte die richtige Frage vielmehr lauten müssen, ob eine Eingriffsnorm im britischen Recht die Anwendung der §§ 3, 4 TVG verhindert. Nach Art. 9 Abs. 3 Rom I-VO wäre dies heute auch von einem deutschen Gericht bei einem im Vereinigten Königreich gelagerten Sachverhalt zu prüfen gewesen.[574]

c) *Folgerungen*

Aus Sicht des deutschen Rechts spricht wenig dafür, auf einer normativen Wirkung oder Rechtsverbindlichkeit britischer Kollektivverträge zu bestehen, sollten diese auch auf Arbeitsverhältnisse in Deutschland angewandt werden. Sollten sich Arbeitgeber und Gewerkschaften des britischen Rechts willentlich bedienen, spricht nichts dagegen, auch die Unverbindlichkeit solcher Vereinbarungen zu bejahen. Sie betrifft schließlich nur das Verhältnis der unmittelbaren Vertragsparteien. Wenngleich eher untypisch, sind rechtlich unverbindliche Vereinbarungen dem deutschen Recht nicht grundlegend fremd. Soweit es um die Arbeitsbedingungen der Arbeitnehmer geht, sind britische Kollektivverträge im Rahmen einer erfolgten arbeitsvertraglichen Inbezugnahme ohnehin rechtlich umfassend verbindlich. Sowohl Arbeitgeber als auch Arbeitnehmer können die ihnen daraus erwachsenden Rechte einklagen. Die britische Unverbindlichkeitsvermutung wirkt insofern gerade nicht zulasten Dritter, sondern lediglich inter partes.[575] Wie dargestellt, wäre darüber hinaus davon auszugehen, dass ein deutscher Tarifvertrag auch in Großbritannien rechtsverbindlich ist, solange deutsches Tarifrecht auf ihn anwendbar ist.

---

572 BAG vom 20.08.2003, 5 AZR 362/02, AP BGB § 620 Befristeter Arbeitsvertrag Nr. 245, B.II.1. der Gründe.

573 Dazu ausführlich oben unter C.I.2.b)dd)(2) und C.I.2.b)dd)(3).

574 Vgl. allgemein dazu *Magnus*/Staudinger, Internationales VertragsR 1, Art. 9 Rom I-VO, Rn. 90.

575 Auf den Zusammenhang zwischen rechtlicher Unverbindlichkeit und Arbeitskampf wird unten unter D.I.2 eingegangen.

Bezüglich der Inkorporation britischer Kollektivverträge durch Inbezugnahmeklauseln in den Arbeitsverträgen besteht kein Anlass, bei der Anwendung der Kollektivverträge in Deutschland auf einer normativen Wirkung im Sinne des Tarifvertragsgesetzes zu bestehen. Das deutsche Recht und deutsche Gerichte sind grundsätzlich vertraut mit dem Mechanismus der vertraglichen Inbezugnahme.[576] Schließlich ist dies auch bei deutschen Tarifverträgen üblich, um eine unterschiedliche Behandlung von Arbeitnehmern eines Arbeitgebers zu vermeiden und auch die Arbeitsverhältnisse von Nichtmitgliedern an die entsprechenden Tarifverträge zu binden. Allerdings sollten die Mechanismen der Inbezugnahme in beiden Ländern nicht ohne Weiteres gleichgesetzt werden. Gerade wegen der im britischen Recht fehlenden normativen Wirkung existiert eine breite Dogmatik zur konkludenten Inkorporation, die sich von deutschen expliziten Inbezugnahmeklauseln unterscheidet.[577] Weiterhin ist zu bedenken, dass sich britische Kollektivverträge wegen ihrer fehlenden normativen Wirkung auch sprachlich von deutschen Tarifverträgen unterscheiden. Sie stellen vielmehr eine – wenn auch unverbindliche – wechselseitige schuldrechtliche „Verpflichtung" der Vertragsparteien dar, die deswegen auch nicht unbedingt als ein Vertrag mit Wirkung zugunsten der Arbeitnehmer ausgelegt werden kann.[578]

Gegen eine auf Mitglieder der Tarifparteien beschränkte normative Wirkung wird zudem eingewandt, dass britische Gewerkschaften regelmäßig für sämtliche Arbeitnehmer einer Verhandlungseinheit verhandeln und Vereinbarungen abschließen. Eine Beschränkung der Regelungswirkung nur auf ihre Mitglieder ist untypisch für die Beziehungen zwischen britischen Gewerkschaften und Arbeitgebern.[579] Die Inbezugnahme der Kollektivverträge in Arbeitsverträgen unterstreicht dies, da hierdurch auch Nichtmitgliedern der Zugang offen steht.[580] Dies steht jedoch nur vordergründig im Widerspruch zu dem deutschen Grundgedanken, dass Gewerkschaften zuerst für ihre Mitglieder Tarifverträge

---

576 So verweisen auch *Deinert*, Internationales Arbeitsrecht, § 15, Rn. 50, und *Junker*, Int. ArbR im Konzern, S. 441, richtigerweise darauf, dass es bei der Anwendung britischer Kollektivverträge auf die nach dem jeweiligen Arbeitsvertragsstatut vorzunehmende Inbezugnahme ankomme.

577 Vgl. oben unter B.I.2.d)bb).

578 So geschehen in der Entscheidung des BAG vom 14.04.2004, 4 AZR 322/03, (n.V.), unter II.1.b) der Gründe. Gegenstand war ein Vertrag, der nach einer englischen Mustervorlage – allerdings von deutschen Gewerkschaften – abgeschlossen wurde.

579 Hierzu bereits *Wedderburn*, The Worker and the Law, S. 327 f.; *Wedderburn* ILJ 1997 1, 19.

580 Vgl. *Wedderburn* ILJ 1997, 1, 19; *Freedland*/Beale, Chitty on Contracts, Rn. 39–045.

abschließen (entsprechend beschränkt ist die normative Wirkung nach § 3 TVG). Das deutsche Recht kompensiert dies durch die Möglichkeit der Inbezugnahme von Tarifverträgen.

Soweit abgesehen davon Bedenken gegen eine Erstreckung der deutschen normativen Wirkung auf britische Arbeitsverhältnisse im Vereinigten Königreich bestehen, ist nicht eindeutig, ob dies zu einer Sonderanknüpfung und Durchsetzung der dortigen lex fori im Rahmen der Rom I-Verordnung führen kann: Bereits die zumindest juristisch akzeptierte Möglichkeit, dass die Parteien der Kollektivverträge als Stellvertreter für ihre Mitglieder handeln, zeigt Parallelen zum deutschen Modell. Es besteht insofern durchaus Raum für die These, dass deutsche Tarifverträge auch bei Anwendung im Vereinigten Königreich normativ wirken. Dies entspricht auch Art. 12 Rom I-VO, wonach alle Rechtsfolgen einheitlich nach dem Vertragsstatut zu beurteilen sind.[581]

Selbst wenn man aber davon ausginge, die Form und Art der Bindungswirkung sei sonderanzuknüpfen, führt dies nicht unbedingt zu Schwierigkeiten. Die explizite Inbezugnahme von Tarif- und Kollektivverträgen in Arbeitsverträge widerspricht weder deutschem noch britischem Recht. Sollte also ein deutscher Tarifvertrag in Großbritannien angewandt werden, spricht zumindest nichts gegen eine Inbezugnahme durch die Arbeitsverträge.[582] Umgekehrt stellt es für deutsche Gerichte keine unbekannte Herausforderung dar, britische Kollektivverträge nicht normativ auf Arbeitsverhältnisse anzuwenden, sondern durch arbeitsvertragliche Inbezugnahme.

Allerdings könnten dann insbesondere die Modelle einer konkludenten Inkorporation und der Überprüfung der Angemessenheit der Inbezugnahme nach britischem Recht[583] erhebliche Ungleichheiten im Verhältnis zur normativen Wirkung nach deutschem Recht produzieren: Schließlich würde in diesem Fall die Regelung der Arbeitsbedingungen in Deutschland (teilweise) vom Tarifvertrag erzwungen, in Großbritannien jedoch nicht. Dort könnten die Arbeitsvertragsparteien frei über den Umfang der Einbeziehung der kollektiven Regelungen entscheiden und sogar ungünstigere Regelungen vereinbaren. Eine solche Asymmetrie der Bindungswirkung dürfte der tatsächlichen Funktionsfähigkeit eines transnationalen Tarifvertrags jedoch wesentlich entgegenstehen.[584]

---

581 *Spellenberg*/MüKo Bd. 10, Art. 12 Rom I-VO, Rn. 3.

582 So bereits allgemein *Deinert* ZfA 1999, 361, 401.

583 Zur konkludenten Inbezugnahme oben unter B.I.2.d)bb)(3), zu Angemessenheit oben unter B.I.2.d)bb)(4).

584 Zu dieser Asymmetrie auch unten unter F.I.2.c).

4. Abschluss und Inhalt von Tarifverträgen

Nach diesen für transnationale Tarifverträge grundlegenden Fragen ist zu klären, welche Grenzen womöglich im Hinblick auf Abschluss, Form und Inhalt gelten und inwieweit nationale Besonderheiten bei einer grenzüberschreitenden Regelung zu beachten sind.

a) Verfahren zum Abschluss

Weder das deutsche noch das britische Recht kennen zwingende Verfahren, die von Arbeitgebern und Gewerkschaften beim Abschluss von Tarif- beziehungsweise Kollektivverträgen einzuhalten sind. Das britische gesetzliche Verfahren zur Anerkennung einer Gewerkschaft als Verhandlungspartner ist nicht zwingend und muss dementsprechend beim Abschluss transnationaler Kollektivverträge nicht befolgt werden.[585] Ein Arbeitgeber mit Sitz in Deutschland wäre zumindest für seine deutschen Arbeitnehmer ohne eine entsprechende vorausgehende Vereinbarung mit den jeweiligen Gewerkschaften ohnehin nicht britischem Recht unterworfen. Die Erstreckung des britischen kollektiven Arbeitsrechts erfolgte schließlich erst durch eine entsprechende explizite oder konkludente Unterwerfung der Parteien unter die jeweilige Rechtsordnung. Im Übrigen ist das Zustandekommen grundsätzlich gemäß Art. 10 Abs. 1 Rom I-VO nach den Regeln des (hypothetischen) Vertragsstatuts zu beurteilen. Dies betrifft die Entstehung und die Wirksamkeit des Vertrags.[586]

b) Form

Die für Kollektivverträge und Tarifverträge maßgebliche Form ist in der britischen und deutschen Rechtsordnung unterschiedlich ausgestaltet. Britische Kollektivverträge können formlos geschlossen werden, deutsche Tarifverträge bedürfen der Schriftform nach § 1 Abs. 2 TVG i.V.m. § 126 BGB. Art. 11 Rom I-VO enthält hierzu eine komplizierte Anknüpfungsvorschrift: Nach Abs. 1 gilt, sofern sich die Vertragsparteien bei Vertragsschluss im selben Land aufhalten, entweder die Form des auf den Vertrag anzuwendenden Rechts oder die Form des Rechts des Aufenthaltsorts. Noch komplizierter wird es gemäß Art. 11 Abs. 2 Rom I-VO, wenn sich die Parteien bei Vertragsschluss in verschiedenen Ländern aufhalten. Anwendbar ist dann entweder die Formvorschrift des Rechts

585 Ausführlich bereits oben unter C.II.2.b)aa).

586 *Magnus*/Staudinger, Internationales VertragsR 1, Art. 10 Rom I-VO, Rn. 12; *Spellenberg*/MüKo Bd. 10, Art. 10 Rom I-VO, Rn. 6.

des aktuellen Aufenthaltsorts einer der Parteien, des auf den Vertrag anzuwendenden Rechts oder des Rechts des gewöhnlichen Aufenthaltsorts einer Vertragspartei. Gerade für einen transnational anzuwendenden Tarifvertrag führen diese Regelungen gegebenenfalls zu einer Beliebigkeit der anzuwendenden Formvorschrift, wenn beispielsweise der Vertrag in Großbritannien geschlossen wird, aber deutsches Recht auf ihn angewandt werden soll. Nach Art. 11 Abs. 1 Rom I-VO wäre der deutsche Tarifvertrag auch dann formgültig, wenn er entsprechend dem britischen Recht formlos abgeschlossen wird.[587]

Allerdings soll neben Art. 11 Rom I-VO auch Art. 9 Rom I-VO anzuwenden sein, wonach auch eine Formvorschrift als Eingriffsnorm zu qualifizieren sein kann.[588] Damit ist zu untersuchen, ob § 1 Abs. 2 TVG als zwingende Formvorschrift eine Eingriffsnorm darstellen könnte. Durch § 1 Abs. 2 TVG soll sichergestellt werden, dass für die tarifgebundenen Arbeitnehmer und Arbeitgeber Klarheit über die tariflichen Normen herrscht, die so genannte Rechtsquellenklarheit.[589] Diese Formvorschrift dient somit nicht nur dem unmittelbaren Schutz der abschließenden Parteien, sondern hat ein anderes Ziel. Dieser Grundgedanke gilt aber letztlich auch für britische Kollektivverträge. Auch diese haben eine normsetzende Funktion, weswegen es notwendig erscheinen könnte, auch auf diese das Schriftformerfordernis nach § 1 Abs. 2 TVG anzuwenden, soweit sie in Deutschland wirken sollen.[590] Andernfalls läge es nach Art. 11 Abs. 1 oder 2 Rom I-VO sogar bei der Wahl deutschen Rechts in der Hand der Parteien, welche Formvorschrift sie beachten. Allerdings verweist *Wimmer* mit beachtlichen Nachweisen darauf, dass die Bekanntmachung von Normen weder in

587 Anders noch *Junker*, Int. ArbR im Konzern, S. 428 f., der die Form an das Tarifvertragsstatut knüpft. Sein zunächst überzeugendes Argument ist, dass auf diese Weise auch die zur Form entwickelte Dogmatik des Vertragsstatuts Anwendung finden kann. Allerdings sieht die heute gültige Regelung in Art. 11 Abs. 1, 2 Rom I-VO gerade keinen zwingenden Gleichlauf von Vertragsstatut und anzuwendender Formvorschrift vor.

588 *Von Hein*/Rauscher, EuZPR/EuIPR, Art. 11 Rom I-VO, Rn. 36.

589 BAG vom 09.07.1980, 4 AZR 564/78, AP TVG § 1 Form Nr. 7.

590 Unklar *Deinert*, Internationales Arbeitsrecht, § 15, Rn. 29, 49: Wenn er das (von ihm entwickelte) Tarifnormenstatut für wählbar hält und sich die maßgebliche Form daraus ergeben soll, ist damit zu einer Sonderanknüpfung von § 1 Abs. 2 TVG eigentlich nichts gesagt. Auf die Problematik unterschiedlicher Schriftformregelungen weist auch *Däubler*/Däubler, TVG, Einleitung, Rn. 676, allgemein hin.

Deutschland (z.B. Arbeitskampfrecht) noch in anderen Rechtsordnungen derart streng gehandhabt wird und deswegen § 1 Abs. 2 TVG keine Eingriffsnorm ist.[591]

Grundsätzlich dürfte es sich aber anbieten, unabhängig von der gewählten Rechtsordnung die Schriftform zu wahren angesichts einer ohnehin äußerst komplizierten Angelegenheit wie einem transnationalen Tarifvertrag. Gerade weil sich die deutsche und britische Rechtsordnung in diesem Aspekt diametral gegenüberstehen, sollte schon aus praktischen Erwägungen die strengere Form gewählt werden.

c) Inhalt

Der Umfang der tariflichen Regelungsmacht richtet sich nach dem Tarifvertragsstatut, das bestimmt, inwieweit Arbeitsbedingungen im Hinblick auf Abschluss, Inhalt und Beendigung tariflich ausgestaltet und wie betriebliche Regelungen getroffen werden können. Die Grenzen bilden auch hier etwaige Eingriffsnormen der jeweils betroffenen Rechtsordnung nach Art. 9 Rom I-VO und der Ordre-public-Vorbehalt nach Art. 21 Rom I-VO[592].[593] Im Folgenden ist auf die Auslegung von Tarif- und Kollektivverträgen und nationale Beschränkungen tariflicher Regelungsmacht in Form so genannter Öffnungsklauseln und die Besonderheit betrieblicher Regelungen einzugehen.

aa) Auslegung

Bejaht man die Anwendbarkeit der Rom I-Verordnung auf Tarif- und Kollektivverträge, ist die Frage, nach welcher Rechtsordnung ein Tarifvertrag auszulegen ist, leicht zu beantworten. Nach Art. 12 Abs. 1 a) Rom I-VO ist die Auslegung nach Maßgabe der lex causae vorzunehmen.[594] Dies trägt auch den Unterschieden

---

591 *Wimmer*, Kollektive Normenverträge, S. 45 f.; ebenso i.E. *Reufels*/Thüsing/Braun, Tarifrecht, Kap. 13, Rn. 11; *Thüsing*/Wiedemann § 1, Rn. 109, wegen fehlenden öffentlichen Interesses.

592 So entschied das BAG z.B., dass das deutsche Kündigungsschutzgesetz keine Eingriffsnorm sei und auch der deutsche ordre public nicht gegen eine Anwendung britischen Kündigungsschutzrechts spricht, Entscheidung vom 29.10.1992, 2 AZR 267/92, NZA 1990, 841, 844 f.

593 Vgl. *Deinert*, Internationales Arbeitsrecht, § 15, Rn. 65; *Däubler*/Däubler, TVG, Einleitung, Rn. 675; ähnlich auch *Birk*/MünchArbR 2000, § 21, Rn. 37; *Birk* FS Beitzke, 831, 869 f.; *Oetker*/MünchArbR 2009, § 11, Rn. 117; *Reufels*/Thüsing/Braun, Tarifrecht, Kap. 13, Rn. 10 u. 50; vgl. auch allgemeiner *Junker*, Int. ArbR im Konzern, S. 426.

594 So auch *Deinert*, Internationales Arbeitsrecht, § 15, Rn. 64; bereits BAG vom 16.02.2000, 4 AZR 14/99, NZA 2001, 331, 332 f.

Rechnung, die sich etwa in Bezug auf die Anforderungen an den Abschluss eines Tarif- oder Kollektivvertrags stellen. Auch existiert sowohl im britischen als auch im deutschen Recht eine umfangreiche Dogmatik, welche konkreten Bestandteile eines Tarif- oder Kollektivvertrags etwa individuelle Ansprüche der Arbeitnehmer begründen sollen.[595] Diese Fragen lassen sich letztlich nur im Kontext derjenigen Rechtsordnung beantworten, für die ein Vertrag geschlossen wurde. Dies bedeutet aber auch, dass sich die Parteien eines grenzüberschreitenden Tarif- oder Kollektivvertrags dieser Unterschiede bewusst sein müssen. Aus deutscher Sicht ist da beispielsweise die Bereitschaft im britischen Recht zu beachten, bereits eine informelle (wenn auch nicht formlose) Kommunikation zwischen Gewerkschaftsvertreter und Arbeitgeber als Kollektivvertrag zu deuten.[596]

bb) Regelung der Arbeitsbedingungen

(1) Kongruentes Arbeitsvertragsstatut?

Zunächst ist ein Aspekt anzusprechen, der vor allem in der deutschen Diskussion thematisiert wird: Demzufolge müssten nach einer Ansicht Tarifvertragsstatut und Arbeitsvertragsstatut kongruent sein.[597] Dabei wird Bezug genommen auf die Rechtsprechung des BAG. So hat es beispielsweise in einem jüngeren Fall entschieden, dass aus einem deutschen Tarifvertrag über Sozialkassen im Baugewerbe keine Ansprüche geltend gemacht werden könnten für Arbeitsverhältnisse, die italienischem Recht unterliegen. Das BAG stellt dort den Grundsatz auf, die Regelungskompetenz deutscher Tarifverträge bestehe nur für Arbeitsverhältnisse, die ebenfalls deutschem Recht unterliegen.[598] Die Entscheidung betraf allerdings gar nicht konkrete Arbeitsverhältnisse, sondern Ansprüche der deutschen Sozialkasse gegen den italienischen Arbeitgeber. Dieser war seinerseits nicht nach § 3 TVG tarifgebunden und demgemäß konnten auch seine Arbeitnehmer (die zudem selbst ebenfalls nicht nach § 3 TVG tarifgebunden waren) keine eigenen Ansprüche aus dem Tarifvertrag herleiten. Deswegen hat das BAG

---

595 Vgl. nur zum britischen Recht oben unter B.I.2.d)bb)(4).

596 Vgl. das Beispiel oben unter B.I.2.f).

597 *Löwisch/Rieble*, TVG, Grundlagen, Rn. 347, 362; *Junker* IPRax 1994, 21, 24; *von Hein*/Rauscher, EuZPR/EuIPR, Art. 8 Rom I-VO, Rn. 7; *Lohmann*, Grenzüberschreitende FirmenTV, S. 102; unentschieden *Fudickar*, Parteiautonome Anknüpfung, S. 242 f.; *Kocher*/Kempen/Zachert, TVG, § 4 TVG, Rn. 55–60; wohl a.A. ausführlich *Deinert*, Internationales Arbeitsrecht, § 15, Rn. 51–54, *Deinert* FS Bepler, 75, 76–79, der jedoch seiner Ausarbeitung wohl eine Bindung an einen Tarifvertrag nach Entsenderecht oder nach § 5 Abs. 4 TVG zugrundelegt und nicht nach den §§ 3, 4 TVG.

598 BAG vom 9.7.2003, 10 AZR 593/02, RdA 2004, 175, 177 m.w.N.

weiterhin geprüft, ob im Wege einer Sonderanknüpfung der deutsche Tarifvertrag auf die italienischen Arbeitsverhältnisse anzuwenden sei. Umso fraglicher erscheint es jedoch, ob das BAG damit tatsächlich die Annahme stützt, wonach eine Kongruenz zwischen Tarif- und Arbeitsvertragsstatut notwendig sei, um die Arbeitsbedingungen zu regeln.[599] Der vom BAG formulierte Grundsatz erinnert zudem stark an die allgemeine Diskussion um die Zulässigkeit einer Rechtswahl für deutsche Tarifverträge. Auch in diesem Zusammenhang ist bereits eine Beschränkung der Tarifautonomie aufgrund des territorialen Anwendungsbereichs des Tarifvertragsgesetzes mit ausführlicher Begründung abgelehnt worden. Mit anderen Worten: Wenn man das auf einen Tarifvertrag anzuwendende Recht frei wählen kann, dann kann es nicht mehr auf den territorialen Anwendungsbereich des jeweiligen Tarifrechts ankommen. Die Bindung an den Tarifvertrag erfolgt schließlich in Deutschland aufgrund der Mitgliedschaft in den Tarifparteien und nicht aufgrund des Arbeitsvertragsstatuts.[600]

Bejaht man die Rechtswahl für Tarifverträge nach der Rom I-Verordnung, vermag diese Einschränkung ohnehin nicht zu überzeugen.[601] Schon die nach der Rom I-Verordnung ohne Weiteres mögliche Teilrechtswahl verdeutlicht, dass auch innerhalb eines Vertrags keine einheitliche Rechtsordnung anzuwenden ist.[602] Gleiches gilt für die Sonderanknüpfung einfach zwingender Bestimmungen nach Art. 8 Abs. 1 Rom I-VO im Rahmen der Rechtswahl für Arbeitsverträge und erst recht für Eingriffsnormen nach Art. 9 Rom I-VO.[603] Wenn damit aber nicht einmal innerhalb eines Arbeitsvertrags eine einzige Rechtsordnung anzuwenden sein muss, ist nicht ersichtlich, warum Tarifvertragsstatut und Arbeitsvertragsstatut unbedingt kongruent sein müssen.[604] Schließlich regelt die

---

599 Ähnlich *Kocher*/Kempen/Zachert, TVG, § 4 TVG, Rn. 30; *Deinert* FS Bepler, 75, 77.

600 Vgl. oben unter C.I.2.b)dd)(2) und C.I.2.b)dd)(3). Ebenso *Wimmer*, Kollektive Normenverträge, S. 201 f.

601 Mit Bezug auf Art. 30, 34 EGBGB auch *Wimmer* IPRax 1994, 207, 212 f.; im Ergebnis auch *Deinert*, Internationales Arbeitsrecht, § 15, Rn. 55.

602 Dies übersieht *Kocher*/Kempen/Zachert, TVG, § 4 TVG, Rn. 57.

603 Vgl. auch *Deinert* FS Bepler, 75, 77 f., der darauf verweist, dass Tarifvertrags- und Arbeitsvertragsstatut auch durch etwaige Sonderanknüpfungen der Tarifverträge auseinanderfallen können.

604 So i.E. auch *Deinert* FS Bepler, 75, 78; vgl. auch *Däubler*/Däubler, TVG, Einleitung, Rn. 617; *Schlachter*/Erfurter, Art. 9 Rom I-VO, Rn. 34; *Martiny*/MüKo, Bd. 10, Art. 8 Rom I-VO, Rn. 162; *Magnus*/Staudinger, Internationales Vertragsrecht 1, Art. 8 Rom I-VO, Rn. 258; zum alten Recht *Birk* FS Beitzke, 831, 860 f.; *Birk* RdA 1984, 129, 136; vgl. auch *Hergenröder* AR-Blattei SD Nr. 1550.15, Rn. 67; *Fudickar*, Parteiautonome Anknüpfung, S. 248; *Walz*, Multinationale Unternehmen, S. 149.

Rom I-Verordnung auch für Arbeitsverträge, dass unter bestimmten Bedingungen zwingende Vorschriften einer Rechtsordnung anzuwenden sind, die nicht von den Parteien gewählt wurde. Die vom BAG in seiner Entscheidung untersuchte Sonderanknüpfung des deutschen Tarifvertrags an die italienischen Arbeitsverhältnisse verdeutlicht zudem, dass das BAG eine Kongruenz nicht unbedingt voraussetzt.

Soweit britische Autoren voraussetzen, dass die Wirkung der und die Bindung an Tarifnormen sich nach Maßgabe des Arbeitsvertragsstatuts richte, erwähnen sie konsequenterweise eine notwendige Kongruenz der auf beide Verträge anwendbaren Rechtsordnungen mit keinem Wort.[605] Dies ist aus ihrer Sicht auch keine wichtige Frage, da nach britischem Recht die Bindung an Kollektivverträge ausschließlich auf arbeitsvertraglicher Ebene erfolgt.

(2) Gesetzliche Öffnungsklauseln

Ebenfalls bedeutsam ist die Frage, wie mit nationalen Beschränkungen tariflicher Regelungskompetenz umzugehen ist. Sowohl im deutschen als auch im britischen Recht lassen einige Normen ein Abweichen von gesetzlichen Rahmenbedingungen nur durch Tarifverträge und nicht durch individuelle Arbeitsverträge zu. Hier stellt sich die Frage, ob diesen Öffnungsklauseln auch durch einen Vertrag genügt werden kann, der nach der jeweils anderen Rechtsordnung abgeschlossen wurde. Das ist relevant, weil nur dann ein transnationaler Tarifvertrag entsprechende Arbeitsbedingungen einheitlich regeln könnte.

Einschränkend merkt *Birk* hierzu an, die Entscheidung über die Tarifdispositivität einer Norm sei im deutschen Recht geprägt von der inländischen Struktur der Tarifbeziehungen und dem inländischen Tarifrecht, weswegen sich ausländische Tarifverträge grundsätzlich nicht auf deutsche Tariföffnungsklauseln berufen könnten.[606] Dies führt wiederum dazu, dass sich ausländische Tarifverträge, die vor vergleichbaren tarifrechtlichen Rahmenbedingungen zustande kommen, auf deutsche Tariföffnungsklauseln berufen könnten. Insofern sollen etwa deutsche Öffnungsklauseln nur solchen ausländischen Kollektivverträgen offenstehen, denen die gleiche Richtigkeitsgewähr zukomme wie deutschen Tarifverträgen.[607] *Thüsing* verlangt darüber hinaus auch eine der deutschen

605 *Collins*, Conflict of Laws, Rn. 33–253, dort Fn. 1140; *Hepple*, Labour Laws and Global Trade, S. 181.

606 *Birk*/Münch ArbR 2000, § 21, Rn. 58; wohl auch *Oetker*/Münch ArbR 2009, § 11, Rn. 125.

607 *Deinert*, Internationales Arbeitsrecht, § 15, Rn. 76.

vergleichbare zwingende Bindungswirkung ausländischer Tarifverträge.[608] Andere fordern, dass das tarifdispositive Recht unterschiedslos jedem ausländischen Tarifvertrag offenstehen soll.[609]

Das britische Recht gestattet die Regelung einiger Arbeitsbedingungen ausdrücklich nur unabhängigen Gewerkschaften.[610] Im deutschen Recht sind ebenfalls in einigen Fällen Abweichungen von den gesetzlichen Mindeststandards nur durch Tarifverträge möglich.[611] Hierdurch will der Gesetzgeber der Tarifautonomie Ausdruck verleihen. Beide Rechtsordnungen drücken damit aus, dass sie nur bestimmten Vereinigungen zutrauen, angemessene Arbeitsbedingungen zu erzielen.

Diese gesetzlichen Öffnungsklauseln sind in beiden Rechtsordnungen somit eng mit der grundsätzlichen Anforderung an die Berechtigung zum Abschluss von Tarif- oder Kollektivverträgen verbunden. Dass diese Verknüpfung im britischen Recht überhaupt erst durch die gesetzlichen Öffnungsklauseln entsteht,[612] ist hier letztlich unerheblich. Im Kern handelt es sich um nichts anderes als die Wiederholung eines bereits thematisierten Problems: Erkennt die deutsche Rechtsordnung das Recht einer unabhängigen britischen Gewerkschaft zum Abschluss von Kollektivverträgen an, durch die Arbeitsbedingungen geregelt werden? Gleiches gilt natürlich auch umgekehrt für die Anerkennung deutscher Gewerkschaften nach britischem Recht. Wie bereits dargestellt, bestehen weder aus nationalen noch aus europarechtlichen Gründen Bedenken, zumindest einer unabhängigen britischen Gewerkschaft das Recht zuzugestehen, Kollektivverträge mit Wirkung in Deutschland abzuschließen.[613] Dann wäre es aber widersprüchlich, ihr die Möglichkeit zu versagen, sich auf die gesetzlichen Öffnungsklauseln zu berufen und entsprechende Arbeitsbedingungen inhaltlich auszugestalten. Angesichts

608 *Thüsing* ZfA 2008, 590, 624–627, der allgemein eine Gleichwertigkeit ausländischer Tarifverträge fordert und dabei vor allem die Durchsetzungsfähigkeit der Gewerkschaften betont. *Reufels*/Thüsing/Braun, Tarifrecht, Kap. 13, Rn. 13; *Kocher*/Kempen/Zachert, TVG, § 4 TVG, Rn. 104 f.

609 *Löwisch/Rieble*, TVG, Grundlagen, Rn. 384 f., die dort allerdings ebenfalls auf einen internationalen Mindeststandart für tariffähige Vereinigungen zurückgreifen und sich auf Art. 11 EMRK beziehen.

610 Beispielsweise für den Bereich der Arbeitszeit nach reg. 2 (1), 23 WTR 1998 oder soweit es Modalitäten der Elternzeit betrifft nach reg. 2 (1), 16 MPLR 1999.

611 Zum Beispiel § 7 ArbZG für Arbeitszeit, § 622 Abs. 4 KSchG für Kündigungsfristen, § 13 Abs. 1 BUrlG für den Urlaubsanspruch.

612 Schließlich können grundsätzlich auch nicht-unabhängige Gewerkschaften Kollektivverträge schließen.

613 Vgl. oben unter C.II.2.c).

der im deutschen Recht schon intern beschränkten Bindungswirkung der Tarifverträge kann es auf eine damit vergleichbare Bindungswirkung ausländischer Kollektivverträge nicht ankommen.[614] Gleiches muss auch umgekehrt gelten, wenn eine deutsche Gewerkschaft Regelungen treffen will, die nach britischem Recht nur unabhängigen Gewerkschaften offenstehen.

cc) Regelung des Betriebsverhältnisses

Ein besonderer Fall gesetzlicher Öffnungsklausen betrifft die Möglichkeit, Regelungen über betriebliche Angelegenheiten zu treffen. Hiermit ist vor allem die Gestaltung der betrieblichen Interessenvertretung gemeint, also die Vereinbarung von Anhörungs- oder Konsultationsverfahren, Regelungen über betriebliche Angelegenheiten sowie die Ebene der personellen Mitbestimmung (also Einstellung, Versetzung und Kündigung einzelner Arbeitnehmer). All diese Fragen gehören im britischen Recht nach sec. 178 (2) TULRCA 1992 zu den Angelegenheiten, die zwischen Arbeitgebern und Gewerkschaften ausgehandelt werden und über die sie Kollektivverträge schließen können.[615] Dort fehlt es nämlich an einer eigenständigen Interessenvertretung der Arbeitnehmer auf betrieblicher oder Unternehmensebene.

Daraus erwächst zugleich ein Problem für einen transnationalen Tarifvertrag, soweit er solche Angelegenheiten regelt. In Deutschland existiert in Gestalt der Betriebsräte eine eigenständige Form der betrieblichen Interessenvertretung, die zudem durch die umfangreichen gesetzlichen Regelungen des Betriebsverfassungsgesetzes mit eigenen Rechten ausgestattet und deswegen insoweit nicht abhängig von Gewerkschaften oder Vereinbarungen der Tarifparteien ist. Zwar sieht das Gesetz zahlreiche Öffnungen für tarifvertragliche Regelungen vor, jedoch können insbesondere die Mitbestimmungsrechte der Betriebsräte auf diesem Wege nicht oder nur in gewissen Grenzen eingeschränkt werden.[616]

Insofern ist fraglich, ob ein transnationaler Tarifvertrag Angelegenheiten der Betriebsräte in Deutschland genauso wie in Großbritannien regeln könnte. Es unterscheidet sich nicht nur das faktische Regelungsbedürfnis. Das Problem dürfte jedoch weder auf der Ebene der Eingriffsnormen noch auf der des ordre public liegen.[617] Das Betriebsverfassungsgesetz ist vielmehr auf jeden Betrieb

614 Vgl. bereits die Darstellung oben unter C.II.3.a)bb).
615 Dazu bereits oben unter B.I.2.b).
616 Dazu oben unter B.II.1.d).
617 Vgl. auch *Deinert*, Internationales Arbeitsrecht, § 15, Rn. 56; a.A. wohl *Reufels*/Thüsing/Braun, Tarifrecht, Kap. 13, Rn. 49.

in seinem territorialen Geltungsbereich anzuwenden, unabhängig von Sitz und Nationalität des Unternehmens oder der dort beschäftigten Arbeitnehmer.[618] Die Betriebsräte stellen also dort, wo sie nach dem Betriebsverfassungsgesetz konstituiert werden können, einen eigenständigen Akteur mit eigenen gesetzlichen Rechten dar.[619] Soweit dessen Rechte nicht tarifdispositiv sind, können die Tarifparteien darüber schlicht nicht disponieren.[620] Das wäre andernfalls nichts anderes als ein Vertrag zulasten Dritter. Deswegen hängt es auch nicht von dem Recht ab, das auf den Tarifvertrag anzuwenden ist, inwieweit betriebliche Angelegenheiten von den Tarifparteien geregelt werden können.[621] Das bedeutet allerdings nicht, dass ein transnationaler Tarifvertrag betriebliche Verhältnisse gar nicht regeln kann. Wegen der in Deutschland eigenständigen Rechtsstellung der Betriebsräte kann eine Regelung in einem transnationalen Tarifvertrag dabei jedoch nicht über das hinausgehen, was betriebsverfassungsrechtlich auch intern Gegenstand der Regelungsautonomie der Tarifparteien sein kann. Dies ist insbesondere im Verhältnis zu britischem Recht zu beachten, wo es an einer entsprechenden Einrichtung fehlt. Hieraus erwachsen je nach nationaler Perspektive unterschiedlich gelagerte Regelungsinteressen. Dabei ist nicht zu vergessen, dass etwa durch § 87 Abs. 1 Eingangssatz BetrVG ein allgemeiner Vorrang tariflicher vor betrieblichen Vereinbarungen in Angelegenheiten der sozialen Mitbestimmung festgeschrieben ist.

Dazu sei an dieser Stelle noch darauf hingewiesen, dass zumindest auf europäischer Ebene auch eine Regelung für eine Interessenvertretung der Arbeitnehmer in grenzüberschreitend tätigen Unternehmen und Konzernen existiert, die Richtlinie über Europäische Betriebsräte.[622]

III. Ergebnisse

Die zu untersuchende Frage, ob es möglich ist, einen Tarifvertrag grenzüberschreitend auszugestalten und ihn durch eine Rechtswahl dennoch einer konkreten

618 BAG vom 07.12.1989, 2 AZR 228/89, NZA 1990, 658, 659.

619 Vgl. *Franzen*/GK-BetrVG, § 1, Rn. 63 f.; *Fitting*, BetrVG, § 1, Rn. 195, der ihn insoweit sogar als Rechtssubjekt bezeichnet.

620 *Franzen*/GK-BetrVG, § 1, Rn. 70.

621 Vgl. *Kocher*/Kempen/Zachert, § 4 TVG, Rn. 54; i.E. auch *Junker*, Int. ArbR im Konzern, S. 462.

622 Richtlinie 2009/38/EG. Zum Konkurrenzverhältnis zwischen Gewerkschaften und EBR auf transnationaler Ebene: *Heimann*, Substantielle Vereinbarungen Europäischer Betriebsräte, S. 183–186.

Rechtsordnung zu unterwerfen, ist grundlegend positiv zu bescheiden. Dies gilt zunächst für die grundsätzliche Frage nach der Zulässigkeit der Rechtswahl. Für das deutsche Recht lässt sie sich aufgrund des privatautonomen Charakters eines Tarifvertrags im Rahmen des Tarifvertragsgesetzes bejahen. Die Versuche, aufgrund seiner normativen Wirkung oder seiner gesellschaftlichen Bedeutung anderes herzuleiten, überzeugen nicht. Dies gilt umso mehr für das britische Recht, wo die Zulässigkeit der Rechtswahl britischer Kollektivverträge nicht infrage gestellt wird. Die Untersuchung hat darüber hinaus ergeben, dass die Tarif- beziehungsweise Kollektivverträge kollisionsrechtlich unter die Regelungen der in beiden Ländern gleichermaßen anzuwendenden Rom I-Verordnung fallen. Aus ihr leiten sich deswegen auch die möglichen Grenzen einer solchen Rechtswahl ab.

Schwierig gestaltet sich die Untersuchung der Grenzen der Rechtswahl: Für das deutsche Recht ist hierzu wiederum von der privaten Tarifautonomie auszugehen. Es zeigt sich, dass diese schon in reinen Inlandssachverhalten bei den entscheidenden Fragen der Tariffähigkeit sowie Tarifbindung und -wirkung erheblich flexibler ist, als es der Blick auf die entsprechenden Regelungen im Tarifvertragsgesetz zunächst suggeriert. Für die Tariffähigkeit kommt noch hinzu, dass gerade verfassungs- und europarechtliche Gründe dafür sprechen, britischen Gewerkschaften die Regelung der Arbeitsbedingungen auch für deutsche Arbeitsverhältnisse zu gestatten. Zumindest für nach britischem Recht unabhängige Gewerkschaften ist dies zu bejahen. Umgekehrt spricht nichts dagegen, dass deutsche Gewerkschaften auch britische Arbeitsverhältnisse regeln können, bedenkt man die im Vergleich erheblich engeren Anforderungen, die deutsche Gewerkschaften bereits nach deutschem Recht zu erfüllen haben.

Ein wesentlicher Unterschied beider Rechtsordnungen liegt in der Art und Weise, wie die normativen Bestandteile der Tarif- beziehungsweise Kollektivverträge Bindung an und Wirkung für die individuellen Arbeitsverhältnisse entfalten. Diesbezüglich ist in Deutschland der von den §§ 3, 4 TVG vorgesehene Modus normativer Bindung nicht die einzige Möglichkeit. Insofern können aus deutscher Sicht keine Bedenken gegen die nötige arbeitsvertragliche Inbezugnahme britischer Kollektivverträge bestehen. Zu bedenken ist allerdings, dass britischen Kollektivverträgen grundsätzlich keine zwingende Wirkung zukommt und nach britischem Recht grundsätzlich auch ungünstigere Regelungen in Arbeitsverträgen vereinbart werden können.

Weiterhin können auch britische Arbeitsverhältnisse unmittelbar und zwingend gemäß §§ 3, 4 TVG durch deutsche Tarifverträge geregelt werden. Die dagegen vorgebrachten Bedenken sind primär zivilrechtlicher Natur und genügen deswegen nicht, ein besonderes öffentliches Interesse zu begründen, wie es für

Eingriffsnormen oder den Ordre-public-Vorbehalt der Rom I-Verordnung erforderlich ist. Andererseits spräche selbst im entgegengesetzten Fall nichts dagegen, die deutschen Tarifverträge auf arbeitsvertraglicher Ebene zu inkorporieren. Soweit dieser Mechanismus bereits im nationalen Kontext genutzt wird, kann er auch bei der Erstreckung eines deutschen Tarifvertrags ins Vereinigte Königreich angewandt werden. Dazu wiederum bedarf es keiner Kongruenz von Arbeitsvertragsstatut und Tarifvertrags- oder Kollektivvertragsstatut.

Im Hinblick auf Abschluss und Inhalt unterliegt die Harmonisierung durch Rechtswahl keinen grundlegenden Bedenken. Allerdings empfiehlt es sich angesichts der flexiblen Regelung zu Formvorschriften nach Art. 11 Rom-I VO, einen transnationalen Tarifvertrag in der Schriftform abzufassen, auch wenn nach britischem Recht keine entspechende Formvorschrift gilt.

Die in Gesetzen beider Rechtsordnungen vorhandenen Tariföffnungsklauseln stehen einem grenzüberschreitenden Tarifvertrag ebenfalls nicht entgegen. Entscheidend ist vielmehr, dass beide Rechtsordnungen die Aushandlung der Arbeitsbedingungen durch Organisationen der jeweils anderen Rechtsordnung akzeptieren. Rechtlich sind allerdings die Möglichkeiten beschränkt, Vereinbarungen mit Bezug zu betrieblichen Interessenvertretungen zu schließen. Hier ist vor allem das Betriebsverfassungsgesetz in Deutschland zu berücksichtigen. Über dieses können die Tarifparteien nicht frei disponieren. Hierbei handelt es sich jedoch nicht um ein grundlegendes Hindernis für einen grenzüberschreitenden Tarifvertrag. Es betrifft lediglich den Regelungsspielraum der Parteien.

Diese Ergebnisse sind jedoch dem Gegenstand der Untersuchung entsprechend sogleich einzuschränken: Maßgeblich können sie nur für das Verhältnis von deutschem und britischem Tarifvertragsrecht festgehalten werden. Das britische Tarifvertragsrecht ist nämlich grundsätzlich informell ausgestaltet und weist, soweit es um den Bereich der Kollektivverhandlungen sowie der ohnehin unverbindlichen Kollektivverträge geht, eine sehr geringe Regelungsdichte auf. Im Vordergrund steht deswegen in der britischen Literatur eine funktionale Betrachtung des britischen Kollektivvertragssystems.[623] Die kollisionsrechtliche Untersuchung des deutschen Tarifvertragsrechts zeigt zudem, dass die Konzentration auf normativ wirkende, nur die Mitglieder bindende Tarifverträge die rechtstatsächliche Flexibilität nicht adäquat abbildet. Die Berücksichtigung dieser spezifischen Eigenheiten britischen und deutschen Tarifvertragsrechts ist allerdings entscheidend für die vorstehend erarbeiteten Ergebnisse. Vergleiche mit anderen Rechtsordnungen können deswegen zu gänzlich anderen Ergebnissen führen.

623 In diesem Sinn bereits *Deinert* ZfA 1999, 361, 401.

D. Arbeitskampfrecht

Nachdem die kollisionsrechtliche Dimension untersucht worden ist und in diesem Rahmen die Möglichkeit eines grenzüberschreitenden Tarifvertrags zwischen Deutschland und dem Vereinigten Königreich im Rahmen des Kollisionsrechts grundsätzlich bejaht wurde, ist jedoch ein weiterer Aspekt zu berücksichtigen: Beide Rechtsordnungen verknüpfen ihr Arbeitskampfrecht funktional und juristisch mit dem Tarifvertragsrecht. Insoweit wäre es unzureichend, es bei der Untersuchung der tarifrechtlichen Ebene zu belassen. Soweit es in dieser Arbeit somit um die Möglichkeit eines transnationalen Tarifvertrags geht, korrespondiert dies entscheidend mit der Frage nach der Möglichkeit eines transnationalen Arbeitskampfs. Darunter soll im Folgenden ein Arbeitskampf zu verstehen sein, der in beiden Staaten gleichzeitig geführt wird und ein einheitliches, gemeinsames Ziel verfolgt: einen transnationalen Tarifvertrag. Fraglich bleibt somit, ob sich das Arbeitskampfrecht ähnlich wie das Tarifvertragsrecht auf kollisionsrechtlicher Ebene harmonisieren ließe, also ein Arbeitskampf ebenfalls einheitlich nach nur einer der betroffenen Rechtsordnungen zu beurteilen wäre. Im Falle eines Auseinanderfallens wären die Konsequenzen für einen transnationalen Tarifvertrag zu beleuchten.

I. Rom II-Verordnung

Kollisionsrechtlich ist auf außervertragliche Schuldverhältnisse die so genannte Rom II-Verordnung (VO 864/2007/EG) anzuwenden. Sie regelt in Kapitel II das Recht der unerlaubten Handlung, also deliktsrechtliche Ansprüche. Sowohl das deutsche als auch das britische Arbeitskampfrecht knüpfen wiederum eng an das jeweilige Deliktsrecht an.[624] Insofern ist zu untersuchen, wie diese Verordnung einen transnationalen Arbeitskampf im Bereich beider Rechtsordnungen behandelt und ob sich damit eine Harmonisierung vergleichbar mit dem Tarifvertragsrecht erreichen lässt.

624 Zum britischen Arbeitskampfrecht siehe oben unter B.I.3 und zum deutschen unter B.II.2.

1. Das Arbeitskampfstatut nach Art. 9 Rom II-VO

a) *Anwendungsbereich*

aa) *Sachlich*

Neben der allgemeinen Kollisionsnorm für die Haftung aus unerlaubter Handlung nach Art. 4 Rom II-VO existiert mit Art. 9 Rom II-VO, anders als für Tarifverträge in der Rom I-Verordnung, eine explizite Kollisionsnorm für Arbeitskampfmaßnahmen. Die Frage nach der prinzipiellen Anwendbarkeit der Verordnung ist deswegen vergleichsweise leicht zu beantworten. Umstritten ist, ob eine unionsrechtliche, autonome Definition des Arbeitskampfbegriffs zu erfolgen hat[625] oder das Recht am Ort der Kampfmaßnahme, die lex causae, hierfür anzuwenden ist.[626] Zuzugeben ist, dass zumindest Erwägungsgrund-Nr. 27 der Rom II-VO hierzu keine eindeutige Aussage trifft, sondern letztlich beide Meinungen stützen könnte, da nicht klar ist, ob er sich nur auf die Definition der Arbeitskampfmaßnahme als solcher bezieht oder allgemein den Modus der Anknüpfung nach Art. 9 Rom II-VO erläutert.[627]

Weiterhin wird von einigen Ansätzen bemängelt, dass auch rechtmäßige Arbeitskämpfe durch Art. 9 Rom II-VO kollisionsrechtlich automatisch wie ein Delikt behandelt würden. Es sei jedoch unangemessen, jeden Arbeitskampf kollisionsrechtlich entlang des Deliktsstatuts zu behandeln.[628] Dem ist grundsätzlich zuzustimmen, da ein Arbeitskampf als wichtiges Element der Arbeitsordnung in Deutschland sogar von Art. 9 Abs. 3 GG geschützt wird und damit eine Reduktion auf deliktische Ansprüche unangemessen erscheint. Allerdings knüpft das juristische Vorgehen gegen einen Arbeitskampf in der Regel an das Deliktsrecht an, seien es Unterlassungsansprüche oder Schadensersatzforderungen. Insofern wird eine Auseinandersetzung um die Rechtmäßigkeit eines Arbeitskampfs im deutschen wie auch im britischen Recht im Rahmen der Geltendmachung deliktischer Ansprüche thematisiert.

---

625 *Knöfel* EuZA 2008, 228, 241; *Plender/Wilderspin*, EU-PIL, Rn. 23–008-23–016.

626 So, unter Verweis auf Erwägungsgrund Nr. 27 der Rom II-VO: *Schlachter*/Erfurter, Art. 9 Rom II-VO, Rn. 2; *Deinert*, Internationales Arbeitsrecht, § 16, Rn. 4; *Junker*/MüKo, Art. 9 Rom II-VO, Rn. 14 f.; *Däubler*/Däubler, ArbeitskampfR, § 32, Rn. 23; *Zelfel*, Internationaler Arbeitskampf, S. 43 f.; *Heinze* RabelsZ 73 (2009), 770, 782.

627 Vgl. *Plender/Wilderspin*, EU-PIL, Rn. 23–008; *Däubler*/Däubler, ArbeitskampfR, § 32, Rn. 23.

628 Etwa *Junker*, Int. ArbR im Konzern, S. 481; *Däubler*/Däubler ArbeitskampfR, § 32, Rn. 47; Übersicht über den Streitstand bei *Heinze* RabelsZ 73 (2009), S. 770, 777 f.

Besonders deutlich wird dieser Zusammenhang vor allem im britischen Recht. Die *golden formula* in sec. 219 (1) TULRCA 1992 statuiert ein Regel-Ausnahme-Verhältnis: Die grundsätzlich einschlägigen deliktischen Haftungstatbestände können nicht durchgesetzt werden, solange die Gewerkschaft im Rahmen einer Tarifauseinandersetzung handelt.[629] Der rechtmäßige Arbeitskampf ist demnach nur dort möglich, wo das Gesetz die deliktische Haftung des *common law* suspendiert. In Deutschland ist die Verbindung ebenfalls eng: Insbesondere die einstweiligen Verfügungen, die zur Unterlassung von Arbeitskämpfen begehrt werden, stützen sich auf den allgemeinen Unterlassungsanspruch nach §§ 1004, 823 BGB. Auch dabei handelt es sich um einen deliktischen Abwehranspruch.[630] Selbst wenn man nun davon ausgeht, dass ein rechtmäßiger Arbeitskampf kollisionsrechtlich nicht wie ein Delikt zu behandeln ist, orientieren sich jedoch die wesentlichen Fragen bei der gerichtlichen Auseinandersetzung der Arbeitskampfparteien an deliktischen Haftungstatbeständen. Hierfür wiederum ist ausdrücklich Art. 9 Rom II-VO maßgeblich. Gleiches muss insofern auch für Abwehransprüche im Vorfeld oder während eines Arbeitskampfs gelten.[631]

Auch der Europäische Gerichtshof hat in einer Entscheidung zur internationalen Zuständigkeit festgehalten, dass diese sich bei Arbeitskämpfen nach dem internationalen Gerichtsstand der unerlaubten Handlung nach Art. 5 Nr. 3 EuGVVO richte. Eine Trennung von Rechtmäßigkeits- und Schadensersatzverfahren lehnte er in der Entscheidung ab, da sonst gegebenenfalls kein einheitlicher Gerichtsstand für einen einheitlichen Sachverhalt zu bestimmen sein könnte.[632] Der Gerichtshof weist auch darauf hin, dass es für die Anwendung von Art. 5 Nr. 3 EuGVVO unerheblich sei, ob tatsächlich ein Schaden eingetreten ist. Es komme somit nicht darauf an, ob ein Schaden bereits vorliegt oder lediglich sein Eintritt verhindert werden soll.[633] Diese Argumentation lässt sich auch auf die Anwendung von Art. 9 Rom II-VO übertragen: Eine Unterscheidung zwischen einem Arbeitskampfstatut als solchem und einem spezifischen Deliktsstatut für die aus dem Arbeitskampf resultierende deliktische Haftung überzeugt nicht. Die kollisionsrechtliche Anknüpfungsregel des Art. 9 Rom II-VO ist deswegen

---

629 Vgl. oben unter B.I.3.b)aa).

630 Vgl. *Wagner*/MüKo Bd. 5, Vorbemerkungen § 823, Rn. 35.

631 Vgl. *Plender/Wilderspin*, EU-PIL, Rn. 23–020; *Collins*, Conflict of Laws, Rn. 35–087; *Knöfel* EuZA 2008, 228, 242.

632 EuGH vom 05.02.2004, Rs. C-18/02, Slg. I-1417, Rn. 26.

633 EuGH vom 05.02.2004, Rs. C-18/02, Slg. I-1417, Rn. 27.

entscheidend für die Frage, nach welcher Rechtsordnung ein Arbeitskampf zu beurteilen ist.[634]

bb) Persönlich

Art. 9 Rom II-VO adressiert ausdrücklich nur die Haftung von Arbeitnehmern, Arbeitgebern oder deren Organisationen für Schäden aus durchgeführten oder bevorstehenden Arbeitskämpfen. Dies definiert zunächst den Kreis möglicher Anspruchsgegner.[635] Wer als Anspruchsteller infrage kommt, geht aus der Norm hingegen nicht eindeutig hervor. Dabei geht es vor allem darum, ob auch deliktische Ansprüche Dritter gegen die in Art. 9 Rom II-VO genannten Personen nach Art. 9 Rom II-VO anzuknüpfen wären. Denkbar wäre, dass beispielsweise Kunden des bestreikten Arbeitgebers Ansprüche gegen die Gewerkschaft geltend machen. Die vertraglichen Ansprüche zwischen Kunde und Arbeitgeber sind zwar regelmäßig keine deliktischen Ansprüche und schon deswegen nicht erfasst. Soweit aber Dritten parallel zu vertraglichen auch deliktische Ansprüche gegen die streikführende Gewerkschaft zustehen, spricht zumindest der Wortlaut der Norm für eine entsprechende Anknüpfung der Ansprüche Dritter.[636]

b) Anwendbares Recht nach Art. 9 Rom II-VO

Nach Art. 9 Rom II-VO ist auf einen Arbeitskampf das Recht des Orts der Kampfmaßnahme anzuwenden. Maßgeblich ist der „physische Handlungsort". Auf den Ort der Planung oder Koordination kommt es nicht an.[637]

Die Anknüpfung nach dem Ort des tatsächlichen Geschehens ist auch bei Arbeitskämpfen entscheidend, die in mehreren Mitgliedsstaaten gleichzeitig stattfinden. Das bedeutet, dass die in dem jeweiligen Mitgliedsstaat durchgeführten

634 In *Collins*, Conflict of Laws, Rn. 35–088 ist konsequenterweise auch von der *„legality of industrial action"* die Rede, die nach dem nach der Verordnung anwendbaren Recht zu bestimmen sei. Vgl. auch *Heinze* RabelsZ 73 (2009), 770, 786 f.; *Deinert*, Internationales Arbeitsrecht, § 16, Rn. 21; so bereits allgemein und noch vor Erlass der Rom II-Verordnung: *van Hoek*, Private International Law Aspects of Collective Action, S. 445 f.

635 *Junker*/MüKo Bd. 10, Art 9 Rom II-VO, Rn. 25.

636 Vgl. *Deinert* ZESAR 2012, 311, 317; *Junker*/MüKo Bd. 10, Art. 9 Rom II-VO, Rn. 24; *Uberath/Cziupka*/Rauscher, EuZPR/EuIPR, Art. 9 Rom II-VO, Rn. 10; zumindest soweit es um die Vorfrage der Rechtmäßigkeit des Arbeitskampfs geht, wohl auch *Heinze* RabelsZ 73 (2009), S. 770, 784; *Zelfel*, Internationaler Arbeitskampf, S. 73–77; a.A. *Plender/Wilderspin*, EU-PIL, Rn. 23–018; *Knöfel* EuZA 2008, 228, 243.

637 *Däubler*/Däubler ArbeitskampfR, § 32, Rn. 30.

Maßnahmen gesondert anzuknüpfen sind.[638] Wird ein Streik zeitgleich etwa in Großbritannien und in Deutschland um ein gemeinsames Ziel geführt, müsste er separat angeknüpft werden. Der Teil des Streiks, der in Deutschland stattfindet, wäre nach deutschem Recht zu beurteilen, der andere Teil nach britischem Recht. Art. 9 Rom II-VO verhindert auf diese Weise, dass ein Arbeitskampf rechtlich einheitlich beurteilt wird, sofern er nicht nur in den Grenzen eines Landes geführt wird. Auch der Zusammenhang mit einem transnationalen Tarifvertrag könnte hier angesichts der eindeutigen gesetzlichen Regelung nicht zu einer Anknüpfung an das Tarifvertragsstatut führen.[639]

Etwas anderes gilt nur, wenn sowohl Schädiger als auch Geschädigter nach Art. 4 Abs. 2 Rom II-VO ihren gewöhnlichen Aufenthaltsort im selben Staat haben. Das Recht dieses Staats ist dann unabhängig vom Ort des Arbeitskampfs anzuwenden. Dies dürfte jedoch regelmäßig wenig an der Zersplitterung des Arbeitskampfstatuts im Falle grenzüberschreitender Arbeitskämpfe ändern. Schließlich sind an einem Arbeitskampf in der Regel nicht nur zwei natürliche oder juristische Personen beteiligt. Selbst wenn also Gewerkschaft und betroffener Arbeitgeber im selben Staat säßen, wären die streikenden Arbeitnehmer über beide Staaten verteilt. Auch sie wären potentielle „Schädiger".[640]

c) *Rechtswahl*

Daneben stellt sich die Frage, ob die Arbeitskampfparteien den Arbeitskampf im Wege der Rechtswahl womöglich einer einheitlichen Rechtsordnung unterstellen können. Allgemein wird angenommen, dass Art. 9 Rom II-VO eine Rechtswahl in Abgrenzung zu Art. 6 Abs. 4, Art. 8 Abs. 3 Rom II-VO nicht ausschließt.[641]

---

638 Vgl. *Knöfel* EuZA 2008, 229, 237; *Heinze* RablesZ 2009, 770, 786; von einer „Mosaikbetrachtung" spricht *Junker*/MüKo Bd. 10, Art. 9 Rom II-VO, Rn. 29; *Däubler*/Däubler, ArbeitskampfR, § 32, Rn. 31; *Schlachter*/Erfurter, Art. 9 Rom II-VO, Rn. 2; *Zelfel*, Internationaler Arbeitskampf, S. 98 f.; *Deinert*, Internationales Arbeitsrecht, § 16, Rn. 17; *Deinert* ZESAR 2012, 309, 311; *Plender/Wilderspin*, EU-PIL, Rn. 23-021; *van Hoek*, Private International Law Aspects of Collective Action, S. 450.

639 So bereits zur alten Rechtslage: *Otto*, ArbeitskampfR, § 13, Rn. 15; *Sagan*, Grundrecht auf Kollektivmaßnahmen, S. 379.

640 Nach britischem und deutschem Arbeitsrecht bestehen bei rechtswidrigen Arbeitskämpfen zumindest dem Grund nach Schadensersatzansprüche auch gegen die einzelnen Arbeitnehmer. Für Deutschland: *Linsenmaier*/Erfurter, Art. 9 GG, Rn. 232; für Großbritannien: *Deakin/Morris*, Labour Law, Rn. 11.69.

641 *Unberath/Czuipka*/Rauscher, EuZPR/EuIPR, Art. 9 Rom II-VO, Rn. 12; *Junker*/MüKo Bd. 10, Art. 9 Rom II-VO, Rn. 7, 32; *Däubler*/Däubler ArbeitskampfR, § 32, Rn. 41.

Art. 14 Abs. 1 S. 1 a) Rom II-VO lässt dabei zunächst die Rechtswahl nach Eintritt des schadenbegründenden Ereignisses allgemein zu.

Nach Art. 14 Abs. 1 S. 1 b) Rom II-VO ist weiterhin auch eine Rechtswahl ex ante zulässig. Bedingung dafür ist jedoch, dass die Parteien einer kommerziellen Tätigkeit nachgehen. Dies ist insbesondere für Gewerkschaften und Arbeitnehmer zweifelhaft. Für Gewerkschaften wird dabei weitgehend angenommen, sie gingen keiner kommerziellen Tätigkeit nach, wenn sie einen Arbeitskampf führen. Folglich sollen sie ex ante keine Rechtswahlvereinbarung schließen können.[642]

Nach Art. 14 Abs. 1 S. 2 Rom II-VO wirkt zudem jede Vereinbarung über das anzuwendende Recht lediglich inter partes. Die Rechte nicht an der Vereinbarung beteiligter Dritter bleiben davon ausdrücklich unberührt. Dies betrifft auch andere potentiell von Art. 9 Rom II-VO erfasste Schädiger und Geschädigte.

2. Konsequenzen für grenzüberschreitende Arbeitskämpfe

a) Funktion des Arbeitskampfs

Sowohl die britische als auch die deutsche Rechtsordnung verknüpfen den zulässigen Arbeitskampf eng mit dem jeweiligen Tarifvertrags- beziehungsweise Kollektivvertragsrecht.[643] Dem Arbeitskampfrecht kommt dabei die Rolle zu, das Verhandlungsgewicht insbesondere der Arbeitnehmerseite in Auseinandersetzungen mit der Arbeitgeberseite zu stärken. Art. 9 Rom II-VO erzeugt allerdings eine starre Anknüpfung, nach der ein transnationaler Arbeitskampf rechtlich separat nach den Arbeitskampfordnungen der betroffenen Staaten zu beurteilen ist. Wesentliche Elemente des Arbeitskampfrechts beider Rechtsordnungen sind jedoch womöglich nicht kompatibel miteinander.

aa) Die britische Perspektive

Im britischen Recht dient der Arbeitskampf dazu, im Rahmen einer Tarifauseinandersetzung Druck auf den Arbeitgeber auszuüben. Die Ziele des Arbeitskampfs sind limitiert auf die in sec. 244 (1) TULRCA 1992 aufgeführten Angelegenheiten.[644] Allerdings ist dies nicht darauf beschränkt, den Abschluss

642 Vgl. *Däubler*/Däubler, ArbeitskampfR, § 32, Rn. 43 m.w.N.; *Unberath/Cziupka*/Rauscher, EuZPR/EuIPR, Art. 9 Rom II-VO, Rn. 13; *Deinert* ZESAR 2012, 311, 312; *Deinert*, Internationales Arbeitsrecht, § 16, Rn. 14; *Wagner* IPRax 2008, 1, 10; *Junker*/MüKo Bd. 10, Art. 9 Rom II-VO, Rn. 32; *Zelfel*, Internationaler Arbeitskampf, S. 114.

643 Siehe hierzu auch den vergleichenden Überblick oben unter B.III.2.

644 Vgl. oben unter B.I.3.b)aa)(1).

von Kollektivverträgen über diese Angelegenheiten zu erreichen. Der Arbeitskampf sowie die Drohung mit ihm dient auch dazu, die Einhaltung der Kollektivverträge sicherzustellen. Aufgrund der rechtlichen Unverbindlichkeit der Kollektivverträge besteht die einzige Möglichkeit, ihre Durchsetzung – also auch ihre Anwendung auf die individuellen Arbeitsverhältnisse – sicherzustellen, darin, sozialen und wirtschaftlichen Druck auszuüben.[645] Damit erklärt sich schließlich auch, dass die Vereinbarung einer Friedenspflicht in Kollektivverträgen nach britischem Recht absolut unüblich ist. Sie stünde im Widerspruch zum System britischer Kollektivverhandlungen.[646]

Bei einer Anknüpfung an den Ort des Geschehens können Arbeitskämpfe diese weiterreichende Funktion in Bezug auf Kollektivverträge nicht ohne Weiteres erfüllen. Die Friedenspflicht des deutschen Rechts verbietet schließlich Arbeitskämpfe um tariflich bereits geregelte Gegenstände. Mit Abschluss des Tarifvertrags ist das Arbeitskampfrecht suspendiert.[647] Die Durchsetzung des Vertrags obliegt den Gerichten. Soweit britischen Kollektivverträgen eine solche Friedenspflicht fehlt, könnte angenommen werden, dass auch in Deutschland für die Umsetzung des entsprechenden Kollektivvertrags gestreikt werden dürfte. Schließlich ist das Tarifvertragsstatut, wie dargelegt, frei wählbar.

Die Friedenspflicht steht allerdings dogmatisch zwischen Tarif- und Arbeitskampfrecht. Zwar wird sie als (schuldrechtlicher) Bestandteil der Tarifverträge angesehen, das BAG betont jedoch in ständiger Rechtsprechung, dass sie dazu von den Parteien weder explizit noch konkludent vereinbart werden muss. Vielmehr ist sie dem „Tarifvertrag als Friedensordnung immanent“[648]. Dies klassifiziert die Friedenspflicht als grundlegende Schranke des Arbeitskampfs nach deutschem Recht und unterscheidet sie vom Charakter einer lediglich vertraglich vereinbarten Pflicht. Das Arbeitskampfstatut wird wiederum durch das auf den Kollektivvertrag anzuwendende Recht nicht beeinflusst, sondern ist nach Maßgabe von Art. 9 Rom II-VO zu bestimmen. Vor diesem Hintergrund ist offen, ob die starre Anknüpfung des Arbeitskampfstatuts wegen des vertraglichen Elements der deutschen Friedenspflicht durchbrochen wird.[649] Das ist auch noch

---

645 Wenngleich *Ewing* ILJ 2005, 1, 14 darauf verweist, dass die Durchsetzung nur durch sozialen Druck der rechtlich unverbindlichen Kollektivverträge faktisch zunehmend erfolgloser ist.

646 Vgl. auch oben B.I.3.b)bb).

647 Vgl. oben B.II.2.a)cc).

648 BAG vom 19. 6. 2007, 1 AZR 396/06, NJW 2007, 1055, 1057.

649 Für eine Anknüpfung der Friedenspflicht nach dem Arbeitskampfstatut *Deinert* FS Bepler, 75, 83.

aus einem weiteren Grund zweifelhaft: Die Friedenspflicht korrespondiert mit den Anforderungen an einen verhältnismäßigen – und damit rechtmäßigen – Arbeitskampf nach deutschem Recht. Er darf nur um ein legitimes Ziel geführt werden, das im Abschluss eines Tarifvertrags besteht.[650]

bb) Die deutsche Perspektive

Die Möglichkeit, einen Arbeitskampf zu führen, ist im deutschen Recht wesentlich, um die Durchsetzungsfähigkeit einer Gewerkschaft zu bejahen. Damit wiederum ist die Richtigkeitsgewähr von Tarifverträgen eng verknüpft.[651] Die Rechtsprechung hat vor diesem Hintergrund auf der Basis der Koalitionsfreiheit das Recht der Gewerkschaften, Arbeitskämpfe zu führen, nicht lediglich betont. Vielmehr sind auch die rechtlichen Anforderungen an einen Arbeitskampf eher informell ausgestaltet und den Gewerkschaften wird in Bezug auf die Wahl ihrer Kampfmittel große Freiheit gewährt, solange der Arbeitskampf nur ein tariflich regelbares Ziel verfolgt.

Eine Aufspaltung des Arbeitskampfstatuts eines transnationalen Arbeitskampfs führt insofern zu einem starken Gefälle. Zwar kann nach britischem Recht ein Arbeitskampf gegebenenfalls um weitergehende Ziele geführt werden als nach deutschem Recht. Allerdings sind die dort geltenden rechtlichen Rahmenbedingungen den deutschen geradezu diametral entgegengesetzt. Nicht nur existieren umfassende formale Vorgaben, etwa zur Urabstimmung und Information des Arbeitgebers über Arbeitskämpfe. Deren Einhaltung ist zudem Voraussetzung für den gesetzlichen Schutz vor den umfassenden deliktischen Haftungstatbeständen. Neben der beschränkten gesetzlichen Immunität existieren weitere Möglichkeiten für Arbeitgeber, um gegen Arbeitskämpfe vorzugehen.[652]

Es steht zu befürchten, dass ein transnationaler Arbeitskampf deswegen nicht einheitlich geführt werden kann: Während er in Deutschland, von der geltenden Rechtslage protegiert, umfassend durchgeführt werden kann, steht seine Durchführung im Vereinigten Königreich unter zahlreichen Vorbehalten und Risiken. Nicht nur den Arbeitgebern stehen nämlich viele Möglichkeiten zu, Unterlassungsverfügungen zu erwirken, sondern auch Gewerkschaftsmitgliedern, die Fehler bei der Urabstimmung bemängeln. Selbst britische Kunden des

650 Siehe dazu oben unter B.II.2.a)aa).

651 Vgl. auch oben unter B.II.2.a)aa).

652 Dazu bereits oben unter B.I.3.b)aa)(2); vgl. auch die Beispiele bei *Ewing*, British Labour Law and Private International Law Report, S. 225–229.

Arbeitgebers können entsprechende Rechtsmittel nach sec. 235A TULRCA 1992 geltend machen.[653] Dies dürfte aus gewerkschaftlicher Sicht in einem tatsächlich geführten transnationalen Arbeitskampf zu einem erheblichen Bedeutungszuwachs der deutschen Seite führen. Ein gleichrangiges oder auch nur gemeinsames Führen eines Arbeitskampfs in beiden Staaten begegnet daher erheblichen Zweifeln.

Dieses arbeitskampffeindliche Umfeld führt auch zu Konsequenzen für die Anerkennung einer britischen Gewerkschaft als berechtigt, Kollektivverträge mit Wirkung in Deutschland abzuschließen.[654] Da unter anderem ihre Anerkennung als Verhandlungspartner entscheidend auf ihrer Fähigkeit basiert, sozialen und ökonomischen Druck auf einen Arbeitgeber auszuüben, könnte die Asymmetrie zwischen deutschem und britischem Arbeitskampfrecht zugleich auch Zweifel an ihrer Tariffähigkeit nach deutschem Recht begründen.

b) Unterstützungsstreik

Ein weiteres Problem könnte sich aus dem strikten Verbot von Unterstützungsstreiks nach sec. 224 TULRCA 1992 im britischen Recht ergeben.[655] Denkt man etwa an grenzüberschreitende Tarifverhandlungen mit multinationalen Konzernen, können auch Arbeitnehmer des Konzernverbunds ein eigenes Interesse an den zu erzielenden Abschlüssen haben, deren Arbeitgeber selbst nicht unmittelbarer Teil der Auseinandersetzung ist, da er gegebenenfalls – um in der britischen Perspektive zu bleiben – nicht Teil der anvisierten Verhandlungseinheit ist. Nach deutschem Verständnis würde man wohl formulieren, dass die entsprechenden Arbeitnehmer nicht in den Geltungsbereich des abzuschließenden Tarifvertrags fallen sollen.

Das Phänomen des Unterstützungsstreiks ist zwar keines, das nur grenzüberschreitende Arbeitskämpfe betrifft. Der Vergleich zwischen britischem und deutschem Arbeitsrecht offenbart aber auch an dieser Stelle die Grenzen einer starren Anknüpfung nach dem Ort des Geschehens. Nach deutschem Recht kann ein

653 Vgl. oben unter B.I.3.c).

654 Dazu schon oben unter C.II.2.c).

655 Dazu oben unter B.I.3.b)aa)(2). Auf das Problem unterschiedlicher Bewertung von Sympathiestreiks in den Mitgliedsstaaten weist bereits allgemein *Stiller* ZIAS 1991, 194, 222 hin.

Unterstützungsstreik zulässig sein, wenn ein hinreichender Bezug zum Hauptarbeitskampf besteht.[656]

Hierin kann durchaus eine weitere Schwächung der Arbeitnehmerseite in einem grenzüberschreitenden Arbeitskampf gesehen werden. Es scheint plausibel, ein Interesse der Arbeitnehmer an einer grenzüberschreitenden Solidarisierung anzunehmen, bedenkt man, dass die Entscheidungsprozesse in multinationalen Konzernen auch nicht an Grenzen gebunden sind.[657] Wiederum sind vor allem deutsche Gewerkschaften und Arbeitnehmer privilegiert. Die Möglichkeiten britischer Arbeitnehmer sind letztlich auf „egoistische" Motive beschränkt, selbst wenn die Folgen einer Tarifauseinandersetzung sie auch mittelbar betreffen. Einer darüber hinaus gehenden Solidarisierung steht jedenfalls das britische Recht entgegen.[658]

c) Rechtswahl als Ausweg?

Nach diesem vergleichenden Befund bleibt nur die Frage, ob eine Rechtswahl einen Ausweg hin zu einem einheitlichen Arbeitskampfstatut schaffen kann. Eine Rechtswahl ex post erscheint unwahrscheinlich, da jeder Partei daran gelegen sein dürfte, die Anwendung der für sie genehmeren Rechtsordnung zu vereinbaren. Angesichts der Dynamik eines Arbeitskampfes und der häufigen Verlagerung von Rechtsstreitigkeiten über die Zulässigkeit eines Arbeitskampfs in die Phase vor seiner Durchführung, dürfte allenfalls eine Rechtswahl ex ante interessant erscheinen.[659] Hierauf könnten die Gewerkschaft und Arbeitgeber sich noch auf einem abstrakten Niveau einigen, etwa durch ein Rahmenabkommen über ihre Tarifverhandlungen.

Selbst wenn man jedoch davon ausginge, dass Art. 14 Abs. 1 S. 1 b) Rom II-VO eine Rechtswahl ex ante auch Gewerkschaften gestattet, scheint dieser Weg dennoch zweifelhaft. Da eine Rechtswahlvereinbarung immer nur die beteiligten Parteien erfasst, werden Arbeitnehmer und Dritte hiervon grundsätzlich nicht erfasst.[660] Gerade außenstehenden Dritten steht nach sec. 235A TULRCA 1992 jedoch das Recht zu, gegen einen nach britischem Recht rechtswidrigen Arbeitskampf vorzugehen und sogar einstweilige Verfügungen dagegen zu erwirken,

---

656 Vgl. oben unter B.II.2.b)bb). Vgl. zu diesem Konflikt deutschen und britischen Rechts auch *Deinert*, Internationales Arbeitsrecht, § 16, Rn. 17.

657 *Hepple*, Enforcement, S. 252 f.

658 Vgl. *Hepple*, Enforcement, S. 255.

659 Vgl. auch *Knöfel* EuZA 2008, 228, 246.

660 Vgl. auch *van Hoek*, Private International Law Aspects of Collective Action, S. 464.

soweit sie auch nur wahrscheinlich von ihm betroffen sind.[661] Diese Dritten könnten von einer Rechtswahlvereinbarung zwischen Arbeitgeber und Gewerkschaft aber nicht erfasst werden. Ihre Rechte bemessen sich also zwangsläufig nach dem *Trade Union and Labour Relations (Consolidated) Act 1992*. Mangels Rechtswahlvereinbarung ist nach Art. 9 Rom II-VO nämlich britisches Recht anzuwenden, soweit der Arbeitskampf auch im britischen Hoheitsgebiet geführt wird. Zumindest der dort geführte Teil eines grenzüberschreitenden Arbeitskampfs ist somit einer Rechtswahlvereinbarung allenfalls eingeschränkt zugänglich, da die Rechte Dritter eben nicht erfasst werden können.

Unabhängig davon sind die gemeinsamen Motive, eine entsprechende Vereinbarung zu schließen, weder aus Sicht der Gewerkschaften noch der Arbeitgeber ersichtlich. Dies verdeutlicht gerade der Vergleich zwischen Deutschland und dem Vereinigten Königreich. Bedenkt man, dass britisches Arbeitskampfrecht im Verhältnis zum deutschen wesentlich restriktiver ist, müsste eine der Parteien einer solchen Vereinbarung willentlich eine signifikante Verschlechterung ihrer Rechtsposition hinnehmen. Aus Arbeitgebersicht bedeutet eine Wahl deutschen Arbeitskampfrechts, sich für eine Rechtsordnung zu entscheiden, die wesentlich weniger Ansatzpunkte für erfolgreiche Unterlassungsklagen oder spätere Schadensersatzansprüche vorsieht.[662] Deswegen dürfte diese Rechtsordnung aus gewerkschaftlicher Sicht die bevorzugte Wahl sein.

II. Konsequenzen für einen transnationalen Tarifvertrag

Die starre Anknüpfung des Arbeitskampfrechts steht im Konflikt mit einem transnationalen Tarifvertrag, der einer einheitlichen Rechtsordnung unterstellt werden soll. Handelt es sich um einen rechtlich unverbindlichen Kollektivvertrag nach britischem Recht, steht vor allem die Durchsetzbarkeit in Deutschland infrage. Es ist unklar, ob das deutsche Arbeitskampfrecht die Beschränkung auf das legitime Kampfziel „Tarifvertrag“ mit Blick auf die spezifische Situation eines britischen Kollektivvertrags aufgibt. Solange diese Frage nicht geklärt ist, kann zumindest aus britischer Sicht nicht sichergestellt werden, dass der Kollektivvertrag in Deutschland auch wirklich umgesetzt wird. Dieses Problem ließe sich womöglich noch umgehen, würde man ihn rechtsverbindlich ausgestalten, wobei die Rechtsverbindlichkeit auch dann nur das Verhältnis der Vertragsparteien zueinander betrifft. Hier sollte aber die Tradition des britischen Rechtsraums nicht unterschätzt werden, die Beziehung zwischen Gewerkschaften und Arbeitgebern

661 Siehe dazu oben unter B.I.3.c)bb).

662 Darauf wies allgemein bereits *Kidner* ILJ 1994, 109, 110, hin.

rechtlich unverbindlich zu gestalten und sie damit auch den haftungsrechtlichen Restriktionen des *common law* zu entziehen. Bereits in diesem Aspekt prallen zwei sehr gegensätzliche Traditionen aufeinander. Aus diesem Grund ist es unzureichend, das britische Beispiel der rechtlichen Unverbindlichkeit anzuführen, um darzulegen, dass transnationale Tarifverträge nicht unbedingt normativ wirken müssten.[663] Diese Sicht ignoriert die Bedeutung tatsächlicher Durchsetzungsmittel, insbesondere des Arbeitskampfs, in diesem Zusammenhang.

Noch erheblicher ist allerdings, dass das britische Arbeitskampfrecht äußerst restriktiv ist. Ganz im Gegensatz zur Situation in Deutschland sieht es eine Vielzahl an Möglichkeiten vor, Arbeitskämpfe zu verhindern, von möglichen Schadensersatzansprüchen ganz zu schweigen. Dieses Problem ist zunächst ein theoretisches. Schließlich ist auch im Vereinigten Königreich ein Arbeitskampf grundsätzlich möglich und zulässig. Wenn ein grenzüberschreitender Arbeitskampf aber dazu dienen soll, einen fairen Interessenausgleich – gleichgültig welchen Gegenstands – in Form eines grenzüberschreitenden Tarifvertrags für die Arbeitnehmer in Deutschland und im Vereinigten Königreich zu erreichen, müssten die Arbeitnehmer in beiden Staaten auch in gleicher Weise zu seiner Durchsetzung beitragen können.[664] Die Aufspaltung des Arbeitskampfstatuts führt jedoch dazu, dass sich nicht nur Gewerkschaft und Arbeitgeber gegenüberstehen. Zugleich wird darüber hinaus das Arbeitnehmerlager gespalten. Wie könnten die britischen Arbeitnehmer sicher sein, dass ihre Interessen angemessen berücksichtigt werden, wenn de facto der wesentliche Teil des Arbeitskampfs von deutschen Arbeitnehmern geführt wird, weil dort die rechtlichen Hürden niedriger sind? Und umgekehrt: Warum sollten die deutschen Arbeitnehmer dann überhaupt für einen grenzüberschreitenden Tarifvertrag streiten?

Ohne Möglichkeit, das Arbeitskampfstatut etwa durch Rechtswahlvereinbarung zu harmonisieren, dürfte ein grenzüberschreitender Arbeitskampf somit erheblichen praktischen und juristischen Schwierigkeiten begegnen. Daran ändert im Übrigen auch eine mögliche Anknüpfung nach Art. 4 Abs. 2 Rom II-VO nichts. Da an einem transnationalen Arbeitskampf zwangsläufig Personen in beiden Ländern beteiligt wären, kann die Anknüpfung an einen gemeinsamen Heimatort der Tarifparteien die konstatierte Zersplitterung nicht auflösen.

Richtig an der Anknüpfung an den Ort des Geschehens ist zwar, dass auch bei einem grenzüberschreitenden Arbeitskampf die sachlich engste Verbindung zum jeweiligen Ort der Kampfhandlung besteht. Die Arbeitsverhältnisse der

663 So aber *Deinert* ZfA 1999, 361, 401.
664 Allgemein auch *Stiller* ZIAS 1991, 194, 222.

streikenden Arbeitnehmer werden nämlich grundsätzlich ebenfalls dem lokalen Recht unterfallen und die verfassungsrechtlichen Rahmenbedingungen der Staaten, in denen der Arbeitskampf stattfindet, sind betroffen.[665] Sobald jedoch ein transnationaler Tarifvertrag Gegenstand eines solchen, ebenfalls transnationalen Arbeitskampfs ist, stößt die Anknüpfung gemäß Art. 9 Rom II-VO an ihre Grenzen.

665 Vgl. dazu *van Hoek*, Private International Law Aspects of Collective Action, S. 450.

E. Europäische Koalitionsfreiheit

Nachdem im Rahmen dieser Arbeit die kollisionsrechtlichen Bedingungen und Möglichkeiten für einen transnationalen Tarifvertrag und die Konsequenzen der sekundärrechtlichen Rom II-Verordnung für einen transnationalen Arbeitskampf herausgearbeitet wurden, soll nun untersucht werden, ob sich aus dem primärrechtlichen Schutz der Koalitionsfreiheit eine andere Bewertung für das bisher dargelegte Ergebnis hergeleitet werden kann. Eine maßgebliche Entwicklung auf diesem Gebiet ist das Inkrafttreten des Lissabon-Vertrags, der in Art. 6 EUV die Grundrechtecharta für die Europäische Union für rechtsverbindlich erklärt. Die Koalitionsfreiheit, vergleicht man sie mit dem Regelungsgehalt des Art. 9 Abs. 3 GG, wird in der Charta an zwei Stellen geregelt. Während Art. 12 Abs. 1 EuGRC das Recht zur Bildung von Gewerkschaften und anderen Vereinigungen erfasst, wird in Art. 28 EuGRC wiederum das Recht der Arbeitnehmer und Arbeitgeber sowie ihrer jeweiligen Organisationen auf Kollektivverhandlungen und Kollektivmaßnahmen normiert. Für diese Arbeit ist insbesondere die Regelung in Art. 28 EuGRC von Bedeutung, die als primärrechtliche Quelle auch bei der Anwendung der Rom I-Verordnung und der Rom II-Verordnung zu beachten ist.

Zu untersuchen ist im vorliegenden Kapitel, ob sich aus der Koalitionsfreiheit ein Rahmen für transnationale Kollektivvereinbarungen im Bereich der Europäischen Union ergeben kann. Dabei sind zunächst der Schutzbereich des Grundrechts und seine Einschränkbarkeit zu erörtern. Weiterin stellt sich die Frage, ob die Rechtsprechung zur europäischen Koalitionsfreiheit Ansätze für ein europäisches Arbeitskampfrecht andeutet. Als Ergebnis sollen die Einflüsse der europäischen Koalitionsfreiheit auf die unter C und D herausgearbeiteten Schwierigkeiten transnationaler Tarifverträge und Arbeitskämpfe eingeordnet werden.

I. Schutzbereich

Problematisch ist, dass Art. 28 EuGRC im Hinblick auf die von ihm erfassten Handlungen und Modalitäten zunächst auf das Unionsrecht und die einzelstaatlichen Rechtsvorschriften sowie Gepflogenheiten verweist. Dabei wird vielfach kritisiert, dass hierdurch Art. 28 EuGRC ein eigenständiger Regelungsgehalt fehle.[666] Nach Art. 153 Abs. 5 AEUV ist der Europäischen Union zumindest im Rahmen der sozialpolitischen Rechtssetzungskompetenz das Koalitions- und Arbeitskampfrecht sowie – nach wohl überwiegender Auffassung – auch das Tarifrecht[667] als Regelungsmaterie entzogen. Es ist somit nicht davon auszugehen, dass ein unionsrechtlicher Rahmen die Beziehungen von Arbeitgebern und Gewerkschaften in naher Zukunft regelt, weil es schon an einer expliziten Ermächtigungsgrundlage fehlt.

Art. 153 Abs. 5 AEUV steht dem Versuch einer europarechtlichen Auslegung von Art. 28 EuGRC jedoch nicht entgegen. Die dortige Regelungssperre bezieht sich bereits ausweislich ihres Wortlauts lediglich auf die Ermächtigungsgrundlage des Art. 153 AEUV. Das heißt nicht, dass das Koalitions-, Tarif- und Arbeitskampfrecht damit nicht gleichzeitig dem Anwendungsbereich des Gemeinschaftsrechts entzogen wäre.[668] Zumindest dürfte es dem Europäischen Gerichtshof nicht verwehrt sein, den Schutz- und Anwendungsbereich von Art. 28 EuGRC eigenständig zu ermitteln, denn auch wenn es auf Unionsebene keine Ermächtigungsgrundlage zum Setzen kollektivrechtlicher Regelungen gibt, so schmälert dies nicht die Funktion der Koalitionsfreiheit als Schutzrecht vor Eingriffen. Andernfalls entstünde ein systematischer Widerspruch zu der unionsrechtlich garantierten Koalitionsfreiheit in Art. 12 Abs. 1 sowie Art. 28 EuGRC.

1. Verweisregelung

Fragen wirft zunächst der Einschub in Art. 28 EuGRC auf, nach dem die in ihm gewährten Rechte lediglich „nach dem Unionsrecht und den einzelstaatlichen Rechtsvorschriften und Gepflogenheiten" gewährt werden. Ein solcher Verweis ist allerdings in der Grundrechtecharta nicht erstmalig zu finden, sondern bereits in Nr. 12 und Nr. 13 der Gemeinschaftscharta der sozialen Grundrechte der Arbeitnehmer enthalten. Der Charakter dieses Verweises und seine praktischen Konsequenzen für das Grundrecht der Koalitionsfreiheit sind höchst umstritten.

a) Verweis auf Recht der Mitgliedsstaaten

Teilweise wird vertreten, dass der Verweis bereits eine Schranke des Grundrechts darstellt, dass also der Anwendungsbereich des Grundrechts durch das Unionsrecht und das jeweilige Recht der Mitgliedsstaaten ausgefüllt wird. Da die Europäische Union selbst nach Art. 153 Abs. 5 AEUV keinerlei Kompetenzen zur

666 Dazu unten unter E.I.1.

667 Vgl. dazu auch *Krebber*/Calliess/Ruffert, EUV/AEUV, Art. 153 AEUV, Rn. 12.

668 EuGH vom 18.12.2007, C-341/05 (*Laval*), Slg. I-11767, Rn. 86 f.

Regelung des Tarif- und Arbeitskampfrechts hat, liegt es somit in der Hand der Mitgliedsstaaten zu regeln, wer Träger des Grundrechts ist und welche Handlungen das Grundrecht erfasst.[669] Deswegen wird vielfach kritisiert, dass Art. 28 EuGRC kein eigenständiger Regelungsinhalt zu entnehmen und er eigentlich ohne Funktion und damit ohne Sinn sei.[670]

Wäre der Verweis als Vorbehalt in diesem Sinne zu verstehen, fehlte dem Grundrecht auf Kollektivverhandlungen und Kollektivmaßnahmen tatsächlich eine eigenständige Schutzfunktion. Es ist bereits aus teleologischen Gründen nicht plausibel, dass der Unionsgesetzgeber ein Grundrecht verabschiedet, dass keinerlei eigenständige Schutzwirkung entfaltet, sondern seinen Schutzbereich durch diejenigen festlegen lässt, die eigentlich durch das Grundrecht verpflichtet werden sollen.[671]

Zuzugestehen ist, dass das Tarif- und Arbeitskampfrecht äußerst heterogenen Rechtsordnungen in den Mitgliedsstaaten unterworfen ist. Bereits die Aspekte, wer Tarifverträge schließen darf, was in ihnen geregelt werden darf beziehungsweise unter welchen Bedingungen Arbeitskämpfe durchgeführt werden können, werden in den Mitgliedsstaaten äußerst unterschiedlich geregelt.[672] Da die Grundrechtecharta aber transnationale Grundrechte auf Unionsebene etabliert, muss sie in der Lage sein, diesen unterschiedlichen Rechtstraditionen der Mitgliedsstaaten auch eigenständig Rechnung tragen zu können. Dies gilt umso mehr aufgrund der Beschränkung in Art. 153 Abs. 5 AEUV, die es der Europäischen Union grundsätzlich verwehrt, dem Grundrecht der Koalitionsfreiheit eine eigenständige Tarif- und Arbeitskampfordnung auf europäischer Ebene zur Seite zu stellen.[673] Insoweit ist der Einschub vielmehr im Sinne eines Ausgestaltungsvorbehalts zu verstehen, wodurch der Anwendungsbereich von Art. 28 EuGRC an die nationalen Rechtsordnungen angepasst werden kann.[674] Dies wird teilweise – etwas optimistisch – sogar als potentielle Stärkung des Grundrechts

669 So etwa *Sagan*, Grundrecht auf Kollektivmaßnahmen, S. 129–131, der den Verweis aber zudem als Schranke des Grundrechts interpretiert; problematisierend auch *Rudolf*/Meyer, EuGRC, Art. 28, Rn. 27.

670 In diese Richtung: *Krebber*/Calliess/Ruffert, EUV/AEUV, Art. 28 EuGRC, Rn. 4; *Waltermann* EuZA 2015, 15, 21.

671 Vgl. *Schubert* ZfA 2013, 1, 13.

672 So auch die Erläuterungen zur Grundrechtecharta, Amtsblatt der EU 2007, C-303/26.

673 Dazu *Herresthal* EuZA 2011, 3, 17.

674 *Rixen*/GK-EuGRC, Art. 28, Rn. 14; *Bryde* SR 2012, 2, 10; *Herresthal* EuZA 2011, 3, 16 f.; wohl auch *Schubert* ZfA 2013, 1, 12 f.; a.A. wohl *Sagan*, Grundrecht auf Kollektivmaßnahmen, S. 129–131.

verstanden: Hiermit werde der Kollektivautonomie der Gewerkschaften und Arbeitgeber auf Unionsebene nämlich der gleiche Schutz zugesichert, wie nach nationalem Verfassungsrecht. Zutreffend ist jedenfalls, dass hierdurch den Tarifparteien erstmals förmlich ein solches Grundrecht auf Unionsebene garantiert wird.[675] Wegen der Wechselwirkung mit den nationalen, unterschiedlichen Rechtsordnungen ist dies aber in den Details noch sehr unspezifisch.

Hinzu kommt, dass auch außerhalb des Rechts der Europäischen Union mehr oder weniger verbindliche Garantien zum Schutz der Kollektivautonomie existieren. So wird etwa durch das Übereinkommen Nr. 87 der International Labour Organization die Vereinigungsfreiheit für Arbeitgeber und Arbeitnehmer erfasst. Bemerkenswerter noch ist aber der Schutz der Koalitionsfreiheit in Art. 11 EMRK. Vermittelt durch die Rechtsprechung des Europäischen Gerichtshofs entfaltet diese auch auf Unionsebene Wirkung.[676] Art. 11 EMRK gewährt die Vereinigungs- und Koalitionsfreiheit aber ohne Verweis auf nationales Recht. Dies spricht auch gegen die Annahme, dass die Grundrechtecharta in Art. 28 EuGRC ein inhaltsleeres und somit funktionsloses Grundrecht enthalten soll. Aus alldem ergibt sich, dass ein unionrechtlicher Schutz des Kerns der Kollektivautonomie gewährleistet ist. Dabei führt auch der Verweis auf nationales Recht und nationale Gepflogenheiten nicht zu einem inhaltsleeren Grundrecht, das der beliebigen Ausfüllung durch die Mitgliedsstaaten unterworfen ist.[677]

b) *Verweis auf Unionsrecht*

Der Verweis auf das Unionsrecht kann zum einen als Schrankenregelung verstanden werden, welche also dem EU-Recht ermöglicht, das Grundrecht einzuschränken. Andererseits kann es aber auch, wie der Verweis auf die mitgliedsstaatlichen Rechtsordnungen, dazu dienen, den Schutzbereich des Grundrechtes überhaupt erst auszufüllen. Dabei ist allerdings die hohe Hürde des Art. 153 Abs. 5 AEUV zu beachten.[678]

Der Europäische Gerichtshof scheint den Verweis auf das Unionsrecht nicht als direkte Schranke von Art. 28 EuGRC zu verstehen. Er nimmt den Verweis als Anlass, den Schutzbereich der Vorschrift zu bestimmen: In der Rechtssache *Hennigs* hatte der Gerichtshof über die in den deutschen Tarifverträgen des

675 *Bryde* SR 2012, 2, 10.

676 EuGH vom 14.10.2004, C-36/02 (*Omega*), EuZW 2004, 753, Rn. 33 m.w.N.

677 *Bryde* SR 2012, 2, 10; *Herresthal* EuZA 2011, 3, 17 f.

678 Vgl. *Seifert* EuZA 2013, 205, 211.

öffentlichen Dienstes üblichen Altersstaffeln für die Vergütung zu urteilen.[679] Er stellte fest, dass das Recht auf Kollektivverhandlungen in Art. 28 EuGRC „im Rahmen der Anwendung des Unionsrechts im Einklang mit diesem ausgeübt werden"[680] muss. Zudem hob er hervor, dass die Sozialpartner das in Art. 21 EuGRC grundrechtlich geschützte Altersdiskriminierungsverbot in seiner Konkretisierung durch die Richtlinie 2000/78/EG beachten müssen, da dieses Diskriminierungsverbot Teil des Unionsrechts ist.[681] Unverständlich wird das Urteil jedoch, wenn der Europäische Gerichtshof letztlich feststellt, die dort streitige Vereinbarung im Tarifvertrag[682] verstoße gegen das Verbot der Altersdiskriminierung und gleichzeitig betont, das Grundrecht der Kollektivautonomie sei hierdurch nicht beeinträchtigt.[683] Wegen der unklaren Formulierung im Urteil bleibt die Frage unbeantwortet, ob aufgrund der Beeinträchtigung von Art. 21 EuGRC der Anwendungsbereich des Art. 28 EuGRC schon nicht erst eröffnet ist[684] oder ob der Gerichtshof einen Ausgleich beider Grundrechte vornehmen und damit letztlich feststellen wollte, dass die Beeinträchtigung von Art. 21 EuGRC und der Richtlinie 2000/78/EG nicht gerechtfertigt war. Für einen Ausgleich beider Grundrechte spricht zumindest die vorherige Prüfung der Verhältnismäßigkeit, die gerade auch in Bezug auf das Grundrecht der Kollektivautonomie und dem daraus folgenden Ermessensspielraum der Sozialpartner erfolgte.

Auch in einer anderen Entscheidung setzte sich der Europäische Gerichtshof mit einem möglichen Verstoß gegen das Altersdiskriminierungsverbot in einem Tarifvertrag mit der Frage des Verweises auseinander.[685] Dort formuliert er etwas klarer, dass die Sozialpartner beim Verhandeln eines Tarifvertrags das Verbot der Altersdiskriminierung beachten müssten.[686] Auch dies lässt sich wohlwollend dahingehend verstehen, dass die Sozialpartner bei der Ausübung der Kollektivautonomie, die ihnen die Grundrechtecharta gewährt, auch andere Grundrechte

679 EuGH vom 08.09.2011, C-297/10 C-298/10, (*Hennigs*), NZA 2011, 1100.

680 EuGH vom 08.09.2011, C-297/10 C-298/10, (*Hennigs*), NZA 2011, 1100, Rn. 67.

681 EuGH vom 08.09.2011, C-297/10 C-298/10, (*Hennigs*), NZA 2011, 1100, Rn. 68.

682 Konkret ging es um die Wirksamkeit einer altersbezogenen Entgeltstaffel, bei der auch neueingestellte Arbeitnehmer in ihre entsprechende Altersgruppe eingruppiert wurden und damit von Beginn an mehr verdienen konnten als jüngere Kollegen mit längerer Dienstzeit.

683 EuGH vom 08.09.2011, C-297/10 C-298/10, (*Hennigs*), NZA 2011, 1100, Rn. 78.

684 So interpretiert es wohl *Maier* ZESAR 2012, 234, 244 f.

685 EuGH vom 13.09.2011, C-447/09 (*Prigge*), NZA 2011, 1039–1044.

686 EuGH vom 13.09.2011, C-447/09 (*Prigge*), NZA 2011, 1039–1044, Rn. 47 f.

beachten müssen.[687] Jedenfalls ist hierin keine Negierung der unionsrechtlichen Kollektivautonomie durch entgegenstehendes Unionsrecht zu erkennen. Bestätigt wird diese Auslegung auch durch die Schlussanträge von Generalanwalt *Villalón*, in denen er betont, dass der Tarifvertrag trotz des Schutzes nach Art. 28 EuGRC nicht außerhalb des Gesetzes und des Unionsrechts stehen könne, sondern mit diesem stets in ein angemessenes Gleichgewicht zu bringen sei.[688]

Daraus folgt, dass diese Urteile des Gerichtshofs jedenfalls die von vielen vorgebrachte These widerlegen, Art. 28 EuGRC fehle wegen Art. 153 Abs. 5 AEUV auf Unionsebene ein eigenständiger Anwendungsbereich.[689] Soweit der Gerichtshof Art. 28 EuGRC im Rahmen der Verhältnismäßigkeit heranzieht, verdeutlicht er die eigenständige Funktion des Grundrechts und lässt es gerade nicht als „leere Hülle“ bestehen.[690]

Ob der Europäische Gerichtshof das Grundrecht aus Art. 28 EuGRC wegen des Verweises auf das Unionsrecht nun allgemein auch an sekundärrechtliche Richtlinien gebunden sieht oder dies der Besonderheit der Entscheidung geschuldet ist, dass das Diskriminierungsverbot nach Art. 21 EuGRC grundrechtlich und damit primärrechtlich geschützt ist und die Richtlinie 2000/78/EG insoweit nur seine Konkretisierung darstellt, wird in beiden Urteilen nicht deutlich. Die gewählte Formulierung des Gerichtshofs erweckt jedenfalls den problematischeren Eindruck, dass der Anwendungsbereich von Art. 28 EuGRC an europäischem Sekundärrecht zu messen sein könnte.[691]

c) *Zwischenergebnis*

Zu der Verweisregelung des Art. 28 EuGRC lassen sich mehrere Aspekte festhalten. Der Verweis auf die mitgliedsstaatlichen Rechtsordnungen ist vor allem der Heterogenität der Tarif- und Arbeitskampfordnungen in den Mitgliedsstaaten geschuldet. Hiermit wird es aber nicht in das Belieben der Mitgliedsstaaten gestellt, wie sie Arbeitskämpfe oder Tarifverträge auf europäischer Ebene regeln, es sollen lediglich die Besonderheiten der Mitgliedsstaaten berücksichtigt werden können. Daraus folgt vor allem nicht die Möglichkeit, das Grundrecht beliebig

687 So auch *Lehman* BB 2012, 117, 119.

688 Schlussanträge vom 19.05.2011 in der Rs. C-447/09 (*Prigge*), Rn. 43.

689 Etwa *Krebber*/Calliess/Ruffert, EUV/AEUV, Art. 28 EuGRC, Rn. 4; *Waltermann* EuZA 2015, 15, 21.

690 Dies deutete sich letztlich sogar bereits in den Entscheidungen *Viking* und *Laval* an; hierzu ausführlicher unten unter E.II.3.

691 Hierzu kritisch schon *Willemsen/Sagan* NZA 2011, 258, 262.

auszuhöhlen. Auf Unionsebene besteht deswegen ein eigenständiges, den Sozialpartnern zur Seite stehendes Grundrecht der Kollektivautonomie.[692]

Schwieriger ist die Einordnung des Verweises auf das Unionsrecht. Die Entscheidungen des Europäischen Gerichtshofs zu Art. 28 EuGRC deuten zumindest an, dass der Gerichtshof diesen Verweis als Schrankenregelung verwendet, um einen Ausgleich mit subjektiven Rechten Dritter zu schaffen, die ebenfalls im Unionsrecht verankert sind.[693] Dieser Ansatz ist zumindest überzeugender als die Sichtweise, den Anwendungsbereich des Grundrechts nur zu suspendieren, sobald kollidierendes Unionsrecht betroffen ist.

2. Persönlicher Schutzbereich

Im Schutzbereich unterscheidet sich Art. 28 EuGRC von Art. 9 Abs. 3 GG. Zunächst werden „Arbeitnehmerinnen und Arbeitnehmer" sowie „Arbeitgeberinnen und Arbeitgeber" erwähnt, um daraufhin auch ihre jeweiligen Organisationen einzubeziehen. Der Wortlaut führt zumindest in Deutschland zu der Frage, ob auch rein innerbetriebliche Organisationen erfasst werden.[694] Soweit dagegen angeführt wird, dass innerbetriebliche Parteien bereits von Art. 27 EuGRC erfasst seien,[695] mag dies für die in Deutschland existierende strikte Trennung zwischen den Aufgaben der Gewerkschaften und denen der Betriebsräte zutreffen. Inwieweit sich diese Trennung von innerbetrieblicher und außerbetrieblicher Sphäre aber für die Arbeitsrechtsordnungen anderer Mitgliedsstaaten pauschalisieren lässt, ist äußerst fraglich.[696]

Da der Komplex des Tarif- und Arbeitskampfrechts schon wegen Art. 153 Abs. 5 AEUV nicht einheitlich auf der Ebene der Europäischen Union geregelt wurde und sich die Details in den Mitgliedsstaaten in teilweise erheblichem Maß unterscheiden, erscheint es plausibel, darauf abzustellen, ob eine Organisation nach den jeweils anzuwendenden mitgliedsstaatlichen Regeln berechtigt ist,

---

692 Bereits die Entscheidungen in den Sachen *Viking* und *Laval* zeigen, dass der EuGH zwar die nationalen Rechtsordnungen heranzieht aber nicht davor zurückschreckt, gleichzeitig auch konkrete Vorgaben zu machen, wie die nationalen Gerichte die Arbeitskämpfe aus Sicht des Unionsrechts zu beurteilen haben. Ausführlich unten unter E.II.3.

693 So wohl auch *Schubert* ZfA 2013, 1, 13–15.

694 *Kreber*/Calliess/Ruffert, EUV/AEUV, Art. 28 EuGRC, Rn. 5.

695 *Rudolf*/Meyer, EuGRCArt. 28, Rn. 21.

696 So zutreffend auch *Kreber*/Calliess/Ruffert, EUV/AEUV, Art. 28 EuGRC, Rn. 5.

Tarifverträge zu verhandeln, durchzusetzen und abzuschließen.[697] Auch setzt der Wortlaut von Art. 28 EuGRC voraus, dass die Organisationen Tarifverträge abschließen können, um von ihm erfasst zu sein.

Probleme offenbart dieser Ansatz, wenn man nach den Möglichkeiten transnationaler Tarifverträge sucht, denn hier treffen die möglicherweise divergierenden mitgliedsstaatlichen Regelungen schließlich unmittelbar aufeinander.[698]

3. Sachlicher Schutzbereich

a) Aushandeln von Tarifverträgen

Der einzige von Art. 28 EuGRC benannte Verhandlungsgegenstand ist der Tarifvertrag. Dieser Begriff ist zwar dem Wortlaut nach identisch mit dem im Tarifvertragsgesetz geregelten Tarifvertrag. Die normative Wirkung nach §§ 3, 4 TVG stellt aber aus europarechtlicher Perspektive eine Besonderheit des deutschen Rechts dar,[699] die keinesfalls auf alle anderen Mitgliedsstaaten übertragbar ist. So wirken insbesondere britische Kollektivverträge - so sie nach sec. 179 TULRCA 1992 überhaupt rechtsverbindlich sind - grundsätzlich nur zwischen den vertragschließenden Parteien, nicht aber gegenüber ihren Mitgliedern. Darüber hinaus werden auch in den anderen Sprachfassungen der jeweiligen Rechtsordnung entsprechende Begrifflichkeiten gewählt. So ist etwa in der britischen Fassung von „*collective agreements*“, in der italienischen von „*contratti collettivi*“ und in der französischen von „*conventions collectives*“ die Rede. Daher ist unter „Tarifvertrag“ letztlich jede Form kollektiver Vereinbarungen zwischen Arbeitgebern und Arbeitnehmern gemeint.[700]

Nur angedeutet werden soll an dieser Stelle die darauf folgende Frage, ob der Begriff des Tarifvertrags auch rein innerbetriebliche Vereinbarungen - also beispielsweise Betriebsvereinbarungen - erfasst.[701] Dies korrespondiert letztlich mit

---

697 *Jarass*, EuGRC, Art. 28, Rn. 11; *Kreber*/Calliess/Ruffert, EUV/AEUV, Art. 28 EuGRC, Rn. 3 f.; so wohl auch: *Rudolf*/Meyer, EuGRC, Art. 28, Rn. 21; *Sagan*, Grundrecht auf Kollektivmaßnahmen, S. 156–161, versucht, zusätzlich eine autonome europarechtliche (Minimal-)Definition zu finden; vgl. auch *Thüsing/Traut* RdA 2012, 65, 71.

698 Vgl. zu der Wechselwirkung auch oben unter C.II.2.c); vgl. *Sagan*, Grundrecht auf Kollektivmaßnahmen, S. 159.

699 Vergleichbar sind teilweise die Regelungen in skandinavischen Ländern, hierzu ausführlich *Evju* EuZA 2010, 48, 52–54.

700 *Rudolf*/Meyer, EuGRC, Art. 28, Rn. 22; *Rixen*/GK-EuGRC, Art. 28, Rn. 15; ausführlich *Schubert* ZfA 2013, 1, 16–18 die es jedoch auf Kollektivverträge zur Regelung der Arbeitsbedingungen und des Verhältnisses der Sozialpartner beschränkt.

701 Vgl. *Jarass*, EuGRC, Art. 28, Rn. 6.

der Frage, ob auch rein innerbetriebliche Arbeitnehmervertretungen dem persönlichen Schutzbereich des Grundrechts unterfallen.[702] Zumindest deutet sich aus dem Vergleich mit Art. 27 EuGRC an, dass das unmittelbare Verhältnis der Belegschaft zu „ihrem“ Arbeitgeber nicht Gegenstand von Art. 28 EuGRC sein soll.[703] Diese Überlegung unterstellt aber wiederum, wie bereits in Bezug auf den persönlichen Schutzbereich, dass in der Europäischen Union strikt zwischen den Rechten der Betriebsräte gegenüber einem Arbeitgeber einerseits und den Möglichkeiten der Gewerkschaften andererseits zu trennen ist. Da dies aber nicht der Fall ist, spricht viel dafür, den Anwendungsbereich von Art. 28 EuGRC über den bloßen Wortlaut hinaus auf Betriebsvereinbarungen auszudehnen,[704] sodass die Aushandlung von Tarifverträgen „auf geeigneten Ebenen“ erfasst ist und letztlich auch Branchen-, Unternehmens- oder Konzerntarifverträge zu schützen. Eine Beschränkung auf eine ganz bestimmte Form lässt sich Art. 28 EuGRC nicht entnehmen und wäre auch kaum mit seiner transnationalen Funktion zu vereinbaren, weil die unterschiedlichen Rechtstraditionen der Mitgliedsstaaten erfasst werden müssen. Darüber hinaus ist dieser Formulierung die Möglichkeit zu entnehmen, einen Tarifvertrag bei Bedarf auch transnational, also auf europäischer Ebene, abzuschließen, soweit dafür ein rechtlicher Rahmen bestünde. Die Erläuterungen zur Grundrechtecharta verweisen diesbezüglich sogar ausdrücklich darauf, dass hiermit auch Tarifverhandlungen auf europäischer Ebene gemeint sein können, sofern das Unionsrecht dies vorsehe.[705]

b) Kollektive Maßnahmen

Art. 28 EuGRC sichert den Grundrechtsträgern darüber hinaus das Recht zu, kollektive Maßnahmen bei Interessenkonflikten zu ergreifen. Als Variante

702 Dazu oben unter E.I.2.

703 So ist wohl *Rudolf*/Meyer, EuGRC, Art. 28, Rn. 21, auch zu verstehen.

704 In den skandinavischen Ländern wird diese Trennung nicht vorgenommen, sondern es existiert nur eine Form kollektiver Verträge. Neben branchen- oder regionsbezogenen existieren aber auch lokale, betriebsbezogene Verträge. Vertragspartner sind dabei auf Seiten der Arbeitnehmer immer die Gewerkschaften: vgl. dazu *Evju* EuZA 2010, 48, 50. Gleiches gilt letztlich auch für Großbritannien, vgl. oben unter B.I.2.b) und C.II.4.c)cc); vgl. auch ausführlich *Krebber*/Callies/Ruffert, Art. 28 EuGRC, Rn. 5 f.

705 Charta-Erläuterungen, Amtsblatt der EU 2007, C-303/26; dazu auch: *Rudolf*/Meyer, EuGRC, Art. 28, Rn. 26; *Rixen*/GK-EuGRC, Art. 28, Rn. 15; *Jarass*, EuGRC, Art. 28, Rn. 8.

kollektiver Maßnahmen nennt Art. 28 EuGRC explizit lediglich den Streik, die kollektive Arbeitsniederlegung durch die Arbeitnehmer[706].

Schon der Wortlaut von Art. 28 EuGRC („einschließlich Streiks") verdeutlicht aber, dass das Streikrecht nur exemplarisch aufgeführt wird. Der offene Wortlaut erfasst daher auch andere Formen kollektiver Maßnahmen - vor allem der Arbeitnehmerseite. In diese Richtung hat der Europäische Gerichtshof bereits in der Rechtssache *Laval* entschieden. Dort haben die Gewerkschaften zur Verstärkung des Drucks auf die Arbeitgeberseite eine Blockade der Baustellen vorgenommen und auch Warenlieferungen und Fahrzeugen den Zugang zur Baustelle verwehrt.[707] In seiner Entscheidung hat der Gerichtshof aber nicht infrage gestellt, dass eine solche Maßnahme grundsätzlich vom Grundrecht auf Kollektivmaßnahmen erfasst ist.[708] Vielmehr hat er die Maßnahme erst auf der Rechtfertigungsebene als unverhältnismäßig abgelehnt.[709] Insoweit befindet sich der Europäische Gerichtshof letztlich auf einer Linie mit der Tendenz in der Rechtsprechung des Bundesarbeitsgerichts, auch eher atypische Formen des Arbeitskampfs zu erfassen, wie sich zuletzt etwa in der Flash-Mob-Entscheidung[710] gezeigt hat, bei der es zu einer nicht zwingend nur von den Arbeitnehmern getragenen Blockade der betroffenen Betriebe kam.

Angesichts des offenen Wortlauts, der das Streikrecht nur exemplarisch erwähnt, und der Rechtsprechung des Gerichtshofs, erfasst Art. 28 EuGRC auch die Aussperrung als wohl einzigem Kampfmittel der Arbeitgeberseite. Andernfalls wäre der Schutzbereich für Arbeitgeber und ihre Organisationen nämlich im Verhältnis zur Arbeitnehmerseite verkürzt, was sich dem Wortlaut der Norm nicht entnehmen lässt.[711]

Darüber hinaus fallen Arbeitskampfmaßnahmen auch unter den Schutzbereich der Koalitionsfreiheit, wenn sie eine europäische oder transnationale Dimension haben. Die ursprünglichen Entwürfe der Grundrechtecharta sahen eine entsprechende Regelung sogar ausdrücklich vor. Obwohl dieser Zusatz in der finalen Fassung nicht mehr enthalten ist, kann nicht von einem grundlegenden Ausschluss solcher Arbeitskämpfe aus dem Schutzbereich des Grundrechts

---

706 Vgl. *Linsenmaier*/Erfurter, Art. 9 GG, Rn. 94.

707 EuGH vom 18.12.2007, C-341/05 (*Laval*), Slg. I-11767, Rn. 34.

708 Vgl. auch *Kocher* GS Zachert, 37, 41.

709 Dazu unten unter E.II.3.b); auch *Holoubek*/EU-Kommentar, Art. 28 EuGRC, Rn. 19, *Rixen*/GK-EuGRC, Art. 28, Rn. 13.

710 BAG vom 22.09.2009, 1 AZR 972/09, NJW 2010, 631, 638.

711 Ausführlich zur Diskussion: *Rudolf*/Meyer, EuGRC, Art. 28, Rn. 24; *Rixen*/GK-EuGRC, Art. 28, Rn. 13; *Jarass*, EuGRC, Art. 28, Rn. 7.

ausgegangen werden, weil die Erläuterungen des Präsidiums zur Charta explizit darauf verweisen,[712] dass auch kollektive Maßnahmen, die in mehreren Mitgliedsstaaten parallel durchgeführt werden, nach Maßgabe der nationalen Rechtsordnungen unter den Schutz der Koalitionsfreiheit fallen können.[713] Im Übrigen ist Art. 28 EuGRC nicht zu entnehmen, dass sich die Interessenkonflikte, derentwegen Arbeitskampfmaßnahmen durchgeführt werden, zwingend aus der Verhandlung von Tarifverträgen ergeben müssen. Vorstellbar sind hier auch andere Konflikte zwischen Arbeitgebern und Arbeitnehmern.[714]

4. Grundrechtsadressaten

Das Grundrecht auf Kollektivautonomie aus Art. 28 EuGRC verpflichtet nach Art. 51 Abs. 1 Satz 1 EuGRC zunächst lediglich die Organe und Einrichtungen der Europäischen Union. Die Mitgliedsstaaten sollen demnach nur dann an die Charta gebunden sein, wenn sie Unionsrecht durchführen. Der Gerichtshof hat dazu entschieden, dass die Grundrechte der Charta „in allen unionsrechtlich geregelten Fallgestaltungen" Anwendung finden.[715] Hierdurch sollte vor allem vermieden werden, dass die Grundrechtecharta auch in Sachverhalten Einfluss entfaltet, die keinen Bezug zur europäischen Ebene aufweisen. Eine deutlichere Abgrenzung zu rein nationalen Fällen war somit erforderlich, da einige Mitgliedsstaaten ansonsten einen zu großen Einfluss der Grundrechtecharta auf ihre nationale Rechtsordnung befürchteten.[716]

Darüber hinaus ist aber unklar, inwieweit den Grundrechten der Charta auch eine horizontale Wirkung zwischen Privatrechtssubjekten zukommt. Im Bereich von Art. 28 EuGRC ist diese Frage besonders relevant, da die Akteure von Kollektivverhandlungen oder Arbeitskämpfen in aller Regel private Parteien sind, wenn nicht der Staat selbst Tarifvertragspartei oder Ziel eines Arbeitskampfs ist. Hieraus folgert etwa *Seifert*, dass die Union und die Mitgliedsstaaten Handlungspflichten nach Art. 28 EuGRC treffen, um sicherzustellen, dass der den Grundrechtsträgern gewährte Schutz auch im Verhältnis zu anderen Privatrechtssubjekten besteht.[717] Damit ist wohl eine Art mittelbarer Drittwirkung

---

712 Charta-Erläuterungen, Amtsblatt der EU 2007, C-303/26.

713 Zur Historie und zum Ergebnis: *Sagan*, Grundrecht auf Kollektivmaßnahmen, S. 107–110.

714 *Rixen*/GK-EuGRC, Art. 28, Rn. 13; *Jarass*, EuGRC Art. 28, Rn. 7; *Rudolf*/Meyer, EuGRC, Art. 28, Rn. 25; a.A. *Schubert* ZfA 2013, 1, 18.

715 EuGH vom 26.02.2013, C-617/10, EuZW 2013, 302, Rn. 19–21.

716 Vgl. die ausführliche Darstellung bei *Borowsky*/Meyer, EuGRC, Art. 51, Rn. 2–9a.

717 Vgl. *Seifert* EuZW 2011, 696, 701.

der Grundrechte gemeint,[718] denn diese zeichnet sich dadurch aus, dass der objektive Wertgehalt eines Grundrechts von den Gerichten auch bei Privatrechtsstreitigkeiten zu beachten ist und etwa über zivilrechtliche Generalklauseln in der Rechtsfindung Berücksichtigung findet.[719] Einige Stimmen in der Literatur befürworten zudem eine horizontale Wirkung, ohne aber eine klare Unterscheidung zwischen mittelbarer oder unmittelbarer Drittwirkung vorzunehmen.[720] Die Erläuterungen zur Grundrechtecharta wiederum geben zu dieser wichtigen Frage keine Auskunft.[721] Dies spricht gegen die Annahme einer unmittelbaren Drittwirkung, was sich bereits aus dem insoweit klaren Wortlaut von Art. 51 Abs. 1 Satz 1 EuGRC ergibt, wonach die Charta nur für die Organe und Einrichtungen der Union und die Mitgliedsstaaten gilt. Darüber hinaus ist eine solche Wirkung auch der Europäischen Menschenrechtskonvention fremd, die eine wichtige Quelle bei der Schaffung der Grundrechtecharta darstellte.[722] Der Europäische Gerichtshof für Menschenrechte knüpft vielmehr bei Handlungen zwischen Privatrechtssubjekten an staatliches Verhalten an, etwa indem er sich auf die innerstaatliche Gesetzgebung bezieht, in deren Rahmen die Privaten handeln.[723] Auch dies deutet eher auf eine mittelbare Drittwirkung hin,[724] da der Staat – und damit auch die Gerichte – in seinen Untergliederungen den Grundrechten verpflichtet ist und somit in privatrechtlichen Konflikten die Grundrechte berücksichtigt werden müssen.

Diese Einordnung wird letztlich durch die Rechtsprechung des Europäischen Gerichtshofs zu Art. 28 EuGRC bestätigt.[725] So hat er bereits vor Inkrafttreten der Lissabon-Verträge in den Rechtssachen *Viking* und *Laval* im Rahmen von Auseinandersetzungen zwischen Arbeitgebern und Gewerkschaften das Grundrecht auf Kollektivmaßnahmen herangezogen, wenngleich er sich nicht mit der horizontalen Wirkung auseinandergesetzt hat. Er hat aber die nationalen

718 So im Ergebnis auch *Kingreen*/Calliess/Ruffert, EUV/AEUV, Art. 51, Rn. 18;

719 In diesem Sinn auch für das GG: BVerfG vom 23.04.1986, 2 BvR 487/80, BVerfGE 73, 261, 269.

720 *Bryde* SR 2012, 2, 11; *Hanau* NZA 2010, 1, 4f.

721 Vgl. Charta-Erläuterungen, Amtsblatt der EU 2007, C-303/32.

722 *Huber* NJW 2011, 2835, 2839 f.; *Kingreen*/Calliess/Ruffert, EUV/AEUV, Art. 51, Rn. 18.

723 Für Art. 11 EMRK: EGMR vom 13.08.1981, (*Young/James/Webster*), EuGRZ 1981, 559, 560.

724 Vgl. *Borowsky*/Meyer, EuGRC, Art. 51, Rn. 31; *Kingreen*/Calliess/Ruffert, EUV/AEUV, Art. 51, Rn. 18; *Seifert* EuZW 2011, 696, 701.

725 Anders wohl noch *Willemsen*/*Sagan* NZA 2011, 258, 261.

Gerichte verpflichtet, das Grundrecht bei der Prüfung der Rechtmäßigkeit des Eingriffs in die Grundfreiheiten zu berücksichtigen, was im Kern als mittelbare Drittwirkung zu verstehen sein dürfte.[726] In eine ähnliche Richtung deuten auch die Entscheidungen, die sich mit dem Verhältnis der Kollektivautonomie nach Art. 28 EuGRC und dem Verbot der Altersdiskriminierung nach Art. 21 EuGRC befassen. Auch hier hat der Europäische Gerichtshof die Sozialpartner verpflichtet, bei der Schaffung tariflicher Regelungen das grundrechtliche Verbot der Altersdiskriminierung nach Art. 21 EuGRC zu beachten, auf das sich die klagenden Arbeitnehmer in den nationalen Verfahren berufen hatten. Er verweist dabei ganz allgemein darauf, dass die Sozialpartner ihr Recht auf Kollektivverhandlungen im Einklang mit dem (sonstigen) Unionsrecht ausüben müssen.[727] Auch hier wird das Grundrecht zum Ausgleich der Rechtspositionen zwischen Privatrechtssubjekten hinzugezogen, wenngleich der Aspekt einer horizontalen Wirkung wiederum nicht explizit in der Entscheidung behandelt wird.

Somit ist bereits durch die Tendenz in der Rechtsprechung des Europäischen Gerichtshofs zu erkennen, dass nicht lediglich die Organe und Einrichtungen der Union sowie die Mitgliedsstaaten an die Grundrechte gebunden sind. Eine zumindest mittelbare Bindung an das Grundrecht auf Koalitionsfreiheit dürfte auch für die Beziehungen zwischen Privatrechtssubjekten vorliegen. Dies scheint ohnehin vor dem Hintergrund geboten, dass die Koalitionsfreiheit den Sozialpartnern auf Arbeitnehmer- und Arbeitgeberseite gleichermaßen zusteht und somit zuvorderst in einer privatrechtlichen Beziehung Bedeutung entfaltet.[728] Eine isolierte Bindung der hoheitlichen Gewalten an das Grundrecht erscheint somit nicht sinnvoll, da sie diesen schützenden Effekt erheblich verkürzen würde.

II. Beschränkung und Rechtfertigung

Die Regelung der Schranken und Schranken-Schranken des Art. 28 EuGRC sind teilweise umstritten: Wie der Verweis des Art. 28 EuGRC auf nationales Recht

726 Vgl. EuGH vom 11.12.2007, C-438/05 (*Viking*), Slg. I-10779, Rn. 77–90; EuGH vom 18.12.2007, C-341/05 (*Laval*), Slg. I-11767, Rn. 103.

727 EuGH vom 08.09.2011, C-297/10 C-298/10, (*Hennigs*), NZA 2011, 1100, Rn. 67 f.; EuGH vom 13.09.2011, C-447/09 (*Prigge*), NZA 2011, 1039, Rn. 47 f.; ausführlich zur dogmatischen Einordnung dieser Entscheidungen oben unter E.I.1.b).

728 Vgl. diesbezüglich auch die Ausführungen des BVerfG zu Art. 9 Abs. 3 GG, wobei nach Art. 9 Abs. 3 Satz 2 GG diesem Grundrecht sogar als einzigem eine unmittelbare Drittwirkung zukommt: BVerfG vom 02.03.1992, 1BvR 1213/85, NJW 1993, 1379, 1380.

und auf Unionsrecht einzuordnen ist, hat die Arbeit bereits dargelegt.[729] Nach der Systematik der Grundrechtecharta enthält Art. 52 EuGRC die Schrankenregelungen für alle Grundrechte. Für diese Arbeit ist von besonderem Interesse, wie sich die Koalitionsfreiheit des Art. 28 EuGRC zu den Grundfreiheiten und anderen Rechten Dritter verhält. Diese grundlegende Frage hat auch den Europäischen Gerichtshof bereits beschäftigt. Gerade die Grundfreiheiten regeln transnationale Sachverhalte und können deswegen schon aus sich heraus eine hohe Bedeutung bei der Verhandlung und dem Abschluss transnationaler Tarifverträge einnehmen.

1. Allgemein

a) Schranke des Art. 28 EuGRC

Die Problematik der Schrankenregelung zu Art. 28 EuGRC ergibt sich daraus, dass unklar ist, ob auf die Koalitionsfreiheit die allgemeine Schrankenregelung des Art. 52 Abs. 1 EuGRC oder die so genannte Transferklausel des Art. 52 Abs. 3 EuGRC anzuwenden ist.

Die allgemeine Schranke in Art. 52 Abs. 1 EuGRC enthält einen grundsätzlich für alle Grundrechte geltenden Einschränkungsvorbehalt, nach dem eine Einschränkung der Grundrechte gesetzlich vorgesehen sein und den Interessen des Gemeinwohls oder den Rechten Dritter dienen muss. Art. 52 Abs. 3 EuGRC regelt demgegenüber eine Gleichrangigkeit zwischen den Rechten der Europäischen Menschenrechtskonvention und den ihnen entsprechenden Grundrechten der Charta, soweit sie den in der Konvention geregelten Rechten entsprechen. Der damit statuierte Gleichlauf zwischen Charta und Konvention bezieht sich auf Bedeutung und Tragweite der Grundrechte, um sicherzustellen, dass das Schutzniveau der Europäischen Menschenrechtskonvention durch die Grundrechtecharta nicht unterschritten wird.[730] Schon das Verhältnis beider Regelungen zueinander ist jedoch umstritten. So wird vertreten, Art. 52 Abs. 3 EuGRC gehe Art. 52 Abs. 1 EuGRC als lex specialis vor,[731] andere sehen in Art. 52

729 Oben unter E.I.1.

730 *Von Danwitz*/GK-EuGRC, Art. 52, Rn. 52.

731 *Borowsky*/Meyer, EuGRC, Art. 52, Rn. 29; *Sagan*, Grundrecht auf Kollektivmaßnahmen, S. 138, zumindest soweit das Schutzniveau von Art. 11 EMRK als höher einzuschätzen sei, als das der Art. 28, 52 EuGRC.

Abs. 3 EuGRC vielmehr eine Auslegungsregelung, die Art 51 Abs. 1 EuGRC nicht verdrängt.[732]

In den Erläuterungen zur Grundrechtecharta wird jedoch Art. 28 EuGRC weder zur Gruppe derjenigen Grundrechte gefasst, die im Sinne des Art. 52 Abs. 3 EuGRC vollumfänglich den entsprechenden Grundrechten der Menschenrechtskonvention entsprechen, noch zur Gruppe der Grundrechte, die umfassender sind aber zumindest teilweise der Menschenrechtskonvention entsprechen.[733] Folgt man dem, wäre die Schranke des Art. 52 Abs. 3 EuGRC nicht auf Art. 28 EuGRC anzuwenden. Fraglich ist zudem, ob eine Vergleichbarkeit zwischen Art. 11 Abs. 2 EMRK und Art. 28 EuGRC zu einem signifikanten Unterschied führen würde. Zumindest der Schutz der Rechte Dritter wird sowohl in Art. 52 Abs. 1 EuGRC als auch in Art. 11 Abs. 2 EMRK als Einschränkungsgrund erwähnt.[734] Für die Aufzählung der übrigen rechtfertigenden Einschränkungsgründe in Art. 11 Abs. 2 EMRK erscheint es demgegenüber schon fraglich, ob sie wirklich enger gewählt sind als die Formulierung in Art. 52 Abs. 1 EuGRC und somit ein höheres Schutzniveau für den Grundrechtsträger ermöglichen. In beiden Fällen sind offene Rechtsbegriffe gewählt worden, die schon abhängig von ihrer jeweiligen Auslegung sind.

Die Rechtsprechung des Europäischen Gerichtshofs hat bislang zum Verhältnis der Schrankenregelungen in Art. 52 Abs. 1 und Abs. 3 EuGRC keine Stellung genommen. In einer Entscheidung zu Art. 47 EuGRC zog der Gerichtshof jedoch ausführlich das entsprechende Recht der EMRK und die Rechtsprechung des EGMR hierzu heran, legte aber vorher bereits eigenständig Art. 47 EuGRC nach Sinn und Zweck und seiner systematischen Stellung in der Charta aus.[735] Dies deutet zumindest an, dass der Gerichtshof auch Grundrechte, die (partiell) solchen der EMRK entsprechen, nicht restlos durch die Regelungen der EMRK

732 *Jarass*, EuGRC, Art. 52, Rn. 25; *Kingreen*/Calliess/Ruffert, EUV/AEUV, Art. 52 EuGRC, Rn. 38.

733 Charta-Erläuterungen, Amtsblatt der EU 2007, C-303/33 f., wobei etwa *Sagan* mit beachtlichen Argumenten darauf hinweist, dass diese Aufzählungen nicht abschließend sind und sich Art. 11 EMRK und Art. 28 EuGRC partiell entsprechen. Er stellt aber zugleich fest, dass der Schutzbereich von Art. 28 EuGRC konkreter und präziser gefasst ist: ausführlich *Sagan*, Grundrecht auf Kollektivmaßnahmen, S. 137–141; vgl. auch *Jarass*, EuGRC, Art. 52, Rn. 61 (dort Fn. 191).

734 Vgl. dazu *Sagan*, Grundrecht auf Kollektivmaßnahmen, S. 140; in diese Richtung auch *Schubert* ZfA 2013, 1, 20.

735 Vgl. Entscheidung vom 22.12.2010, C-279/09 (*DEB*), EuZW 2011, 137, Rn. 32–51.

und die Rechtsprechung des EGMR ersetzt. Insofern dürfte die Transferklausel vor allem als Auslegungsregel für den Europäischen Gerichtshof fungieren.

Allerdings hat der Gerichtshof in den wenigen Entscheidungen, die Art. 28 EuGRC nach Inkrafttreten der Charta zum Gegenstand hatten, den Verweis auf das Unionsrecht herangezogen, um hierdurch eine (ggf. rechtmäßige) Beschränkung durch kollidierende Rechtspositionen Dritter zu prüfen.[736] Bereits in diesem Verweis hat der Europäische Gerichtshof somit eine Schrankenregelung des Art. 28 EuGRC gesehen, soweit es um die Berücksichtigung der Rechte Dritter geht. Weder die allgemeine Schranke in Art. 52 Abs. 1 EuGRC noch die so genannte Transferregelung in Art. 52 Abs. 3 EuGRC wurde in diesen Entscheidungen überhaupt herangezogen. Indes scheint dadurch kaum ein Unterschied zu Art. 52 EuGRC zu bestehen, da auch in den erwähnten Entscheidungen der Grundsatz der Verhältnismäßigkeit zur Lösung der Kollision herangezogen wurde, wie es etwa auch nach Art. 52 Abs. 1 Satz 2 EuGRC vorgesehen ist.[737]

b) *Schranken-Schranke*

Auch die Einschränkbarkeit der Koalitionsfreiheit unterliegt wiederum allgemeinen Grenzen, namentlich dem Verhältnismäßigkeitsgrundsatz und der Wesensgehaltsgarantie.

aa) *Verhältnismäßigkeitsgrundsatz*

Der Grundsatz der Verhältnismäßigkeit war bereits vor Inkrafttreten des Lissabon-Vertrags und der damit einhergehenden Rechtsverbindlichkeit der Grundrechtecharta ein tragender Grundsatz des Unionsrechts.[738] Art. 52 Abs. 1 Satz 2 EuGRC legt dazu fest, dass Einschränkungen der Grundrechte erforderlich sein müssen und entweder den von der Europäischen Union anerkannten Zielsetzungen oder den Erfordernissen des Schutzes der Freiheiten und Rechte Dritter tatsächlich entsprechen müssen. Der Europäische Gerichtshof betont bei der Prüfung des Grundsatzes der Verhältnismäßigkeit die Geeignetheit und die Erforderlichkeit einer Maßnahme zur Erreichung eines Ziels.[739] Zugleich muss eine Maßnahme darüber hinaus auch angemessen sein. Eine strikte dogmatische

---

736 Siehe unter E.I.1; z.B. EuGH vom 13.09.2011, C-447/09 (*Prigge*), NZA 2011, 1039, Rn. 48.

737 EuGH vom 08.09.2011, C-297/10 C-298/10, (*Hennigs*), NZA 2011, 1100, Rn. 69; ausführlicher auch unten unter E.II.3.c)bb) und E.II.2.

738 Vgl. *Jarass*, EuGRC, Art. 52, Rn. 35 m.w.N.

739 Beispielsweise: EuGH vom 09.11.2010, C-92, 93/09, EuZW 2010, 939, Rn. 74.

Trennung dieser Kriterien fehlt aber oftmals und die Beurteilung der einzelnen Elemente geht in den Entscheidungen häufig nahtlos ineinander über.[740]

Im Rahmen der Geeignetheit prüft der Europäische Gerichtshof zunächst, ob durch eine Maßnahme ein legitimes, die Einschränkung rechtfertigendes Ziel überhaupt zu erreichen ist. Hier scheint aber bereits eine Förderung des angestrebten Ziels zu genügen.[741] Eine Einschränkung ist auch im europarechtlichen Kontext erforderlich, wenn eine Maßnahme unter mehreren gleich geeigneten Mitteln die am wenigsten belastende ist. Schließlich müssen die aus dem Eingriff folgenden Nachteile in einem angemessenen Verhältnis zu den verfolgten Zielen stehen.[742]

bb) Wesensgehaltsgarantie

Art. 52 Abs. 1 Satz 1 EuGRC ist ebenfalls die Wesensgehaltsgarantie zu entnehmen, nach der die grundlegenden Bestandteile eines Grundrechts nicht völlig missachtet werden dürfen.[743] Dieser Aspekt korrespondiert insoweit mit der Verweisregelung auf die mitgliedsstaatlichen Rechtsordnungen in Art. 28 EuGRC, als dort den Mitgliedsstaaten die Ausgestaltung der Tarif- und Arbeitskampfordnung überlassen wird. Die Wesensgehaltsgarantie sichert das Grundrecht davor ab, dass es durch Regelungen in den nationalen Rechtsordnungen, die transnationale Sachverhalte betreffen, durch die Mitgliedsstaaten völlig ausgehöhlt werden könnte.[744]

2. Verhältnis zu anderen Grundrechten

Ein weiteres Problem stellt das Verhältnis von Art. 28 EuGRC zu anderen Grundrechten dar. Im Rahmen der Rechte und Freiheiten Dritter nach Art. 52 Abs. 1 EuGRC können andere Grundrechte ihrerseits als Schranke der Koalitionsfreiheit wirken, wenn etwa eine tarifvertragliche Regelung oder eine Arbeitskampfmaßnahme in den Schutzbereich anderer Grundrechte eingreift. Ein Ausgleich der Grundrechte ist dann über den Grundsatz der Verhältnismäßigkeit

---

740 Vgl. z.B. EuGH vom 08.09.2011, C-297/10 C-298/10, (*Hennigs*), NZA 2011, 1100, Rn. 69–77.

741 Allgemein hierzu *Jarass*, EuGRC, Art. 52, Rn. 37.

742 Allgemein dazu EuGH vom 17.01.2008, C-37/06, (*Viamex*), Slg. 2008, I-69, Rn. 35 m.w.N.

743 Zum Recht auf Freizügigkeit nach Art. 21 AEUV (ex-Art. 18 EGV): EuGH vom 23.03.2006, C-408/3, Slg.2006, I-2647 Rn.68 f.; *Borowsky*/Meyer, EuGRC, Art. 52, Rn. 23.

744 Hierzu auch *Rixen*/GK-EuGRC, Art. 28, Rn. 14.

vorzunehmen. Wie oben bereits dargelegt, nimmt der Europäische Gerichtshof den Ausgleich über den Verweis auf Unionsrecht in Art. 28 EuGRC vor.

Dazu gibt es bereits einige wenige Entscheidungen, in denen der Europäische Gerichtshof den Ausgleich zwischen der Koalitionsfreiheit auf der einen und anderen Grundrechtspositionen auf der anderen Seite durch den Grundsatz der Verhältnismäßigkeit vornimmt. In diesen Fällen haben die Sozialpartner im Rahmen tarifvertraglicher Regelungen in andere, vom Unionsrecht geschützte Rechtspositionen eingegriffen.[745] Insofern wirkt der Grundsatz der Verhältnismäßigkeit in diesem Zusammenhang zugleich als Schranke des Grundrechts und als Mittel des Ausgleichs zwischen verschiedenen Grundrechten. So stellt der Europäische Gerichtshof in Bezug auf die nach Art. 28 EuGRC gewährte Kollektivautonomie auch darauf ab, dass es grundsätzlich den Sozialpartnern überlassen ist, einen Ausgleich zwischen ihren jeweiligen Interessen zu finden. Hieraus scheint der Gerichtshof eine gewisse Freiheit der Sozialpartner über die Entscheidung abzuleiten, wie sie ein legitimes Ziel erreichen wollen.[746] Entscheidender ist jedoch, wie der Gerichtshof die Erforderlichkeit der Maßnahme prüft: Dabei erkennt er den Sozialpartnern ausdrücklich einen weiten Ermessenspielraum in der Wahl der Mittel zu, wie eine Interessenkollision mit anderen Grundrechtspositionen aufzulösen ist,[747] so dass Ermessenspielraum und Ausgleichsfunktion einer Vereinbarung zwischen den Sozialpartnern im Rahmen der Interessenabwägung ein erhebliches Gewicht entfalten. Gleichzeitig unterwirft er aber in diesem Zusammenhang auch eine Regelung in einem Tarifvertrag einer inhaltlichen Kontrolle im Hinblick auf ihre Geeignetheit und Erforderlichkeit, wenn sie in andere vom Unionsrecht gewährte Rechte eingreift.[748]

3. Verhältnis zu den Grundfreiheiten

Eine der wichtigsten und schwierigsten Fragen in Bezug auf eine europäische Koalitionsfreiheit betrifft ihr Verhältnis zu den Grundfreiheiten des EUV. Gerade mit diesen Grundfreiheiten kollidieren die aus der Koalitionsfreiheit folgenden Rechte, was nicht zuletzt daran liegt, dass die Grundfreiheiten – abgesehen

---

745 Vgl. dazu bereits oben unter E.I.1.b).

746 EuGH vom 08.09.2011, C-297/10 C-298/10, (*Hennigs*), NZA 2011, 1100, Rn. 73 und 92, ohne direkte Erwähnung des Kriteriums der Geeignetheit. Hier ging es um eine konkrete Übergangsregelung in einem tariflichen Vergütungsschema.

747 EuGH vom 08.09.2011, C-297/10 C-298/10, (*Hennigs*), NZA 2011, 1100, Rn. 98.

748 So insbesondere in Bezug auf die 2. und 3. Vorlagefrage: EuGH vom 08.09.2011, C-297/10 C-298/10, (*Hennigs*), NZA 2011, 1100, Rn. 92–99. Vgl. auch *Schubert* ZfA 2013, 1, 28 f.

von der Arbeitnehmerfreizügigkeit – ihrem Charakter nach unternehmerische Freiheiten sind. Die Bedeutung dieses Problems wird unterstrichen durch die Rechtsprechung des Europäischen Gerichtshofs in den Fällen *Viking*[749] und *Laval*[750], die sich nicht nur erstmals mit diesem Verhältnis auseinandersetzten, sondern sich auch erstmals mit dem Grundrecht der Koalitionsfreiheit beschäftigen. Dabei muss berücksichtigt werden, dass zum Zeitpunkt der Entscheidungen die Grundrechtecharta selbst zwar noch nicht rechtsverbindlich, allerdings bereits bekannt war und sie der Europäische Gerichtshof als Anknüpfungspunkt für eine damals noch richterrechtliche ausgeprägte Koalitionsfreiheit nahm.[751] Insofern bleibt die Bedeutung beider Urteile auch nach Inkrafttreten des Lissabon-Vertrags erhalten.

a) Die Entscheidung *Viking*

aa) Sachverhalt

In der Entscheidung *Viking*[752] ging es um die finnische Fährgesellschaft *Viking*, die plante, eines ihrer Schiffe umzuflaggen und in Norwegen oder Estland registrieren zu lassen und mit einer dort ansässigen Gewerkschaft einen neuen Tarifvertrag zu schließen, um das Schiff auch weiterhin wirtschaftlich betreiben zu können.

Hiergegen wehrte sich eine finnische Gewerkschaft für Seeleute und schaltete die Internationale Transportarbeiter-Föderation ein, die sich dafür einsetzt, dass Schiffe nicht in Länder umgeflaggt werden, in denen nicht der Eigentümer des Schiffs sitzt. Im Zuge dieser Politik forderte die ITF ihre Mitgliedergewerkschaften auf, mit *Viking* keine Verhandlungen zu führen. Die finnische Gewerkschaft erklärte sich nur zur Aufgabe ihres Widerstands gegen die Umflaggung bereit, sofern die Besatzung des betreffenden Schiffs auch zukünftig nach finnischem Recht und insbesondere nach dem dort geltenden Tarifvertrag behandelt würde. Da zudem die Mitgliedsgewerkschaften der ITF an deren Aufforderung, Verhandlungen zu unterlassen, gebunden waren, klagte *Viking* schließlich in Großbritannien – dort hat die ITF ihren Sitz – gegen diese Maßnahme der ITF. In zweiter Instanz legte der englische *Court of Appeal* dem Europäischen

749 EuGH vom 11.12.2007, C-438/05 (*Viking*), Slg. I-10779, Slg. I-10779.

750 EuGH vom 18.12.2007, C-341/05 (*Laval*), Slg. I-11767.

751 EuGH vom 11.12.2007, C-438/05 (*Viking*), Slg. I-10779, Rn. 43 f.; EuGH vom 18.12.2007, C-341/05 (*Laval*), Slg. I-11767, Rn. 90.

752 EuGH vom 11.12.2007, C-438/05 (*Viking*), Slg. I-10779.

Gerichtshof die Frage vor, ob das Verhalten der ITF gegen die Niederlassungsfreiheit nach Art. 49 AEUV n.F. (ex-Art. 43 EGV) verstoße.

bb) Entscheidungsgründe

Der Gerichtshof hatte sich in der Rechtssache *Viking* zunächst mit der Frage auseinanderzusetzen, ob eine kollektive Maßnahme überhaupt in den Anwendungsbereich der Niederlassungsfreiheit nach Art. 49 AEUV fällt, d.h. ob Maßnahmen wie ein Streik oder eine Blockade überhaupt eine Beschränkung und damit möglicherweise einen Verstoß gegen die Niederlassungsfreiheit darstellen können.[753] Dies wurde in den Verhandlungen insbesondere von den beteiligten Gewerkschaften und der dänischen und schwedischen Regierung abgelehnt. Im Gegensatz dazu stellte der EuGH in seiner Entscheidung jedoch fest, dass die Grundfreiheiten auch Anwendung finden, wenn es sich im Kern um einen Konflikt privater, nicht-staatlicher Akteure handelt.[754]

Die dänische und die schwedische Regierung wandten zudem ein, dass Arbeitskampfmaßnahmen die Ausübung eines Grundrechts darstellten, was den Europäischen Gerichtshof zu der Entscheidung veranlasste, dass die Koalitionsfreiheit ein Grundrecht der Europäischen Union ist.[755] Er hat dies aber sogleich dahingehend eingeschränkt, dass die Koalitionsfreiheit im Einklang mit den Rechten der Verträge – mithin auch der Niederlassungsfreiheit – ausgeübt werden muss und dem Verhältnismäßigkeitsgrundsatz unterworfen ist.[756]

Der Schwerpunkt der Entscheidung lag letztlich auf der Frage, ob die von der ITF und der finnischen Gewerkschaft für Seeleute eingeleiteten Maßnahmen gegen das Unternehmen *Viking* eine Beschränkung der Niederlassungsfreiheit darstellten, und vor allem, ob eine solche Beschränkung durch die Koalitionsfreiheit zu rechtfertigen sei. Die Beschränkung der Niederlassungsfreiheit durch die Arbeitskampfmaßnahmen hat der Gerichtshof bejaht. Eine Rechtfertigung kann allerdings durch zwingende Gründe des Allgemeininteresses erfolgen.[757] Dabei hat der Europäische Gerichtshof keinen Zweifel daran gelassen, dass die Rolle der Gewerkschaften als Tarifparteien und auch ihr Recht, in diesem Zusammenhang kollektive Maßnahmen wahrzunehmen, ein zwingender Grund des Allgemeininteresses sind. Zugleich aber hat er verlangt, dass die Gewerkschaften

---

753 EuGH vom 11.12.2007, C-438/05 (*Viking*), Slg. I-10779, Rn. 32–55.

754 EuGH vom 11.12.2007, C-438/05 (*Viking*), Slg. I-10779, Rn. 37 und 66.

755 EuGH vom 11.12.2007, C-438/05 (*Viking*), Slg. I-10779, Rn. 42–44

756 EuGH vom 11.12.2007, C-438/05 (*Viking*), Slg. I-10779, Rn. 46 f.

757 EuGH vom 11.12.2007, C-438/05 (*Viking*), Slg. I-10779, Rn. 75.

vor dem Ergreifen einer Arbeitskampfmaßnahme alle weniger beschränkenden Mittel ausschöpfen. Insoweit hat der Gerichtshof Zweifel an der unterschiedslosen Politik der ITF geäußert, ein Umflaggen von Schiffen zu verhindern. Den Gewerkschaften in anderen Staaten als dem Heimatstaat des Eigners würde dadurch die Möglichkeit genommen wird, die Tarifbedingungen für ein Schiff auszuhandeln, unabhängig davon, ob das Umflaggen überhaupt negative Konsequenzen für die Arbeitnehmer nach sich ziehe. Die Entscheidung, inwieweit die Maßnahme geeignet und erforderlich war, hat der Gerichtshof dem nationalen Gericht zugewiesen.[758] Hier fehlt es an einer klareren Einordnung der Handlungen der ITF und ihrer Intentionen in den europarechtlichen Kontext.

b) Die Entscheidung *Laval*

aa) Sachverhalt

Anders gelagert war der Fall *Laval*[759]. Die lettische Baufirma *Laval* entsandte für den Bau einer Schule Arbeitnehmer nach Schweden zu einer dortigen hundertprozentigen Tochtergesellschaft. Die Arbeitnehmer waren überwiegend Mitglied der lettischen Baugewerkschaft und nicht der schwedischen Gewerkschaften. In der Folge kam es dennoch zu Verhandlungen zwischen *Laval* und der schwedischen Baugewerkschaft, da *Laval* zu einem Beitritt zum schwedischen Bautarifvertrag bewegt werden sollte. Dieser sah unter anderem Verpflichtungen vor, einen Teil der Lohnsumme an die Gewerkschaft zu zahlen. Hierdurch sollte deren Entgeltkontrolle finanziert werden. Außerdem sah der Tarifvertrag Abgaben an eine Versicherungsgesellschaft vor, durch welche die Arbeitnehmer in den Genuss einer Krankheits-, Arbeitslosen, Unfall- und Lebensversicherung kommen sollten. Dabei ist zu beachten, dass die schwedische Umsetzung der Entsenderichtlinie 96/71/EG hinsichtlich der Mindestbedingungen aus Art. 3 der Richtlinie vorsieht, dass – abgesehen von Mindestlöhnen – die Mindestbedingungen per Rechtsverordnung festgelegt werden. Für die Mindestlöhne sollen die Entsender allenfalls auf die einschlägigen Tarifverträge verwiesen werden.

Da die Verhandlungen ergebnislos verliefen, begann die schwedische Baugewerkschaft, die Schulbaustelle zu blockieren und Streikposten aufzustellen. Die lettischen Arbeitnehmer wurden nicht mehr auf die Baustelle gelassen. Im Verlauf der Auseinandersetzungen wurden diese Streikmaßnahmen auf sämtliche Baustellen ausgedehnt, an denen *Laval* beteiligt war. *Laval* erhob daraufhin Klage gegen diese Maßnahmen. Das schwedische Gericht wandte sich mit einem

758 Vgl. zu alldem EuGH vom 11.12.2007, C-438/05 (*Viking*), Slg. I-10779, Rn. 87–90.
759 EuGH vom 18.12.2007, C-341/05 (*Laval*), Slg. I-11767.

Vorabentscheidungsersuchen an den Europäischen Gerichtshof und fragte diesen unter anderem, ob das Vorgehen der schwedischen Baugewerkschaft gegen einen ausländischen Arbeitgeber eine Verletzung der Dienstleistungsfreiheit nach Art. 56 AEUV n.F. (ex-Art. 49 EGV) darstelle.

bb) Entscheidungsgründe

Neben der detaillierten Auseinandersetzung mit den Vorgaben der Entsenderichtlinie 96/71/EG hat der Europäische Gerichtshof in diesem Fall konsequent bestätigt, dass Arbeitskampfmaßnahmen auch an den Grundfreiheiten – vorliegend die Dienstleistungsfreiheit nach Art. 56 AEUV n.F. – zu messen sind. Weiterhin bestätigte der Gerichtshof seine nur wenige Tage zuvor ergangene Entscheidung in der Sache *Viking*, in der das Arbeitskampfrecht eine Beschränkung der Grundfreiheiten rechtfertigen kann, sofern der Schutz der Arbeitnehmer Ziel der Maßnahme ist.[760] Im Folgenden hat sich der Gerichtshof dann aber detailliert mit den Regelungen auseinandergesetzt, welche die Baugewerkschaft gegenüber *Laval* durchzusetzen versuchte. Es sei mit Unionsrecht unvereinbar, dass *Laval* einem Tarifvertrag beitreten soll, der unter anderen Aspekte regelt, die zu den per Rechtsverordnung festgelegten Mindestbedingungen gehören und der darüber hinaus auch Mindestlöhne festlegt. Hierbei ist besonders bemerkenswert, dass der Gerichtshof die faktische Einschränkung der Koalitionsfreiheit[761] nicht nur mit den Grundfreiheiten begründet, sondern sogar mit den Bestimmungen der Entsenderichtlinie 96/71/EG – also einer Quelle des Sekundärrechts.[762]

Der Gerichtshof sah eine weitere Diskriminierung nach Art. 56 AEUV n.F. darin, dass die Friedenspflicht im schwedischen Recht lediglich zugunsten solcher Arbeitgeber gilt, die an Tarifverträge nach schwedischem Recht gebunden sind. Dies würde Arbeitgeber, die an Tarifverträge anderer Rechtsordnungen gebunden sind, benachteiligen, da sie genauso behandelt werden, wie Arbeitgeber, die nicht tarifgebunden sind.[763]

---

760 EuGH vom 18.12.2007, C-341/05 (*Laval*), Slg. I-11767, Rn. 103.

761 Der EuGH spricht in der Entscheidung allerdings – in sich schlüssig – tatsächlich umgekehrt von einer fehlenden Möglichkeit, die Einschränkung der Grundfreiheiten dadurch zu rechtfertigen.

762 Vgl. zum gesamten Komplex EuGH vom 18.12.2007, C-341/05 (*Laval*), Slg. I-11767, Rn. 108–111.

763 Vgl. EuGH vom 18.12.2007, C-341/05 (*Laval*), Slg. I-11767, Rn. 112–120.

c) *Bedeutung der Entscheidungen*

Im Fall *Viking* verfolgte die Gewerkschaft das Ziel, einen Tarifvertrag auf eine ausländische Rechtsordnung – nämlich das dann umgeflaggte Schiff – zu erstrecken bzw. den Wechsel des Schiffs durch Umflaggen in diese ausländische Rechtsordnung zu verhindern. In der Sache *Laval* hingegen sollte lediglich ein ausländischer Arbeitgeber, der in Schweden tätig wurde, einem schwedischen Tarifvertrag beitreten. Insofern liegt vor allem dem Rechtsstreit *Viking* ein Sachverhalt zugrunde, der ihn für den Bereich transnationaler Tarifverträge relevant werden lässt. Die Aussagen zum Verhältnis zwischen Koalitionsfreiheit und Grundfreiheiten sind unabhängig von den zugrundeliegenden Sachverhalten von Bedeutung, wenngleich die Aussagen zum Verhältnis in der Entscheidung *Viking* stärker betont werden.[764] Zwar liegen damit letztlich nur für die Niederlassungs- und die Dienstleistungsfreiheit Entscheidungen vor, dennoch dürfte sich bei den anderen Grundfreiheiten kein generell anderes Bild ergeben.[765]

aa) *Bindung der Gewerkschaften an die Grundfreiheiten*

Zunächst stellte der Gerichtshof fest, dass Gewerkschaften in ihrem Handeln durch die Grundfreiheiten beschränkt werden können. Bedingt durch die Fragestellung des vorlegenden Gerichts in den Sachen *Viking* und *Laval* erfolgte die Antwort auf zwei Ebenen: Zunächst hat er entschieden, dass auch Arbeitskampfmaßnahmen nicht aus dem Anwendungsbereich der Grundfreiheiten herausgenommen sind.[766] Der Gerichtshof hat zudem eine horizontale Drittwirkung der Grundfreiheiten bestätigt, sodass sich ein Arbeitgeber auch gegenüber einer Gewerkschaft darauf berufen kann.[767]

Vor dem Hintergrund der langjährigen gefestigten Rechtsprechung des Europäischen Gerichtshofs zur Verpflichtung privater Verbände durch die Grundfreiheiten[768] erscheint dies zunächst geradezu zwingend.[769] Zweifel werden

---

764 So auch *Danwitz* EuZA 2010, 6, 14.

765 Der EuGH verwendet beispielsweise in *Viking* selbst auch allgemein den Begriff „Grundfreiheiten“ des Vertrags in diesem Zusammenhang: EuGH vom 11.12.2007, C-438/05 (*Viking*), Slg. I-10779, Rn. 77.

766 EuGH vom 11.12.2007, C-438/05 (*Viking*), Slg. I-10779, Rn. 55; EuGH vom 18.12.2007, C-341/05 (*Laval*), Slg. I-11767, Rn. 95.

767 EuGH vom 11.12.2007, C-438/05 (*Viking*), Slg. I-10779, Rn. 61; EuGH vom 18.12.2007, C-341/05 (*Laval*), Slg. I-11767, Rn. 98.

768 EuGH vom 19.02.2002 (*Wouters*), Slg. 2002, I-1577, Rn. 120 m.w.N.

769 In diesem Fall (Fn. 768) ging es zum Beispiel um Beschränkungen, die sich in den kollektiv wirkenden Regelungen einer Rechtsanwaltskammer fanden. Der

hieran insbesondere deswegen erhoben, weil die Verbandsregularien - oder, wie im Falle *Viking* und *Laval*, die Arbeitskampfmaßnahmen - auf private, nicht-hoheitliche, Akteure zurückzuführen sind.[770] Erschwerend kommt hinzu, dass Arbeitskampfmaßnahmen konkrete, momentbezogene Handlungen darstellen. Ihnen fehlt der abstrakt-normative Charakter, der die fraglichen privatrechtlichen Verbandsregularien in die Nähe staatlicher Rechtssetzung rückt.[771] Ob es, wie vom Gerichtshof wohl unterstellt, in Folge eines Arbeitskampfs zu einer tarifvertraglichen und damit in der Logik des Gerichtshofs kollektiven Regelung kommen muss, steht nicht fest. Ein Arbeitskampf kann auch andere Ziele verfolgen, etwa bei Protesten gegen eine Standortverlagerung,[772] Sympathiestreiks oder gar politischen Streiks.[773]

Die Begründung des Europäischen Gerichtshofs stellt aber zumindest vordergründig auf die kollektiven Regelungen der Tarifverträge ab. Noch irreführender wird diese Argumentation, wenn man bedenkt, dass Tarifverträge letztlich durch Verhandlung zwischen den Sozialpartnern „auf Augenhöhe" zustande kommen und damit gerade keine einseitige Vorgabe sind,[774] wie es beispielsweise für die Regelungen in bestimmten Verbandsordnungen gilt. Dann ist es aber zumindest nachvollziehbar, wenn auf stattfindende Arbeitskämpfe abgestellt wird, die eine Gewerkschaft als Mittel einsetzt, um bestimmte tarifvertragliche Regelungen durchzusetzen und die dabei gerade die einseitige Beeinträchtigung der Unternehmen darstellen, durch welche bestimmte (kollektiv wirkende) Regelungen erzwungen werden sollen.[775] Trotzdem stellt ein Arbeitskampf allenfalls die Vorstufe einer Regelung dar und unterscheidet sich damit von privatrechtlichen Verbandsordnungen.

Rechtsprechung des EuGH zufolge könnten solche privaten Vorgaben in gleicher Weise einen Eingriff in die Grundfreiheiten darstellen, wie eine staatliche Maßnahme, da die Schutzfunktion der Grundfreiheiten andernfalls leicht zu unterwandern wäre.

770 Umfassend *Maeßen*, Auswirkung der EuGH-Rechtsprechung auf das deutsche Arbeitskampfrecht, S. 117–123; *Rebhahn* ZESAR 2008, 107, 113.

771 So etwa *Maeßen*, Auswirkung der EuGH-Rechtsprechung auf das deutsche Arbeitskampfrecht, S. 120–122.

772 *Rebhahn* ZESAR 2008, 107, 113, wobei sich solche Proteste auch mit der Forderung beispielsweise nach einem entsprechenden Tarifsozialplan verknüpfen ließen.

773 Deswegen ebenfalls kritisch *Kocher* GS Zachert, 37, 42 f.; *Franzen* FS Buchner, 231, 237.

774 So auch EuGH vom 08.09.2011 (*Hennigs*), C-297/10, NZA 2011, 1100, Rn. 66.

775 A.A. *Kocher* GS Zachert, 37, 43; *Herresthal* EuZA 2011, 3, 26.

Jedoch hat sich der Europäische Gerichtshof noch auf einen weiteren Aspekt gestützt, wenn er ausführt, dass die Gewerkschaften in Bezug auf den bezweckten Abschluss eines Tarifvertrags „Gebrauch von der rechtlichen Autonomie machen, die ihnen insbesondere vom nationalen Recht zuerkannt wird“[776]. Es kommt demnach nicht allein darauf an, dass die Gewerkschaften eine kollektive Regelung durch Einsatz von Arbeitskampfmaßnahmen anstreben, sondern darauf, dass sie auf Grundlage einer ihnen durch nationale und gemeinschaftsrechtliche Rechtsordnungen zuerkannten Autonomie agieren,[777] die es ihnen ermöglicht, in dieser Weise in den von den Grundfreiheiten geschützten Bereich einzugreifen. Insoweit knüpft der Europäische Gerichtshof wohl, wie *Kocher* anmerkt, vielmehr an die rechtliche Gestaltungswirkung der aus Arbeitskämpfen gegebenenfalls resultierenden kollektiven Verträge an.[778]

Diese Argumentation bezieht die Position des Unternehmers mit ein, der durch solche Maßnahmen beschränkt wird und für den es keinen Unterschied macht, ob eine staatliche Institution eingreift oder eine Gewerkschaft aufgrund ihrer von Staat und Europäischer Union eingeräumten Autonomie.[779] Auch Gewerkschaften streben durch ihr Handeln eine Regelung der Arbeitsbedingungen der Arbeitnehmer an und nehmen dabei zwangsläufig Einfluss auf die betroffenen Arbeitgeber.[780] Wie die Vorgeschichten der Entscheidungen *Viking* und *Laval* verdeutlichen, ist dies für Arbeitgeber keineswegs als geringes Risiko oder Hindernis einzuschätzen. Auch die Generalanwälte *Maduro* und *Mengozzi* betonen in ihren Schlussanträgen zu den Verfahren *Viking* beziehungsweise *Laval*, dass gerade die den Sozialpartnern gewährte Autonomie zur Regelung der Arbeitsbedingungen den Gewerkschaften einen umfassenden kollektiven Einfluss auf den Zugang zu einem Wirtschaftsraum und die Rahmenbedingungen für Arbeitgeber bietet.[781]

Dabei können sich die Gewerkschaften bei der Durchführung ihrer Arbeitskampfmaßnahmen auf die ihnen gewährten Grundrechte berufen. Würden auf der Basis des Grundrechts auf Kollektivmaßnahmen nach Art. 28 EuGRC die Grundfreiheiten in Fällen suspendiert, die grundsätzlich in den

776 EuGH vom 11.12.2007, C-438/05 (*Viking*), Slg. I-10779, Rn. 60.

777 So auch *Kocher* AuR 2008, 13, 16.

778 *Kocher* AuR 2008, 13, 15.

779 In diesem Sinne auch *Reich* EuZW 2007, 391, 392.

780 *Schubert* RdA 2008, 289, 291 f.

781 So ausdrücklich Schlussanträge vom 23.05.2007, C-341/05 (*Laval*), Slg. I-11767, Rn. 160 f.; ähnlich auch Schlussanträge vom 23.05.2007, Rs. C-438/05 (*Viking*), Slg. I-10779, Rn. 59–63.

Anwendungsbereich des Art. 28 EuGRC fallen,[782] nähme man den Unternehmen ausgerechnet den Rechtsschutz, den sie den Gewerkschaften möglicherweise in einer solchen Situation entgegenhalten könnten und ließe sie praktisch schutzlos. Denn auf gemeinschaftsrechtlicher Ebene stehen im Fall grenzüberschreitender Sachverhalte zuvorderst die Grundfreiheiten als Rechte des Unternehmers beziehungsweise Arbeitgebers den Rechten der Gewerkschaften gegenüber.[783] Ihnen kommt eine ähnliche Funktion zu wie einem entgegenstehenden Grundrecht.[784] Diesen Aspekt betont der Europäische Gerichtshof selbst, wenn er ausführt, dass die Ausübung des Grundrechts auf Kollektivmaßnahmen ihrerseits Beschränkungen unterworfen sein können, aber andererseits ein Gemeinschaftsgrundrecht ebenso eine Beschränkung der Grundfreiheiten zu rechtfertigen vermag.[785] Vor diesem Hintergrund erscheint es nachvollziehbar, wenn der Europäische Gerichtshof Gewerkschaften in dieser spezifischen Situation auch an die Grundfreiheiten gebunden sieht und den Grundfreiheiten das Grundrecht auf Kollektivmaßnahmen damit gleichsam als Korrektiv gegenüberstellt.[786]

bb) Ausgleich zwischen Grundfreiheiten und Grundrecht

In der Folge der Entscheidungen fehlt dem Europäischen Gerichtshof aber genau diese Konsequenz. Zunächst hat er zwar klar gestellt, dass eine kollektive Maßnahme ein berechtigtes Interesse darstellen könne, das grundsätzlich geeignet sei, eine Beschränkung der Grundfreiheiten zu rechtfertigen. Dann beschränkt er sich aber darauf zu prüfen, ob die Arbeitskampfmaßnahmen der Gewerkschaften ein Ziel verfolgen, das den Eingriff in die Grundfreiheiten rechtfertigt. Der Gerichtshof kommt auf diese Weise argumentativ nicht zu einer Kollision gleichrangiger Rechtsgüter. Dabei wird vielfach kritisiert, dass im Lichte dieser Argumentation die Grundfreiheiten priorisiert würden. Ein Ausgleich zwischen

---

782 So äußerten sich auch die Regierungen von Schweden und Dänemark vor dem EuGH: EuGH vom 11.12.2007, C-438/05 (*Viking*), Slg. I-10779, Rn. 42.

783 So im Ergebnis wohl auch *Junker* SAE 2008, 209, 212; *Schubert* RdA 2008, 289, 294.

784 Vgl. insoweit die Darstellung bei *Frenz* NVwZ 2011, 961, 963 f.

785 Der EuGH spricht sogar ausdrücklich davon, dass Grundrechte „mit den Erfordernissen hinsichtlich der durch den Vertrag geschützten Rechte in Einklang gebracht werden" müssen: EuGH vom 11.12.2007, C-438/05 (*Viking*), Slg. I-10779, Rn. 44–46.

786 Letztlich wäre in diesem Zusammenhang auch zu problematisieren, ob das Grundrecht nach Art. 28 EuGRC denn seinerseits eine horizontale Wirkung entfaltet. Dies scheint der Gerichtshof in den beiden Entscheidungen aber vorauszusetzen, denn sonst ergäbe die Untersuchung des Verhältnisses zu den Grundfreiheiten keinen Sinn. Dazu bereits oben unter E.I.4.

gleichrangigen (Grund-)Rechtspositionen, wie man ihn aus der deutschen Grundrechtstradition kennt,[787] könne vor diesem Hintergrund eigentlich nicht stattfinden.[788] Diese Kritik hat nicht nur die rechtswissenschaftliche Literatur erhoben. Auch Generalanwältin *Trstenjak* hat in einem ihrer Schlussanträge das aus den Urteilen folgende Hierarchieverhältnis zwischen den Grundfreiheiten und der Koalitionsfreiheit und die daraus resultierende Beschränkung der Gewerkschaften kritisiert.[789]

(1) Prüfungsmaßstab

Erschwerend kommt hinzu, dass in den Entscheidungen *Viking* und *Laval* bei der Frage, ob die Arbeitskampfmaßnahmen eine Einschränkung der Grundfreiheiten rechtfertigen, das Grundrecht selbst nicht mehr erwähnt wird.[790] In diesem Zusammenhang hat der Gerichtshof entschieden, dass die Beschränkung der Grundfreiheiten durch die Kollektivmaßnahmen der Gewerkschaften nur durch „zwingende Gründe des Allgemeinwohls" zu rechtfertigen seien, zu denen auch der Arbeitnehmerschutz zählen könne.[791] Hier stellt sich die Frage, wozu der Europäische Gerichtshof zunächst das Grundrecht auf Kollektivmaßnahmen anerkannt hat, wenn er es bei der Frage der Einschränkbarkeit der Grundfreiheiten gar nicht mehr explizit heranzieht.[792]

Vielmehr soll es laut der Entscheidung *Viking* darauf ankommen, ob erstens Arbeitsplätze oder Arbeitsbedingungen der Mitglieder der arbeitskampfführenden Gewerkschaft tatsächlich gefährdet oder ernstlich bedroht sind. Zweitens sollen darauffolgend die nationalen Gerichte prüfen, ob die Arbeitskampfmaßnahmen die Beschränkungen rechtfertigen können, ob sie also geeignet und erforderlich sind, um das erstrebte Ziel – den Schutz der Arbeitsplätze oder Arbeitsbedingungen – zu erreichen. Hierbei sollen die Möglichkeiten

---

787 Vgl. BVerfG vom 26.06.1991, 1 BvR 779/85, BVerfGE 84, 212, 228 m.w.N.

788 Zutreffend *Rebhahn* ZESAR 2008, 107, 114 f.; i.E. auch *Kocher* GS Zacher, 37, 44; *dies.* AuR 2008, 13, 15.

789 Schlussanträge in der Rs. C-271/08 (*Kommission/BRD*), Rn. 179–199 (zitiert nach juris).

790 *Kocher* FS Zachert, 37, 46.

791 EuGH vom 11.12.2007, C-438/05 (*Viking*), Slg. I-10779, Rn. 77; EuGH vom 18.12.2007, C-341/05 (*Laval*), Slg. I-11767, Rn. 103.

792 So auch *Junker* SAE 2008, 209, 218; *Rebhahn* ZESAR 2008, 109, 110; *Kocher* AuR 2008, 13, 16. *Waltermann* EuZA 2015, 15, 17, erklärt dies wohl damit, dass Art. 28 EuGRC keinen eigenen Regelungsinhalt habe.

berücksichtigt werden, die den Arbeitskampfparteien nach nationalem Recht zustehen.[793]

(2) Stellungnahme

Aus deutscher Sicht wirkt diese abgestufte Prüfung zunächst vertraut. Ein Arbeitskampf ist demnach grundsätzlich nur zulässig, wenn er eine tariflich regelbare Forderung zum Ziel hat. Ohne an dieser Stelle auf die mittlerweile sehr umfassende und in sich nicht immer konsistente Rechtsprechung des Bundesarbeitsgerichts zu verschiedenen Erscheinungsformen des Arbeitskampfs einzugehen, unterfällt ein Arbeitskampf ferner dem Übermaßverbot. Er muss im Sinne deutscher Grundrechtsdogmatik verhältnismäßig sein.[794]

Tatsächlich gehen die Entscheidungen *Viking* und *Laval* aber wesentlich darüber hinaus: Der Europäische Gerichtshof begnügt sich nicht damit zu prüfen, ob eine tariflich regelbare Forderung erhoben wurde. Er verlangt vielmehr, dass die Forderung zur Abwehr der Gefährdung von Arbeitsplätzen oder Arbeitsbedingungen erhoben wurde. Im Weiteren erschwert diese Problematik, dass die ergriffenen Maßnahmen zur Erreichung des Ziels auch erforderlich sein müssen. Insbesondere müssen alle nach nationalem Recht vorhandenen, milderen Mittel ausgeschöpft sein.[795] Die Gewerkschaften werden somit verpflichtet, vor der Einleitung eines Arbeitskampfs die Gefährdung der Arbeitsplätze oder Arbeitsbedingungen zu prüfen. Damit müssen sie das Risiko tragen, dass der Arbeitgeber durch Abgabe einer Arbeitsplatz- oder Arbeitsbedingungsgarantie dem Arbeitskampf jederzeit die Legitimität entziehen könnte.[796] Dies wird teilweise als nicht problematisch angesehen, da hierdurch nur Arbeitskämpfe herausgefiltert würden, die sich ausschließlich gegen eine Verlagerung eines Unternehmens als solches richten und nicht den Schutz konkreter Arbeitnehmerinteressen verfolgen.[797] Fraglich ist hier jedoch schon, wann ein Arbeitskampf in einer solchen Situation nicht dem Schutz konkreter Arbeitnehmerinteressen dienen soll und sich ganz isoliert nur gegen die Verlagerung als solche richtet. Als Unterscheidungskriterium erscheint dies jedenfalls wenig tauglich.

---

793 EuGH vom 11.12.2007, C-438/05 (*Viking*), Slg. I-10779, Rn. 84.

794 Vgl. oben B.II.2.a)aa).

795 EuGH vom 11.12.2007, C-438/05 (*Viking*), Slg. I-10779, Rn. 87; vgl. auch *Kocher* GS Zachert, 37, 45.

796 So auch das Beispiel bei *Kocher* GS Zachert, 37, 45; *Junker* SAE 2008, 209, 216; *Schubert* RdA 2008, 289, 295; kritisch *Mueßen*, Auswirkung der EuGH-Rechtsprechung auf das deutsche Arbeitskampfrecht, S. 166.

797 *Schubert* RdA 2008, 289, 295 f.; *Schubert* ZfA 2013, 1, 18 f.

Hinzu kommt die zentrale Funktion des Arbeitskampfs, der vor allem auf Seiten der Gewerkschaften ein Gegengewicht zur Verhandlungsposition der Arbeitgeberseite erzeugen soll. Der Rechtsprechung des Bundesarbeitsgerichts zufolge dient ein Arbeitskampf dazu, Verhandlungsparität zu schaffen und damit die Gewerkschaften in eine Position zu versetzen, in der sie auch eigene Forderungen auf Augenhöhe durchsetzen können und nicht dem Arbeitgeber gewissermaßen ausgeliefert sind.[798] Diese Überlegung zielt nicht darauf ab, lediglich eine Gefährdung – was wohl im Sinne einer Verschlechterung zu verstehen ist – von Arbeitsplätzen oder Arbeitsbedingungen zu verhindern. Die Gewerkschaften könnten hiernach ganz im Gegenteil sogar eine Verbesserung ihrer Arbeitsbedingungen, etwa in Gestalt höherer Löhne, fordern, ohne dass zuvor ein Absinken des bisherigen Lohnniveaus drohen muss.[799] So betonte sogar Generalanwalt *Mengozzi* in seinen Schlussanträgen, dass auch möglicherweise überzogene Tarifforderungen zu einem privatautonomen System gehören, wodurch die Sozialpartner zu einem Interessenausgleich kommen sollen.[800] Andernfalls wären sie auf die Rolle von Verwaltern des Status quo beschränkt. Im Übrigen ist der Aspekt der Verhandlungsparität in Bezug auf Arbeitskämpfe kein exklusiver Ansatz des deutschen Tarif- und Arbeitskampfrechts, sondern spielt auch in der rechtlichen Einordnung in anderen Mitgliedsstaaten eine Rolle. Insoweit wird selbst aus britischer Sicht kritisiert, dass aufgrund der Rechtsprechung des Europäischen Gerichtshofs die nationalen Gerichte gezwungen sind, die von den Gewerkschaften verfolgten Ziele im Hinblick auf eine Gefährdung von Arbeitsplätzen oder Arbeitsbedingungen inhaltlich zu prüfen.[801]

Darüber hinaus sieht der Verhältnismäßigkeitsgrundsatz nach deutschem Recht grundlegend keine Kontrolle der Angemessenheit der durch den Arbeitskampf verfolgten Tarifziele vor. Vielmehr kommt es nur darauf an, dass die Arbeitskampfmaßnahme in ihrer Funktion als Druckmittel zur Lösung eines Tarifkonflikts verhältnismäßig ist. Hierdurch soll eine inhaltliche Kontrolle der verfolgten Tarifziele vermieden werden, da sich diese kaum mit der Tarifautonomie der Gewerkschaften – und letztlich auch der Arbeitgeber – vereinbaren ließe.[802] Insoweit ist bemerkenswert, dass diese Kritik an *Viking* und *Laval* keine rein deutsche ist: Im britischen Recht müssen vor Einleitung eines Arbeitskampfs

798 Vgl. oben unter B.II.2.a)aa); ausführlich auch: *Herresthal* EuZA 2011, 3, 20–23.

799 Zutreffend zum Ganzen die Kritik bei *Kocher* GS Zachert, 37, 45–49, insb. S. 46.

800 Schlussanträge vom 23.05.2007, Rs. C-341/05 (*Laval*), Slg. I-11767, Rn. 259 f.

801 *Barnard* NZA-Beil. 2011, 122, 123 f.; siehe allgemein auch oben unter B.I.3.b)aa)(2). Für den skandinavischen Rechtsraum z.B. *Evju* EuZA 2013, 312, 317.

802 Vgl. oben unter B.II.2.a)aa).

die Bedingungen der so genannten *golden formula* erfüllt sein, um die Rechtmäßigkeit eines Arbeitskampfs zu ermöglichen und sich den Haftungsrisiken im Bereich des *common law* zu entziehen. Eine Kontrolle der Verhältnismäßigkeit der erhobenen Forderung in Bezug zur eingeleiteten Arbeitskampfmaßnahme gehört nicht zu diesen Bedingungen und wird somit von britischen Gerichten auch nicht vorgenommen.[803]

Problematischer noch wird es, wenn der Gerichtshof fordert, dass Gewerkschaften vor der Einleitung eines Arbeitskampfs sämtliche milderen Mittel auszuschöpfen haben, die ihnen nach nationalem Recht zustehen. Dies erweckt zunächst den Eindruck, dem Ultima-Ratio-Prinzip des deutschen Arbeitskampfrechts zu entsprechen. Demnach soll der Arbeitskampf das letztmögliche Mittel zur Lösung eines Tarifkonflikts sein. Allerdings überlässt die deutsche Rechtsprechung den Tarifparteien die Einschätzung, wann alle anderen Verhandlungsmöglichkeiten erschöpft sein sollen. Allein durch das Einleiten des Arbeitskampfs bringt die jeweilige Partei zum Ausdruck, dass sie die Verhandlungen auf anderem Weg als gescheitert ansieht.[804] Der Europäische Gerichtshof hat in der Entscheidung jedoch keine konkreten, milderen Mittel genannt, sondern verweist an das nationale Gericht, welches dies unter Berücksichtigung der Möglichkeiten, die die Rechtsordnung des jeweiligen Mitgliedsstaats vorsieht, prüfen soll. Hierzu gibt er jedoch Hinweise: So bezieht sich der Gerichtshof beispielsweise auf Frage zehn des vorlegenden Gerichts in der Sache *Viking*, ob eine Garantie für die Arbeitsplätze seitens des Arbeitgebers eine Arbeitskampfmaßnahme unverhältnismäßig mache. Dies dürfte jedoch über das hinausgehen, was man hierzulande unter „Ausschöpfung der Verhandlungsmöglichkeiten" versteht, da dies der autonomen Einschätzung der Tarifparteien unterliegt. Schließlich könnte es nach der Entscheidung *Viking* erforderlich sein, vor der Durchführung eines Arbeitskampfs auch Schlichtungen oder Ähnliches versuchen zu müssen.[805] Dies vertieft letztlich die Unsicherheit für Gewerkschaften zu beurteilen, ab welchem Zeitpunkt alle anderen Mittel erschöpft sind und ein Arbeitskampf zulässig ist.[806]

---

803 Vgl. *Barnard* NZA-Beil. 2011, 122, 123; siehe allgemein auch oben unter B.I.3.b) aa)(2).

804 Siehe oben unter B.II.2.a)aa).

805 Vgl. *Junker* SAE 2008, 209, 216; *Rebhahn* ZESAR 2008, 109, 116; a.A. *Bayreuther* EuZA 2008, 395, 402.

806 So auch aus britischer Perspektive: *Barnard*, NZA-Beil. 2011, 122, 124. Für den skandinavischen Rechtsraum *Evju* EuZA 2013, 312, 317.

cc) Zwischenergebnis

Durch die Entscheidungen *Viking* und *Laval* hat der Europäische Gerichtshof erste Konturen einer europarechtlichen „Arbeitskampfordnung“ herausgearbeitet. Dies gilt jedenfalls, soweit das Spannungsverhältnis zwischen Grundfreiheiten und dem Recht auf kollektive Maßnahmen nach Art. 28 EuGRC betroffen ist. Die Erstreckung der Grundfreiheiten auf Gewerkschaften ist in diesem Kontext überzeugend. Andernfalls stünden Arbeitgeber auf europarechtlicher Ebene schutzlos gegenüber Arbeitskampfmaßnahmen, die sich gegen die Ausübung ihrer grenzüberschreitenden Niederlassungs- oder Dienstleistungsfreiheit richten. Ein weiterer positiver Aspekt der Entscheidung ist zusätzlich darin zu sehen, dass der Arbeitgeber gleichsam unter Berufung auf die Grundfreiheiten nicht frei agieren kann, sondern hierbei durch gewerkschaftliche Maßnahmen beschränkt werden kann.

Allerdings stellt der Europäische Gerichtshof dabei strenge Anforderungen an die Gewerkschaften, die zum Teil über das hinausgehen, was nach nationalen Rechtsordnungen vorgesehen ist. Dies betrifft zum einen die weitgehende inhaltliche Kontrolle des mit dem Arbeitskampf verfolgten Ziels und sein Verhältnis zum Ausmaß der Beeinträchtigung des Arbeitgebers. Vor allem die insoweit ausgeurteilte Beschränkung auf den Schutz der Arbeitsplätze und Arbeitsbedingungen vor Verschlechterungen stellt eine erhebliche Beschränkung der Verhandlungsautonomie dar. Nicht zuletzt ist durchaus vorstellbar und in der Entscheidung *Laval* sogar angedeutet, dass der Arbeitgeber mit Abgabe entsprechender Garantieren die Möglichkeiten der Gewerkschaften weitgehend suspendieren kann. In gleicher Weise problematisch sind die Anforderungen an die Ausschöpfung anderer Mittel vor dem Ergreifen von Arbeitskampfmaßnahmen: Hierdurch wird nicht nur die Verhandlungsposition der Gewerkschaften beeinträchtigt, sondern ihnen wird zugleich ein hohes Beurteilungsrisiko aufgebürdet.

Grenzüberschreitende Arbeitskämpfe können hierbei in verschiedenen Konstellationen von dieser Rechtsprechung betroffen sein. Zum einen, wie im Falle *Viking*, wenn sie sich gegen eine grenzüberschreitende Standortverlagerung richten und sich Gewerkschaften mehrerer Mitgliedsstaaten daran beteiligen, kann die Niederlassungsfreiheit nach Art. 49 AEUV betroffen sein. Zum anderen wäre aber auch ein koordinierter Einsatz von Gewerkschaften in unterschiedlichen Mitgliedsstaaten vorstellbar, um eine tarifliche Regelung mit einem Arbeitgeber zu erreichen, der Dienstleistungen in verschiedenen Mitgliedsstaaten anbietet. Soweit hierbei eine Beeinträchtigung der Dienstleistungsfreiheit nach Art. 56 AEUV gegeben wäre, müssten auch diese Arbeitskämpfe diese strenge Rechtsprechung des Europäischen Gerichtshofs beachten.

Gleichzeitig kann die Formulierung der „zwingenden Gründe des Allgemeininteresses", denen ein Arbeitskampf zur Beschränkung der Grundfreiheiten dienen muss, auch einen Bezug zu Art. 52 Abs. 1 EuGRC herstellen, wonach für eine Beschränkung der Grundrechte von der Union anerkannte Ziele des Gemeinwohls notwendig sind. Diese Schranke folgt zwar aus der Rechtsprechung des Gerichtshofs zu Beschränkungen von Grundrechten aus der Zeit vor Rechtsverbindlichkeit der Charta,[807] knüpft aber an die Formulierung zur Rechtfertigung einer Beschränkung der Grundfreiheiten an.[808] Insofern können die Anforderungen an Arbeitskämpfe auch auf Fälle ausgedehnt werden, in denen keine Grundfreiheiten betroffen wären. Ob der Gerichtshof an diesen Anforderungen auch ohne einen unmittelbaren Konflikt mit den Grundfreiheiten festhalten würde, lässt sich jedoch nicht abschließend einschätzen.[809]

dd) Exkurs: Entwurf einer Verordnung

Vor dem Hintergrund der Rechtsprechung zu *Viking* und *Laval* und dem Lissabon-Vertrag wurde ein Verordnungsentwurf „über die Ausübung des Rechts auf Durchführung kollektiver Maßnahmen im Kontext der Niederlassungs- und Dienstleistungsfreiheit" (so genannte Monti-II-Verordnung) vorgelegt.[810] Zwar wurde der Entwurf inzwischen von der Kommission wieder zurückgezogen, soll aber als Teil der Diskussion um das Verhältnis von Koalitionsfreiheit und Grundfreiheiten nicht unberücksichtigt bleiben. Die Kommission bezieht sich dabei ausdrücklich auf die gegen die Urteile vorgebrachte Kritik, insbesondere in Bezug auf den Vorrang, der den Grundfreiheiten in den Urteilen zukomme.[811] Dabei hält die Kommission eine Initiative für geboten, um der aus den Entscheidungen des Europäischen Gerichtshofs resultierende Rechtsunsicherheit zu begegnen.[812]

---

807 Etwa EuGH vom 13.04.2000, C-292/97 (*Karlsson*), Rn. 45.

808 Vgl. *Becker*/EU-Kommentar, Art. 52 EuGRC, Rn. 5.

809 Eine Beschränkung auf den Ausgleich zwischen Grundfreiheiten und Koalitionsfreiheit nimmt wohl *Evju* EuZA 2013, 312, 317 an.

810 Entwurf vom 21.03.2012, COM(2012) 130 final, abrufbar unter: http://eur-lex.europa.eu/LexUriServ/LexUriServ.do?uri=COM:2012:0130:FIN:DE:PDF (zuletzt abgerufen am 16. Juli 2015).

811 S. 2 des Entwurfs (Fn. 810).

812 S. 10 f. des Entwurfs (Fn. 810).

(1) Inhalt der Verordnung

Dabei stellt sich der Entwurf seinerseits recht vage dar. So sieht Art. 2 vor, dass die Dienstleistungs- und die Niederlassungsfreiheit gleichrangig neben dem Grundrecht der Gewerkschaften auf kollektive Maßnahmen stehen. Hierdurch beabsichtigt die Kommission, die vielfältigen Diskussionen um einen Vorrang der Grundfreiheiten vor dem Grundrecht zu beruhigen und die Folgen der Rechtsprechung des Europäischen Gerichtshofs in Sachen *Viking* und *Laval* in diesem Punkt klarzustellen.[813] Erwägungsgrund Nr. 13 des Entwurfs betont, dass ein Ausgleich zwischen dem Grundrecht auf kollektive Maßnahmen und der Niederlassungs- oder Dienstleistungsfreiheit im Rahmen des Verhältnismäßigkeitsgrundsatzes zu finden ist. Zumindest scheint hier das Prinzip praktischer Konkordanz Einzug in das Spannungsverhältnis von Grundfreiheiten und Grundrecht nehmen zu sollen.

Deswegen ist es nur konsequent, wenn in Erwägungsgrund Nr. 14 die Rolle der Sozialpartner in Streitigkeiten zwischen Arbeitgebern und Arbeitnehmern besonders betont wird. Dies ist nach *Viking* und *Laval* angesichts der Befürchtungen, der Bereich der Tarifverhandlungen werde zukünftig zumindest in transnationalen Kontexten umfassender gerichtlicher Kontrolle, auch in inhaltlichen Aspekten, unterworfen.[814] Jedenfalls aus deutscher Sicht ist aber die Lösung fragwürdig, welche die Kommission hierfür in Art. 3 des Entwurfs vorschlägt. Demnach soll in transnationalen Streitigkeiten die nach nationalen Rechtsordnungen vorgesehenen Schlichtungs-, Vermittlungs- oder Schiedsverfahren von den Tarifparteien durchgeführt werden, um einen Arbeitskampf zu vermeiden.

Solche Verfahren sind in Deutschland im Rahmen von Tarifverhandlungen nicht obligatorisch. Schon aus Gründen der Verhandlungsparität und -autonomie können die Gewerkschaften prinzipiell so lange streiken, wie sie dies für ziehlführend halten oder es ihre finanziellen Möglichkeiten zulassen. Allerdings ist dem Entwurf auch kein Zwang zu entnehmen, dass Gewerkschaften und Arbeitgeber sich solchen Verfahren auch wirklich unterwerfen müssen. Es wird den Sozialpartnern lediglich in Art. 3 Nr. 2 des Entwurfs die Möglichkeit eingeräumt, die Modalitäten solcher Verfahren auf europäischer Ebene zu vereinbaren.

Zuletzt sieht Art. 4 des Entwurfs einen Warnmechanismus vor, nach dem sich Mitgliedsstaaten in Fällen gravierender Beeinträchtigungen für den Binnenmarkt, Personen oder Einrichtungen, die aus entsprechenden kollektiven Maßnahmen resultieren, gegenseitig benachrichtigen sollen.

---

813 S. 13 des Entwurfs (Fn. 810).

814 Siehe unter E.II.3.c)bb).

(2) Einschätzung

Zusammenfassend wirkt der Entwurf sehr unpräzise, soweit er die Lösung transnationaler Tarifstreitigkeiten betrifft. Ihm ist weder eine konkrete Regelung zum Ausgleich des Grundrechts auf kollektive Maßnahmen und der Grundfreiheiten zu entnehmen, noch enthält er klare Vorgaben zu dem vorgesehenen außergerichtlichen Streitschlichtungsverfahren. Vielmehr stellt er dies den Sozialpartnern anheim. Insbesondere bleibt die Frage offen, ob nicht durch die Pflicht zum außergerichtlichen Schlichtungsverfahren – anstatt unmittelbar Arbeitskampfmaßnahmen zu ergreifen – die Verhandlungsparität beeinträchtigt wird.[815] Inwieweit der Entwurf die Rechtsunsicherheit in Folge der *Viking*- und *Laval*-Entscheidungen beseitigen kann, ist nicht ersichtlich. Er dürfte somit nicht der Schlusspunkt der Diskussion sein.

III. Folgerungen

1. Tarifverhandlungen und Tarifverträge

Die vorhandene Rechtsprechung zur Koalitionsfreiheit ist noch sehr rudimentär und teilweise aus der Zeit vor Inkrafttreten des Lissabon-Vertrags und der damit einhergehenden Rechtsverbindlichkeit der Grundrechtecharta. In den Details sind zudem viele Aspekte umstritten oder unklar. Dennoch lässt sich bereits einiges Grundsätzliches dazu ableiten, inwieweit ein europäischer, transnationaler Tarifvertrag von der Koalitionsfreiheit des Art. 28 EuGRC erfasst wird.

Zunächst ist ein europäischer Tarifvertrag ebenso wie nationale Tarifverträge vom Schutzbereich des Art. 28 EuGRC erfasst und somit auch grundsätzlich zulässig. Soweit es den Abschluss tarifvertraglicher Regelungen betrifft, folgert der Gerichtshof aus Art. 28 EuGRC zudem einen hohen Ermessenspielraum der Sozialpartner über den Inhalt entsprechender Regelungen. Dies betraf zwar bisher rein nationale Tarifverträge, es ist aber überzeugend, diesen Aspekt der Koalitionsfreiheit auch auf transnationale Tarifverträge anzuwenden.

Die Ausgestaltung der Tarifordnungen und damit der vom Grundrecht erfassten Parteien und Verträge unterliegt dabei vor allem den Mitgliedsstaaten, soweit es an einer unionsrechtlichen Tarifordnung fehlt. Insofern folgt aus dem Grundrecht der Koalitionsfreiheit keine Veränderung des bereits vorstehend zur Rom I-Verordnung herausgearbeiteten Rahmens. Vielmehr dürfte Art. 28 EuGRC die hier vertretene Auffassung zu Eingriffsnormen oder dem Ordre-public-Vorbehalt in

815 Vgl. insoweit auch die ablehnende Stellungnahme des *Deutschen Gewerkschaftsbundes* zum Entwurf, S. 4 f.

Bezug auf die Sonderanknüpfung nationalen Tarifvertragsrechts stützen.[816] Soweit Arbeitnehmer- und Arbeitgeberorganisationen in Großbritannien und Deutschland gleichermaßen von der europäischen Koalitionsfreiheit erfasst und geschützt werden, sollten die nationalen Rechtsordnungen dem auch durch die Sonderanknüpfungen der Rom I-Verordnung nicht entgegenstehen können. Das europäische Grundrecht auf Koalitionsfreiheit sollte einer allzu exzessiven Beschränkung der Rechtswahl für Tarifverträge insoweit entgegenstehen.

2. Transnationale Arbeitskämpfe

Gleichzeitig ist festzuhalten, dass auch transnationale Arbeitskampfmaßnahmen vom Schutzbereich des Art. 28 EuGRC erfasst werden. Dabei werden Arbeitskampfmaßnahmen in vielfältiger Form erfasst und nicht lediglich in Form von Streik und Aussperrung. Auch Boykotte oder Blockaden sind möglich. Eine Eingrenzung nimmt der Europäische Gerichtshof erst auf Ebene der Rechtfertigung vor. Dort setzt er dann den transnationalen Arbeitskämpfen erhebliche Beschränkungen im Verhältnis zu den Grundfreiheiten. Die engmaschige Kontrolle der Zielsetzung eines Arbeitskampfs im Verhältnis zu den gewählten Mitteln und die weitreichende Anforderung, zunächst mildere Maßnahmen zu ergreifen, schränkt die Arbeitskampfmöglichkeiten – die in der Regel vor allem solche der Gewerkschaften und Arbeitnehmer sind – erheblich ein. Eine Lösung dieser Problematik ist nicht in Sicht. Soweit der Gerichtshof in diesem Zusammenhang zur Rechtfertigung auf „zwingende Gründe des Allgemeininteresses" verweist, kann dies auch bedeuten, dass ähnliche Anforderungen für transnationale Arbeitskämpfe ohne Beeinträchtigungen der Grundfreiheiten gelten. Die Schrankenregelung in Art. 52 Abs. 1 EuGRC verwendet mit den „Zielen des Gemeinwohls" letztlich eine ähnliche Formulierung. Die Entscheidungen *Viking* und *Laval* bilden jedenfalls den bislang einzigen unionsrechtlichen Rahmen zu Arbeitskampfmaßnahmen. Der Gerichtshof begnügt sich dabei nicht mit dem Verweis auf das jeweils anzuwendende mitgliedsstaatliche Recht, sondern stellt seine Anforderungen auch unabhängig davon auf, da eben auch Unionsrecht betroffen war.

Zudem haben die Diskussionen um die Rechtssachen *Viking* und *Laval* bereits dazu geführt, sich auf Unionsebene mit einer transnationalen Arbeitskampfregelung zu befassen. Der daraus resultierende – wenn auch zurückgezogene – Verordnungsentwurf verdeutlicht dies nicht nur, sondern zeigt sogar, dass Art. 153 Abs. 5 AEUV zumindest nach Auffassung der Kommission einer solchen

816 Vgl. insbesondere oben unter C.II.2.c).

Rechtsentwicklung nicht zwangsläufig entgegensteht. Sofern dafür nur ein konkreter Anlass vorliegt, könnte die Europäische Union über Art. 352 AEUV entsprechende Vorschriften erlassen. Da hierfür Einstimmigkeit im Rat notwendig ist, ist davon in naher Zukunft nicht auszugehen.[817]

Letztlich hält die Anerkennung eines Grundrechts auf Arbeitskampfmaßnahmen auf europäischer Ebene jedoch keine Lösung für die oben unter D konstatierten Probleme eines grenzüberschreitenden Arbeitskampfs bereit. Die Entscheidungen *Viking* und *Laval* fügen der juristischen Prüfung eines transnationalen Arbeitskampfs zumindest innerhalb Europas lediglich eine zusätzliche Ebene hinzu. Es ist nicht nur zu prüfen, ob er rechtmäßig nach den anzuwendenden nationalen Rechtsordnungen ist. Sofern er zugleich einen Eingriff in Grundfreiheiten darstellt, muss er auch den vom Europäischen Gerichtshof entwickelten Anforderungen genügen.[818] Gerade aus britischer Sicht bedeutet dies für Arbeitgeber nur eine weitere Möglichkeit, sich gegen transnationale Arbeitskämpfe durch einstweilige Verfügungen zu wehren.[819]

An der starren Anknüpfung von Arbeitskämpfen nach Art. 9 Rom II-VO ändert die Anerkennung eines europäischen Grundrechts der Koalitionsfreiheit somit nichts. Angesichts des eindeutigen Wortlauts in Art. 9 Rom II-VO vermag Art. 28 EuGRC auch nicht als Stütze einer weniger restriktiven Auslegung der Verordnung zu dienen. Schließlich verbietet Art. 9 Rom II-VO transnationale Arbeitskämpfe nicht. Er löst lediglich das Problem der verschiedenen, gleichzeitig auf denselben Arbeitskampf anzuwendenden Rechtsordnungen nicht überzeugend. Art. 9 Rom II-VO korrespondiert letztlich mit dem Verweis der Koalitionsfreiheit in Art. 28 EuGRC auf die jeweiligen einzelstaatlichen Rechtsordnungen und Gepflogenheiten.[820] Die festgestellte Zersplitterung des Arbeitskampfstatuts steht somit auch nicht in einem Widerspruch zu europäischen Grundrechten.[821]

817 Vgl. auch *Evju* EuZA 2013, 312, 322.

818 Vgl. bereits *Ewing*, British Labour Law and Private International Law Report, S. 243.

819 Vgl. *Davies* ILJ 2008, 126, 147.

820 Der seinerseits in Bezug zur Regelungssperre nach Art. 153 Abs. 5 AEUV steht, vgl. *Herresthal* EuZA 2011, 3, 17. *Waltermann* EuZA 2015, 15, 28 misst Art. 28 EuGRC bereits wegen seines vermeintlich nicht vorhandenen eigenständigen Schutzbereichs keine Relevanz für grenzüberschreitende Sachverhalte zu.

821 Vgl. bereits ohne Berücksichtigung der Rom II-Verordnung die entsprechende Feststellung bei *Sagan*, Grundrecht auf Kollektivmaßnahmen, S. 345–347 und 383.

F. Alternative Umsetzungsmöglichkeiten

Nachdem bereits die Möglichkeit untersucht wurde, transnationale Tarifverträge für Großbritannien und Deutschland im Wege des Internationalen Privatrechts zu etablieren, werden im Folgenden zwei weitere Varianten erörtert: Dies ist zum einen der Soziale Dialog auf Ebene der Europäischen Union. Seit seiner Etablierung wurde ausführlich diskutiert, ob er eine Grundlage für transnationale Tarifverträge in Europa darstellt. Zum anderen sind die so genannten International Framework Agreements zu berücksichtigen, die immer öfter zwischen internationalen Unternehmen und Gewerkschaften über verschiedene Gegenstände abgeschlossen werden. In beiden Fällen haben Arbeitgeber und Gewerkschaften bereits eine Vielzahl transnationaler Vereinbarungen abgeschlossen. Ob sie jedoch äquivalent zu einem Tarifvertragssystem nach britischem und deutschem Verständnis sind, wird im Folgenden skizziert. Dabei werden insbesondere die bereits in den vorstehenden Kapiteln diskutierten Schwierigkeiten berücksichtigt, die sich aus den Unterschieden beider Rechtsordnungen ergeben. In diesem Zusammenhang wird untersucht, ob der Soziale Dialog beziehungsweise International Framework Agreements einen funktionierenden Rahmen für transnationale Tarifverträge bilden können.

I. Der Soziale Dialog

Der Soziale Dialog auf Ebene der Europäischen Union ist in Art. 155 AEUV[822] geregelt. Zunächst erfolgt eine kurze Darstellung des rechtlichen Rahmens des Sozialen Dialogs. Den Schwerpunkt bildet dann die Untersuchung, inwieweit der Soziale Dialog und die aus ihm resultierenden Sozialpartnervereinbarungen unter Berücksichtigung des britischen und deutschen kollektiven Arbeitsrechts geeignet sein können, ein transnationales Tarifvertragssystem zu begründen.

1. Der Soziale Dialog nach Art. 155 AEUV

a) Der Begriff der Sozialpartner

Der Vertrag nennt zwar unter anderem in Art. 154, 155 AEUV die Sozialpartner, definiert den Begriff aber nicht näher. Unklar ist somit, welche Anforderungen an die Parteien zu stellen sein sollen, die zum Sozialen Dialog berechtigt sind.

822 Zuvor in Art. 139 EGV geregelt (bzw. in den entsprechenden Vorgängervorschriften).

Dabei geht es zum einen um die Anforderungen, die von Sozialpartnern verlangt werden, aber auch darum, auf welcher Ebene sie organisiert sein müssen.

Grundsätzlich könnten sowohl die auf Unionsebene gebildeten Sozialpartner als auch die mitgliedsstaatlichen Sozialpartner Parteien des Sozialen Dialogs sein. Dabei ist zu differenzieren: Soweit es um den Abschluss von Vereinbarungen geht, weist Art. 155 Abs. 1 AEUV dieses Recht seinem Wortlaut nach den „Sozialpartnern auf Unionsebene" zu. Soweit es jedoch um die Durchführung der Vereinbarungen geht, verweist wiederum Art. 155 Abs. 2 auf die Ebene der Mitgliedsstaaten. Diese Unterscheidung erscheint nicht nur wegen des Wortlauts sinnvoll: Sofern Art. 155 AEUV den Sozialpartnern die Möglichkeit zuweist, europäisches Recht zu setzen, sind nicht lediglich vereinzelte Mitgliedsstaaten betroffen, sondern die Europäische Union als Gemeinschaft, so dass es ausgeschlossen scheint, nationalen Sozialpartnern diese Möglichkeit zu eröffnen.[823] Andernfalls könnten Regelungen getroffen werden, die nur einen Mitgliedsstaat betreffen, was dem Grundsatz des Subsidiaritätsprinzips des Art. 5 Abs. 3 EUV zuwiderliefe, wonach Europarecht lediglich die Angelegenheiten regeln soll, die nicht auf einzelstaatlicher Ebene zu regeln sind.[824] Wenn demgegenüber eingewandt wird, hierdurch würden Vereinbarungen für multinationale Unternehmen oder Vereinbarungen, die nur einige Mitgliedsstaaten erfassen, verhindert,[825] überzeugt dies nicht. Der Wunsch nach entsprechenden Vereinbarungen erscheint nämlich nicht ausreichend, um den Wortlaut der Verträge und die Funktion des Sozialen Dialogs zu umgehen. So hat auch die Europäische Kommission gefordert, dass die infrage kommenden Sozialpartner über eine „Struktur auf europäischer Ebene" verfügen müssten.[826] Insofern sind rein nationale Sozialpartner nicht europäische Sozialpartner im Sinne von Art. 155 Abs. 1 AEUV; letztere müssen vielmehr transnational organisiert sein.[827] Für *Deinert* wiederum genügt es, wenn die jeweiligen Sozialpartner Arbeitnehmer oder Arbeitgeber in wenigstens zwei Mitgliedsstaaten vertreten.[828] Schon mit Blick auf das Subsidiaritätsprinzip nach Art. 5 Abs. 3 EUV ist umstritten, ob eine Überforderung nationaler Maßnahmen in allen oder nur mindestens zwei Mitgliedsstaaten

823 So bereits *Heinze* ZfA 1997, 505, 510.

824 Vgl. *Krebber*/Calliess/Ruffert, EUV/AEUV, Art. 154 AEUV, Rn. 8 m.w.N.

825 *Bercusson*, European Labour Law, S. 152.

826 Mitteilung der Kommission, Anpassung und Förderung des Sozialen Dialogs auf Gemeinschaftsebene, vom 20.05.1998, KOM (98) 322 endg., S. 6; zustimmend *Sagan*, Grundrecht auf Kollektivmaßnahmen, S. 236 f.

827 So wohl auch *Schiek* ILJ 2005, 23, 47.

828 *Deinert*, Der europäische Kollektivvertrag, S. 467 f.

erforderlich ist.[829] Es erscheint jedoch fraglich, ob die Interessenvertretung von Arbeitnehmern oder Arbeitgebern in lediglich mindestens zwei Mitgliedsstaaten genügen kann, um zu begründen, dass die Sozialpartner die rechtssetzende Rolle der Union im Bereich der Sozialpolitik übernehmen. Zumindest verlangt auch *Deinert* eine nicht lediglich auf einen einzelnen Mitgliedsstaat bezogene Interessenvertretung.[830]

Die Europäische Kommission hat eigene Anforderungen an die Sozialpartner formuliert, die sie erfüllen müssen, wenn sie am Sozialen Dialog teilnehmen wollen. Sie fordert, dass (1) die Organisationen branchenübergreifend, sektor- oder berufsspezifisch sind und auf europäischer Ebene eine Organisation vorweisen, (2) aus Verbänden bestehen, die in ihrem Land integraler Bestandteil des Systems der Arbeitsbeziehungen sind, Vereinbarungen aushandeln können und soweit möglich alle Mitgliedsstaaten vertreten und (3) über die geeigneten Strukturen verfügen, um am Anhörungsprozess effektiv teilzunehmen.[831] Im Einklang mit einer Entscheidung des Europäischen Gerichts Erster Instanz wird darüber hinaus von Sozialpartnern eine gewisse Repräsentativität verlangt. Das Gericht entschied, dass die Kommission und der Rat die Repräsentativität der Sozialpartner zumindest dann zu prüfen haben, wenn die Sozialpartner eine Durchführung ihrer Vereinbarung durch die Kommission und den Rat nach Art. 155 Abs. 2 AEUV verlangen. Dies erfordern dem Gericht zufolge schon die demokratischen Prinzipien der Union, da das Parlament an diesem Verfahren nicht beteiligt ist. Vorher liege es in der Hand der Sozialpartner zu entscheiden, wer an ihren Verhandlungen nach Art. 155 Abs. 1 AEUV teilnehmen dürfe. Nach Auffassung des Gerichts haben Kommission und Rat zu prüfen, ob die beteiligten Sozialpartner im Hinblick auf die jeweilige Vereinbarung hinreichend repräsentativ seien.[832] Im Einzelnen ist jedoch unklar, welche Anforderungen ein Sozialpartner erfüllen muss, um als repräsentativ zu gelten.[833] Unabhängig von dieser Diskussion aktualisiert die Europäische Kommission regelmäßig eine Liste aller im Rahmen

---

829 Vgl. etwa *Streinz*/Streinz, EUV/AEUV, Art. 5 EUV, Rn. 28; *Calliess*/Calliess/Ruffert, EUV/AEUV, Art. 5 EUV, Rn. 38.

830 *Deinert*, Der europäische Kollektivvertrag, S. 467 f.; *Deinert* RdA 2004, 211, 224.

831 Mitteilung der Kommission, Anpassung und Förderung des Sozialen Dialogs auf Gemeinschaftsebene, vom 20.05.1998, KOM (98) 322 endg., S. 6. Weitergehend zu einer Definition der Kollektivvertragsfähigkeit im Rahmen des Sozialen Dialogs ausführlich *Deinert*, Der europäische Kollektivvertrag, S. 459–469.

832 Vgl. EuG vom 17.06.1998, T 135/96, AP EWG-Richtlinie Nr. 96/34 Nr. 1, Rn. 84–90.

833 Ausführlich dazu *Deinert* RdA 2004, 211, 223; vgl. auch *Schiek*/Däubler, TVG, Einleitung, Rn. 765 f.

der Anhörung nach Art. 154 AEUV von ihr anerkannten Sozialpartner. Die Liste führt lediglich drei allgemeine branchenübergreifende Organisationen auf: BUSINESSEUROPE, Europäischer Zentralverband der öffentlichen Wirtschaft und Europäischer Gewerkschaftsbund. Hinzu kommen branchenübergreifend CEC-European Managers, EUROCARDES (Fach- und Führungskräfte) und UEPMA (Handwerk, klein- und mittelständische Unternehmen). Das Gros der Liste bilden jedoch branchenbezogene europäische Arbeitnehmer- und Arbeitgebervereinigungen.[834] Die Kommission führt dazu nach den von ihr aufgestellten Kriterien Repräsentativitätsstudien durch, um sicherzustellen, dass die anerkannten oder anzuerkennenden Sozialpartner auch den Anforderungen des Sozialen Dialogs genügen.[835]

b) Sektoraler Sozialer Dialog

Neben dem branchenübergreifenden Sozialen Dialog etablierte die Kommission durch Beschluss vom 20. Mai 1998 (98/500/EG) einen sektoralen beziehungsweise branchenbezogenen Sozialen Dialog. Hierzu wurden nach Art. 1 des Beschlusses Ausschüsse für die einzelnen Sektoren gebildet. In diesen Ausschüssen werden die sektoralen Sozialpartner gemäß Art. 2 des Beschlusses angehört. Sie sollen den Sozialen Dialog auf sektoraler Ebene entwickeln. Auch die hier versammelten Sozialpartner haben deswegen die Möglichkeit, für ihre Sektoren Vereinbarungen zu schließen und diese auf den in Art. 155 Abs. 2 AEUV vorgesehen Wegen in den Mitgliedsstaaten umzusetzen. Der Soziale Dialog ist demzufolge nicht auf Regelungen beschränkt, die alle Arbeitnehmer und Arbeitgeber gleichermaßen betreffen, auch einzelne Branchen sind beteiligt.

c) Vereinbarung oder Vertrag

Als Ergebnis des Sozialen Dialogs erwähnt Art. 155 Abs. 1 AEUV „vertragliche Beziehungen einschließlich des Abschlusses von Vereinbarungen". Der Durchführungsweg nach Art. 155 Abs. 2 AEUV ist ausweislich des Wortlauts nur Vereinbarungen vorbehalten. Allerdings wirkt eine Differenzierung zwischen Vereinbarungen und vertraglichen Beziehungen nicht überzeugend. So sollen Vereinbarungen nur vorliegen, wenn ein Gegenstand der Sozialpolitik geregelt

834 Abrufbar unter http://ec.europa.eu/social/BlobServlet?docId=2154&langId=en (zuletzt abgerufen am 16. Juli 2015).

835 *Europäische Kommission*, Vademekum – Ein praktischer Leitfaden für die europäischen Organisationen der Sozialpartner und deren nationale Mitglieder, S. 8 f.

wird, ansonsten sollen vertragliche Beziehungen vorliegen.[836] Letztlich scheint der Begriff der Vereinbarung vor allem eine Brücke zu den Durchführungsvarianten nach Art. 155 Abs. 2 AEUV zu bilden.[837] Vertragliche Beziehungen sollen demnach weiter zu verstehen sein als Vereinbarungen. Letztere liegen demnach vor allem vor, wenn eine Durchführung beziehungsweise Umsetzung notwendig ist, weil die Vereinbarung normative Ziele verfolgt und nicht nur die Beziehung der Sozialpartner zueinander regeln soll.[838] Dies dürfte allerdings dogmatisch wenig bedeutsam sein. Letztlich liegt es in der Hand der Sozialpartner, welche ihrer Vereinbarungen sie nach einer der beiden Varianten des Art. 155 Abs. 2 AEUV durchführen wollen.

d) Durchführung der Vereinbarung

aa) Durch Kommission und Rat

Art. 155 Abs. 2 AEUV sieht zwei Möglichkeiten vor, Vereinbarungen der Sozialpartner „durchzuführen". Die zweite Variante nach Art. 155 Abs. 2 S. 1 AEUV regelt eine Umsetzung durch Kommission und Rat. Demzufolge können die Sozialpartner beantragen, dass die Kommission ihre Vereinbarung dem Rat als Vorschlag vorgelegt. Erforderlich ist ein gemeinsamer Antrag der an der Vereinbarung beteiligten Sozialpartner.[839]

Die Kommission soll dabei nicht befugt sein, die Vereinbarung der Sozialpartner inhaltlich zu ändern, kann jedoch frei darüber entscheiden, ob sie die Vereinbarung dem Rat zuleitet und damit den letzten Verfahrensschritt eröffnet.[840] Die Kommission soll lediglich befugt sein zu prüfen, ob der Inhalt der Vereinbarung im Einklang steht mit den Kompetenzen nach Art. 153 AEUV.[841] In gleicher Weise soll der Rat nicht befugt sein, die Vereinbarung inhaltlich zu ändern. Wie sich aber bereits aus Art. 155 Abs. 2 S. 1 Alt. 2 AEUV ergibt, entscheidet er autonom, ob er eine Unionsmaßnahme erlässt.[842] Der Rat kann dann durch Beschluss

836 Vgl. *Krebber*/Calliess/Ruffert, EUV/AEUV, Art. 155 AEUV, Rn. 2; *Benecke*/Nettesheim, EUV/AEUV, Art. 155 AEUV, Rn. 2.

837 Vgl. *Däubler* EuZW 1992, 329, 333.

838 *Eichenhofer*/Streinz, EUV/AEUV, Art. 155 AEUV, Rn. 1.

839 Vgl. *Krebber*/Callies/Ruffert, Art. 155 AEUV, Rn. 25.

840 Vgl. *Waas* ZESAR 2004, 443, 450; *Benecke*/Nettesheim, EUV/AEUV, Art. 155 AEUV, Rn. 7; *Eichenhofer*/Streinz, EUV/AEUV, Art. 155 AEUV, Rn. 18; ausführlich *Krebber*/Calliess/Ruffert, EUV/AEUV, Art. 155 AEUV, Rn. 26 m.w.N.

841 Vgl. *Benecke*/Nettesheim, EUV/AEUV, Art. 155 AEUV, Rn. 7.

842 Vgl. nur *Schiek*/Däubler, TVG, Einleitung, Rn. 777 m.w.N.; zur Bindung an den Vorschlag auch *Weiss* FS Gnade 583, 593.

die Vereinbarung durchführen, soweit die Vereinbarung der Sozialpartner eine der von Art. 153 AEUV erfassten und keine der dort ausgeschlossenen Angelegenheiten betrifft. Nach Art. 155 Abs. 2 S. 3 AEUV ist hierfür Einstimmigkeit notwendig, wenn auch nach Art. 153 Abs. 2 AEUV einstimmig über bestimmte Angelegenheiten zu beschließen ist. Soweit darauf verwiesen wird, hierdurch könne nur der „normative" Teil einer Vereinbarung umgesetzt werden,[843] ist dies schon wegen der Beschränkung auf die in Art. 153 AEUV genannten Angelegenheiten kaum anders vorstellbar.[844] Die persönliche (in einem „schuldrechtlichen" Teil der Vereinbarung zu regelnde) Beziehung der jeweiligen Sozialpartner gehört ohnehin nicht zu den dort aufgeführten Angelegenheiten.

Unklarheiten bestehen noch in Bezug auf die Rechtsqualität der Entscheidungen des Rats. Obwohl die Umsetzung durch Beschluss in Art. 155 Abs. 2 S. 1 Alt. 2 AEUV erwähnt wird, erscheint ein Beschluss zur Umsetzung nicht praktikabel, da er nach Art. 288 Abs. 4 AEUV im Hinblick auf den Adressatenkreis zu unspezifisch ausgestaltet ist.[845] Vielmehr wird angenommen, der Rat sei in der Wahl des Rechtsakts frei und könne insbesondere die Rechtsformen der Verordnung oder der Richtlinie nach Art. 288 Abs. 2 und 3 AEUV nutzen.[846] Nach Art. 155 Abs. 2 S. 2 AEUV ist das Europäische Parlament über die Umsetzung zu unterrichten.

bb) Durch Sozialpartner und Mitgliedsstaaten

Art. 155 Abs. 2 S. 1 Alt. 1 AEUV weicht hiervon substantiell ab. Die erste Variante sieht vor, dass die Durchführung der Vereinbarung nach den „jeweiligen Verfahren und Gepflogenheiten der Sozialpartner und der Mitgliedsstaaten" erfolgt. Dieser Durchführungsweg ist in vielerlei Hinsicht Gegenstand von

843 *Benecke*/Nettesheim, EUV/AEUV, Art. 155 AEUV, Rn. 7.

844 Vgl. auch *Krebber*/Calliess/Ruffert, EUV/AEUV, Art. 155 AEUV, Rn. 12.

845 Dabei handelt es sich um ein Hybrid aus der ursprünglich als Einzelakt gegenüber konkreten Adressaten ausgestalteten „Entscheidung" und dem zuvor nicht geregelten, weitgehend unspezifischen Instrument des „Beschlusses". Letzterer soll sich dadurch auszeichnen, nicht in individuelle Rechtspositionen einzugreifen, vgl. *Nettesheim*/Nettesheim, EUV/AEUV, Art. 288 AEUV, Rn. 172, 195.

846 Strittig, wie hier: *Krebber*/Calliess/Ruffer, Art. 155 AEUV, Rn. 29; *Eichenhofer*/Streinz, EUV/AEUV, Art. 155 AEUV, Rn. 17; *Deinert*, Der europäische Kollektivvertrag, S. 448 f. Differenzierend mit ausführlicher Diskussion *Schiek*/Däubler, TVG, Einleitung, Rn. 788 m.w.N, wonach es darauf ankomme, welche Rechtsform für die entsprechende Angelegenheit im Rahmen des Art. 153 AEUV gewählt werden könnte; in diese Richtung auch bereits *Blank* FS Gnade, 649, 656. Nur Richtlinien: *Steinmeyer* RdA 2001, 10, 20 f.; ebenso wohl *Rieble/Kolbe* EuZW 2008, 453, 460.

Diskussionen, was sich auch aus seiner unspezifischen und rudimentären Ausgestaltung in Art. 155 Abs. 2 S. 1 AEUV ergibt. Er enthält letztlich zwei Möglichkeiten: die Durchführung durch die nationalen Sozialpartner oder durch den Mitgliedsstaat.[847] Dabei soll es sowohl dem Mitgliedsstaat als auch den nationalen Sozialpartnern freistehen, ob sie die Vereinbarung umsetzen.[848] Die Form der Umsetzung der Vereinbarung wiederum unterliegt dem jeweiligen nationalen Recht. Denkbar ist, dass die Mitgliedsstaaten sie durch Gesetz umsetzen.[849] Alternativ können die nationalen Sozialpartner auch eine Transformation der Vereinbarung in die nationalen Kollektivbeziehungen erreichen. Hierzu sollen sie der Vereinbarung durch eigene Tarifverträge Wirksamkeit im Rahmen der nationalen Rechtsordnung verleihen. Eine mögliche normative Wirkung und auch der Kreis der Gebundenen (zum Beispiel, ob auch Nicht-Mitglieder erfasst werden) soll sich nach den Bestimmungen der jeweils anzuwendenden nationalen Rechtsordnung richten.[850] Nach Art. 155 Abs. 2 S. 2 AEUV ist das Europäische Parlament zu unterrichten.

Soweit vor allem in dieser Variante eine europarechtliche Grundlage für europäische Tarifverträge gesehen wird, sei auf die Darstellung der Diskussion unten unter 2. sowie die Stellungnahme unten unter 2.c) verwiesen.

e) *Bisherige Ergebnisse des Sozialen Dialogs*

Der branchenübergreifende Soziale Dialog hat bislang lediglich zu drei Richtlinien geführt, die von den Mitgliedsstaaten umgesetzt wurden, die Richtlinien zu den Themen Elternzeit, befristete Arbeitsverträge und Teilzeitarbeit. Alle

---

847 *Benecke*/Nettesheim, EUV/AEUV, Art. 155 AEUV, Rn. 6.

848 Vgl. *Krebber*/Callies/Ruffert, Art. 155 AEUV, Rn. 21; *Benecke*/Nettesheim, EUV/AEUV, Art. 155 AEUV, Rn. 6; *Weiss* FS Birk, 957, 964, der insbesondere auf die Funktion der Sozialpartnervereinbarungen als Inspiration für die nationalen Sozialpartner und als Anlass der Kommunikation zwischen den Ebenen verweist. Vgl. auch *Weiss* FS Gnade, 583, 593; *Weiss* FS Wiese, 633, 640; *Waas* ZESAR 2004, 443, 447 f.; *Hornung-Draus* FS Weiss, 205, 207. Vgl. auch *Rieble/Kolbe* EuZA 2008, 453, 461 f., die sich für die Möglichkeit einer entsprechenden Bevollmächtigung durch die nationalen Sozialpartner aussprechen; zur strittigen Frage einer Durchführungspflicht siehe ausführlich auch *Sagan*, Grundrecht auf Kollektivmaßnahmen, S. 260–276, der sie dort bejaht.

849 Vgl. *Benecke*/Nettesheim, EUV/AEUV, Art. 155 AEUV, Rn. 6.

850 *Krebber*/Callies/Ruffert, Art. 155 AEUV, Rn. 24; wohl auch *Eichenhofer*/Streinz, EUV/AEUV, Art. 155 AEUV, Rn. 15; *Benecke*/Nettesheim, EUV/AEUV, Art. 155 AEUV, Rn. 6 jeweils m.w.N.

übrigen Vereinbarungen der Sozialpartner wurden nicht Kommission und Rat zur Durchführung übergeben, sondern blieben „autonome Vereinbarungen". Diese betrafen Telearbeit, arbeitsbezogenen Stress, Belästigungen am Arbeitsplatz und „inklusive Arbeitsmärkte". Nur im Rahmen des sektoralen Sozialen Dialogs kam es zu einer Reihe weiterer Richtlinien und ähnlich vielen autonomen Vereinbarungen.[851] Die autonomen Vereinbarungen basierten vor allem auf einer Weigerung der Arbeitgebervertreter, eine rechtsverbindliche Grundlage unter Zuhilfenahme des Rats zu schaffen. Die erste Variante von Art. 155 Abs. 2 S. 1 AEUV wurde dementsprechend selbst von den europäischen Sozialpartnern nicht als Grundlage rechtsverbindlicher, gleichförmiger europäischer Rechtssetzung genutzt. Vielmehr führte sie zu höchst unterschiedlichen Umsetzungen in den Mitgliedsstaaten. In Gestalt von nationalen Gesetzen, Flächen- oder auch nur branchenbezogenen Tarifverträgen sowie bloßen gemeinsamen Empfehlungen der nationalen Sozialpartner wurde dabei die gesamte Palette an Möglichkeiten ausgeschöpft.[852] Die weit überwiegende Zahl der bislang verabschiedeten Beschlüsse besteht aus unspezifischen und unverbindlichen Stellungnahmen, codes of conduct und Ähnlichem.[853]

2. Grundlage für einen europäischen Tarifvertrag?

Der Soziale Dialog ist seit seinem ersten Auftritt als Rechtsetzungsinstrument der Europäischen Union Gegenstand einer kaum mehr zu überschauenden Anzahl an Texten. Deswegen werden die wesentlichen Modelle zum Sozialen Dialog als Mechanismus für europäische transnationale Tarifverträge aus Sicht der deutschen und britischen Literatur skizziert. Im Weiteren wird untersucht, ob der Soziale Dialog und die diskutierten Modelle aus rechtstatsächlicher Sicht eine taugliche Grundlage für einen Tarifvertrag sein können, der in beiden Rechtsordnungen gleichsam Wirkung entfalten soll.

---

851 Vgl. zu allem den Überblick bei *Keune/Marginson* BJIR 2013, 473, 482.

852 Ein ausführlicher Überblick findet sich bei *Keune/Marginson* BJIR 2013, 473, 485–488.

853 Vgl. *Schiek*/Däubler, TVG, Einleitung, Rn. 737. Dies ergibt sich auch aus dem Überblick in Chart 5.1, Chapter 5, S. 121 des Berichts der *Europäischen Kommission*, Industrial Relations in Europe 2014. Eine umfassende Datenbank über die bisher erzielten Ergebnisse des Sozialen Dialogs findet sich unter http://ec.europa.eu/social/main.jsp?catId=521&langId=de (zuletzt abgerufen am 16. Juli 2015).

a) *Die deutsche Diskussion*

Die wohl umfangreichste Ausarbeitung zur Frage, ob der Soziale Dialog taugliches Instrument zum Abschluss europäischer Tarifverträge ist, dürfte von *Deinert* stammen.[854] Er sieht in den Vereinbarungen, die die Sozialpartner im Rahmen des Sozialen Dialogs abschließen, einen europäischen Kollektivvertrag. Er leitet dies nicht nur aus einer Analyse der Entstehungsgeschichte ab, sondern unternimmt auch den Versuch, eine zum Zeitpunkt seiner Arbeit noch nicht in der heutigen Form kodifizierte europäische Koalitionsfreiheit herzuleiten.[855] Im Hinblick auf Wirkung und Bindung an die abgeschlossenen Kollektivverträge geht *Deinert* von einem „Modell der parallelen Wirkungsstatuten“[856] aus. Demzufolge bedürfe der Kollektivvertrag keines nationalen Umsetzungsakts, vielmehr wirke er selbst in den einzelnen Mitgliedsstaaten wie ein nach den Rechtsordnungen der jeweiligen Mitgliedsstaaten abgeschlossener Tarifvertrag. Dies ergebe sich daraus, dass er gemäß Art. 155 Abs. 2 S. 1 Alt. 1 AEUV nach den Verfahren und Gepflogenheiten der Sozialpartner und der Mitgliedsstaaten umzusetzen sei. In Deutschland wirkte er demnach normativ nach den §§ 3, 4 TVG, in Großbritannien wiederum vor allem durch die dort diskutierten Varianten der Inkorporation ins Arbeitsverhältnis. Weder die Mitgliedsstaaten noch die nationalen Sozialpartner wären nach diesem Modell an der Umsetzung beteiligt.[857] Allerdings müsste der Kollektivvertrag demnach allen Anforderungen genügen, die das Recht des Mitgliedsstaats an nationale Tarifverträge stellt, also beispielsweise Formvorschriften oder eine Eintragung in ein Tarifregister.[858]

Die zweite Alternative des Art. 155 Abs. 2 S. 1 AEUV widerspricht *Deinert* zufolge nicht seinem Modell einer unmittelbaren Wirkung der Sozialpartnervereinbarungen, da sie zumindest funktional, wenn auch nicht dogmatisch, mit der Allgemeinverbindlicherklärung von Tarifverträgen vergleichbar ist. In beiden Fällen werden Tarifverträge durch einen staatlichen Akt verbindlich für alle Arbeitsverhältnisse erklärt. Schließlich kennten auch nationale Rechtsordnungen

---

854 *Deinert*, Der europäische Kollektivvertrag, 1999.

855 Sehr umfassend, auch die Rechtsordnungen der damaligen Mitgliedsstaaten heranziehend, *Deinert*, Der europäische Kollektivvertrag, S. 208–436.

856 *Deinert*, Der europäische Kollektivvertrag, S. 440–443.

857 *Deinert*, Der europäische Kollektivvertrag, S. 445 f.; ähnlich auch *Blank* FS Gnade, 649, 655; *Zimmer* EuZA 2013, 247, 258 f.

858 *Deinert*, Der europäische Kollektivvertrag, S. 450 f.

Verfahren, um den Kreis der an Kollektivverträge Gebundenen durch staatlichen Einfluss zu erweitern.[859]

Demgegenüber verlangt eine verbreitetere Ansicht, zur Umsetzung der Sozialpartnervereinbarung nach Art. 155 Abs. 2 S. 1 Alt. 1 AEUV einen eigenständigen Umsetzungsakt auf mitgliedsstaatlicher Ebene. Die nationalen Sozialpartner sollten deswegen einen Tarifvertrag abzuschließen haben, durch den die Vereinbarung erst auf nationaler Ebene wirksam wird.[860] Dieses Modell wird auch als „mehrstufiger Tarifvertrag" bezeichnet.[861] Beiden Modellen ist gemein, dass die Wirkung des europäischen Tarifvertrags und die Bindung an ihn erst durch die Bestimmungen der Rechtsordnungen der Mitgliedsstaaten und nicht autonom durch europäisches Recht ausgestaltet werden. Nach den Vertretern dieser Auffassung könne auf einen zusätzlichen nationalen Durchführungsakt nicht verzichtet werden. Auch dies wird wiederum mit dem Wortlaut und der Entstehungsgeschichte begründet. So führt Sagan an, Art. 155 Abs. 2 S. 1 Alt. 1 AEUV verlange schließlich eine „Durchführung" auf nationaler Ebene.[862] Weiterhin verweist *Sagan* darauf, dass im Falle des „parallelen Wirkungsstatutes" die Sozialpartner gezwungen seien, eine Vereinbarung zu treffen, die kompatibel mit allen Rechtsordnungen der Mitgliedsstaaten sei. Dass dies gelingen könne, sei jedoch äußerst unwahrscheinlich.[863]

---

859 So *Deinert*, Der europäische Kollektivvertrag, S. 447–450; anders aber *Weiss* FS Kissel, 1253, 1265, der darauf hinweist, dass es bei der Umsetzung durch den Rat nicht um eine Ausdehnung des Geltungsbereichs erga omnes gehe, sondern um die Herstellung von Bindungswirkung.

860 Alternativ wäre eine Umsetzung durch die Organe des Mitgliedsstaats in Form eines Gesetzes notwendig.

861 Dazu sehr ausführlich *Sagan*, Grundrecht auf Kollektivmaßnahmen, S. 254–258; vgl. auch *Heinze* ZfA 1997, 505, 517; *Birk* EuZW 1997, 453, 457 f.; *Steinmeyer* RdA 2001, 10, 20; *Rieble/Kolbe* EuZA 2008, 453, 461; wohl auch *Fuchs/Mahrhold*, Europäisches Arbeitsrecht, S. 269; *Hornung-Draus* FS Weiss, 205, 206 f.; *Krebber*/Callies/Ruffert, Art. 155 AEUV, Rn. 23; *Benecke*/Nettesheim, EUV/AEUV, Art. 155 AEUV, Rn. 6; *Eichenhofer*/Streinz, EUV/AEUV, Art. 155 AEUV, Rn. 15; *Kocher*/Kempen/Zachert, TVG, § 4 TVG, Rn. 128 f.

862 So *Sagan*, Grundrecht auf Kollektivmaßnahmen, S. 256; ebenso bereits *Waas* FS Weiss, 193, 202.

863 *Sagan*, Grundrecht auf Kollektivmaßnahmen, S. 257. Wobei zu bedenken ist, dass *Deinert*, Der europäische Kollektivvertrag, S. 467 f., davon ausgeht, der Soziale Dialog setze nur voraus, dass die Sozialpartner Regelungen für wenigstens zwei Mitgliedsstaaten abschließen, nicht jedoch zwingend für alle.

Im Übrigen bestehen unter den Vertretern dieser Ansicht vor allem Unterschiede im Hinblick auf die umstrittene Pflicht der nationalen Sozialpartner, die Vereinbarung der europäischen Sozialpartner umzusetzen.[864] Nur falls eine solche Pflicht wider Erwarten bestehen sollte, könnte die Sozialpartnervereinbarung auch als transnationaler Tarifvertrag aus eigener Berechtigung verstanden werden. Soweit die vorstehende Ansicht dazu führt, dass etwa in Deutschland nur die Mitglieder der nationalen Tarifparteien an einen solchen nationalen Tarifvertrag gebunden wären, wird zudem eine Pflicht zur Allgemeinverbindlicherklärung durch die nationalen Stellen diskutiert.[865] *Waas* lehnt eine solche Pflicht ab, da die Umsetzung durch die Mitgliedsstaaten in deren Ermessen liege. Er sieht allerdings die Möglichkeit, Tarifverträge, die aus Vereinbarungen der europäischen Sozialpartner hervorgehen, unter Beachtung des Verfahrens nach § 5 TVG für allgemeinverbindlich zu erklären.[866]

Eine weitere Ansicht geht davon aus, die Sozialpartner könnten durch eine Vereinbarung nach Art. 155 AEUV selbst einen unionsrechtlichen Rahmen für ihre Kollektivvereinbarungen durch einen so genannten „Statuskontrakt" schaffen.[867] Dieser selbst geschaffene Rahmen soll auch die Wirkung der Kollektivvereinbarungen, den Kreis der an die Vereinbarung gebundenen Arbeitnehmer und Arbeitgeber sowie das Verhältnis zu nationalen Tarifverträgen regeln.[868] Die Idee ist also, dass sich die Sozialpartner eine Art europäisches Tarifvertragsrecht selbstständig schaffen. Aufgrund des Vorrangs des Unionsrechts, welcher auch den Sozialpartnervereinbarungen zukomme, könnten die Mitgliedsstaaten die Vorgaben eines solchen Rahmenabkommens auch nicht mit dem Verweis auf ihre nationalen Traditionen beseitigen.[869]

---

864 Vgl. dazu die Nachweise oben in Fn. 848.

865 Vgl. *Waas* FS Weiss, 193, 195 f.

866 *Waas* FS Weiss, 193, 197–200; im Ergebnis ebenso *Weiss* FS Birk, 957, 965.

867 Vgl. *Schiek*/Däubler, TVG, Einleitung, Rn. 811 f.; *Schiek* ILJ 2005, 23, 55; ansatzweise auch bereits bei *Blank* FS Gnade 649, 656; *Reufels*/Thüsing/Braun, Tarifrecht, Kap. 13, Rn. 103.

868 *Schiek*/Däubler, TVG, Einleitung, Rn. 813 f.; *Reufels*/Thüsing/Braun, Tarifrecht, Kap. 13, Rn. 104.

869 Vgl. *Schiek* ILJ 2005, 23, 55. Alternativ solle eine Umsetzung durch Ratsbeschluss erfolgen, ausführlich dazu *Schiek*/Däubler, TVG, Einleitung, Rn. 818–823; *Reufels*/Thüsing/Braun, Tarifrecht, Kap. 13, Rn. 106.

b) *Die britische Diskussion*

Unter britischen Arbeitsrechtlern wird die Frage, inwieweit die Sozialpartnervereinbarung tatsächlich einen europäischen Tarifvertrag mit einer Regelungswirkung für die Arbeitsverhältnisse darstellt, nur am Rande thematisiert. So steht *Hepple* einer Umsetzung der Sozialpartnervereinbarungen durch die nationalen Verfahren und Gepflogenheiten skeptisch gegenüber, da insbesondere eine Pflicht der nationalen Akteure zur Umsetzung in eigene Tarifverträge nicht ersichtlich sei.[870] Als einzige Möglichkeit zur Umsetzung der Sozialpartnervereinbarungen nach Art. 155 Abs. 2 S. 1 Alt. 1 AEUV wird deswegen davon ausgegangen, dass die nationalen Sozialpartner jeweils eigene Tarifverträge nach der nationalen Rechtsordnung abschließen.[871] Dies dürfte Ähnlichkeiten zu dem Modell der „mehrstufigen Tarifverträge" aufweisen. *Hepple* stellt weiterhin die erheblichen Unterschiede zwischen den nationalen Rechtsordnungen bezüglich Tarifbindung und Tarifwirkung heraus, die einer Umsetzung nach den Regeln der jeweiligen Mitgliedsstaaten de facto im Wege stehen dürften.[872] Zugleich erwähnt er jedoch auch kurz die Möglichkeit, dass die Inkorporation solcher Vereinbarungen in die einzelnen Arbeitsverträge nach britischem Recht vorstellbar sei.[873]

Vor dem Hintergrund, den Sozialen Dialog als Vehikel transnationaler Kollektivverhandlungen zu nutzen, bezieht sich *Bercusson* ohne nähere Ausführungen auf das bereits im Rahmen der deutschen Diskussion erwähnte Modell des Statuskontrakts. Er sieht es vordringlich als Aufgabe der Sozialpartner an, die Rahmenbedingungen ihrer Zusammenarbeit selbst zu definieren.[874] Der Soziale Dialog sei nämlich weniger ein Element der Legislative, er basiere vielmehr auf den Beziehungen zwischen Gewerkschaften und Arbeitgebern. Seine Durchführungsvarianten entsprächen eher den verbreiteten Möglichkeiten, nationale Tarifverträge erga omnes anzuwenden. Insofern sei er ein Mittel transnationaler

870 *Hepple*, European Social Dialogue, S. 28; *Hepple*, Labour Laws and Global Trade, S. 234; ebenso *Barnard*, EU Employment Law, S. 74.

871 Vgl. *Hepple*, European Social Dialogue, S. 31; *Barnard*, EU Employment Law, S. 74; in diese Richtung auch *Wedderburn*, Freedom and the Frontiers, S. 394 und 399 f.

872 *Hepple*, European Social Dialogue, S. 28–30.

873 *Hepple*, European Social Dialogue, S. 30, wobei das Vereinigte Königreich dem damals den Sozialen Dialog enthaltenden Protokoll über die Sozialpolitik nicht beigetreten war.

874 *Bercusson*, European Labour Law, S. 560 f. Er bezieht sich dort ausdrücklich auf das von *Schiek* propagierte Statuskontraktmodell, ohne es beim Namen zu nennen. In diese Richtung auch bereits *Bercusson* ILJ 1999, 153, 170.

Kollektivverhandlungen.[875] Ob damit auch eine Regelung der Wirkung der Sozialpartnervereinbarungen insbesondere auf die Arbeitsverhältnisse gemeint ist, bleibt allerdings offen.

Dass die Frage, ob Sozialpartnervereinbarungen rechtlich geeignet sind, den Ausgangspunkt eines europäischen Tarifvertrags zu bilden, im britischen Recht weniger ausführlich diskutiert wird, erstaunt nicht. Aus britischer Sicht ist rein sprachlich festzuhalten, dass Art. 155 Abs. 1 AEUV von *agreements* spricht. Dies weist eine begriffliche Nähe zum britischen Terminus *collective agreements* auf. Deren rechtliche Unverbindlichkeit wiederum dürfte ein Grund dafür sein, warum die Frage der rechtlichen Durchsetzung der Sozialpartnervereinbarungen durch die nationalen Sozialpartner eher am Rande diskutiert wird.[876] Die Unverbindlichkeit britischer Kollektivverträge und die flexible Inkorporation in die Arbeitsverhältnisse dürfte aus britischer Sicht entsprechende Fragen in Bezug auf die Sozialpartnervereinbarung in den Hintergrund treten lassen. Der Fokus britischer Arbeitsrechtler liegt wohl auch deswegen vielmehr darauf, zu untersuchen, inwieweit der Soziale Dialog überhaupt ein faktisch tauglicher Mechanismus für Verhandlungen zwischen Arbeitgebern und Gewerkschaften darstellen kann, vergleichbar mit dem *collective bargaining* nach britischem Recht.[877]

c) *Stellungnahme*

Neben der Diskussion um den Sozialen Dialog als Rahmen für ein europäisches Tarifvertragssystem wurden auch die rechtsdogmatischen und funktionalen Schwächen dieser Ansätze bereits ausführlich in der rechtswissenschaftlichen Literatur thematisiert.[878] An dieser Stelle soll deswegen vielmehr an die bereits oben im Rahmen des Kollisionsrechts erfolgte ausführliche Untersuchung angeknüpft werden. Die zentrale Frage für die vorliegende Arbeit lautet deswegen, ob die Modelle zum Sozialen Dialog die bereits angesprochenen Schwierigkeiten eines in Großbritannien und Deutschland gleichzeitig anzuwendenden Tarifvertrags tatsächlich lösen könnten.

---

875 Vgl. *Bercusson* ILJ 1999, 153, 164 und 169.

876 So geht etwa *Hepple*, European Social Dialogue, S. 23, davon aus, dass keine der beteiligten Parteien verpflichtet sei, einer Rechtsverbindlichkeit der Sozialpartnervereinbarung zuzustimmen.

877 Vgl. in diesem Sinne auch etwa *Fredman*, Social Law in the European Union, S. 408; *Bernard*, Legitimising EU Law, S. 286 f. Im Übrigen auch unter Einbeziehung der deutschen Perspektive ausführlich unten unter F.I.2.c).

878 Neben den zitierten Fundstellen, siehe, anstelle vieler, die kritische Stellungnahme zur gesamten Diskussion bei *Weiss* FS Birk, 957, 963–965.

Dabei ist zunächst festzuhalten, dass der wesentliche Unterschied zwischen dem Modell paralleler Wirkungsstatute und den mehrstufigen Tarifverträgen in dem notwendigen weiteren Transformationsschritt in nationales Recht liegt. Nur die mehrstufigen Tarifverträge würden eine Beteiligung der nationalen Sozialpartner überhaupt erfordern.

Im Hinblick auf ihre Wirkung im nationalen Kontext unterscheiden sich beide Modelle allerdings nicht.[879] Die Konsequenz sowohl des parallelen Wirkungsstatuts als auch der mehrstufigen Tarifverträge ist, dass die Regelungen eines transnationalen Tarifvertrags gleichzeitig in grundlegend unterschiedlichen Systemen gelten müssten. Die jeweiligen Tarifverträge wirkten in Deutschland nach deutschem Recht, in Großbritannien nach britischem Recht. Daher ist an dieser Stelle nochmals auf die erheblichen Unterschiede beider Rechtsordnungen und gerade nicht nur auf die rechtliche Unverbindlichkeit britischer Kollektivverträge hinzuweisen.[880] Denn diese Unverbindlichkeit betrifft in erster Linie das Rechtsverhältnis der Parteien des Kollektivvertrags zueinander.[881] Entscheidender für die Bewertung der Modelle dürften vielmehr die unterschiedlichen Ansätze zur Bindung der Arbeitsverhältnisse an die Regelungen der Kollektiv- beziehungsweise Tarifverträge sein. Das deutsche Recht sieht eine unmittelbare und zwingende Wirkung nach §§ 3, 4 TVG für die Mitglieder der Tarifvertragsparteien vor. Alternativ ist es übliche Praxis, Tarifverträge im Arbeitsvertrag in Bezug zu nehmen und so eine ähnliche Bindung für nichtorganisierte Arbeitnehmer herzustellen. Diese Ansätze führen dazu, dass die Tarifverträge die Arbeitsverhältnisse in der Regel umfassend normativ gestalten.[882]

Die Inkorporation der Kollektivverträge in die Arbeitsverträge nach britischem Recht ist demgegenüber erheblich unspezifischer. Grundsätzlich liegt es allein in der Hand der Arbeitsvertragsparteien ob, welche und in welchem Umfang Kollektivverträge in einen Arbeitsvertrag inkorporiert werden. Daneben ist es gängige Praxis der Gerichte, eine in ihren Anforderungen flexible konkludente Inkorporation vorzunehmen, deren Ergebnisse sich teilweise auch den Arbeitsvertragsparteien entzieht. Die rechtliche Unverbindlichkeit der Kollektivverträge hat auf eine solche konkludente Inkorporation allerdings keinerlei

879 Vgl. *Reufels*/Thüsing/Braun, Tarifrecht, Kap. 13, Rn. 102.
880 So aber z.B. *Zimmer* EuZA 2013, 247, 257.
881 Vgl. oben unter B.I.2.d)aa).
882 Ausführlich oben unter B.II.1.e).

Auswirkungen. Weiterhin prüfen die englischen Gerichte darüber hinaus die Angemessenheit der Inkorporation der einzelnen Klauseln.[883]

Es dürfte deswegen nicht genügen, nur auf eine fehlende normative Wirkung der Sozialpartnervereinbarungen hinzuweisen, um ihre Eignung als unmittelbar geltende europäische Tarifverträge abzulehnen.[884] Eine solche normative Wirkung fehlt britischen Kollektivverträgen schließlich ohnehin. Dieses Argument scheint vielmehr nur der spezifisch deutschen Perspektive zu entspringen.[885] Der Verweis, dass die Bindungswirkung eines europäischen Tarifvertrags nach dem Modell der parallelen Wirkungsstatute zumindest innerhalb der nationalen Systeme konsistent sei,[886] überzeugt allerdings ebensowenig.[887] Gewerkschaften, Arbeitnehmer und Arbeitgeber müssten sich vor diesem Hintergrund vielmehr fragen, warum sie eine solche asymmetrische Wirkung ihres transnationalen Tarifvertrags akzeptieren sollten. Deutsche Arbeitgeber würden mit dem Problem konfrontiert, warum sie gegenüber tarifgebundenen Arbeitnehmern nicht, wie die britischen Arbeitgeber, im Arbeitsvertrag von den Bedingungen der Sozialpartnervereinbarungen abweichen und sogar ungünstigere Regelungen vereinbaren dürften.[888] Britische Arbeitnehmer wiederum könnten sich dementsprechend nicht darauf verlassen, dass die Regelungen des Tarifvertrags einen unabdingbaren Mindeststandard für ihr Arbeitsverhältnis darstellten, wie es für ihre deutschen (tarifgebundenen) Kollegen der Fall wäre. Hierin spiegelt sich zudem auch ein zentraler Interessenskonflikt transnationaler Tarifverträge wider: Gewerkschaften und Arbeitnehmer sind an verbindlichen Regelungen (*hard law*) interessiert, Arbeitgeber an informellen und freiwilligen Vereinbarungen (*soft law*).[889]

---

883 Angemessenheit bedeutet allerdings keine Inhaltskontrolle, sondern betrifft die Frage, ob eine Regelung überhaupt in den Individualvertrag einbezogen werden kann, vgl. oben unter B.I.2.d)bb).

884 So aber *Benecke*/Nettesheim, EUV/AEUV, Art. 155 AEUV, Rn. 4.

885 Bereits *Weiss* FS Kissel, 1253, 1254 f., äußert sich kritisch zur Tendenz in der Diskussion, den jeweils eigenen nationalen Kontext auf mögliche europäische Tarifverträge zu projizieren. Nach *Sagan*, Grundrecht auf Kollektivmaßnahmen, S. 252, sei zudem eine normative Wirkung keineswegs Voraussetzung, um eine Vereinbarung europarechtlich als Tarifvertrag zu qualifizieren.

886 So *Deinert*, Der europäische Kollektivvertrag, S. 440; *Zimmer* EuZA 2013, 247, 259; *Reufels*/Thüsing/Braun, Tarifrecht, Kap. 13, Rn. 102.

887 Allgemein *Kocher*/Kempen/Zachert, TVG, § 4 TVG, Rn. 129.

888 Aufgrund der fehlenden zwingenden Wirkung ist das nach britischem Recht zulässig; vgl. oben unter B.I.2.d)bb)(4).

889 Vgl. hierzu *Keller* IJCLLIR 2008, 201, 221.

Dies verdeutlicht, dass der bloße Hinweis, britische Kollektivverträge seien nicht rechtsverbindlich, den Kern des Problems nicht trifft.[890] Vielmehr lässt die hier dargestellte Asymmetrie der Bindungswirkung erhebliche Zweifel an der rechtstatsächlichen Umsetzbarkeit des Modells der parallelen Wirkungsstatute aufkommen.[891] Schließlich müssten sich die Akteure einer solchen transnationalen Vereinbarung mit erheblichen qualitativen Unterschieden bezüglich der Bindungswirkung für die Arbeitsverhältnisse abfinden.[892] Zur Klärung genügt auch nicht der Hinweis auf die dem Unionsrecht typische mittelbare Umsetzung durch mitgliedsstaatliches Recht, etwa im Rahmen der Richtlinien nach Art. 288 Abs. 3 AEUV.[893] Dort geht es schließlich um eine flexible Anpassung an die mitgliedsstaatlichen Unterschiede, nicht jedoch um eine qualitativ unterschiedliche Bindung (oder Nicht-Bindung) der letztlich durch eine Richtlinie zu Berechtigenden oder zu Verpflichtenden.[894] Zu gleichen Ergebnissen muss schließlich auch das Modell einer mehrstufigen Umsetzung der Sozialpartnervereinbarung durch den Abschluss nationaler Tarifverträge führen, das ohnehin nur bei einer entsprechenden Umsetzungspflicht der nationalen Akteure ein taugliches Instrument wäre.[895]

Zur Lösung dieser Umsetzungsprobleme wird das Modell des Statuskontrakts empfohlen, in welchem die Sozialpartner unter anderem die Bindungswirkung ihrer Vereinbarungen autonom festlegen können sollen.[896] Der Vorteil dieses Ansatzes läge darin, dass hierdurch die vorstehend skizzierte Asymmetrie zwischen den nationalen Rechtsordnungen von vornherein ausgeschlossen wäre. Aus britischer Sicht ist dieser Ansatz vordergründig naheliegend, da britische

---

890 So aber *Deinert*, Der europäische Kollektivvertrag, S. 440 f.

891 So weist bereits *Wedderburn* ILJ 1992, 245, 248–251 und 261–264, darauf hin, dass die rechtliche Unverbindlichkeit nicht der einzige und womöglich nicht der entscheidende Unterschied der britischen Rechtsordnung im Vergleich mit anderen europäischen Rechtsordnungen ist. Er untersucht dort deswegen vor allem die Unterschiede im Hinblick auf die Mechanismen, durch die eine Bindungswirkung der Kollektivverträge für die Arbeitsverhältnisse erzeugt werden.

892 So ganz allgemein auch *Treu* FS Wedderburn, 169, 173 und 183; *Weiss* FS Kissel, 1253, 1256.

893 Vgl. *Deinert*, Der europäische Kollektivvertrag, S. 441.

894 Vgl. allgemein zum Umfang der Umsetzungspflicht *Nettesheim*/Nettesheim, EUV/AEUV, Art. 288 AEUV, Rn. 119 f.

895 Eine solche dürfte auch deswegen aus britischer Sicht erheblicher Skepsis begegnen, weil die Einhaltung von Kollektivverträgen dort traditionell nicht einklagbar ist. Dazu schon oben unter B.I.2.d)aa).

896 *Schiek*/Däubler, TVG, Einleitung, Rn. 813.

Kollektivverträge ohnehin keine Bindungswirkung haben. Einem Statuskontrakt käme aus dieser Perspektive wohl in erster Linie die Aufgabe der Ausgestaltung der Beziehungen zwischen den Sozialpartnern zu. Wenn *Schiek* aber vor dem Hintergrund deutscher Tarifverträge vertritt, der Statuskontrakt könnte auch die Bindungswirkung europäischer Tarifverträge regeln,[897] überzeugt dies nicht. Es ist nicht ersichtlich, wonach die Sozialpartner dazu berechtigt sein sollten, autonom die Tarifbindung von Arbeitnehmern und Arbeitgebern zu begründen.[898]

Schließlich ist die Zulässigkeit und Praktikabilität eines solchen Statuskontrakts der Sozialpartner im Rahmen des Art. 155 AEUV schon grundlegend zweifelhaft. Zunächst ist angesichts der Regelungssperre in Art. 153 Abs. 5 AEUV äußerst umstritten, ob der Union eine Regelungskompetenz für das Tarifvertragsrecht zukommt.[899] Zumindest sind der Union Regelungen sowohl in Bezug auf Arbeitsentgelt sowie das Arbeitskampf- und Koalitionsrecht grundsätzlich nicht möglich. Damit ist zwar das Recht der Tarifverhandlungen nicht angesprochen,[900] angesichts seiner engen Verknüpfung zu den drei benannten Themenfeldern müsste eine darauf beschränkte europäische Regelung jedoch zwangsläufig rudimentär bleiben.[901]

Von einigen Autoren wird vertreten, das Erzwingen einer Sozialpartnervereinbarung durch Arbeitskampf sei unzulässig. Der Arbeitskampf soll demzufolge im Rahmen des Sozialen Dialogs als Druckmittel ausgeschlossen sein.[902]

---

897 *Schiek*/Däubler, TVG, Einleitung, Rn. 813 f.; *Reufels*/Thüsing/Braun, Tarifrecht, Kap. 13, Rn. 104.

898 Auf den feinen Unterschied im deutschen Recht zwischen freiwilliger Normunterwerfung durch Beitritt zu Gewerkschaften und Arbeitgeberverbänden auf der einen Seite und staatlich erzwungener Tarifbindung durch Allgemeinverbindlicherklärung auf der anderen Seite ist bereits oben unter C.I.2.b)dd)(2) ausführlich eingegangen worden.

899 Vgl. die Darstellung bei *Rebhahn/Reiner*/EU-Kommentar, Art. 153 AEUV RN. 53 m.w.N.

900 *Schiek*/Däubler, TVG, Einleitung, Rn. 820, die eine Regelung des Tarifvertragsrechts ohne das Arbeitskampfrecht für möglich hält. Soweit sie dabei auf das deutsche TVG verweist, übersieht sie, dass die dort auf den Tarifvertrag beschränkte Regelung die deutschen Gerichte gezwungen hat, eigenständig ein Arbeitskampfrecht erst zu schaffen. Eine ähnlich isolierende Auffassung vertritt auch *Zimmer* EuZA 2013, 247, 254–256.

901 Deswegen zurecht ablehnend: *Weiss* FS Birk, 957, 958 f.; *Rieble/Kolbe* EuZA 2008, 453, 464 f.; a.A. *Deinert*, Der europäische Kollektivvertrag, S. 454.

902 Vgl. nur *Krebber*/Calliess/Ruffert, EUV/AEUV, Art. 155 AEUV, Rn. 8; *Thüsing/Traut* RdA 2012, 65, 66; *Birk* EuZW 1997, 453, 454 f.; *Benecke*/Nettesheim, EUV/AEUV, Art. 155 AEUV, Rn. 2; jeweils m.w.N.

Soweit es etwa um eine Umsetzung durch den Rat geht, sei es sogar ein rechtswidriger „mittelbar-politischer' Arbeitskampf“[903]. Festzuhalten ist allerdings, dass Art. 155 AEUV zum Arbeitskampf schlicht schweigt. Hieraus ein pauschales Verbot von Arbeitskämpfen um Sozialpartnervereinbarungen abzuleiten, dürfte vielmehr wiederum zu stark die eigene nationale Perspektive berücksichtigen. Für die Frage, ob solche Arbeitskämpfe zulässig sind, ist Art. 155 AEUV jedoch nicht entscheidend. Dies ist vielmehr den mitgliedsstaatlichen Arbeitskampfordnungen überlassen.[904]

Hier schließt sich wiederum der Kreis zu Art. 9 Rom II-Verordnung: Diese europäische Regelung weist die Prüfung der Rechtmäßigkeit oder Rechtswidrigkeit eines Arbeitskampfs explizit dem Recht derjenigen Mitgliedsstaaten zu, in deren Gebiet er jeweils stattfindet.[905] Deswegen kann an dieser Stelle letztlich auch offen bleiben, ob eine Sozialpartnervereinbarung prinzipiell rechtmäßiges Streikziel sein kann oder nicht. Bereits oben unter D.II wird dargelegt, warum eine solche – in der Europäischen Union de lege lata vorgesehene – Zersplitterung des Arbeitskampfstatuts kein taugliches Element eines Systems europäischer Tarifverhandlungen sein kann. Insbesondere die konkrete Bewertung der britischen und deutschen Rechtsordnungen vor dem Hintergrund eines transnationalen Arbeitskampfs verdeutlicht dies: Die juristischen und faktischen Unterschiede zwischen der britischen und der deutschen Arbeitskampfordnung lassen einen ernstzunehmenden transnationalen Arbeitskampf in ihrem Bereich allenfalls als ein theoretisches Gedankenspiel erscheinen. Insofern ist der Arbeitskampf auch nicht geeignet, im Rahmen des Sozialen Dialogs seine Funktion als Druckmittel der Arbeitnehmerseite zu erfüllen, zu unterschiedlich wäre auch hier die Situation in Deutschland und in Großbritannien.

Ein Beispiel für die Probleme der unterschiedlichen Tarif- und Arbeitskampfordnungen findet sich im Rahmen der Umsetzung der autonomen Vereinbarungen zu Telearbeit und arbeitsbezogenem Stress: Der britische *Trade Union Congress* wollte eine Umsetzung durch nationale Kollektivverträge, was von der Arbeitgeberseite strikt abgelehnt wurde. Da die Gewerkschaften nicht in der Lage waren, entsprechenden Druck aufzubauen, um ihre Interessen durchzusetzen, kam es schließlich nur zu völlig unverbindlichen Empfehlungen. In Deutschland

---

903 *Sagan*, Grundrecht auf Kollektivmaßnahmen, S. 344.

904 So zutreffend auch *Rebhahn* GS Heinze, 649, 656 f; *Rebhahn*/EU-Kommentar, Art. 155 AEUV, Rn. 12; ebenso *Sagan*, Grundrecht auf Kollektivmaßnahmen, S. 345 f.; unter Verweis auf Art. 28 EuGRC: *Eichenhofer*/Streinz, EUV/AEUV, Art. 155 AEUV, Rn. 9.

905 Hierzu ausführlich oben unter D.

wiederum wurden zur Umsetzung unter anderem branchenbezogene und Firmentarifverträge sowie gemeinsame Stellungnahmen geschlossen.[906] Hierin kommt nicht nur die Interdependenz von Arbeitskampf und Tarifvertrag zum Ausdruck, sondern auch die bereits aus rein rechtlicher Sicht beschriebene Problematik der unterschiedlichsten nationalen Formen der Bindungswirkung. Selbst innerhalb eines Mitgliedsstaats müssen keine klaren, gleichförmigen Umsetzungsmechanismen existieren. Letztlich führen somit alle Ansätze nur dazu, dass sich in Abhängigkeit der nationalen Systeme die jeweils stärkere Seite – Gewerkschaften oder Arbeitgeber – durchsetzt, wie der Vergleich zwischen britischem und deutschem Recht verdeutlicht.

Einem solchen aus dem Sozialen Dialog hervorgehenden aber fragmentarischen europäischen Tarifvertragsrecht – z. B. auch in Form des Statuskontrakts – begegnen deswegen nicht zuletzt britische Autoren mit großer Skepsis.[907] Der funktionale Zusammenhang von Arbeitskampf und Tarifvertrag sowohl in der deutschen als auch der britischen Rechtsordnung kann nicht genug betont werden: Ohne den Arbeitskampf fehlt vor allem den Gewerkschaften die Möglichkeit, die Arbeitgeber überhaupt zu Verhandlungen zu zwingen. Einen inhaltlich angemessenen Ausgleich beider Seiten zu finden, dürfte ohne ein entsprechendes Druckmittel jedenfalls kaum möglich sein.[908] Ohne ein komplementäres Arbeitskampfrecht erscheint der Soziale Dialog deswegen nicht als tauglicher Mechanismus zur Etablierung eines Systems transnationaler Tarifverhandlungen im eigentlichen Sinn, unabhängig davon, ob die Sozialpartner die Rahmenbedingungen des Tarifvertrags eigenständig bestimmen können. Dies gilt letztlich sowohl für eine autonome Umsetzung des Statuskontrakts als auch für eine Umsetzung durch Ratsbeschluss.

d) Exkurs: Die Ales-Studie

Angesichts dieses Befunds soll nun ein kurzer Blick auf die im Auftrag der Kommission 2006 von *Ales et al.* verfasste Studie – „Transnational Collective Bargaining: Past, Present and Future“ – geworfen werden, die einen möglichen Rahmen für transnationale Tarifverhandlungen untersucht. Insbesondere der letzte Teil der Untersuchung zielt darauf ab, einen Rahmen für solche Verhandlungen zu

906 Vgl. zu beidem *Keune/Marginson* BJIR 2013, 473, 487 f.

907 Vgl. hierzu *Fredman*, Social Law in the European Union, S. 408–410; *Bernard*, Legitimising EU Law, S. 286 f.; auch *Wedderburn*, Freedom and the Frontiers, S. 404 f.

908 Neben den in Fn. 907 genannten, ebenso *Fuchs/Mahrhold*, Europäisches Arbeitsrecht, S. 275; *Weiss* FS Kissel, 1253, 1257.

entwickeln. Soweit es den Sozialen Dialog betrifft, konzentriert sich die Untersuchung auf den Sektoralen Sozialen Dialog. Sie stellt fest, dass den dort abgeschlossenen Vereinbarungen an einer Rechtsverbindlichkeit schon gegenüber den nationalen Sozialpartnern mangele[909] und sie daher nicht geeignet seien, als Grundlage europäischer Tarifverträge zu dienen. Vielmehr hätten sie bislang lediglich die Funktion, koordinierte Strategien zu formulieren.[910]

Deswegen schlagen die Autoren eine mögliche europäische Richtlinie vor, durch die ein rechtlicher Rahmen für verbindliche transnationale Tarifverträge geschaffen werden soll. Dieser Rahmen ermächtigt unter anderen die europäischen Sozialpartner gemeinsam oder eine europäische Gewerkschaft, einen Antrag auf Einsetzung eines besonderen Verhandlungsgremiums auf der beabsichtigten Verhandlungsebene (auch branchen- oder unternehmensbezogen) zu stellen.[911] Die konkrete Ausgestaltung der Verhandlungen im Verhandlungsgremium selbst soll wiederum durch einen Rahmentarifvertrag vereinbart werden. Der Gesetzgeber soll die Ausgestaltung der Verhandlungen im Verhandlungsgremium nicht vorgeben.[912] Dabei sieht das Verfahren keine Regelung zum Arbeitskampf oder zu einem hierzu komplementären Zwangsschlichtungsverfahren als Druckmittel vor. Vielmehr beschränkt sich der Vorschlag darauf hervorzuheben, dass die Initiative zur Einsetzung eines Verhandlungsgremiums „gemeinsam und freiwillig" zu erfolgen habe.[913] Außerdem sollen für Auseinandersetzungen über bestehende transnationale Tarifverträge freiwillige Verfahren zur Konfliktlösung von den Parteien vereinbart werden sowie eine Überwachung der Einhaltung der Tarifverträge.[914] Zur wichtigen Frage, wie die aus diesen Verfahren hervorgehenden Tarifverträge Bindung gegenüber Arbeitgebern und Arbeitnehmern erzeugen können, findet der Vorschlag eine eigentümliche Lösung: Diese erfolge mittels nicht näher spezifizierter (zu überwachender) „*managerial decisions*". Dazu soll ein unspezifisches „*enforcement procedure*" durch die Parteien etabliert werden.[915] Da hier auf die Unternehmensebene abgestellt wird, ist anzunehmen, dass die an den transnationalen Tarifvertrag gebundenen Arbeitgeber die Regelungen der Verträge gegenüber allen Arbeitnehmern ihres Unternehmens

909 *Ales et al.*, Transnational Collective Bargaining, S. 12.
910 *Ales et al.*, Transnational Collective Bargaining, S. 34 f.
911 *Ales et al.*, Transnational Collective Bargaining, S. 37–39.
912 *Ales et al.*, Transnational Collective Bargaining, S. 39.
913 *Ales et al.*, Transnational Collective Bargaining, S. 37; vgl. dazu auch *Rieble/Kolbe* EuZA 2008, 453, 471; *Weiss* FS Birk, 957, 973.
914 *Ales et al.*, Transnational Collective Bargaining, S. 40.
915 *Ales et al.*, Transnational Collective Bargaining, S. 40 f.

anwenden sollen.[916] Die Rechtsqualität der Regelungen, namentlich ihre Verbindlichkeit und ihre Bindungswirkung für die Arbeitsverhältnisse, ist damit aber nach wie vor unklar.[917]

3. Ergebnis

Es zeigt sich, dass auch der Soziale Dialog nicht in der Lage ist, wesentliche Probleme eines europäischen Tarifvertrags zu lösen. Im Vergleich mit dem oben unter C diskutierten kollisionsrechtlichen Ansatz fehlt bei der Umsetzung der Sozialpartnervereinbarungen eine die unterschiedlichen Rechtssysteme harmonisierende Wirkung. Insbesondere im Hinblick auf die entscheidende Frage, wie eine Sozialpartnervereinbarung Bindungswirkung für die einzelnen Arbeitsverhältnisse erzeugen könnte, verbleibt es bei den jeweiligen Gepflogenheiten der einzelnen Mitgliedsstaaten. Wie der Vergleich von britischem und deutschem Recht verdeutlicht, führt dies zu einer asymmetrischen Anwendung eines transnationalen Tarifvertrags auf Basis der Sozialpartnervereinbarungen. Bereits hieraus resultieren erhebliche Zweifel an der Möglichkeit, durch Vereinbarungen im Rahmen des Sozialen Dialogs eine effektive Regelung der Arbeitsbedingungen zu erreichen.[918] Bestätigt wird dies zudem durch die bisherige Umsetzungspraxis autonomer Vereinbarungen. Der daraus resultierende „Flickenteppich" aus nationaler Gesetzgebung, Tarifverträgen oder bloßen Stellungnahmen ist noch weiter von einem europäischen Tarifvertragssystem entfernt als das Modell der mehrstufigen Tarifverträge.[919] Über all dem schwebt zudem das Problem eines fehlenden europäischen Arbeitskampfrechts. Die kollisionsrechtlich herbeigeführte Zersplitterung des Arbeitskampfstatuts im Rahmen eines transnationalen Arbeitskampfs wäre auch im Rahmen des Sozialen Dialogs de lege lata nicht zu vermeiden. Dieser Befund verwundert nicht angesichts der „ungenügende[n] Substanz" von Art. 155 Abs. 2 AEUV, mit der es nicht gelingt, ein substantielles europäisches Tarifvertragssystem zu schaffen.[920]

Der von der Ales-Studie vorgeschlagene Rahmen für ein solches europäisches Tarifvertragssystem lässt insbesondere in Bezug auf die beiden zentralen Elemente

916 Vgl. dazu *Ales* ZESAR 2007, 150, 154; so interpretieren es auch *Rieble/Kolbe* EuZA 2008, 453, 474.
917 Vgl. *Weiss* FS Birk, 957, 973.
918 So bereits allgemeiner *Junker*, Int. ArbR im Konzern, S. 450 und 452.
919 Vgl. oben unter F.I.1.e).
920 So bereits *Schiek*/Däubler, TVG, Einleitung, Rn. 803.

– Bindungswirkung und Arbeitskampf beziehungsweise Druckmittel – viele Fragen offen. Eine Lösung der insofern weiterhin offenen Probleme bietet er deswegen nicht.

II. International Framework Agreements

1. Allgemeines

Eine jüngere Entwicklung sind die so genannten International Framework Agreements.[921] Hierbei handelt es sich um internationale Vereinbarungen zwischen Gewerkschaften und Arbeitgebern, die tatsächlich abgeschlossen werden. Im Gegensatz zu den bisher diskutierten Ansätzen handelt es sich nicht um ein dezidiert europarechtliches Phänomen, da die International Framework Agreements nicht auf einer europarechtlichen Rechtsgrundlage basieren. Soweit bisher mögliche europäische Rechtsgrundlagen für ein transnationales Tarifvertragssystem diskutiert wurden, stehen nun also tatsächlich existierende Vereinbarungen zwischen Arbeitgebern und Gewerkschaften im Fokus der Untersuchung. Auf Arbeitgeberseite werden diese Vereinbarungen nicht mit Verbänden geschlossen, sondern mit multinationalen Unternehmen.[922] Der Unterschied zu Codes of Conduct, wie sie ebenfalls häufig in internationalen Unternehmen existieren, besteht darin, dass sie nicht unilateral durch den Arbeitgeber erlassen, sondern mit der Arbeitnehmerseite vereinbart werden.[923]

2. Inhalt

Die Spannbreite der in den International Framework Agreements vereinbarten Regelungen ist weit. Deswegen soll an dieser Stelle ein kurzer Überblick über die in bestehenden Vereinbarungen vorzufindende Regelungsgegenstände erfolgen.[924] Häufig wird die Einhaltung arbeitsrechtlicher Mindeststandards vereinbart. Dabei spielen etwa Verbote von Kinderarbeit, Chancengleichheit und substantiellere Bedingungen eine Rolle,[925] wenn beispielsweise Regelungen über Lohnhöhe vorgesehen werden. Häufig verpflichten sich die Unternehmen,

---

921 Manchmal auch als „Global Framework Agreements“ oder „Global Company Agreements“ bezeichnet.

922 *Keune/Marginson* BJIR 2013, 473, 491.

923 Vgl. *Collins/Ewing/McColgan*, Labour Law, S. 74; *Zimmer*, Soziale Mindeststandards, S. 158.

924 Eine umfangreiche Darstellung findet sich etwa bei *Zimmer*, Soziale Mindeststandards, S. 167–177.

925 Vgl. *Thüsing*, RdA 2010, 78, 82 f.

nationale Tarifverträge oder Mindestlöhne einzuhalten. Eine Vereinbarung über konkrete Lohnhöhen erfolgt damit aber nicht.[926] In ähnlicher Weise finden sich allgemeine Regelungen zur Einhaltung von Mindeststandards in Bezug auf Arbeitszeit, Urlaub, Gesundheitsschutz etc.[927] Dabei ist nochmals zu betonen, dass „Regelung" nicht gleichzusetzen ist mit der Vereinbarung konkreter Arbeitsbedingungen. Im Kern wird vielmehr lediglich eine Gewährung „angemessener" Bedingungen oder die Einhaltung der jeweiligen nationalen beziehungsweise tariflichen Standards vereinbart.[928] Insofern sind die Inhalte solcher Vereinbarungen nicht mit deutschen Tarifverträgen und wohl auch nicht mit britischen Kollektivverträgen gleichzusetzen.

Daneben ist aber auch die Regelung kollektiver Angelegenheiten wesentlicher Bestandteil von International Framework Agreements. Da regelmäßig Unternehmen beteiligt sind, die in Ländern tätig sind, in denen es an entsprechenden europäischen oder nordamerikanischen Standards mangelt, sind allgemeine Bekenntnisse zur Koalitionsfreiheit üblich. So wird häufig das Recht der Arbeitnehmer anerkannt, sich zusammenzuschließen.[929] In weitergehender Form wird vielfach auch die Bereitschaft bekundet, mit Arbeitnehmervertretern über Kollektivverträge zu verhandeln. Teilweise werden auch Freistellungen für Arbeitnehmervertreter und Zugangsrechte zu den Betrieben angesprochen.[930] Darüber hinaus existiert eine Reihe von Vereinbarungen, die Informations- und Anhörungsverfahren für die Beschäftigten etablieren sollen. Die Zusammensetzung der dazu eingerichteten Komitees variiert von Vereinbarung zu Vereinbarung. So sehen einige nur Gewerkschaftsvertreter vor, andere Komitees werden durch die Belegschaft gewählt. Angelegenheiten, zu denen sie konsultiert werden, sind in der Regel wirtschaftliche Entwicklungen und strukturelle Veränderungen der Unternehmen, soweit sie Arbeitnehmer betreffen.[931]

3. Zustandekommen und Rechtswirkung

Zunächst fehlt es an einem wie auch immer gearteten Rechtsrahmen, innerhalb dessen International Framework Agreements geschlossen werden. Ihr

926 Ein Überblick über die Bandbreite diesbezüglicher Regelungen bietet auch *Thüsing* RdA 2010, 78, 83 f.

927 Ausführlich: *Thüsing* RdA 2010, 78, 85 f.

928 Neben den zitierten Fundstellen auch *Ewing*, International Regulation, S. 215–217.

929 Ausführliche Darstellung bei *Thüsing* RdA 2010, 78, 86–88.

930 Vgl. etwa die Beispiele bei *Ewing*, International Regulation, S. 214 f.; *Thüsing* RdA 2010, 78, 88; *Zimmer*, Soziale Mindeststandards, S. 163–165.

931 Hierzu *Seifert* IJCLLIR 2008, 327, 344.

Zustandekommen findet in einem rechtsfreien Raum statt.[932] Auch ist im Vergleich mit Tarifverträgen nach deutschem Verständnis zu bedenken, dass auf Arbeitnehmerseite nicht nur nationale und internationale Gewerkschaften, sondern auch die Europäischen Betriebsräte der jeweiligen internationalen Unternehmen bei Abschluss und Verhandlung der International Framework Agreements beteiligt sind.[933]

Erheblich schwieriger ist, die Rechtswirkung der International Framework Agreements einzuordnen, da es an einem rechtlichen Rahmen fehlt.[934] Soweit europäische Betriebsräte beteiligt sind, stellt sich zudem die an dieser Stelle nicht zu untersuchende Frage, inwieweit diese substantielle Vereinbarungen schließen können.[935] Im Übrigen wird die Zuordnung der Vereinbarungen zu einer Rechtsordnung im Wesentlichen kollisionsrechtlich gelöst.[936] Für eine subjektive Rechtswahl ist, wie bei Tarifverträgen auch, mangels spezieller Regelungen sowohl in Deutschland als auch im Vereinigten Königreich Art. 3 Rom I-VO maßgeblich. Eine objektive Anknüpfung erfolgt nach Art. 4 Rom I-VO. Hiergegen werden auch weniger Bedenken angeführt als gegen die Wahl des Tarifvertragsstatuts, da eine normative Wirkung grundsätzlich nicht intendiert ist.[937] *Zimmer* untersucht allerdings sogar die Möglichkeit einer normativen Wirkung der International Framework Agreements.[938]

Neben der fehlenden normativen Wirkung sind diese Vereinbarungen grundsätzlich allerdings gar nicht darauf ausgelegt, einklagbare Rechte oder Pflichten vorzusehen.[939] Deswegen fehlen ihnen regelmäßig auch Rechtswahlklauseln.

---

932 Vgl. *Weiss* IJCLLIR 2013, 7, 18.

933 Mit Beispielen: *Thüsing* RdA 2010, 78, 79 f.; *Ewing*, International Regulation, S. 209.

934 Vgl. *Seifert* IJCLLIR 2008 327, 345.

935 Hierzu aber *Heimann*, Substantielle Vereinbarungen Europäischer Betriebsräte, 2014.

936 *Seifert* IJCLLIR 2008, 327, 345; *Zimmer*, Soziale Mindeststandards, S. 270–274; *Dourin* Comp.Lab.L.& Pol'y J. 31 (2010), 591, 630.

937 Vgl. *Thüsing* RdA 2010, 78, 91 f., wobei nach der hier vertretenen Auffassung auch die Wahl des Tarifvertragsstatuts für zulässig erachtet wird, dazu ausführlich oben unter C.I.

938 *Zimmer*, Soziale Mindeststandards, S. 275–278, obwohl sie auf S. 276 selbst auf den fehlenden entsprechenden Rechtsbindungswillen der Parteien solcher Vereinbarungen hinweist. Zur normativen Wirkung von transnationalen Tarifverträgen auch oben unter C.II.3.

939 So führt *Seifert* IJCLLIR 2008, 327, 345 f., schlüssig aus, dass der Sinn dieser Vereinbarungen darin liege, Arbeitnehmern in verschiedenen Ländern mit höchst unterschiedlichen Rechtssystemen wenigstens einen Mindeststandard in Bezug auf Arbeitnehmerrechte zu bieten. Das Anknüpfen an eine nationale Rechtsordnung

Vielmehr sehen einige dieser Vereinbarungen einen Ausschluss des Rechtswegs zu den staatlichen Gerichten und anstelle dessen ein eigenständiges und unverbindliches Mediationsverfahren für den Konfliktfall vor.[940] Teilweise wird auch vorgesehen, die Vereinbarungen innerhalb des Unternehmens bekannt zu machen. Einige Vereinbarungen enthalten darüber hinaus Überwachungsmechanismen, die verhindern sollen, dass die Vereinbarungen praktisch bedeutungslos bleiben. Die Bandbreite reicht hier von Berichtspflichten der Unternehmensleitung an die Gewerkschaft bis hin zur Einsetzung entsprechender gemeinsamer Kontrollgremien.[941] Auch diese Verfahren stellen letztlich eine Durchsetzung auf rein privater Ebene dar. Eine Verrechtlichung der Vereinbarungen geht damit allerdings nicht einher.

Thüsing sieht in den International Framework Agreements dennoch ein, wenn auch geringes, Potential, Bedeutung auf rechtlicher Ebene zu erlangen. Zum einen sollen sie dazu dienen können, gesetzliche Generalklauseln auszufüllen, zum Beispiel, wenn es um Verschuldensfragen bei Verstößen gegen Arbeitsschutzvorschriften gehe. Außerdem könne es einen Verstoß gegen den Grundsatz des venire contra factum proprium darstellen, wenn Unternehmen auf nationaler Ebene rechtsverbindliche Vereinbarungen verweigern, obwohl sie dies in einem International Framework Agreement zugesagt haben.[942] Ein solcher, gerichtlich durchsetzbarer Zwang zum Abschluss eines Tarifvertrags ist jedoch nicht nur für das britische, sondern auch für das deutsche Recht äußerst untypisch.[943]

4. Stellungnahme

Von deutschen Tarifverträgen und britischen Kollektivverträgen unterscheiden sich International Framework Agreements bereits durch ihre Zielsetzung: Eine konkrete Gestaltung der individuellen Arbeitsverhältnisse oder einer betrieblichen Interessenvertretung wird in ihnen gar nicht vereinbart. Einen Ersatz für diese nationalen Rechtsinstitute stellen sie deswegen wohl nicht dar. Sie sind wie auch *Codes of Conduct* letztlich „*soft law*", das gerade nicht auf einklagbare individuelle Rechte setzt, wenngleich ein Vorteil ist, dass International Framework

stünde demzufolge im Widerspruch zu diesem internationalen Verständnis der Vereinbarungen. Vgl. auch *Dourin* Comp.Lab.L.& Pol'y J. 31 (2010), 591, 630.

940 *Thüsing* RdA 2010, 78, 92.

941 Vgl. hierzu *Ewing*, International Regulation, S. 219 f.; *Zimmer*, Soziale Mindeststandards, S. 179–184; *Dourin* Comp.Lab.L.& Pol'y J. 31 (2010), 591, 612–614.

942 *Thüsing* RdA 2010, 78, 93.

943 Vgl. zum britischen Recht oben unter B.I.2.e) und zum deutschen Recht unter B.II.1.b).

Agreements nicht einseitig durch die Unternehmen gesetzt, sondern mit Arbeitnehmervertretern vereinbart werden.

Jedoch geht der Vergleich von *Thüsing* fehl, demzufolge sich die Umsetzung der International Framework Agreements nicht von der Umsetzung der rechtlich unverbindlichen britischen Kollektivverträge unterscheide.[944] Arbeitgeber, die ein International Framework Agreement nicht einhalten, könnten demzufolge durch die Einschaltung der Öffentlichkeit entsprechend unter Druck gesetzt werden.[945] Dies scheint jedoch zu oberflächlich. Schließlich ist eine öffentliche Kampagne nur ein Mittel der britischen Gewerkschaften, die Einhaltung ihrer Kollektivverträge sicherzustellen. Vielmehr ist gerade die Durchsetzung und Umsetzung der Kollektivverträge ein zulässiger Grund, um einen Arbeitskampf zu führen.[946] Zudem enthalten britische Kollektivverträge durchaus Regelungen, wodurch die Arbeitsbedingungen substantiell geregelt werden sollen. Hierzu ist deswegen ebenfalls die umfangreiche Dogmatik zur Inkorporation der Regelungen britischer Kollektivverträge in die individuellen Arbeitsverhältnisse zu berücksichtigen. Spätestens in diesem Zusammenhang entsteht Rechtsverbindlichkeit und die Arbeitnehmer können ihre Rechte aus Kollektivverträgen vor Gericht einklagen. Bedenkt man weiterhin die Möglichkeit der konkludenten Inkorporation, ist diese Rechtswirkung der Kollektivverträge nicht unbedingt von expliziten Vereinbarungen zwischen Arbeitnehmer und Arbeitgeber abhängig.[947] All dies berücksichtigt der pauschale Vergleich der britischen Kollektivverträge mit International Framework Agreements nicht. Britische Kollektivverträge sind kein „soft law", deren Durchsetzung abhängig von einer öffentlichen Stimmung ist, auch wenn sich ihre Bindungswirkung von der deutscher Tarifverträge unterscheiden mag.

Damit wird zugleich deutlich, dass International Framework Agreements weder nach britischem noch nach deutschem Recht mit nationalen Tarifverträgen im herkömmlichen Sinn funktional gleichzusetzen sind. Vielmehr sollen sie – aus Sicht der abschließenden Gewerkschaften – die Rechte der Arbeitnehmer auf nationaler Ebene, gerade auch in Bezug auf die Koalitionsfreiheit und das Führen von Kollektivverhandlungen, entwickeln und fördern.[948] Für ein funktionierendes Tarifvertragssystem fehlt es den International Framework Agreements

944 *Thüsing* RdA 2010, 78, 92; vgl. auch allgemein *Deinert* ZfA 1999, 361, 401.

945 *Thüsing* RdA 2010, 78, 92.

946 Gerade deswegen ist eine Friedenspflicht in britischen Tarifverträgen äußerst unüblich, vgl. oben unter B.I.3.b)bb). Dies übersieht auch *Deinert* ZfA 1999, 361, 401.

947 Zum britischen Recht oben unter B.I.2.d).

948 Hierzu der Überblick bei *Ewing*, International Regulation, S. 221–223.

nicht nur an substantiellen Regelungen der Arbeitsbedingungen, sondern auch an einem weiteren Element: Einem Mechanismus, der die Verhandlungen zwischen Gewerkschaften und Arbeitgebern nicht zu einem „kollektiven Betteln“[949] des Arbeitnehmerlagers verkommen lässt. Es fehlt an einem internationalen Arbeitskampfrecht.[950] Die Schwierigkeiten eines transnationalen Arbeitskampfs sind bereits ausführlich am Beispiel Deutschlands und des Vereinigten Königreichs dargestellt worden.[951] Im internationalen Kontext fehlt es darüber hinaus an einer expliziten kollisionsrechtlichen Norm, wie sie in Gestalt von Art. 9 Rom II-VO für die Europäische Union existiert.

Teilweise wird zumindest zur Durchsetzung der International Framework Agreements die Einsetzung internationaler Schiedsgerichte, wie sie im internationalen Handel üblich sind, vorgeschlagen.[952] Hierdurch könnte zwar das Problem der Umsetzung der unverbindlichen Vereinbarungen gelöst werden, ob insbesondere die Arbeitgeber sich aber auch Schlichtungsverfahren unterwerfen, die überhaupt erst zum Abschluss von Vereinbarungen mit Gewerkschaften führen, erscheint zweifelhaft. Nur dann kämen solche Verfahren aber als funktionales Äquivalent zum Arbeitskampf überhaupt infrage. Solange jedoch ein Druckmittel der Gewerkschaften fehlt, die Interessen der Arbeitnehmer auch international auf Augenhöhe mit den Arbeitgebern zu verhandeln, können International Framework Agreements nicht die Rolle internationaler Tarifverträge übernehmen.[953] Nur dann dürfte eine Entwicklung der International Framework Agreements möglich sein, die wegführt von der Vereinbarung bloßer unverbindlicher Mindeststandards und hinführt zur Regelung substantieller Arbeitsbedingungen.

III. Zusammenfassung

Sowohl der Soziale Dialog als auch die bisherige Praxis der International Framework Agreements scheinen nicht geeignet, die Probleme eines transnationalen Tarifvertrags zu lösen. Dies verwundert im Falle des Sozialen Dialogs kaum: Der Versuch, aus einem Halbsatz in den EU-Verträgen ein europäisches

---

949 BAG vom 10.06.1980, 1 AZR 822/79, NJW 1980, 1642, 1643.

950 Vgl. bereits *Weiss* IJCLLIR 2013, 7, 18; dazu auch *Ewing*, International Regulation, S. 225.

951 Oben unter D.

952 Vgl. *Seifert* IJCLLIR 2008, 327, 346; vgl. auch *Dourin* Comp.Lab.L.& Pol'y J. 31 (2010), 591, 630.

953 In diese Richtung auch *Dourin* Comp.Lab.L.& Pol'y J. 31 (2010), 591, 631.

Tarifvertragsrecht zu begründen und zu entwickeln, scheint eher rechtspolitisch motiviert als rechtstatsächlich fundiert zu sein. Unabhängig von den grundlegenden dogmatischen Bedenken dieser Variante vermag sie auch die wesentlichen Fragen der Bindungswirkung der Vereinbarungen für die Arbeitsverhältnisse und des Arbeitskampfs nicht überzeugend zu beantworten. Der Blick auf die Rechtsordnungen Deutschlands und Großbritanniens zeigt, dass ein Verweis auf die jeweiligen nationalen Gepflogenheiten erhebliche Asymmetrien erzeugt. Die Modelle zum Sozialen Dialog bestätigen somit die nationale Fragmentierung des Tarifvertragsrechts innerhalb der Europäischen Union, anstatt sie zu überwinden. Dies gilt umso mehr bei der Berücksichtigung des Arbeitskampfrechts.

Begreift man den Tarifvertrag als ein Instrument, mit dem nicht nur das Verhältnis der vertragsschließenden Parteien zueinander geregelt wird, sondern auch die Arbeitsbedingungen der Arbeitnehmer,[954] wird der Unterschied zu International Framework Agreements bereits materiell deutlich. Denn dieses Ziel wird mit letzteren nicht verfolgt. Das verwundert auch nicht, unabhängig von der ohnehin fehlenden Absicht der abschließenden Parteien diesbezüglich: Angesichts der Schwierigkeiten, die Bindungswirkung für Arbeitsverhältnisse bereits in einem europäischen Kontext zu begründen, dürften sich die Probleme auf globaler Ebene noch vergrößern. Auch fehlt es an adäquaten Druckmitteln der Arbeitnehmerseite zum Abschluss und zur Umsetzung der Vereinbarungen, wie sie nationale Rechtsordnungen in Europa entwickelt haben. Die rechtliche Unverbindlichkeit der International Framework Agreements ist damit in einem grundlegend anderen Kontext zu sehen als im Falle britischer Kollektivverträge. International Framework Agreements in ihrer derzeitigen Gestalt wollen und können nicht Tarifverträge im eigentlichen Sinn sein.

954 Vgl. allgemein *Gamillscheg*, Kollektives Arbeitsrecht I, S. 482.

G. Ergebnisse und Schlussbemerkung

Der Schwerpunkt der Arbeit liegt auf der rechtlichen Dimension transnationaler Tarifverträge. Konkretisiert wird dies durch die besondere Berücksichtigung zweier Rechtsordnungen, in denen sie angewandt werden könnten. Der vor diesem Hintergrund durchgeführte Vergleich zwischen dem britischen und deutschen Tarifvertragssystem offenbart bereits die grundlegenden Unterschiede, die zu berücksichtigen sind, wenn ein transnationaler Tarifvertrag in beiden Rechtsordnungen parallel angewandt werden soll. Dabei stellen sich drei Elemente als besonders wichtig heraus:

Zunächst ist auf die Berechtigung zum Abschluss von Tarif- beziehungsweise Kollektivverträgen hinzuweisen. Das britische Recht hat einen sehr offenen Gewerkschaftsbegriff und stellt nur in speziellen Fällen erhöhte Anforderungen an deren Unabhängigkeit. Die „Überprüfung" der tatsächlichen Durchsetzungsfähigkeit einer Gewerkschaft wird auf eine faktische Ebene verlagert: Sie muss erreichen, dass Arbeitgeber oder ihre Verbände sie als Verhandlungspartner anerkennen. Deutsches Recht wiederum stellt hohe Anforderungen an die Tariffähigkeit einer Gewerkschaft, ohne die sie weder Tarifverträge schließen, noch Arbeitskämpfe führen kann. Fehlt einer Koalition die Durchsetzungsfähigkeit, ist sie nicht tariffähig, so dass das Konzept einer faktischen Anerkennung keine eigenständige rechtliche Bedeutung hat.

Zweitens unterscheiden sich die Mechanismen, durch die Tarif- beziehungsweise Kollektivverträge Bindungswirkung für die Arbeitsverhältnisse entfalten. Für die unverbindlichen britischen Kollektivverträge existiert diesbezüglich kein etabliertes Verfahren. Üblich ist vor allem eine arbeitsvertragliche Inkorporation. Sie erfolgt in der Praxis entweder durch explizite Vereinbarung der Arbeitsvertragsparteien oder durch konkludente Inkorporation der kollektiven Regelungen in das Arbeitsverhältnis im Rahmen gerichtlicher Auseinandersetzungen. Die konkludente Inkorporation enthält insofern ein für die Kollektivvertrags- und Arbeitsvertragsparteien geradezu unvorhersehbares Element. Nach britischem Recht kann zudem ein Kollektivvertrag insgesamt oder nur in Teilen einbezogen werden und die Arbeitsvertragsparteien können auch ungünstigere Arbeitsbedingungen vereinbaren, als im Kollektivvertrag vorgesehen. Deutsches Recht wiederum sieht nach §§ 3, 4 TVG eine normative und unmittelbar zwingende Wirkung der Tarifverträge für die Arbeitsverhältnisse zwischen Mitgliedern der Tarifvertragsparteien vor. Eine Abweichung von den Tarifverträgen ist nur zugunsten der Arbeitnehmer möglich. Nichtmitglieder können eine zur normativen Wirkung faktisch vergleichbare Bindung (nur) erreichen, indem sie explizit eine Inbezugnahme der Tarifverträge in ihre Arbeitsverhältnisse vereinbaren.

Der dritte erhebliche Unterschied betrifft das Arbeitskampfrecht. Beide Rechtsordnungen verlangen für rechtmäßige Arbeitskämpfe einen Bezug zu Tarifverhandlungen zwischen den Beteiligten. Der Arbeitskampf hat demnach in beiden Ländern die Funktion, den Arbeitnehmern eine effektive Vertretung ihrer Interessen in Tarifverhandlungen gegenüber den Arbeitgebern überhaupt erst zu ermöglichen. Im Detail bestehen jedoch erhebliche Unterschiede. So lässt britisches Recht eine Friedenspflicht für Kollektivverträge nur bei expliziter Vereinbarung zu, wovon jedoch nahezu nie Gebrauch gemacht wird. Dafür sind die formalen Vorgaben für einen rechtmäßigen Arbeitskampf äußerst umfangreich und führen bei Gewerkschaften zu erheblichen Schwierigkeiten bei seiner Durchführung. Während der Laufzeit deutscher Tarifverträge wiederum ist ein Arbeitskampf über dort geregelte Gegenstände unzulässig. Dafür bestehen für das Führen eines Arbeitskampfs kaum formale Vorgaben. Die deutsche Rechtsprechung stellt sich zudem gerade im Rechtsvergleich als sehr zurückhaltend bezüglich der Beschränkung von Arbeitskämpfen dar, solange diese nur ein tariflich regelbares Ziel verfolgen.

Die Untersuchung zu einer international-privatrechtlichen Harmonisierung des Tarifvertragsstatuts nach Maßgabe der Rom I-Verordnung ergibt, dass sich diese wesentlichen Unterschiede zumindest bezüglich des Tarifvertragsrechts kollisionsrechtlich auflösen lassen. Durch eine subjektive Anknüpfung des Vertragsstatuts durch die Parteien nach Art. 3 Rom I-VO kann der grenzüberschreitende Tarifvertrag entweder der britischen oder der deutschen Rechtsordnung unterstellt werden, da sowohl deutsche Tarifverträge als auch britische Kollektivverträge als vertragliche Schuldverhältnisse gemäß Art. 1 Abs. 1 Rom I-VO zu klassifizieren sind. Eine gleichförmige Anwendung des Kollektiv- oder Tarifvertrags in beiden Ländern ist dann möglich. Eine Sonderanknüpfung der nationalen Rechtsordnungen entgegen einer expliziten Rechtswahl dürfte der freien Wahl des Tarifvertragsstatuts nicht entgegenstehen.

So ergibt sich gerade unter Berücksichtigung der europarechtlichen Dimension, dass die Tariffähigkeit nach § 2 TVG nicht im Sinne einer Eingriffsnorm unbedingte Voraussetzung für das Tätigwerden einer ausländischen Koalition in Deutschland sein muss, so dass auch ein von unabhängigen britischen Gewerkschaften geschlossener und britischem Recht unterstellter Kollektivvertrag in Deutschland anzuwenden ist. Hierzu muss die Koalition nicht zwingend tariffähig sein. Umgekehrt sind die geringen britischen Anforderungen an die

Berechtigung zum Abschluss von Kollektivverträgen von deutschen Gewerkschaften erfüllt, selbst wenn man unterstellt, dass die Kategorie der gewerkschaftlichen Unabhängigkeit eine Eingriffsnorm darstellt. Dieses Ergebnis kann zudem durch Art. 28 EuGRC gestützt werden, auf den sich schließlich sowohl britische als auch deutsche Gewerkschaften stützen könnten, wenn sie im Rahmen des Unionsrechts handeln.

Es hat sich gezeigt, dass das entscheidende Problem in der Diskussion um die Rechtswahl transnationaler Tarifverträge deren Bindungswirkung für die individuellen Arbeitsverhältnisse betrifft. Die Anwendung der unmittelbar zwingenden deutschen Tarifverträge bereitet der britischen Rechtsordnung größere Schwierigkeiten als umgekehrt: Da jedoch die Bindungswirkung im britischen Recht schlicht gar nicht geregelt ist und die geäußerten Bedenken gegen normativ wirkende Kollektivverträge vor allem auf generellen zivilrechtlichen Prinzipien basieren, setzt sich britisches Recht nicht im Rahmen einer Sonderanknüpfung gegen gewähltes deutsches Tarifvertragsrecht durch. Bedenkt man mit Blick auf deutsches Recht, wie vielfältig sich das deutsche Recht bereits rein inländisch betrachtet darstellt und dass die normative Wirkung nach §§ 3, 4 TVG keineswegs die einzige Möglichkeit ist, Bindungswirkung zu erzeugen, spricht nichts gegen die Anwendung britischer Kollektivverträge auf Arbeitsverhältnisse in Deutschland. Gerade die Technik arbeitsvertraglicher Inbezugnahme ist in Deutschland ohnehin bekannt und üblich. Dabei ist jedoch zu bedenken, dass diese nicht uneingeschränkt deckungsgleich mit der britischen Inbezugnahme ist: Sofern der Kollektivvertrag in beiden Ländern durch arbeitsvertragliche Inbezugnahme Bindungswirkung erzeugt, kommt durch die Dogmatik zur konkludenten (Teil-) Inbezugnahme nach britischem Recht ein erhebliches eigenständiges Element hinzu. In Deutschland sind demgegenüber explizit vereinbarte Gesamtverweisungen auf Tarifverträge in Arbeitsverträgen üblich, die sich in ihrer Wirkung faktisch kaum von der normativen Wirkung nach §§ 3, 4 TVG unterscheiden. Weiterhin ist nach britischem Recht im Gegensatz zum deutschen Recht eine arbeitsvertragliche Abweichung von Kollektivverträgen zuungunsten der Arbeitnehmer jederzeit möglich.

So sehr die Rom I-Verordnung geeignet scheint, zumindest die rechtlichen Unterschiede zwischen Deutschland und Großbritannien zu überwinden, um einen transnationalen Tarifvertrag in beiden Ländern gleichförmig anzuwenden, so fraglich ist dies für den Bereich des Arbeitskampfrechts. Den engen funktionalen Bezug zwischen Arbeitskampf und Tarifauseinandersetzung betonen beide Rechtsordnungen. Der Arbeitskampf ist demnach ein Instrument, wodurch Gewerkschaften ermöglicht werden soll, quasi auf Augenhöhe mit

Arbeitgebern zu verhandeln und nicht in die Rolle eines bloßen Bittstellers gedrängt zu werden.

Die rechtliche Anknüpfung eines grenzüberschreitenden Arbeitskampfs ist europarechtlich jedoch ausdrücklich in Art. 9 Rom II-VO geregelt, nach dem auf einen Arbeitskampf immer das Recht am Ort der konkreten Arbeitskampfmaßnahme Anwendung findet, also der deutsche Teil nach deutschem Recht und der britische nach britischem Recht zu beurteilen ist. Da der Arbeitskampf in beiden Ländern vor allem der Stärkung und Durchsetzung der Interessen der Arbeitnehmerseite dient, muss er im Zusammenhang mit transnationalen Tarifverhandlungen ebenfalls grenzüberschreitend geführt werden können. Dem steht die Anknüpfung des Arbeitskampfstatuts nach Art. 9 Rom II nicht entgegen.

Allerdings ist ein transnationaler Arbeitskampf dann nach zwei verschiedenen Rechtsordnungen zu beurteilen und es kommt somit entscheidend auf die faktischen Auswirkungen des jeweiligen Arbeitskampfrechts an. Hier zeigt sich ein entscheidendes Problem für transnationale Tarifverhandlungen, da sich die deutsche und die britische Rechtsordnung geradezu diametral gegenüberstehen: Auf der einen Seite steht das britische Arbeitskampfrecht, das aus Sicht der Gewerkschaften und Arbeitnehmer äußerst restriktiv ist und zahlreiche formale Hürden vorsieht. Dieses trifft auf eine wenig formalistische deutsche Rechtsprechung, die das Recht der Gewerkschaften betont, einen Arbeitskampf zu führen. Angesichts dieses äußerst unterschiedlichen rechtlichen Umfelds erscheint eine gemeinsame Interessendurchsetzung der Arbeitnehmer über die Ländergrenze hinweg sehr unwahrscheinlich. Wenn also ein Arbeitskampf tatsächlich im Wesentlichen in Deutschland und nicht zugleich in Großbritannien geführt würde, scheitert er als funktionsfähiges Element eines transnationalen Tarifvertragssystems.

Soweit der Arbeitskampf nach britischem Verständnis zudem dazu dient, die Durchführung der rechtlich unverbindlichen Kollektivverträge sicherzustellen und eine Friedenspflicht dort deswegen systemfremd ist, bereitet die Anknüpfung nach dem Ort des Arbeitskampfs Schwierigkeiten für die Anwendung britischer Kollektivverträge in Deutschland. Es ist nämlich unwahrscheinlich, dass die Vorstellung von einer relativen Friedenspflicht während der Laufzeit eines Tarifvertrags im Falle der Anwendung britischer Kollektivverträge in Deutschland aufgegeben wird.

Diese Ergebnisse zu transnationalen Tarifverträgen und Arbeitskämpfen basieren auf zwei sekundärrechtlichen Verordnungen der Europäischen Union. Insofern war es naheliegend, den Einfluss der inzwischen gemäß Art. 28 EuGRC rechtsverbindlich geschützten europäischen Koalitionsfreiheit zu untersuchen, insbesondere im Hinblick auf die grundrechtliche Ebene der dargestellten

Probleme eines transnationalen Tarifvertragssystems in Europa. Obwohl viele Details einer europäischen Koalitionsfreiheit noch ungeklärt sind, lässt sich ihr zumindest eine grundsätzliche Zulässigkeit europäischer Tarifverträge entnehmen, so dass Tarifverhandlungen auf transnationaler Ebene den Schutz von Art. 28 EuGRC genießen. Dies wiederum steht einer extensiven Definition nationaler Eingriffsnormen oder des Ordre-public-Vorbehalts auf transnationale Tarifverträge in einem europäischen Kontext entgegen. Gerade im Hinblick auf die Anforderungen an die Abschlussfähigkeit dürften nach der jeweils eigenen Rechtsordnung nicht zu strenge Anforderungen an eine Koalition aus einem anderen Mitgliedsstaat gestellt werden, wenn diese in ihrem Heimatstaat zum Abschluss von Tarifverträgen berechtigt ist. Dies bleiben allerdings nur rudimentäre Aussagen, denn Art. 28 EuGRC ist auch in seiner Auslegung durch die Rechtsprechung bislang zu unspezifisch, um daraus Substantielleres für ein europäisches Tarifvertragssystem herzuleiten.

Zumindest existiert bereits eine Auseinandersetzung mit dem Arbeitskampf auf europäischer Ebene. In den Entscheidungen *Viking* und *Laval* musste sich der Europäische Gerichtshof ausführlich mit dem Verhältnis von Grundfreiheiten zum europäischen Grundrecht der Koalitionsfreiheit auseinandersetzen und hat hierin eine Reihe weiterer Anforderungen aufgestellt, die ein transnationaler Arbeitskampf berücksichtigen muss. Zwar ist nicht abschließend geklärt, ob diese auch außerhalb eines Konflikts mit den Grundfreiheiten zu berücksichtigen wären. Wesentlich ist jedoch, dass die Entscheidungen des Gerichtshofs auch kein eigenständiges europäisches Arbeitskampfrecht anstelle der nationalen Rechtsordnungen etablieren. Vielmehr fügen sie eine zusätzliche Prüfungsebene für Arbeitskämpfe in einem europäischen Kontext hinzu. Die dazu entwickelten Kriterien gehen teilweise sogar über deutsches und britisches Arbeitskampfrecht hinaus, beispielsweise soweit es die inhaltliche Kontrolle des mit dem Arbeitskampf verfolgten tariflichen Regelungsziels betrifft. Der Ausgleich zwischen Grundfreiheiten und Koalitionsfreiheit dürfte transnationale Arbeitskämpfe somit erschweren. Das nationale Recht bleibt zudem maßgeblicher Anknüpfungspunkt für die Beurteilung des Arbeitskampfs, so dass Art. 9 Rom II-VO auch nicht im Widerspruch zur Rechtsprechung des Gerichtshofs zur europäischen Koalitionsfreiheit steht. Die konstatierte Zersplitterung des Arbeitskampfstatuts im Falle transnationaler Arbeitskämpfe entspricht letztlich dem Verweis auf die mitgliedsstaatlichen Rechtvorschriften und Gepflogenheiten in Art. 28 EuGRC.

Die abschließende Untersuchung alternativer Umsetzungsmöglichkeiten hat schließlich auch keine Lösung der aufgeworfenen Probleme eines transnationalen Tarifvertragssystems in Europa ergeben. Versteht man die Sozialpartnervereinbarungen des Sozialen Dialogs nach Art. 155 AEUV tatsächlich als Tarif- oder Kollektivverträge zur Regelung der individuellen Arbeitsbedingungen, wird selbst von den Befürwortern angenommen, dass sich die Wirkung der Vereinbarungen – anders als im Fall des kollisionsrechtlichen Modells – jeweils nach dem Recht der einzelnen Mitgliedsstaaten richtet. Gerade die sehr unterschiedlich ausgestaltete Bindungswirkung im britischen und deutschen Recht zeigt, dass die von Mitgliedsstaat zu Mitgliedsstaat unterschiedliche Ausgestaltung der Bindungswirkung der Sozialpartnervereinbarungen keine überzeugende Grundlage transnationaler Tarifverträge bietet. Sie führt vielmehr zu einer sehr asymmetrischen Durchsetzung der Vereinbarungen in den einzelnen Ländern. Soweit vertreten wird, die Sozialpartner könnten die Rahmenbedingungen und auch die Wirkung ihrer Vereinbarungen autonom festlegen, werden die Beschränkungen der Rechtsetzungskompetenz auf Unionsebene in Bezug auf das kollektive Arbeitsrecht übersehen. Insbesondere der Arbeitskampf ist im Rahmen des Sozialen Dialogs nicht anders zu behandeln als im kollisionsrechtlichen Modell. Die Schwierigkeiten des kollisionsrechtlichen Modells – als Basis eines einheitlichen europäischen Tarifvertragssystems – kann somit auch der Soziale Dialog nicht beheben. Vielmehr nehmen die Vertreter dieses Ansatzes zusätzlich zur Zersplitterung des Arbeitskampfstatuts eine Zersplitterung der Wirkung solcher Tarifverträge hin und übergehen die daraus resultierenden rechtstatsächlichen Konsequenzen.

Ebenso vermögen auch die in den letzten Jahren vermehrt vereinbarten International Framework Agreements zwischen Gewerkschaften und Arbeitgebern nicht Tarifverträge nach nationalem Verständnis zu ersetzen. Dies liegt nicht nur daran, dass dies gar nicht ihre Funktion sein soll. Vielmehr fehlt ihnen ein überzeugender transnationaler Mechanismus, wodurch sie Bindungswirkung für die individuellen Arbeitsverhältnisse entfalten könnten. Zwar teilen sie mit britischen Kollektivverträgen die rechtliche Unverbindlichkeit, jedoch fehlen die tatsächlichen Durchsetzungsmechanismen, wie etwa der Arbeitskampf, die diese Funktion im britischen Recht ersetzen. Dies betrifft außerdem die vorgelagerte Funktion des Arbeitskampfs als Druckmittel der Gewerkschaften für die Verhandlungen, mit dem Arbeitgeber einen bestimmten Tarifvertrag abzuschließen. Auch hier verbleibt es bei den zu Art. 9 Rom II-VO dargestellten Ergebnissen.

Die rechtsvergleichende Untersuchung möglicher Rechtsgrundlagen für transnationale Tarifverträge in Europa offenbart somit vor allem die erheblichen Schwierigkeiten ihrer Umsetzung. Soweit die international-privatrechtliche Variante diesbezüglich zunächst zu einem positiven Ergebnis führt, geschieht dies unter Berücksichtigung der spezifischen Rahmenbedingungen der deutschen und britischen Rechtsordnungen. Der Vergleich mit anderen Rechtsordnungen kann vor diesem Hintergrund zu völlig anderen Ergebnissen führen, sowohl in Bezug auf die grundsätzliche Möglichkeit der Rechtswahl als auch in Bezug auf die Problematik etwaiger Sonderanknüpfungen. Gerade mögliche Sonderanknüpfungen verlangen daher eine Untersuchung der Rechtsordnungen, die jeweils von einem transnationalen Tarifvertrag berührt werden. Grundsätzlich ist der international-privatrechtliche Ansatz zwar geeigneter als die anderen untersuchten Varianten. Ob das Internationale Privatrecht im Verhältnis zu anderen Rechtsordnungen auch Basis eines transnationalen Tarifvertrags sein kann, bleibt jedoch offen: Mit der Zahl der von einem solchen Vertrag berührten Rechtsordnungen steigt schließlich auch die Zahl möglicher Konflikte zwischen den betroffenen Rechtsordnungen. Spätestens mit Blick auf den transnationalen Arbeitskampf zeigt sich, dass es einer expliziten Regelung des gesamten Komplexes transnationaler Tarifvertragssysteme auf europäischer Ebene bedarf, wenn die dargestellten Unterschiede nationaler Systeme in Einklang gebracht werden sollen. Bereits die Untersuchung des britischen und deutschen Tarifvertragsrechts im Rahmen dieser Arbeit führt vor Augen, dass es nicht genügt, den transnationalen Tarifvertrag lediglich isoliert als Vertragstypus zu betrachten. Vielmehr müssen auch die möglichen Durchsetzungsmechanismen einbezogen werden, und zwar sowohl mit Blick auf die Stärkung der Position der Arbeitnehmer bei den Verhandlungen mit den Arbeitgebern als auch hinsichtlich der späteren Umsetzung abgeschlossener Verträge und ihrer Bindungswirkung für die Arbeitsverhältnisse. Nur eine Lösung, die Antworten auf all diese Fragen gibt, kann als Basis transnationaler Tarifverträge fungieren. Die rechtlichen Bedingungen sind in Europa dafür grundsätzlich vorhanden. Die Europäische Union bietet einen Rahmen überstaatlicher Rechtssetzung und Rechtsprechung sowie einer gemeinsamen Werteordnung, die zumindest ein grundlegendes Bekenntnis zur Koalitionsfreiheit von Arbeitnehmern und Arbeitgebern enthält.

Studien zum Arbeitsrecht und zur Arbeitsrechtsvergleichung

Herausgegeben von Manfred Weiss, Bernd Waas und Spiros Simitis

Band 1 Sebastian Fritzsche: Die Vereinbarkeit des Arbeitnehmer-Entsendegesetzes sowie der erfassten Tarifverträge mit höherrangigem Recht. 2001.

Band 2 Arnd Hermann: Outplacement. Eine Untersuchung der individualvertraglichen Gestaltung und kollektivarbeitsrechtlichen Aspekte eines neuen Instruments des Personalabbaus. 2001.

Band 3 Christoph Schmid: Das Personalrecht der Europäischen Zentralbank. Grundlagen und Grenzen der rechtlichen Bindungen der Europäischen Zentralbank unter besonderer Berücksichtigung der Bereiche Arbeitnehmervertretung, Kündigungsschutz und Datenschutz. 2002.

Band 4 Charis Chaldoupis: Auswirkungen neuer Technologien auf die Tarifautonomie. Funktionsfähigkeit und Legitimität qualitativer Tarifpolitik anhand der Rationalisierungsentwicklungen im industriellen Produktionsbereich. 2003.

Band 5 Robert Kretzschmar: Die Rolle der Koalitionsfreiheit für Beschäftigungsverhältnisse jenseits des Arbeitnehmerbegriffs. Zur Abgrenzung abhängiger von selbständiger Beschäftigung und zur Eröffnung kollektiver Handlungsformen für selbständig Beschäftigte durch Art. 9 Abs. 3 GG. 2003.

Band 6 Thilo Mahnhold: Compliance und Arbeitsrecht. Insiderrechtliche Verhaltenskonzepte im nationalen und multinationalen Unternehmen. 2004.

Band 7 Nicole Löblich: Transformation des kollektiven Arbeitsrechts in der Tschechischen Republik. 2004.

Band 8 Lena Huth: Voraussetzungen und Grenzen nachträglicher Sozialplanänderungen. 2004.

Band 9 Nisha Biswas: Vertrauensarbeitszeit und Arbeitszeitfreiheit im arbeitszeitrechtlichen und betriebsverfassungsrechtlichen Kontext. 2004.

Band 10 Dirk Schäfer: Der europäische Rahmen für Arbeitnehmermitwirkung. 2005.

Band 11 Jochen A. Keilich: Die Auswirkungen der Grundrechte / Menschenrechte für das Arbeitsrecht in Deutschland und England. 2004.

Band 12 Boris Kaehler: Rechtsprobleme betrieblicher Personalauswahl. Die Zulässigkeit eignungsdiagnostischer Maßnahmen im arbeitsvertraglichen Anbahnungsverhältnis. 2005.

Band 13 Natascha Ahmad: Rechtsschutz für und durch Gewerkschaften bei tarifwidrigem Arbeitgeberverhalten in Deutschland und Frankreich. 2005.

Band 14 Volker Güntzel: Die Richtlinie über die Arbeitnehmerbeteiligung in der Europäischen Aktiengesellschaft (SE) und ihre Umsetzung in das deutsche Recht. 2006.

Band 15 Peter Gumnior: Die Rechtmäßigkeit des Sympathiestreiks. 2007.

Band 16 Elena Benz: Auf dem Weg zum lebenslangen Lernen? Die Berufsbildungspolitik der Europäischen Union und die tatsächliche und rechtliche Situation der beruflichen Weiterbildung in der Bundesrepublik Deutschland. 2007.

Band 17 Cessy Kühl: Flexibilisierung von Arbeitsbedingungen. Vergleich ausgewählter arbeitsrechtlicher Gestaltungsmittel zwischen dem deutschen und dem tschechischen Individualarbeitsrecht. 2007.

Band 18 Carolin Siegrist: Einschränkung der unternehmerischen Entscheidungsfreiheit durch Arbeitnehmervertreter im deutsch-amerikanischen Vergleich. 2008.

Band 19 Ingebjörg Darsow-Faller: Kündigungsschutz in Deutschland und Spanien. Eine rechtsvergleichende Untersuchung mit besonderer Beachtung der Beendigung des Arbeitsverhältnisses gegen Abfindung. 2008.

Band 20 Enrico Iannone: Die Kodifizierung des Arbeitsvertragsrechts - ein Jahrhundertprojekt ohne Erfolgsaussicht? Eine Untersuchung vorangegangener Bemühungen um ein Arbeitsvertragsgesetz und Analyse möglicher Erfolgsaussichten des Reformprojekts. 2009

Band 21 Max Sleik: Arbeitnehmerbeteiligung in Deutschland und in Schweden. 2011.

Band 22 Christoph Gyo: Diskriminierung aufgrund der Religion im deutschen und französischen Arbeitsrecht. Völker-, europarechtliche und nationale Regelungen.

Band 23 Martina Büter: Die Befristung von Arbeitsverhältnissen in Deutschland und Frankreich. Eine rechtsvergleichende Untersuchung. 2013.

Band 24 Andreas Hofelich: Von der Bereichsausnahme zur Bereichseinschränkung. Grundfragen der dogmatischen Integration des Individualarbeitsrechts in das Recht der Allgemeinen Geschäftsbedingungen. 2013.

Band 25 Elena Heimann: Substantielle Vereinbarungen Europäischer Betriebsräte: Praxis und Recht. 2014.

Band 26 Mathias Kaufmann: Schadensersatz und Entschädigung in Folge von Diskriminierung im deutschen und englischen Arbeitsrecht. Eine rechtsvergleichende Studie unter Berücksichtigung des Europarechts. 2014.

Band 27 Elisa Theresa Hauch: International Framework Agreements. Hintergrund, Rechtsnatur und Justiziabilität. 2015.

Band 28 Christoph Löbig: Einstweilige Verfügungen und neue Arbeitskampfwirklichkeit. 2015.

Band 29 Willem Schulte: Vereinbarungen über die Arbeitnehmermitwirkung nach dem Recht der Europäischen Union. Strukturprinzipien eines neuen Kollektivvertragstypus. 2016.

Band 30 Sebastian Schulte: Die Möglichkeit transnationaler Tarifverträge in Europa anhand eines Vergleichs des britischen und deutschen Tarifvertragsrechts. 2016.

www.peterlang.com

www.ingramcontent.com/pod-product-compliance
Ingram Content Group UK Ltd.
Pitfield, Milton Keynes, MK11 3LW, UK
UKHW021844290926
8980IPUK00005B/638

9 783631 671924